Gerhard Eikenbusch
Praxishandbuch Schulentwicklung

Gerhard Eikenbusch

Praxishandbuch Schulentwicklung

Gedruckt auf chlorfrei gebleichtem Papier
ohne Dioxinbelastung der Gewässer.

Die Deutsche Bibliothek – CIP-Einheitsaufnahme

Eikenbusch, Gerhard:
Praxishandbuch Schulentwicklung / Gerhard Eikenbusch. – 1. Dr. –
Berlin: Cornelsen Scriptor, 1998
   ISBN 3-589-21106-7

Dieses Werk berücksichtigt die Regeln der reformierten Rechtschreibung
und Zeichensetzung.

5.	4.	3.	2.	1.	✓	Die letzten Ziffern bezeichnen
02	01	2000	99	98		Zahl und Jahr des Drucks.

Redaktion: Maria Bley, Vaterstetten
Herstellung: Hans Reichert, Oberursel
Umschlaggestaltung: Studio Lochmann, Frankfurt am Main,
unter Verwendung einer Zeichnung von Klaus Puth
Satz: FROMM MediaDesign GmbH, Selters/Ts.
Druck und Bindearbeiten: Clausen & Bosse, Leck
Printed in Germany
ISBN 3-589-21106-7
Bestellnummer 211067

Inhalt

Einführung

Neulich, kurz vor Ende der Lehrerkonferenz. Der Schulleiter stellte die druckfrischen Ministeriums-Broschüren über Schulprogramm, Evaluation und Schulentwicklung mit dem Hinweis vor, die Schulaufsicht halte das alles für sehr wichtig. Dann fragte er, wer sich an einer Projektgruppe beteiligen wolle. Einen Augenblick herrschte betretenes Schweigen im Lehrerzimmer, dann zeigte Herr S. auf, ein engagierter, aktiver Kollege, Lehrerratsmitglied, Fachkonferenzvorsitzender Mathematik und Leiter der Internet AG. Der Schulleiter nickte nur, wollte Herrn S. gleich für die „Projektgruppe Schulentwicklung" notieren, da begann Herr S. zu reden:

„Ausgerechnet Schulentwicklung! Als hätten wir nichts anderes zu tun! Als wäre das jetzt wichtig! In einigen Klassen ist ein Viertel der Eltern unserer Schüler arbeitslos. Aller Voraussicht nach werden zwanzig Prozent unserer Schüler keinen Ausbildungsplatz erhalten. Und wir Lehrer? Wir haben uns noch nicht von der Erhöhung der Arbeitszeit und der Klassenfrequenzen erholt, unsere Projekte sind noch nicht einmal zur Hälfte durchgeführt, da sollen wir jetzt Schulentwicklung machen. Schul-Entwicklung! Wie gesagt, wir haben ja nichts anderes zu tun und uns fällt auch sonst nichts ein, was wir tun könnten. Aber ich werde auch das überleben. Nein, nein, ich bin nicht faul und ich will auch nicht die Klassentür hinter mir zumachen und dann in der Klasse der King sein. Beileibe nicht. Die Sache liegt anders: Ich habe keine Zeit und keine Energie mehr für Reformen, die uns nichts bringen, die den Unterricht nur belasten und eigentlich nur kluge Ideen von denen da oben sind. Die wissen doch überhaupt nicht mehr, wie es an der Basis bei uns aussieht. Wir brauchen keine Ratschläge oder Reförmchen. Wir brauchen etwas, das den Schülern und uns hilft, das uns entlastet und nicht eben wieder nur belastet." Herr S. warf die drei Broschüren vor sich auf den Tisch, setzte sich.

Herr S. hat Recht, man kann ihm eigentlich nur zustimmen. In der Tat wird gerade jetzt zu Zeiten von Sparpolitik, von Verschlechterung der Unterrichtsbedingungen und von Mehrbelastung das Zauberwort „Schulentwicklung" (wieder) aus dem Hut gezogen. Es wird von Organisationsentwicklung, von gemeinsamen, abgestimmten, koordinierten und kooperativen Planungs- und Abstimmungsprozessen und von Rechenschaft geredet und geschrieben – aber von Unterricht und Schülern recht wenig. Zustimmen muss man Herrn S. aber besonders auch deswegen, weil aus seinem Protest deutlich wird, wie bedeutsam für ihn Schulentwicklung eigentlich ist. Er will keinen blinden Aktionismus oder Alibireformen, er will keine Fassadenreförmchen und Sandkastenspiele. Was er fordert, ist letztlich Schulentwicklung, für seine Schüler und seinen Unterricht und für sich! Er will, dass Schulentwicklung für ihn und seine Schüler etwas bringt, dass sie in seinem Unterricht wirksam wird.

Schulentwicklung – dieser Begriff ist in der letzten Zeit von der Bildungspolitik und -administration regelrecht besetzt oder auch fürsorglich belagert worden. Schulentwicklung erscheint dabei als etwas, das man den Schulen von oben verordnen müsse. Dabei ist sie – richtig verstanden – zuallererst eine Sache der Schüler und der Lehrer. Sie sind entscheidende Kräfte der Veränderung und des Wandels in der Schule. Nur mit Lehrern und Schülern, die entwickeln, gestalten, verändern dürfen und wollen – und die es können –, wird Schulentwicklung gelingen. Schulentwicklung und Lehrerentwicklung bedingen und ermöglichen einander, sie sind aufeinander angewiesen. Schulentwicklung fängt (auch) bei den Lehrern an.

In diesem Sinne will dieses Buch zu Lehrerentwicklung und Schulentwicklung auffordern und sie unterstützen. Es richtet sich vor allem an einzelne Lehrerinnen und Lehrer, an Lehrergruppen und Kollegien, an Schulleitungen, an Referendare und an Lehrerfortbildner. Für Eltern, die sich an Schulentwicklung beteiligen wollen oder mit ihr konfrontiert werden, kann es Anregungen geben und Prüfsteine bieten.

Für Schulentwicklung und Lehrerentwicklung gibt es weder Patentrezepte noch Erfolgsgarantien oder allgemein gültige Muster. Es gibt für sie auch nicht die einzige wahre Theorie oder die eine Methode. Das heißt aber nicht, man müsste Schulentwicklung immer neu erfinden oder ständig von vorn anfangen. Schulen und Lehrer können viel aus vorhandenen Ansätzen, Konzepten, Erfahrungen und Verfahren lernen und sie nutzen, um ihrer Situation und ihren Aufgaben entsprechend ihren Weg der Schulentwicklung zu finden und ihn dann auch zu gehen. Dazu will dieses Praxisbuch beitragen. Es basiert auf der langjährigen Arbeit als Lehrer sowie als Lehrerfortbildner und Berater für Schulentwicklung in Nordrhein-Westfalen und in Schweden.

Der erste Teil (Welche Schulentwicklung darf's denn sein?) liefert einen Überblick über Modelle und Positionen von Schulentwicklung und stellt Verfahren vor, wie man Konzepte von Schulentwicklung analysieren und einschätzen kann. Dies ist dann wichtig, wenn man sich eher allgemein über Schulentwicklung informieren will, wenn man angesichts von Anforderungen oder neuen Konzepten nach Analysekriterien sucht oder eher theoretisch in Schulentwicklung einsteigen will. Der zweite Teil (Schulentwicklung verstehen lernen) setzt da an, wo Schulentwicklung oft nicht gesehen oder ausgeblendet wird: beim einzelnen Lehrer. Dieser Teil will Anregungen geben, sich ein Bild der eigenen Lehrerarbeit zu machen, die eigenen Voraussetzungen und auch den Bedarf für Schulentwicklung zu klären. Dies kann Lehrer unterstützen, sich als entscheidende Kraft des Wandels und der Veränderung in der Schule zu sehen und auch Veränderer zu sein.

Der dritte Teil (Schulentwicklung in der Klasse) und der vierte Teil (Schule entwickeln) zeigen Möglichkeiten, Schulentwicklung in der Schule allein oder in Gruppen bzw. im Kollegium zu verwirklichen. Wer damit eher in den eigenen Klassen beginnen will (oder muss, weil es keine anderen Möglichkeiten gibt!), findet im dritten Teil Informationen und Arbeitsvorschläge für die Gestaltung der Lern- und Arbeitskultur und die Entwicklung des Lernens in der Klasse. Wer Anregungen und Unterstützung für die Schulentwicklungsarbeit in der Schule sucht, findet im vierten Teil Informationen zu den sieben zentralen Bereichen von Schulentwicklung der gesamten Schule.

Die Abschnitte des Buches bauen aufeinander auf, sie lassen sich aber auch einzeln oder in anderer Reihenfolge lesen. Die beschriebenen Verfahren und Arbeitsvorschläge (oft mehrere zum gleichen Themenbereich) sollen nicht im Sinne eines Lehrgangs systematisch abgearbeitet werden. Sie sind ein Angebot, aus dem sich Lehrer, Lehrergruppen und auch Lehrerfortbildner den eigenen Aufgaben und Interessen entsprechend bedienen können.

Dieses Buch, das keine (neue) Theorie von Schulentwicklung entwickeln und keinen speziellen (für alle Gelegenheiten passenden) Ansatz oder Methoden favorisieren kann und will, lässt sich nutzen als eine Art Landkarte. Als Einzelner oder als Gruppe kann man sich mit ihrer Hilfe orientieren, man kann neue Entdeckungen machen, Wege finden, Grenzen erkunden, man kann sie als Fortbildungsmaterial und zur Planung des Entwicklungsweges verwenden. Aber man darf die Karte nicht schon für die Landschaft halten.

Schulentwicklung geht nicht allein und geht nicht von allein, sie kann nur im Dialog gelingen. Auch ich hätte dieses Praxisbuch ohne den Dialog und die Zusammenarbeit mit Kollegen aus Schulen und aus der Lehrerfortbildung so nicht schreiben können. Ich bin sehr dankbar für die Geduld und das Engagement meiner schwedischen Kollegen und Freunde, mich erleben und studieren zu lassen, wie Schulentwicklung gelingen (und auch scheitern) kann. In der nordrhein-westfälischen Lehrerfortbildung bekam ich die Möglichkeit, viele Ansätze von Schulentwicklung zu erproben und meine Arbeit weiterzuentwickeln. Besonders danke ich Maria Duwenhögger, Werner Holtmann und Martin Schwartz, die die Arbeit an diesem Buch mit Kritik und Ratschlägen begleitet haben.

Und noch eine Anmerkung zur gewählten Anrede: Wo immer in diesem Buch von Lehrern, Schulleitern und Schülern die Rede ist, sind ausdrücklich auch Lehrerinnen, Schulleiterinnen und Schülerinnen mit gemeint.

Gerhard Eikenbusch

Erster Teil

Welche Schulentwicklung darf's denn sein?

Alle reden von Schulentwicklung, aber was heißt das eigentlich? Bei der Suche nach einer Antwort auf diese Frage, beim Nachschlagen in Büchern, Richtlinien, Lehrplänen und bildungsplanerischen Entwürfen kann es einem ergehen wie dem kleinen Kind, das Leute fragt: „Was bedeutet ‚Luft'?" und jeder zeigt in eine andere Richtung. Schließlich dreht sich das Kind im Kreise und ihm wird schwindlig. Endlich wieder fest auf den Beinen stehend ist es der Überzeugung, alles, aber auch alles sei Luft.

Alles, aber auch alles ist Schulentwicklung, das ist die Antwort. Und offensichtlich geben sich fast alle mit dieser Antwort zufrieden. Das kann verschiedene Gründe haben:

■ Was unter Schulentwicklung zu verstehen ist, ist so sonnenklar, dass Definitionen nicht nötig sind.

■ Was mit Schulentwicklung in Verbindung gebracht wird, ist so diffus und unklar, dass Definitionen zwangsläufig nur unbestimmt sein können.

■ Schulentwicklung ist ein so offener Prozess, dass er durch Definitionen nicht erfassbar ist.

■ Alles muss unter Schulentwicklung verstanden werden können, damit alles so bleiben kann, wie es ist.

In der Literatur und in der Schulpraxis gibt es wenig Klagen darüber, dass der Begriff „Schulentwicklung" so offen und unbestimmt ist. Im Gegenteil, oft werden Offenheit und Unbestimmtheit sogar als Kennzeichen, als Programm oder wesentlicher Inhalt betrachtet. Einige Beispiele:

Ein Schulaufsichtsbeamter referiert im Rahmen der Bezirksdirektorenkonferenz mehrfach über Schulentwicklung und trägt dabei die Vorstellungen des Ministeriums zu diesem Thema vor. Heute findet eine weitere Sitzung der Bezirksdirektorenkonferenz statt, auf der über den jeweiligen Stand der Schulentwicklungsarbeit berichtet werden soll. Die Schulleiter schildern ausführlich, was an ihren Schulen geleistet worden ist. In der ersten Schule wurde das Konzept für die Klassenfahrten verändert, in der zweiten der Stundenplan überarbeitet, in der dritten Schule die Einführung eines neuen Lehrwerks diskutiert. Die vierte Schule plante eine kollegiumsinterne Fortbildung zum Thema „Kommunikation und Kooperation", in der fünften wurden Klassenräume neu gestaltet, in der sechsten Schule gab es einen besonders angelegten Lehrerausflug, in der siebten arbeitete der Schulleiter an einem Vorschlag zur Budgetierung. Die achte Schule gab einen Jahresbericht heraus, in der neunten fand das diesjährige Schulkonzert in einem außergewöhnlich feierlichen Rahmen statt. – Der Schulaufsichtsbeamte fragt nur kurz nach, ermuntert. Er sieht die Ansätze der einzelnen Schulen auf dem Hintergrund ihrer Tradition und stellt eine „pädagogische Schulentwicklung" fest.

Da sind die Schüler der 7a, die seit Jahren eine Musikanlage für die Pausenhalle fordern. Jetzt haben sie endlich Nägel mit Köpfen gemacht und einen Fachhändler überredet, eine Musikanlage zu spenden. Für sie ist das die größte Veränderung, seit sie die Schule besuchen.

Oder da ist die Schulleiterin, die in den Weihnachtsferien die Mitteilung erhält, dass noch Restmittel für Ausstattung vorhanden seien, die im laufenden Kalenderjahr ausgegeben werden müssten. Die Schulleiterin entschließt sich, etwas zu tun, was das Klima ihrer Schule nachhaltig verbessern kann: Sie lässt die über 30 Jahre alten Tische und Stühle des Lehrerzimmers durch neue Möbel ersetzen. Die meisten Lehrer nehmen die Aktion der Schulleiterin nach den Weihnachtsferien zustimmend zur Kenntnis. „Dass wir das noch erleben durften", sagt der Vorsitzende des Lehrerrates, „endlich wird mal was für uns getan."

Dann ist da das Ministerium, das Erfahrungen der Schulen mit dem neuen Lehrplan Deutsch auswerten und in einer Handreichung zusammenfassen möchte. Es wird eine Arbeitsgruppe gebildet, Schulen und Lehrer werden um Beiträge für die Handreichung gebeten. Bei der ersten Redaktionssitzung wird deutlich, dass die eingereichten Beispiele aus den Schulen sehr heterogen sind. Die Redaktionsgruppe diskutiert, ob sie die Beiträge im Sinne einer Vereinheitlichung überarbeiten soll. Der Versuch, Kriterien für eine Vereinheitlichung zu erarbeiten, scheitert. Die Broschüre erscheint zwei Jahre später mit den Beiträgen der Schulen unter dem Titel: „Werkheft Schulentwicklung – Ansätze und Möglichkeiten eines gestaltenden Umgangs mit dem neuen Lehrplan für das Unterrichtsfach Deutsch in der Sekundarstufe I".

Schließlich ist da das Jakob-von-Hoddis-Gymnasium. Hier wurde ein systematischer Schulentwicklungsprozess vereinbart. Die „AG Schulprogramm" tagt zum siebten Mal und will das Programm für die Pädagogische Tagung endgültig verabschieden. Es ist klar, dass es Probleme geben wird, wenn dort die eher konservativen Kollegen gezwungen werden, an Arbeitsgruppen zum Thema „Kommunikation und Kooperation im Kollegium" teilzunehmen. Die „AG Schulprogramm" entschließt sich, den Vorschlag des Lehrerrates aufzugreifen und zwei weitere Arbeitsgruppen anzubieten. In der einen wird es um neue Konzepte des Mathematikunterrichts gehen, in der anderen um Koordination der Grammatiktermini im Sprachenunterricht. „Wenn sich da etwas tun würde, wäre das schon Schulentwicklung", sagt der Sprecher der „AG Schulprogramm".

Ob das, was hier geschildert wurde, Schulentwicklung ist oder nicht, darüber lässt sich durchaus streiten. Wohl alle Beteiligten würden widersprechen, wenn man ihnen mit Definitionen oder Kriterien erklären wollte, bei ihnen fände keine Schulentwicklung statt. Sie sehen ihre Aktivitäten als Schulentwicklung, und zwar auf dem Hintergrund ihrer konkreten Bedingungen vor Ort, ihrer eigenen Erwartungen und Möglichkeiten, ihrer Geschichte und der Anforderungen von außen.

So nutzlos und unproduktiv es auf der einen Seite wäre, sich ausschließlich an Theorien, Definitionen, Konzepten, Anforderungen und Maßstäben (z. B. fachlichen oder gesellschaftlichen) für Schulentwicklung zu orientieren (falls es sie gibt), so gefährlich und unprofessionell wäre es auf der anderen Seite, darauf völlig zu verzichten und den jeweils eigenen Fall als unvergleichbar und theorieunabhängig anzusehen. Was Schulentwicklung in der einzelnen Schule sein kann und was sie sein soll, das müssen die Beteiligten herausfinden und verantworten. Sie müssen dazu aber in einem Lern- und Arbeitsprozess ihren eigenen Fall mit Theorien, Definitionen, Konzepten, Anforderungen und Maßstäben zusammenbringen. Dann ist das, was als Schulentwicklung angesehen und getan wird, ein Verstehens- und ein Handlungsrahmen, der sich an den inneren und den äußeren Bedingungen orientiert und seinerseits wieder Ausgangspunkt für Schul(weiter)entwicklung sein kann.

Notwendig zur Bildung dieses Verstehens- und Arbeitsrahmens für Schulentwicklung sind Orientierungspunkte, Messpunkte und Wegweiser, um fremde Positionen und Konzepte bestimmen und einschätzen zu können, um eine eigene Landkarte von Schulentwicklung zu zeichnen und geeignete Wege zur Schulentwicklung zu finden. Dabei ist es wie bei der Erkundung eines unbekannten Hauses oder Gebiets: Manche betreten es vorsichtig und unsicher, sie gehen darin herum und suchen nach Mustern, nach Auffälligem, das ihnen als Orientierungspunkt dienen könnte. Andere gehen zielstrebig und selbstsicher, sie haben bereits eine Struktur, z. B. weil sie schon häufig solche Gebiete vermessen haben, und vergleichen nun bei jedem Schritt das, was sie sehen, mit dem, was sie kennen. Wiederum andere beeilen sich bei ihrer Erkundung, sie suchen nur eine ganz bestimmte Sache, die für sie wesentlich ist und lassen alles andere außer Betracht. Die einen nehmen die Maße auf und fertigen eine Zeichnung an, andere machen erst später aus ihrer Erinnerung eine Skizze und benötigen keine Maßangaben.

Welche Strategie man für die Erkundung von Schulentwicklung wählt, hängt von den eigenen Vorerfahrungen, den Zielen und dem Auftrag ab. Die folgenden Kapitel dieses ersten Teils bieten Material und Vorschläge, sich einen Verstehens- und Arbeitsrahmen von Schulentwicklung zu erarbeiten. Dabei geht es im ersten Kapitel darum, sich eine Orientierung über das zu verschaffen, was Schulentwicklung heißen und bedeuten kann. Im zweiten Kapitel werden die Geschichte der Schulentwicklung und zentrale Bereiche (z. B. Gegenstand, Ziel, Methoden, Strategien) von Konzepten der Schulentwicklung erläutert. Dabei geht es, wie gesagt, um Orientierungen und nicht um feste Pläne. Das Gebiet der Schulentwicklung ist voller Überraschungen, Unwägbarkeiten, gefährlicher und interessanter Stellen. Es kann deshalb sein, dass Sie Ihre Erkundungsstrategie wechseln müssen – eventuell sogar mehrmals.

1. Kapitel: Ordnung schaffen – ohne Schubladen

1.1 Orientierungspunkte für Schulentwicklung

Es ist nicht so, dass es nicht schon Orientierungspunkte oder Landkarten für Schulentwicklung gäbe. Im Gegenteil, fast scheint es mehr Landkarten als Gebiete zu geben! Dieses Kapitel bietet Materialien und Anregungen, die Sie nutzen können, um Ihre vorhandenen Landkarten zu ordnen, sie auszuwerten und Grundzüge einer eigenen Karte zu entwerfen.

Mindmap „Schulentwicklung"

Wo sehen Sie Schulentwicklung in der Schule? Welche Bedeutung hat sie, mit welchen Aspekten und Bereichen ist sie verknüpft? Mit Hilfe dieser Gedankenlandkarte können Sie sich ein Bild davon machen, wo und wie Sie Schulentwicklung verorten.

Erster Arbeitsschritt: Schreiben Sie die folgenden Begriffe (einzeln) groß auf Postkarten:

Autonomie – Eltern – Entscheidungen – Entwicklung – Evaluation – Fachunterricht – Klasse – Kollegium – Konferenz – Kontrolle – Lehrer/in – Macht – Markt – Organisation – Pädagogik – Planung – Qualität – Qualitätssicherung – Richtlinien und Lehrpläne – Schulaufsicht – Schulentwicklung – Schüler/innen – Schülerleistungen – Schulleitung – Schulprogramm – Selbstbestimmung – Unterricht – Unterrichtsbedingungen – Unterstützung – Veränderung – Verantwortung – Vereinbarung

---

Abbildung 1-1: Begriffe für eine Mindmap „Schulentwicklung"

Zweiter Arbeitsschritt: Legen Sie die einzelnen Karten jetzt so auf den Tisch oder Boden, wie die Begriffe Ihrer Auffassung nach zusammenhängen bzw. zueinander in Beziehung stehen. Versuchen Sie, möglichst alle Karten zu verwenden. Verschieben, verknüpfen und kombinieren Sie so lange, bis sich eine von Ihnen akzeptierte Struktur zwischen den Begriffen ergibt („Gedankenlandkarte"). Beziehungen können durch Nähe, Distanz, Muster etc. ausgedrückt werden. Karten, die Sie überhaupt nicht verwenden wollen, legen Sie zur Seite. Wenn Sie es für erforderlich halten, können Sie eigene Karten (nicht mehr als drei) hinzufügen.

Dritter Arbeitsschritt: Kleben Sie die Karten auf einen großen Bogen Papier. Schreiben Sie dann unten eine kleine Legende Ihrer Karte, welches die zentralen Aussagen und Orientierungspunkte Ihrer Karte sind.

Vierter Arbeitsschritt: Vergleichen Sie Ihre Gedankenlandkarte mit der von Kollegen oder mit einer, die Sie selbst früher erstellt haben. Worin unterscheidet sich Ihr Bild von Schulentwicklung von dem der Kollegen oder von Ihrem früheren Bild? Wie erklären Sie sich den Unterschied bzw. die Veränderung? Möchten Sie, dass Ihre Gedankenlandkarte bzw. die Ihrer Kollegen in einem Jahr anders aussieht?

Schubladen-Ordnung

Der folgende Arbeitsvorschlag nennt Begriffe, die im Zusammenhang mit Schulentwicklung häufig genannt werden. Ordnen Sie diese Begriffe in acht Schubladen ein, indem Sie die Zahl der jeweiligen Schublade vor den entsprechenden Begriff schreiben.

Zuvor müssen die Schubladen beschriftet werden, und zwar entweder mit den vorliegenden oder mit eigenen Begriffen. Dabei sind alle Beschriftungen zulässig außer: Unbekannt/Kenne ich nicht.

Sollten Sie einige Begriffe oder Konzepte nicht oder nicht genau genug kennen, ordnen Sie sie in diejenige Schublade ein, von der Sie meinen, dass sie am ehesten passt.

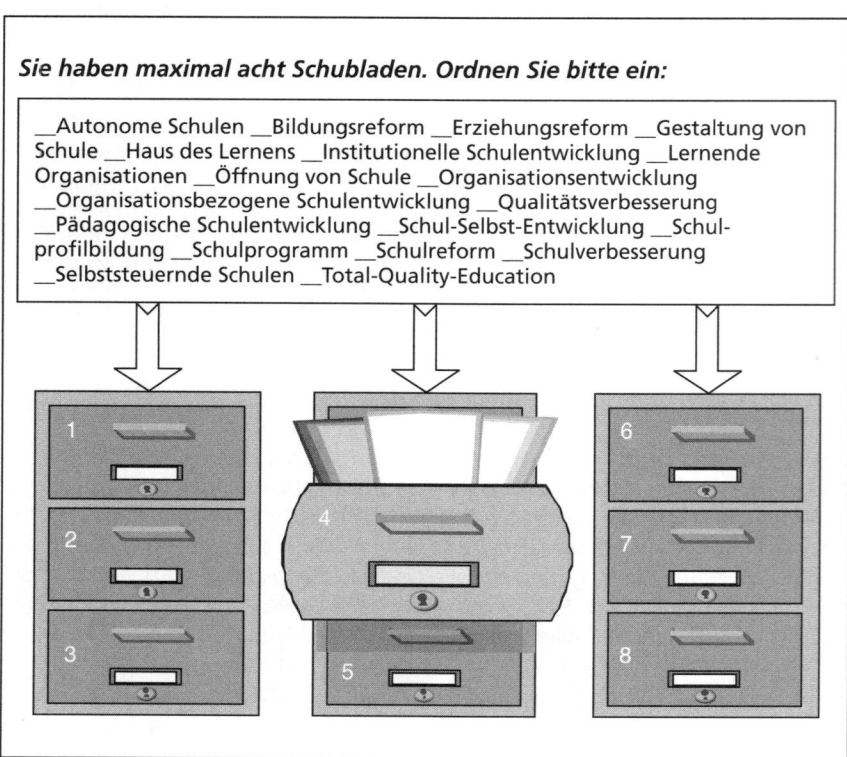

Sie haben maximal acht Schubladen. Ordnen Sie bitte ein:

__Autonome Schulen __Bildungsreform __Erziehungsreform __Gestaltung von Schule __Haus des Lernens __Institutionelle Schulentwicklung __Lernende Organisationen __Öffnung von Schule __Organisationsentwicklung __Organisationsbezogene Schulentwicklung __Qualitätsverbesserung __Pädagogische Schulentwicklung __Schul-Selbst-Entwicklung __Schulprofilbildung __Schulprogramm __Schulreform __Schulverbesserung __Selbststeuernde Schulen __Total-Quality-Education

Abbildung 1-2: Schubladen-Ordnung

1.2 Was ist Schulentwicklung eigentlich? – En Dampfmaschin?

Kaum macht Schulentwicklung Karriere, da geistert ein Gespenst durch Examensprüfungen, Kolloquien und Revisionen. Es ist die Frage: Was ist Schulentwicklung? Sie erinnert, übrigens nicht ganz zu Unrecht, an Heinrich Spoerls „Feuerzangenbowle" (1996:38): „Also, wat is en Dampfmaschin? Da stelle mer uns janz dumm. Und da sage mer so: En Dampfmaschin, dat ist ene jroße schwarze Raum ..."

Weichen wir der Was-ist-Frage für einen Augenblick noch aus und ändern wir sie ab: Woran merkt man eigentlich, dass Schulentwicklung stattgefunden hat? HOPKINS u. a. (1994:21f.) bieten eine angenehm einfache Antwort auf diese Frage: Man merkt es daran, dass sich ein Zustand oder eine Sache entweder allmählich in einem Wachstums- oder Entwicklungsprozess verändert hat oder (absichtlich) verändert wurde. Der Anlass für gewachsene, ungeplante oder geplante Veränderung kann dabei innerhalb der Schule (bei einzelnen Personen oder Gruppen) oder außerhalb der Schule liegen. Aus dieser Unterscheidung ergeben sich vier Grundtypen von Entwicklung (vgl. HOPKINS u. a. 1994:22):

	Anstoß/Ausgang von	
	innerhalb der Schule	außerhalb der Schule
geplant	I ziel-/zweckbezogene Änderung	II Innovation
gewachsen	III persönliche (Weiter-) Entwicklung	IV Umfeld-/ Umweltveränderung

Abbildung 1-3: Typologie von Entwicklung

Schulentwicklung konzentriert sich oft auf die Entwicklungstypen I und II, zum Teil auch auf IV. Persönliche (Weiter-)Entwicklungen erscheinen dagegen lediglich als Einflussgröße, nicht aber als Ausgangspunkt oder Ziel. Da aber Schulentwicklung und Lehrerentwicklung einander bedingen, darf in Schulentwicklungsprozessen die persönliche (Weiter-)Entwicklung nicht ausgeblendet, gering geschätzt oder nur als Widerstand angesehen werden, vielmehr ist sie ein zentrales Element. Bei Schulentwicklung sind offensichtlich alle vier Typen von Entwicklung notwendig, und zwar entweder als Voraussetzung, während der Entwicklung selbst oder als Folge von Entwicklungsprozessen. Oder noch schärfer formuliert: *Schulentwicklung geschieht erst durch eine Vernetzung der unterschiedlichen Entwicklungstypen.*

Das bedeutet: Wenn Schulentwicklung von der einzelnen Schule ausgeht, muss sie zumindest langfristig zu Lern- und Veränderungsprozessen bei den einzelnen Lehrern und im Umfeld (z. B. bei Schulaufsicht oder Bildungspolitik) führen. Oder andersherum: Entwicklungen bei einzelnen Lehrern oder im Umfeld werden zur Schulentwicklung, wenn sie langfristig auch geplante Veränderungen in der Schule und Innovationen von außen auslösen.
Wir können jetzt die Matrix von HOPKINS u. a. (1994) verändern:

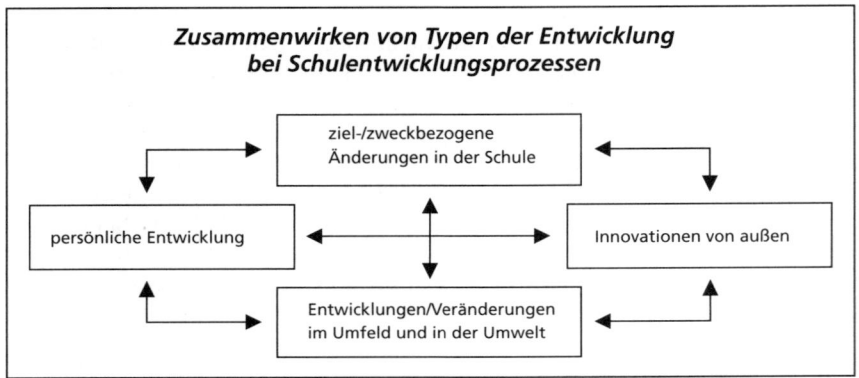

Abbildung 1-4: Typen der Entwicklung bei Schulentwicklungsprozessen

Kehren wir zur Was-ist-Frage zurück: Wir haben zwar Typen von Entwicklung beschrieben, aber wir haben uns noch nicht damit auseinandergesetzt, was eine Entwicklung von einer Nicht-Entwicklung unterscheidet, wie groß eine Veränderung sein muss, um als Teil oder insgesamt als Schulentwicklung gelten zu können. Damit verbunden ist die Frage, ob es nicht auch Schulentwicklung sein kann, nichts zu verändern und sich darum zu bemühen, die gegenwärtige Qualität, Ausstattung oder Organisation der Schule zu erhalten. Heißt Entwicklung oder Veränderung eigentlich, immer etwas anders machen zu müssen als bisher oder immer etwas an sich verändern zu müssen? Welcher Anspruch wird mit dem Begriff „Entwicklung" verbunden?

Es geht also nicht nur um den Typus oder die Verbindung mehrerer Typen von Entwicklung und Veränderung. Es geht auch darum, wie groß ein Veränderungsschritt sein muss, damit man ihn als Schulentwicklung anerkennt.

Dass alles, aber auch alles Schulentwicklung sein kann, hängt nicht zuletzt mit der Unsicherheit über die Größe des erforderlichen oder geplanten Veränderungsschrittes zusammen. Zum Teil erweist sich dieses Problem als ein Sprach- bzw. als ein Übersetzungsproblem. Im angloamerikanischen Sprachraum wird das für Schulentwicklung notwendige Veränderungsziel genauer bezeichnet (wobei die genaueren Bezeichnungen dann teilweise gegenseitig austauschbar erscheinen):

- Das, was im deutschen Sprachraum oft unter Schulentwicklung firmiert, wird dort als „School Improvement" gefasst. In vielen Fällen handelt es sich dabei um Projekte, die die Qualität des Unterrichts verbessern sollen.

- Wenn es darum geht, die Organisationsstrukturen, Strategien und Ziele einer ganzen Schule in den Fokus der Veränderung zu rücken, wird eher der Begriff „School Development" verwendet.

- Schulentwicklung, die auf die Verbesserung bzw. die Steigerung der Effektivität und Effizienz der Arbeit in der Schule aus ist, läuft teilweise unter „School Effectiveness" oder unter „Total Quality Management".

- Schulentwicklung, die sich darauf konzentriert, den Mitgliedern einer Schule (als Gruppe) einen konzeptuellen Rahmen und eine Strategie zur Selbst-Entwicklung zu vermitteln, wird z. T. „Organization Development in Schools" oder „Institutional Development Process" genannt.

- Geht es darum, Schulentwicklung als eine Art durchgehendes pädagogisches Konzept der Schule und als ein Element von Bildungsreform zu sehen, wird der Begriff „Change" oder „Educational Change" benutzt, insbesondere von FULLAN.

- Das, was von Schulaufsicht und Bildungspolitik allgemein als Schulentwicklung angesehen wird, hat häufig mit „Educational Change" oder auch mit „Educational Reform" zu tun.

All diese Begriffe und Nuancierungen reichen nicht immer aus, um genau zu bezeichnen, was Schulentwicklung meint. Das wird u. a. deutlich in Buchtiteln wie „School Improvement in an Era of Change" (HOPKINS u. a. 1994), „The empowered School" (HARGREAVES/HOPKINS 1991) oder „Change Forces – Probing the Depths of Educational Reform" (FULLAN 1993). Aber diese Nuancierungen und Abgrenzungen helfen immerhin, die angestrebten oder erforderlichen Veränderungen bei Schulentwicklung genauer zu beschreiben und nicht alles als Schulentwicklung bezeichnen zu müssen, was sich in einer Schule verändert oder verändert wird.

Abbildung 1-5: Was heißt Schulentwicklung?

Man kann darüber streiten, ob die unterschiedlichen Konzepte von Schulentwicklung wirklich Entwicklung beinhalten oder ob sie nicht eher Variationen des Gewohnten, publicityträchtige Strategien oder Moden sind.
Für mich handelt es sich um *Entwicklung*, wenn

- neue Eigenschaften oder Beziehungen entstehen, neu geschaffen oder integriert
  werden,
- auf sozialer Ebene die Fähigkeiten und das Potential des Systems (Schule) verändert
  werden und
- die Menschen ihre Fähigkeiten und Wünsche erweitern, um ihre eigenen Bedürfnisse
  und legitimen Wünsche sowie auch die von anderen zu befriedigen (vgl. PROBST
  1987:51, 88).

Von Schulentwicklung zu reden ist erst möglich, wenn sich diese Entwicklung
auf die Verbesserung der Bedingungen und Ergebnisse der Lern- und Entwicklungsprozesse der Schüler bezieht, wenn Lehren und Lernen humaner und
erfolgreicher geworden sind (MEYER 1996:9). Bei Schulentwicklung geht es
also nicht um Veränderung oder Entwicklung an sich, obwohl es sich oft so
anhört. Veränderungen oder Entwicklungen, ob befohlen, empfohlen oder
selbst entwickelt, sind bei weitem nicht immer zum Nutzen und zum Wohl der
Schüler und Lehrer gewesen. Bei Schulentwicklung muss es um Fortschritt für
Schüler, Lehrer und Gesellschaft gehen, um die Einübung des aufrechten
Gangs (MEYER 1994:14).

Fast selbstverständlich wurde bisher davon ausgegangen, dass der erste
Bestandteil des Wortes „Schulentwicklung" nicht geklärt werden muss: Schu-
le. Aber so klar ist das nicht. In den Konzepten von Schulentwicklung kommt
Schule in fast allen Variationen und Definitionen vor, die Schultheorie,
Organisationssoziologie u. a. zu bieten haben: Schule als soziales System, als
Institution, als Einrichtung, als Lebensraum, als Organismus, als Gemeinde
oder als Konstrukt. Entsprechend der Charakterisierung bzw. Definition von
Schule sind dann auch Bereiche und die Tiefe von Schulentwicklung angelegt.
(Dazu mehr im folgenden Kapitel, vgl. Seite 29ff.)

Schulentwicklung also „en Dampfmaschin, ene jroße schwarze Raum"? Es
kann nicht anders sein, zumindest nicht auf der Begriffs- oder Definitions-
ebene. Das ist auch Ausdruck dafür, dass Schulentwicklung selbst immer in
der Entwicklung ist und nicht zu einem abschließend definierten und exakt
abfragbaren Konzept geworden ist. Definitionen und Charakterisierungen
haben immer nur vorläufigen Charakter, sie sind Arbeitshypothesen. So auch
die folgenden Beschreibungsversuche von Schulentwicklung:

- Schulentwicklung ist ein Sammelname für eine Reihe unterschiedlicher Innovations-
  und Veränderungsstrategien, die auch den organisationalen Kontext berücksichtigen, auf den sie einwirken. (Nach HOPKINS u. a. 1994:84 die „häufigste" Definition
  von Schulentwicklung.)

■ „Schulentwicklung ist das systematische, kontinuierliche Bemühen, Lernbedingungen und andere damit verbundene interne Bedingungen in einer oder mehreren Schulen zu verändern, mit dem Hauptziel, die Erziehungsziele effektiver zu erreichen." (VAN VELZEN/MILES/EKHOLM u. a. 1985:48)

■ „Theoretisch gesehen ist der Zweck von Schulentwicklung (educational change) vermutlich, den Schulen zu helfen, ihre Ziele effektiver dadurch zu erreichen, dass sie einige ihrer Strukturen, Inhalte und/oder Methoden durch bessere ersetzen." (FULLAN 1991:15)

■ „Zusammenfassend betrachten wir Schulentwicklung (School Improvement) als:
 – ein Vehikel für geplante Bildungs- oder Schulreform, wobei gleichzeitig auch Bildungs- und Schulreform notwendig sind für Schulentwicklung,
 – speziell geeignet, wenn bei zentral gesteuerten Initiativen oder bei Überlastung durch Innovation unterschiedliche Reform- und Veränderungsansätze in der Schule in Konkurrenz zueinander stehen,
 – etwas, mit dem normalerweise irgendeine Form externer Unterstützung verbunden ist,
 – sowohl auf die Stärkung der Fähigkeiten der Schule zur Gestaltung von Veränderung und Entwicklung hin
 – als auch auf die Verbesserung der Schülerleistungen (im weitesten Sinne) hin ausgerichtet,
 – besonders auf den Lehr-Lern-Prozess konzentriert." (HOPKINS u. a. 1994:84)

2. Kapitel: Messpunkte einer Schulentwicklungs-Landkarte

Dass unsere Landkarten von Schulentwicklung nie allgemein- und endgültig sind (FULLAN 1993:51) und falsch sein müssen, ist klar: Denn in dem Augenblick, wo wir sie gezeichnet haben, haben wir den nächsten Schritt – vor oder zurück – schon wieder getan und damit die Schulentwicklungs-Landkarte und uns verändert. Doch auch wenn die Landkarten nicht allgemein- oder endgültig sind, brauchen wir sie, damit wir Veränderungen sehen und die nächsten Schritte machen können.

Messpunkte sind etwas anderes als Grenzsteine. Grenzsteine sollen unverrückbar etwas festlegen und Ansprüche sichern, Messpunkte sind Bezugs- und Anhaltspunkte, um ein Gebiet überhaupt erst vermessen zu können. Welche Grenzen in diesem Gebiet bestehen oder gelten sollen, das legen die Messpunkte nicht fest, sie können aber dazu benutzt werden, solche Grenzen zu ziehen.

2.1 Geschichte der Schulentwicklung

Zugespitzt könnte man formulieren: Schulentwicklung ist kein neues Thema, nicht einmal ein Modethema. Das Thema Schulentwicklung gibt es, seit es Schulen und Lehrer gibt. Immer gab und gibt es Lehrer, Schüler, Eltern, Schulverwalter o. Ä., für die Schule nicht eine „fertige Anstalt" oder eine starre Institution ist, sondern eine Einrichtung, die ständig gestaltet werden kann und muss.

Für die ersten Schulleute war Schulentwicklung ein Mittel zum Aufbau und zum Beweis ihrer Professionalität, sie war Werbestrategie (um Kunden, Herrscher und Sponsoren für sich zu gewinnen) und Strategie bei der Etablierung der öffentlichen Erziehung. Schulentwicklung war zu Beginn also kein hohes Konzept für natürliche oder gute Erziehung, für autonome Schulen oder Schüler, sondern es war ein pragmatisches und auch opportunistisches Theorie- und Praxiskonglomerat der Schulunternehmer im Kampf um die Etablierung der Schule sowie im Kampf um die Schüler. Diese Konglomerate setzten sich, wie z. B. bei PESTALOZZI (vgl. EIKENBUSCH 1989) u. a., zusammen aus Ansätzen zur Unterrichtsgestaltung und -organisation, aus einer pädagogischen Führungslehre, aus politischen Bekenntnissen, philosophischen und theologischen Exkursen, aus betriebswirtschaftlichen Rentabilitäts- und Gewinnberechnungen.

Nachdem sich die staatlichen bzw. öffentlichen Schulen etabliert hatten, wechselte die Schulentwicklung bald den Besitzer und die Inhalte. In der Reformpädagogik zu Beginn des 20. Jahrhunderts wurde Schulentwicklung zu einem Gegenkonzept von Lehrern und Eltern, die mit der Schule unzufrieden waren, die sich von ihr eingeengt fühlten: „Als Gegenmodell zur Staatsschule (KEY), zur Zwangsschule (OTTO) oder zur Buchschule (KERSCHENSTEINER), stellt sich Schule vor als Schutzraum zum Wachsen (MONTESSORI), Bildungsstätte einer freien Schulgemeinde (WYNEKEN) (...) als eine freie anthroposophische Privatschule (STEINER), eine Menschenschule (PETERSEN) oder ein Erfahrungsraum auf dem Lande (REICHWEIN)." (BEETZ 1997:160) Schulentwicklung war nicht mehr länger eine Strategie zur Etablierung von Schule und Lehrerberuf, sondern ein Alternativkonzept, eine Kritik an der etablierten Schule.

In den 20er- und 30er-Jahren wurde Schulentwicklung dann auch Thema bei den Jugendlichen selbst: In der Auseinandersetzung über die reaktionäre Klassenschule entwickelten Jugendgruppen und -verbände in der Weimarer Republik Alternativmodelle von Schule und von Unterricht, teilweise versuchten sie sogar, in ihrer eigenen Jugendbildungs- und -kulturarbeit ein Gegenmodell zu den Inhalten und Methoden der Staatsschule zu schaffen (vgl. EIKENBUSCH 1997).

Erst in den 60er-Jahren – nach einer Phase der bildungspolitischen Restauration – wurde in der Bundesrepublik Deutschland Schulentwicklung wieder zu einem Thema. Ausgelöst wurde dies u. a. durch Diskussionen über die

sozio-ökonomischen Ursachen von Bildungsungleichheit und durch bildungs-
ökonomische Überlegungen, in denen Bildung als Humankaptial und Voraussetzung für Wirtschaftswachstum angesehen wurde („Bildungskatastro-
phe"). Ansätze der Reformpädagogik und die Schuldebatten der Weimarer
Republik hatten hier nur eine untergeordnete Bedeutung und wurden später
der Alternativschulpädagogik zugeordnet bzw. von ihr übernommen. Die
Folge dieser Diskussionen, Überlegungen und Ansätze waren Bildungs- und
Schulreformkonzepte zur Chancengleichheit, zur Individualisierung des
Unterrichts und zur Wissenschaftsorientierung.

Eine bedeutende Strategie zur Umsetzung dieser Reform orientierte sich an
der Curriculumforschung und -entwicklung aus den USA und England. Dort
wurde versucht, Bildungsreform und Schulentwicklung durch Entwicklung
und Verbreitung exemplarischen Lehr- und Lernmaterials und entsprechender
Planungen für Schulen zu initiieren und abzusichern. Grundlage dieser Strategie war die Vorstellung, dass Lehrer und Schulen sich dieses Material und
die Planungen aneignen und umsetzen würden. Dieser Ansatz von Bildungsreform und Schulentwicklung scheiterte weitgehend (nicht nur in der Bundesrepublik Deutschland). Die Gründe dafür lagen u. a. darin, dass

▓ meistens keine Bestandsaufnahmen vor Ort erfolgten, was Lehrer und Schüler benö-
  tigten, sondern dass „von oben" aus fachwissenschaftlicher oder aus erziehungswis-
  senschaftlicher Sicht entschieden wurde, was wichtig und richtig war,
▓ Lehrer nicht in die Entwicklung der Materialien eingebunden waren und sie deshalb
  oft nicht oder nicht in angemessener Weise einsetzen konnten oder wollten,
▓ diejenigen Lehrer, die bereit waren, diese Materialien einzusetzen, ja, die geradezu
  auf solche Angebote und Veränderungen warteten, nicht genügend Unterstützung
  bei der Umsetzung hatten und deshalb entweder die Umsetzung von vornherein
  nicht wagten oder früh abbrachen,
▓ Schulleitung und Schulaufsicht nicht als Träger der Schulentwicklung angesehen
  wurden (und folglich keine Karriere damit machen konnten), weil sie nicht „wichtig"
  waren für die Umsetzung der Materialien, die meist direkt von Universitäten aus an
  die Lehrer gingen,
▓ viel Energie und Arbeit auf zentral verordnete oder angeregte Innovationen verwendet wurde, während die konkrete Arbeit und Situation in der Schule nicht in den
  Blick geriet,
▓ fragwürdige Innovationen gefördert wurden, während dringend erforderliche Reformen seit Jahrzehnten systematisch ignoriert wurden (vgl. FULLAN 1991:22f.).

Wegen des Scheiterns der „Top-down"-Modelle der Erziehungs- und Bildungsreform kam es zu Beginn der 70er-Jahre immer mehr zu Reform- und Entwick-
lungsstagnation in den Schulen, während andererseits an der Basis verstärkt
neue Ansätze von Schul- bzw. Unterrichtsreform entstanden. Sie dokumen-
tierten sich in Alternativ- und Modellversuchen, in handlungsforschungsorien-
tierten Untersuchungen, in neuen Ansätzen zur Lehrerfortbildung, in basisnah
produziertem Material, in vielen einzelnen Projekten. Hier ging es darum, neue
Materialien oder Konzepte nicht nur zu entwickeln und zu vertreiben, sondern

sie in Praxis umzusetzen. In vielen Schulen blieben diese Projekte Insellösungen oder sie beschränkten sich auf bestimmte Bereiche der Arbeit. In neuen Schulen oder in Schulen, die unter hohem Veränderungsdruck standen, wurden diese Projekte allerdings zum Teil vernetzt, z. B. auf Jahrgangs- oder Fachebene.

Der Gesichtspunkt der Vernetzung und der Einbeziehung der ganzen Schule in die Schulentwicklung erhielt dann ab dem Beginn der 80er-Jahre (in den USA, Kanada und Großbritannien) bzw. seit der Mitte der 80er-Jahre (in der Bundesrepublik) eine stärkere Bedeutung. Anstöße hierzu gaben vor allem Studien über Schulleben und Lehrerarbeit (z. B. RUTTER 1981), über Merkmale und Bedingungen guter Schulen (vgl. PURKEY/SMITH 1983; STEFFENS/BARGEL 1992) sowie über Schulentwicklung (School Improvement) und Veränderungsprozesse in Schulen und von Schulen (vgl. HUBERMANN/MILES 1984; HARGREAVES 1984; VAN VELZEN u. a. 1985; FULLAN 1991). Schulentwicklung wurde nicht mehr länger nur als Verbesserung oder als Weiterentwicklung von Unterricht gesehen, sondern als ein umfassender Veränderungs- und Entwicklungsprozess der ganzen Schule, in dem auch Veränderung gelernt und die Schule als Organisation entwickelt werden muss.

Dieses Ergebnis zahlreicher umfangreicher Fallanalysen und systematischer Darstellungen erwies sich als eine notwendige Voraussetzung für die weitere Arbeit an Schulentwicklung, es zeitigte aber auch abschreckende und irritierende Wirkungen: Je mehr über umfassende Veränderung und Wandel der einzelnen Schule bekannt und geschrieben wurde, umso notwendiger, aber auch umso schwieriger erschien die Veränderung und umso wichtiger externe Beratung und Unterstützung.

Bezeichnenderweise haben sich für diesen Ansatz von Schulentwicklung in der Bundesrepublik Deutschland zuerst fast nur Schulpolitik, Schulaufsicht und Schulleitungen interessiert. Ihnen erschien Schulentwicklung im Sinne von Bildungsreform („School Development" und „Educational change") als interessantes, notwendiges und auch als erfolgversprechendes Konzept, Schule den veränderten Rahmenbedingungen anzupassen (durch Steigerung der Effektivität, Verbesserung der Organisation und der Leistungen) und auf neue Herausforderungen vorzubereiten. Und natürlich wurde das Interesse der Schulaufsicht, Schulleitungen und Schulpolitik auch dadurch gefördert, dass ihnen bei einer möglichen Realisierung dieses Ansatzes von Schulentwicklung neue, wichtige Rollen und Aufgaben (Unterstützung der Schulen, Vernetzung von Schulen, Qualitätssicherung) zuwuchsen. Angesichts dieses Interesses und z. T. auch dieser Vereinnahmung durch „Oben" traten die Lehrer erst einmal ein Stück von der Schulentwicklung zurück. Schulentwicklung war plötzlich zu einer Sache von oben geworden, zu einem Konzept einer Bildungskommission, zu einer Sache von Beratern, Aufsichtspersonen oder Leitungen.

Heute geht es darum, Schulentwicklung auch wieder zur Sache der Lehrer und der Schüler zu machen – und zwar Schulentwicklung im genannten umfassenden Sinn. „Die Voraussetzung dafür ist, dass Lehrer und Schulleitungen letzten Endes selber dafür sorgen müssen, dass dies geschieht. Sie können sich nicht darauf verlassen, dass sie jemand dabei unterstützt. Sie müssen Entwicklungen und Verbesserungen durchsetzen, trotz der vielen Schwierigkeiten, die sie selbst damit haben und die andere ihnen bereiten. Dies spricht andere (z. B. Schulaufsicht und der Bildungspolitik) jedoch nicht von der Verantwortung frei." (FULLAN/HARGREAVES 1992:2)

Abbildung 1-6: Wem „gehört(e)" die Schulentwicklung?

Angesichts der Tatsache, dass viele neue Ansätze von Schulentwicklung als geschichtslose Erfindungen präsentiert werden (besonders wenn sie als Managementtheorien oder -konzepte verkauft werden, die ja neu sein müssen, weil nur neue Produkte verkäuflich sind), erscheint die Kenntnis der (hier nur skizzierten) Geschichte von Schulentwicklung als besonders wichtig. Sie hilft, neue Ansätze einzuordnen und zu prüfen, ob sich Schulentwicklung auch selbst entwickelt hat.

Mit ihrer Hilfe lassen sich Antworten finden auf die Fragen: Inwiefern haben neue Konzepte von Schulentwicklung aus bisherigen Ansätzen und Erfahrungen gelernt? Welche Gedanken und Strukturen greifen neue Konzepte wieder auf, welche übersehen sie? Wem „gehört" die Schulentwicklung eigentlich? Wem sollte sie gehören?

Die Abbildung auf Seite 25 bietet einen Überblick über die Geschichte der Schulentwicklung. Wenn Sie mit Schulentwicklungs-Konzepten konfrontiert werden, können Sie sie in diese Geschichte einzuordnen versuchen und prüfen, ob die Konzepte Vorläufer haben oder Widergänger sind. Wenn Sie selbst nach einem geeigneten Konzept von Schulentwicklung suchen, können Sie hier eintragen, wo Ihrer Meinung nach der Ort der Schulentwicklung heute sein müsste.

2.2 Schulentwicklung – die Teile des Ganzen

Wenn wir bei unserem Bild von der Schulentwicklungs-Landkarte bleiben, dann haben wir uns bisher eine Übersichtskarte (Begriff, Struktur, Geschichte) mit einem großen Maßstab erarbeitet. Mit ihr als Orientierungsgrundlage können jetzt einzelne Parzellen des Schulentwicklungs-Gebiets genauer untersucht werden.

Was kann Schulentwicklung entwickeln – was soll sie entwickeln? (Gegenstand)

Unabhängig vom Typus von Schulentwicklung wird nun die Frage nach den Inhalten von Schulentwicklung gestellt. Wenn Sie an Ihre eigene Arbeit und an Ihre Schule denken,

- was müsste Schulentwicklung da leisten und
- was könnte sie leisten?

Kennzeichnen Sie in der folgenden Übersicht mit x, was Schulentwicklung in Ihrer Schule leisten müsste, mit 0, was sie wirklich leisten kann.

In meiner Schule müsste (x) bzw. könnte (0) Schulentwicklung ...	++	+	+/–	–	– –
1. die Arbeitskultur in der Schule (weiter-)entwickeln.					
2. die Arbeitsplatzsituation der Lehrer und Schüler verbessern.					
3. die Attraktivität/Konkurrenzfähigkeit der Schule steigern.					
4. Beziehungen zwischen den Lehrern verbessern.					
5. bessere Fortbildung erreichen.					
6. Disziplin und Ordnung in der Schule und im Unterricht erhöhen.					
7. der Schule wieder Ziele geben.					
8. Einstellungen der Schüler gegenüber der Schule positiver gestalten.					
9. Eltern in die Arbeit der Schule einbeziehen.					
10. Ergebnisse der Schularbeit evaluieren.					
11. erreichen, dass die Lehrer neue Unterrichtsmethoden anwenden.					
12. die Fähigkeit der Schule zur Selbstorganisation schaffen/verbessern.					
13. Führungsqualitäten von Leitungspersonen der Schule verbessern.					
14. eine gemeinsame Vision von Schule schaffen.					
15. Konflikte im Kollegium abbauen.					
16. die Leistungsorientierung der Schule verstärken.					
17. mehr Kooperation bei den Lehrern erreichen.					
18. neue Unterrichtsmaterialien und -medien entwickeln helfen.					
19. die Organisation der Schule (z. B. Stundenplan) verbessern.					
20. das pädagogische Engagement der Lehrer gegenüber den Schülern fördern/erhöhen.					
21. Rechenschaftslegung der Schule nach außen fördern.					
22. Schülerleistungen verbessern helfen.					
23. Umsetzung der Richtlinien und Lehrpläne erreichen.					

Was würde sich für Sie und für Ihre Schule verändern, wenn alles das verändert würde, was durch Schulentwicklung verändert werden *könnte*? Was würde sich verändern, wenn alles das verändert würde, was verändert werden *müsste?* Wie könnten Sie dazu beitragen, dass Schulentwicklung in den Feldern erfolgreich ist, in denen sie etwas leisten kann bzw. müsste?

Entwicklungen und Veränderungen sind kein Wert an sich, nicht jede Entwicklung oder Veränderung ist positiv. Dass sich z. B. im Rahmen von Schulentwicklung die Beziehungen zwischen den Lehrern verbessern, muss nicht zwangsläufig positive Auswirkungen auf den Unterricht haben! Es kann in Extremfällen sogar bedeuten, dass Lehrer vor dem Unterricht in gutes Kollegialklima flüchten und sich der Unterricht verschlechtert! Die Verbesserung des Unterrichts, die Steigerung der Schülerleistungen, die Erhöhung der Zukunftschancen der Schüler müssen immer im Zentrum von Schulentwicklung stehen. Darum geht es letztendlich in Schulentwicklung! Auch die Veränderung und Verbesserung der Organisation Schule (als Einrichtung) bzw. die Entwicklung der Grundlagen für die Arbeit dieser Organisation sind diesem Ziel von Schulentwicklung untergeordnet (vgl. auch FULLAN 1993:4; HOPKINS u. a. 1994:24). Schulentwicklung, die nur die Schule oder nur die Lehrer verändert, ist zynisch. Insofern ist auch ein Vorschlag aus der Organisationsentwicklung, die Ziele über die Mittel zu klären, mit Vorsicht anzuwenden, will man die zentralen Ziele von Schulentwicklung nicht aus dem Blick verlieren.

Welche Bilder hat Schulentwicklung von der heutigen Schule und von der Schule der Zukunft? (Ziele)

In jedem Konzept von Schulentwicklung sind Bilder über die Schule von heute und über die zukünftige Schule enthalten. Eine Möglichkeit, sie zu sehen oder zu beschreiben, besteht darin zu überlegen (ähnlich wie bei der Erarbeitung des persönlichen Wunschbildes von Schule als einer „Maschine", vgl. Seite 74f.):

Wenn ich in (m)einem Konzept von Schulentwicklung die heutige und die zukünftige Schule als eine Maschine darstellen müsste, welche Art von Maschine wäre das (eine einfache mechanische Maschine, eine sich selbst regulierende Maschine, ein Perpetuum mobile ...)?

	Schule heute	Schule der Zukunft
● Welchen Sinn/Nutzen/Zweck hätte so eine Maschine? ● Was ist ihr Produkt/Ergebnis? ● Wie sind die Beziehungen zwischen den Beteiligten (bzw. den Teilen der Maschine)? ● Wie erfolgt die Steuerung/Leitung? ● Was wäre das Gegenteil (der Maschine bzw. Schule)? ● Welche Bedeutung und Folgen hat diese Maschine (Schule) für die Umwelt?		

Eine zweite Möglichkeit, die Bilder von gegenwärtiger und zukünftiger Schule in (m)einem Konzept von Schulentwicklung näher zu bestimmen, bietet eine Einschätzung der folgenden Vorstellungen von Schule:

Erster Arbeitsschritt: Welche der Beschreibungen kommt Ihrem persönlichen Bild von der Schule heute am nächsten (rechts mit H markieren), welche Ihrem Bild von der Schule der Zukunft (mit Z markieren).

Falls Sie ein Konzept von Schulentwicklung (z. B. aus der Literatur oder aus der Bildungspolitik) analysieren wollen: Markieren Sie mit anderer Farbe: Welche der hier vorgelegten Vorstellungen kommt dem am nächsten, welche sieht das Konzept als Schule von heute an (mit H markieren) und welche als Schule der Zukunft (markieren mit Z)?

Bilder von Schule H = heute Z = Zukunft	
a) Schulen sind rationale Organisationen Die Schule ist eine „vernünftige" Organisation mit vernünftigen Mitgliedern. Die Mitglieder der Schule einigen sich auf Ziele, halten sich daran und arbeiten danach. Durch eine Kontrolle der Zielerreichung werden die Ziele bzw. Arbeitsansätze verändert (vgl. TYLER 1950). („Praktisch alle Schulreformansätze basierten auf rationalen Argumenten und auf einer Sicht von Schule als rationale Organisationen. In der Wirklichkeit scheiterten diese Ansätze natürlich, weil Schulen komplexe Organisationen in einer komplizierten Umgebung mit vielen Konflikten sind." (HARGREAVES 1991:8))	☐
b) Schulen sind organische Systeme Die Schule wird im Wesentlichen dadurch gesteuert, dass sie wie ein Organismus auf Anforderungen oder Anstöße von außen reagiert und sich dementsprechend verhält. Ziele und Erfolg der Schule werden so indirekt von außen definiert. Das zentrale Ziel der Schule ist, sich durch flexible Anpassung oder Übernahme von Anforderungen in einer als mächtig und feindlich angesehenen Umwelt Ressourcen zu verschaffen und am Leben zu erhalten. (Organisationen können auch als sinnhaft konstituierte Systeme angesehen werden, die sich gegen ihre Umwelt abgrenzen und selber ihre Landkarten festlegen können.)	☐
c) Schulen sind soziale Organisationen Schule ist ein lebendiges, soziales System, sie schafft ihr Gleichgewicht durch Bewegung und ist gekennzeichnet durch multizentristischen Aufbau (es gibt mehrere Hierarchien in der Schule), durch eine veränderliche innere und eine relativ stabile äußere Struktur, durch wechselseitige Beeinflussung aller Beteiligten. Schule vollzieht ihre Entwicklung durch Veränderung und Anpassung gegenüber Zielen, Strukturen, Beziehungen und Strategien.	☐

d) Schulen sind Bürokratien ☐

In der Schule sind Arbeit und soziale Beziehungen organisiert, klar definiert und soziale Beziehungen formalisiert. Grund dafür ist, dass dadurch die Stabilität der Schule und auch eine Ausweitung (mehr Schüler, bessere Bedingungen) erreicht werden sollen. Die Bürokratie der Schule produziert immer mehr Bürokratie. (Schulen sind meist nicht nur Bürokratien. Der Einfluss von Bürokratie auf den Unterricht des einzelnen Lehrers ist relativ begrenzt. Würden alle bürokratischen Strukturen einer Schule beseitigt, würde sich wahrscheinlich der Unterricht nur wenig ändern.)

e) Schulen sind „politische Schlachtfelder" ☐

In der Schule verfolgen die Mitglieder geheime Tagesordnungen, jeder hat seine eigenen Ziele und Absichten, es geht um Macht, Einfluss und Entscheidungsmöglichkeiten. Wichtig sind gute Kontakte zu Mächtigen. Dies kann sich auf die Unterrichtsebene, auf die Ebene des Schullebens und auf den Bereich außerhalb der Schule beziehen. Zentrales Ziel ist es, jeweils die Anforderungen der Mächtigen bzw. Vorgesetzten zu erfüllen, um die eigene Position zu stärken (vgl. PFEFFER/SALANCIK 1978).

f) Schulen sind triviale Maschinen ☐

Ihr Verhalten ist vorhersagbar, sie sind unabhängig von der Geschichte, sie reagieren in eindeutiger Weise auf einen Input und produzieren vorhersagbaren Output. (Wenn man in einer Schule x tut, geschieht immer y.) Schulen sind deshalb von außen analytisch bestimmbar (einschätzbar), die Beziehungen zwischen Input und Output können von Beobachtungen her abgeleitet werden.

g) Schulen sind nichttriviale Maschinen ☐

Ihr Verhalten ist nicht vorhersagbar, sie sind abhängig von der Vergangenheit, sie reagieren nicht in eindeutiger Weise auf Input. Sie produzieren auch nicht vorhersagbaren Output. Schulen verändern durch ihr Verhalten sich selbst, sie sind analytisch nur schwer bestimmbar, weil die Beziehungen zwischen Input und Wirkung sich ändern, nicht immer gleich sein müssen oder unbestimmt sind.

h) Schulen sind Betriebe, ☐

in denen bestimmte Dienst- und Serviceleistungen erbracht werden (z. B. Betreuung, Fürsorge, Liefern von Wissen und Abschlüssen). Die Qualität eines Betriebes hängt von der Qualität des Herstellungsprozesses und der Produkte ab. Schulen als Betrieb sehen in Schülern Kunden, die eine Ware kaufen wollen (oder müssen). Zufriedenheit der Kunden und Auftraggeber sind zentral für den Betrieb Schule, der in Konkurrenz zu anderen steht.

i) Schulen sind organisierte Anarchien ☐

In Schulen arbeiten die Mitglieder nach Versuch und Irrtum, sie arbeiten diskontinuierlich, u. a., weil sie unklare oder problematische Aufgaben zu erfüllen haben, weil sie den Sinn und die Aufgabe von Schule nicht verstehen. In organisierten Anarchien beteiligen sich die Mitglieder nicht kontinuierlich an Entscheidungs- und Gestaltungsprozessen.

j) Schulen sind lose verbundene Systeme ☐

Schulleitung, Lehrer und Klassen kommunizieren und handeln nur wenig miteinander. Wenn Zusammenarbeit gefordert wird, geschieht dies meistens in Form von Nutzung gemeinsamer Ressourcen. In lose verbundenen Systemen haben alle Ereignisse eine Verbindung zueinander, sind aber gleichzeitig auch eigenständig und isoliert. (Es gibt nicht nur negative Einschätzungen solcher Schulen (als fragmentierte Schulen), sondern auch positive Einschätzungen: Schulen als lose verbundene Systeme sind sehr flexibel in der Übernahme von äußeren Anforderungen oder Veränderungen, sie entwickeln Strategien zur Erhaltung ihres Systems, sie sind offen für modifizierte Verfahren und Ansätze, sie bieten Raum für Entwicklung und Selbststeuerung (vgl. WEICK 1976).)

k) Schulen sind lernende Systeme/Organisationen/teilautonome Einheiten, ☐

in denen die Arbeitsbedingungen, die Struktur und die Organisation so angelegt sind, dass Menschen individuelle Lernprozesse erreichen können und gleichzeitig die Organisation weiterentwickeln. Weiterentwicklung der Organisation bedeutet hier nicht nur, die Struktur oder Abläufe zu verändern, sondern die Fähigkeiten und das Potential des Systems Schule zu erweitern. „Eine lernende Schule ist eine Einzelschule, die ihren Entwicklungsprozess selbstbewusst reflektiert, soweit möglich aus eigener Kraft steuert und kontrolliert." (MEYER 1996:19)

l) Schulen sind Gemeinden, Lebensgemeinschaften oder Groß-Familien ☐

In der pädagogischen Arbeit entstehen zwischen Lehrern und Schülern persönliche Beziehungen, die kontinuierlich aufgebaut, gepflegt und immer wieder verändert werden müssen. Wichtigste Aufgabe der Schule ist es, ein Dach für diese Beziehungen zu bieten und zu Kooperation, Verantwortungsfähigkeit und gegenseitiger Hilfe zu erziehen. Dem hat sich alles andere unterzuordnen, der Inhalt folgt der Beziehung.

m) Schulen sind Häuser des Lernens ☐

Sie sind ein Orte, an denen alle willkommen sind und in ihrer persönlichen Eigenart in der Gestaltung von Schule ihren Platz finden, an dem Zeit gegeben wird für Wachsen, gegenseitige Rücksichtnahme und Respekt, an denen Angebote und Herausforderungen zum Lernen gemacht werden, an denen Fehler und Umwege erlaubt sind und wo Lernen ansteckend wirkt.

n) ...

Zweiter Arbeitsschritt: Welches dieser Bilder hat Sie beim ersten Lesen besonders interessiert oder abgeschreckt? Welches Bild ist Ihnen bekannt vorgekommen, welches erschien Ihnen abseitig oder unrealistisch? Sehen Sie eine Möglichkeit, Ihr Bild von der Schule der Zukunft zu realisieren? Wäre das für Sie erstrebenswert? Was könnten und würden Sie tun, damit diese Realisierung (nicht) erfolgt? Was bedeutet es, mit diesen Bildern im Kopf täglich seine Schule zu sehen?

Die persönliche Sichtweise von Schule macht unter Umständen Schule erst zu dem, als das man sie sieht. Das, was unsere Schule ist, bestimmen wir auch mit, ob wir es wollen oder nicht. Wenn wir unsere Schule entwickeln und verändern wollen, müssen wir auch an unseren Bildern von Schule arbeiten.

Auf welchen Theorien oder Disziplinen beruhen Vorstellungen und Konzepte von Schulentwicklung?

Vorstellungen und Konzepte von Schulentwicklung beziehen sich – explizit oder implizit – auf Fachdisziplinen und Theorien. Diese Bezüge zu klären und zu wissen, welche man selbst bei seiner eigenen Auffassung von Schulentwicklung hat, ist wichtig, um Messpunkte für eine Schulentwicklungs-Landkarte zu bekommen. Einige Anhaltspunkte für Theorie- und Disziplinbezüge von Schulentwicklungs-Konzepten und -Vorstellungen gibt die Übersicht auf der folgenden Seite.

Erster Arbeitsschritt: Kreuzen Sie an,
a) in welchem Umfang Schulentwicklung Ihrer Ansicht nach auf den genannten Theorien/Disziplinen beruht,
b) wie gut Sie sich Ihrer Meinung nach in den genannten Theorien/Disziplinen auskennen.

Wenn Sie ein bestehendes Konzept von Schulentwicklung analysieren wollen, lautet die Fragestellung: Auf welcher Disziplin/Theorie beruht das vorliegende Konzept?

Zweiter Arbeitsschritt: Auswertung: Bei welcher Einschätzung waren Sie sich sehr sicher bzw. sehr unsicher? Über welche Disziplinen/Theorien, auf denen Schulentwicklung Ihrer Meinung nach stark beruht, meinen Sie gar nichts zu wissen? Kennen Sie jemanden, der sich dort auskennt? Teilt er Ihre Einschätzung?

Dieser Arbeitsvorschlag entspringt der Verzweiflung und dem Unmut: Keine der hier aufgelisteten Disziplinen würde sich im Zweifelsfall unzuständig für die Schulentwicklung erklären. Das hat mit der Komplexität von Schule und Veränderungsprozessen zu tun, die mit einer einzigen Theorie oder Disziplin nicht zu erklären ist. Es hat aber auch damit zu tun, dass Schulentwicklungs-Konzepte zur (Berater-)Ware geworden sind und deshalb ein Zwang zur Einmaligkeit des jeweiligen Konzepts besteht. Und schließlich hat es auch etwas damit zu tun, dass durch ein möglichst hohes Theorieaufgebot der Schulentwicklung selbst der Charakter einer Disziplin oder Theorie gegeben werden soll. Eine genaue oder gar abschließende Analyse dieses Theorie- und Disziplinangebotes und seiner teilweise gewollten Unübersichtlichkeit kann diese Übersicht natürlich nicht liefern. Sie kann lediglich auf das Angebot aufmerksam machen und anregen, es zu nutzen oder zurückhaltend damit umzugehen. Als wissenschaftlich sicherlich nicht haltbare Faustregel kann gelten: Wer in seinem Schulentwicklungs-Konzept mit mehr als fünf Disziplinen jongliert, ist nicht an Praxis und Umsetzung interessiert. Wer mit weniger jongliert, auch nicht.

	a) Schulentwicklung beruht auf dieser Disziplin/Theorie ...			b) In dieser Disziplin bzw. Theorie kenne ich mich aus ...		
	stark	etwas	gar nicht	gut	etwas	gar nicht
1. Betriebswirtschaft						
2. Bürokratieforschung						
3. Chaostheorie						
4. Allgemeine Didaktik						
5. Führungswissenschaft						
6. Gruppendynamik						
7. Handlungsforschung						
8. Interaktionstheorien						
9. Konfliktforschung						
10. Konstruktivismus						
11. Kybernetik						
12. Lehr-Lern-Theorien						
13. Management-Forschung						
14. Ökologie						
15. Ökonomie						
16. Organisationstheorie						
17. Pädagogik						
18. Philosophie						
19. Politikwissenschaft						
20. Psychologie						
21. Schultheorie						
22. Soziologie						
23. Systemtheorie						
24. Verhaltensforschung						
25. Zukunftsforschung						
26. ...						

Welche Voraussetzungen bestehen für den Einstieg in Schulentwicklung?

Schulentwicklung kommt nicht aus sich selbst, sie gelingt nur, wenn sie gestaltet wird. Man kann sie nicht einfach anordnen oder umsetzen. Schulentwicklung ist ein Lernprozess. Um ihn zu beginnen, sollten bestimmte Voraussetzungen bestehen oder geschaffen werden. Sich darüber Klarheit zu verschaffen, ob diese Voraussetzungen erfüllt sind, schützt vor Arbeitsüberlastung, vor zu hohen Zielen, vor zu schweren Aufgaben und moralischer. Überlastung – und ist ein guter Einstieg.

Mit Hilfe der folgenden Kriterien können Sie überprüfen, ob die Voraussetzungen für einen Einstieg in Schulentwicklung bei Ihnen und Ihrer Schule gegeben sind oder ob ein Konzept von Schulentwicklung diese Voraussetzungen berücksichtigt:

Voraussetzungen für den Einstieg in Schulentwicklung

- Es wird in der Schule ein Bedarf an Entwicklung und Veränderung bzw. an Bestätigung und Absicherung gesehen.
- Bei Schülern, Lehrern und Schulleitung besteht die Möglichkeit und die Bereitschaft, den eigenen Unterricht zu verändern.
- In der Schule besteht ein relativ geringes Konfliktniveau.
- Der Einstieg wird aktiv betrieben. (Es ist dabei durchaus möglich, dass das Betreiben „von oben" erfolgt.)
- Es werden der spezifischen Situation der Schule entsprechende Ansätze für Schulentwicklung erarbeitet.
- In der Schule besteht ein Veränderungsdruck. Mitglieder der Schule wollen die Schulentwicklung.
- Gute und umsetzbare Innovationen bzw. bewahrenswerte Strukturen der Schule sind vorhanden. (Keine Schulentwicklung zu ausweglosen Anliegen, keine Schwächung bestehender positiver Strukturen.)
- Schulaufsicht unterstützt bzw. billigt den Einstieg.
- Vorhandene Unterstützungssysteme sind bekannt.
- In der Schule können Entwicklungsprojekte durchgeführt werden.

Einstiegsvoraussetzungen für Schulentwicklung zu schaffen ist eine wichtige Vorarbeit, der häufig noch zu wenig Beachtung geschenkt wird. Es reicht nicht, über Schulentwicklung zu informieren oder über einen Einstieg abstimmen zu lassen. Voraussetzungen für den Einstieg in Schulentwicklung zu schaffen heißt beispielsweise, in der Schule ein Bewusstsein für den Entwicklungs- und Veränderungsbedarf zu schaffen (durch Diskussion, Vorbild, Umfragen, Konfrontation). Es kann auch bedeuten, sich externe Unterstützung zu sichern. Die Strategie: „Steigen wir mal ein und schaun wir mal" verkraften nur selbstbewusste Schulen mit Entwicklungs- und Veränderungserfahrung.

Wer ist verantwortlich dafür, dass Schulentwicklung in Gang kommt?

Gern wird auf diese Frage geantwortet, die Schule sei der Motor der Schulentwicklung, sie müsse diese in Gang setzen, steuern, antreiben, am Laufen halten. Oft ist dies sicherlich erstrebenswert und richtig, und zwar immer dann, wenn Schulen ihre Verantwortung ernsthaft und gründlich wahrnehmen können. Je mehr die Schule den Prozess ihrer Schulentwicklung selbst gestaltet, umso mehr wird sie ihn als ihre Sache und ihre Aufgabe ansehen, umso mehr Spaß wird er bereiten.

Allerdings gibt es auch Schulen und Lehrer, die die Verantwortung für ihre Arbeit nicht so wahrnehmen, dass man ihnen die Entscheidung und Gestaltung von Schulentwicklung einfach übergeben kann. Würde man in diesen Fällen sagen „Die Schule ist der Motor der Entwicklung", würde man Kinder um Zukunftschancen bringen. Die Verantwortung dafür, dass Schulentwicklung initiiert wird und wie sie durchgeführt wird, liegt hier bei den Eltern, bei der Schulaufsicht und bei der Bildungspolitik. Jeder, der Verantwortung für die Erziehung und die Bildung von Kindern und Jugendlichen trägt, ist Motor von Schulentwicklung. Das darf aber nicht dazu führen, dass Schulentwicklung außerhalb der Schule geschieht. Der Ort, an dem Schulentwicklung erfolgt, kann nur die Schule sein.

Gibt es eine bestimmte Schrittfolge für Schulentwicklungsprozesse?

Dass Schulentwicklungsprozesse nach festgelegten Schrittfolgen ablaufen (sollten), ist eine weit verbreitete Vorstellung. In der Geschichte der Schulentwicklung hat es immer wieder Versuche gegeben, solche Schrittfolgen oder Modelle festzulegen und zu verallgemeinern (siehe Seite 36ff.). In der Praxis läuft Schulentwicklung aber nur in den seltensten Fällen genau in den vorgegebenen Schrittfolgen ab, idealtypische Modelle werden durch die Schulrealität verändert.

Dennoch ist es nicht überflüssig, sich mit Abläufen, Schrittfolgen und Modellen von Schulentwicklung zu beschäftigen. Mit ihrer Hilfe kann man sich über grundsätzliche Vorgehensweisen und zentrale Elemente von Schulentwicklung klar werden.

Im Folgenden werden mehrere Grundschrittfolgen von Schulentwicklung in einem Überblick dargestellt. Der Fokus liegt dabei besonders darauf, welchen „Fahrplan" das jeweilige Konzept vorsieht. Die Fahrpläne haben sich zum Teil historisch entwickelt, zum Teil bauen sie aufeinander auf. (Wie einzelne Schritte von Schulentwicklung gestaltet und verknüpft werden, wird im dritten und vierten Teil ausführlich und an praktischen Beispielen erläutert; siehe Seite 124ff., 133ff.)

Wie in der folgenden Abbildung dargestellt lassen sich zehn Fahrpläne/Züge unterscheiden:

Abbildung 1-7: Fahrpläne für den Ablauf von Schulentwicklung

Sie können prüfen, welcher Fahrplan für Sie und Ihre Schule zum Ziel führen könnte. Kombinieren Sie Fahrpläne, machen Sie sich Ihren eigenen Fahrplan:

Fahrplan 1: Vermittlung und Umsetzung von Forschungsergebnissen
a) Erforschung, Entwicklung neuer Ansätze in Forschung/Fachdisziplinen
b) Verbreitung und Demonstration der neuen Ansätze
c) Erprobung, Umsetzung und Einbau des Ansatzes in die Schule

Dieser Fahrplan geht davon aus, dass Ansätze und Konzepte für Schulentwicklung in der Forschung entwickelt und dann weiterverbreitet werden. Dieser Fahrplan wird als ein Modell der 60er- und 70er-Jahre klassifiziert (RD&D-Ansatz) und als nicht sehr wirksam angesehen, weil die Forschungsentwicklungen oft nicht der Schulwirklichkeit entsprachen. Gleichwohl fährt ein Teil der aktuellen Literatur über Schulentwicklung nach diesem Fahrplan, insbesondere dann, wenn standardisierte Abläufe und schulunabhängige Arbeitsformen vorgelegt werden.

Fahrplan 2: (Zwangs-)Adoption von Reformkonzepten durch die Schule
a) Entwicklung neuer Ansätze, Verfahren und Prozesse
b) Entscheidung (z. B. durch Bildungspolitik oder -verwaltung), dass sie von Schulen umgesetzt werden sollen
c) Auftrag an Schulen, diese Ansätze, Verfahren und Prozesse umzusetzen
d) Rückmeldung der Schulen (nicht immer Kontrolle), dass diese Ansätze etc. umgesetzt sind

Dieser Fahrplan beruht auf der Annahme, dass Veränderungen letztlich nur durch äußeren Druck und eine klare Position der Vorgesetzten zugunsten der Veränderung durchsetzbar sind. Dies ist zumindestens teilweise richtig. In fast allen Fällen wird zwar die Veränderung als erfolgt gemeldet, aber das, was sich verändert hat, hat nur selten damit zu tun, was verändert werden sollte. Der Adoptions-Fahrplan wird ironisch auch als „Endstation Potjemkin" charakterisiert.

Fahrplan 3:
Adaption von Entwicklungskonzepten und Material durch die Schule
a) Situationsanalyse der Schule
b) Formulierung von Veränderungszielen
c) Entwicklung/Annahme von eigenen/fremden Materialien bzw. Konzepten
d) Adaption des Materials auf die spezifischen Bedürfnisse der Schule und Umsetzung des Materials
e) Auswertung, Analyse und Revision des Materials/Ansatzes

Dieser Fahrplan stammt aus den 80er-Jahren und firmierte unter der Bezeichnung „Adaptions-Strategie". Zum Teil haben Forscher, die früher den forschungsorientierten Ansatz vertraten, diese Strategie mitentwickelt. Das Problem dieses Fahrplans war, dass Schulentwicklung nur selten in genau der vorgegebenen Stationenfolge ablief. Dieser Fahrplan ließ keine Umwege, kein Umsteigen und kein Anhalten zu, es gab nur „eine direkte Verbindung", die so von den Schulen nicht genutzt wurde. Sie fuhren Teilstrecken und fuhren sie auch mehrmals hin und zurück ...

Fahrplan 4: **Intervention entsprechend dem Reifegrad der Schule**
a) Analyse der Schule nach den Kriterien: vorhandene Kenntnisse über Entwicklung, vorhandene Informationsstrategien, Qualität der Kooperation, Analysefähigkeit, Umgang mit Planung, Umgang mit Bestandsaufnahme, Durchführung (vgl. HALL/HORD 1987:90f.)
b) Wahl entsprechender Interventions- und Entwicklungsstrategien

---

Dieser Fahrplan verbindet im Grunde den ersten und dritten Fahrplan unserer Liste. Hier besteht die Einsicht, dass jede Schule entsprechend ihrer „Reife" und ihrer Fähigkeiten ein spezifisches Vorgehen bei Schulentwicklung benötigt. Wichtig an diesem Fahrplan ist, dass vor jeder Schulentwicklung die Situation und die Entwicklungsmöglichkeit einer Schule eingeschätzt werden müssen. Problematisch ist, dass Wandel und Entwicklung per se als etwas Gutes angesehen werden und dass angenommen wird, diejenige Schule, die die besten Voraussetzungen für Entwicklung hat, werde auch die besten Leistungen erzielen. Dies muss nicht zwangsläufig der Fall sein.

Fahrplan 5: Beginn bei Stärken und Schwächen
a) Die Schule untersucht die Stärken und Schwächen ihrer Arbeit.
b) Es werden Prioritäten für Entwicklungen und Veränderungen bestimmt und als (Teil-) Ziele formuliert.
c) Die geplanten Entwicklungen und Ziele werden durchgeführt bzw. umgesetzt.
d) Der Erfolg der Umsetzung wird geprüft (HARGREAVES/HOPKINS 1991:4).

Dieser Fahrplan ist zur Zeit für viele Schulen in England verbindlich. Problematisch ist, dass er immer bei einer Stärken-Schwächen-Analyse der Schule ansetzt (die z. T. auch noch extern erfolgen kann), und zwar unabhängig davon, ob die Möglichkeit und Notwendigkeit besteht, die Stärken und Schwächen zu bearbeiten. Dass der Erfolg später ausschließlich auf der Grundlage der Analyse gemessen wird, ist eine weitere Schwäche. Dieser Fahrplan ist rigide. Die Zeiten werden eingehalten, auch wenn man nicht dahin kommt, wohin man will.

Fahrplan 6: Über Lehrerfortbildung zur Schulentwicklung
a) Entwicklung/Aufbau einer Unterstützergruppe (in Fort- und Ausbildung)
b) bedarfsorientierte, schulspezifische Fortbildung mit Übungs- und Anwendungsphasen zu den neuen (vorgegebenen) Prinzipien/Materialien/Ansätzen
c) Aufbau von Studiengruppen in den Fachkonferenzen der Schule (unter Beteiligung der Unterstützergruppe)
d) Vorbereitung von Schulleitung auf neue Aufgabe
e) Jeder Aufgabenbereich (Lehrer/Fachkonferenzen/Leitung) arbeitet nach dem Prinzip der Aktionsforschung (vgl. JOYCE/WOLF/CALHOUN 1993:40f.)

Dieser Fahrplan definiert das Ziel für die Fahrgäste vorab, er sagt, wohin die Fahrt geht, sorgt dann aber auch dafür, dass das Ziel erreicht wird. Der Vorteil dieses Fahrplans liegt darin, dass die Lehrer die Innovationen praktisch durchführen und wirklich beherrschen lernen. Angst vor Veränderung (weil wichtige Routinen durch Veränderung verloren gehen) wird hier durch den Aufbau neuer Routinen und die Förderung kollegialer Zusammenarbeit verhindert. Aber selbst wenn das alles so funktioniert wie angekündigt, stellt sich die Frage, wie viele Schulen die Mittel haben, so teure Fahrkarten zu kaufen!

Fahrplan 7: Organisationsentwicklung
a) Einstieg/Beginn
b) Kontraktphase
c) Gesamtplanung
d) Umsetzung/Durchführung und Auswertung von Teilschritten
e) Evaluation der Ergebnisse
f) Institutionalisierung (vgl. SCHMUCK/RUNKEL/ARENDS/ARENDS 1977:371)

Oder ähnlich wie dieser:

Fahrplan 8: Institutioneller Schulentwicklungsprozess
a) Initiierung
b) Einstieg
c) Bildung von Steuergruppe
d) Kontraktschließung zwischen Berater und Steuergruppe/Schule
e) Datensammlung
f) Gemeinsame Diagnose/Daten-Feedback
g) Zielklärung/-vereinbarung
h) Maßnahmenplanung
i) Implementation
j) Evaluation
k) Nächste Runde des Entwicklungsprozesses

Fahrplan 7 ist relativ festgelegt, während es beim Fahrplan 8 durchaus möglich ist, die einzelnen Stationen in unterschiedlicher Reihenfolge anzusteuern bzw. Stationen „durchzufahren". In beiden Fällen ist jedoch nicht unbedingt die „richtige" Endstation das Ziel, sondern die Fahrt selbst, das, was die Schule während dieser Fahrt lernt, um sich selbst zu einer lernenden Organisation zu entwickeln. „Organisationsentwicklung erreicht den Unterricht nicht direkt, sondern nur indirekt. (...) Insbesondere jedoch wirkt Organisationsentwicklung weniger auf den Unterricht selbst ein als auf die Randbedingungen des Unterrichts." (ROLFF 1995:20) In beiden Fahrplänen wird Wert auf einen klaren Kontrakt über die Bedingungen und Ziele der Reise gelegt, beide kontrollieren die Ergebnisse (erst) am Ende. Problematisch ist, wenn die Stationenfolge dieser Fahrpläne als generell einzuhaltender Fahrplan gesehen werden, wenn sich die Fahrt so von der Schule fortbewegt und sich der Prozess von der Schule emanzipiert! Das, was in Organisationsentwicklungsprozessen bearbeitet wird, ist weder aus Sicht von Organisationsentwicklung noch aus Sicht der Schule beliebig. Das letzte Wort hat hier die Schule.

Fahrplan 9: Schulentwicklung als ständige Initiation, Implementation und Institutionalisierung
a) Initiierung
b) Implementation (Umsetzung, Einführung)
c) Institutionalisierung (Annahme der Innovation als normaler Bestandteil von Schularbeit)

Die Stationen in diesem Fahrplan werden nicht nacheinander „abgefahren", vielmehr überlappen und überschneiden sich die einzelnen Phasen von Schulentwicklung (vgl. MILES/EKHOLM/VAN-DENBERGHE 1987):

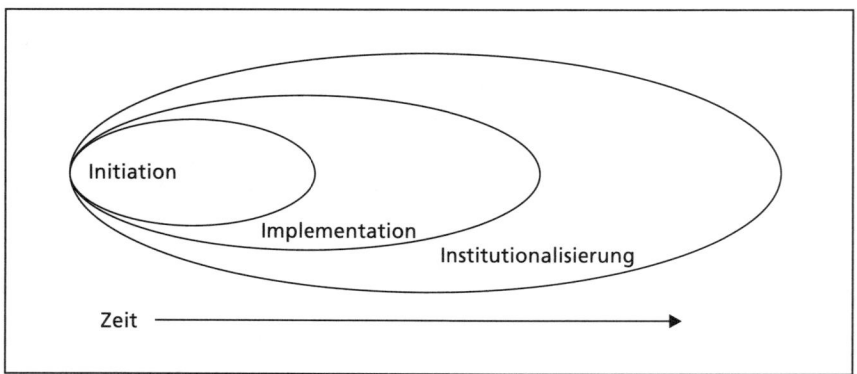

Abbildung 1-8: Phasen der Schulentwicklung

Wichtig an diesem Fahrplanmodell ist, dass die einzelnen Phasen oft gleichzeitig bzw. parallel stattfinden. Wenn sie dann bei Analysen oder Diagnosen getrennt voneinander untersucht oder geplant werden, so hat dies pragmatische Gründe oder es geschieht, um den Fokus auf die entsprechende Phase zu richten. In Schulentwicklungsprozessen wird ständig initiiert, implementiert und institutionalisiert. Die Annahme der Innovation ist nicht erst das Ende solcher Prozesse, sondern dies geschieht – wenn es gelingt – viel früher und in vielen Teilschritten.

Fahrplan 10: Schulentwicklung als ergebnisorientierter Reformprozess
a) Initiierung
b) Implementation (Umsetzung, Einführung)
c) Institutionalisierung (Annahme der Innovation als normaler Bestandteil von Schularbeit)
d) Ergebnisse

Dieser Fahrplan ist ein stark vereinfachtes Modell über Entwicklungs- und Reformprozesse. Die Beziehung der einzelnen Phasen beschreibt FULLAN (1991:48) in der folgenden Übersicht:

Abbildung 1-9: Schulentwicklung als ergebnisorientierter Reformprozess

Ähnlich wie beim Fahrplan 9 wird die gegenseitige Abhängigkeit der einzelnen Phasen betont, wobei die besondere Betonung der Station „Ergebnisse" darauf verweist, wie wichtig es ist, bei der Initiierung von Entwicklungen und Veränderungen auf vorhandenen Ergebnissen aufzubauen, aber auch Ergebnisse anzustreben und auszuwerten. Der Umgang mit Ergebnissen vorheriger Entwicklungsprozesse ist hier eine entscheidende Station für das Lernen von Entwicklung und Veränderung. Nicht die Durchführung des Prozesses allein zählt, sondern ob dieser Prozess auch zu Ergebnissen geführt hat und ob er in vertretbarer Weise zu Ergebnissen geführt hat. Insofern meint „Ergebnisse" sowohl die Qualität des Produkts als auch die des Prozesses. So wichtig die Betonung der Auseinandersetzung mit den Ergebnissen ist, so problematisch ist das Nebeneinander der einzelnen Phasen und die Vernetzung von jeweils nur zwei Phasen, wenn auch von FULLAN als vereinfachte Darstellung beschrieben.

Zusammenfassend: Nach wie vor sind alle zehn Fahrpläne in Gebrauch, teilweise sogar miteinander kombiniert (wenn auch manchmal das Umsteigen nicht gelingen will). Und nach wie vor werden alle zehn Fahrpläne unter dem Etikett „Schulentwicklung" angeboten. Manche Fahrpläne, die Schulen die Richtung und das Ziel von oben auferlegen, verhindern Schulentwicklung genauso wie solche, die nichts festlegen und nur sagen: Egal wohin, Hauptsache die Schule ist unterwegs!

Mit welchen Strategien und Taktiken soll Schulentwicklung umgesetzt werden?

Die einen setzen auf Konfrontation und Druck, andere auf Überzeugung und Belohnung, wieder andere auf den Einfluss und das Engagement von Schlüsselpersonen. Schulentwicklung ist immer auch eine Frage der Strategien und Taktiken, eine Frage der Methoden. Wie kann das, was durch Schulentwicklung erreicht werden soll, umgesetzt werden? *Strategien* sind abhängig von Zielvorstellungen im Hinblick auf die angestrebte Veränderung. Sie enthalten Vorstellungen über den geplanten Zeitrahmen, über Aufwand und Kosten. *Taktiken* sind die erforderlichen Arbeitsschritte, mit denen die Strategien umgesetzt werden sollen (vgl. HARGREAVES/HOPKINS 1991:128, wobei andernorts hier der Begriff „Methoden" verwendet wird). Die folgenden Ausführungen dienen sowohl als Analyseinstrument wie auch als Entscheidungshilfe für Strategien von Schulentwicklung:

Strategien

Ein *Grundmodell*, um Anhaltspunkte für eine Entscheidung über Strategien zu haben, stammt von BENNIS/BENNE/CHIN (1969). Sie unterscheiden

- rational-empirische Strategien, die (einzelne) Menschen durch Informationen und Fachwissen von einer bestimmten Sache überzeugen wollen (z. B. über Bücher, Vorträge, Werbung),
- normativ-reedukative Strategien, die sich an Haltungen, Normen und Meinungen einer Gruppe von Menschen wenden (z. B. Gruppenarbeit, Unterricht),
- Machtstrategien, die direkt und gegebenenfalls mit Zwang Veränderungen bei Einzelnen oder Gruppen durchsetzen.

Dieses Modell wertet erst einmal nicht, sondern unterscheidet nur und will prüfen helfen, ob die Strategie den Zielen entspricht und erfolgreich sein kann.

Beispielsweise können rational-empirische Strategien zu völligem Misserfolg führen, wenn sie nur benutzt werden, um Machtstrategien zu verdecken oder nicht benutzen zu müssen. So ist es im Hinblick auf Schulentwicklung problematisch, wenn Ministerien oder Schulaufsicht ausschließlich auf rational-empirische bzw. normativ-reedukative Strategien setzen (Information, Fortbildung, Dienstbesprechungen), Schulentwicklung aber „durchsetzen wollen". Wird dieser Widerspruch von den Schulen entdeckt, kann das dazu führen, dass Machtstrategien provoziert werden (wie z. B. in einem Widerspruch eines Lehrerratsmitglieds an einen Schulaufsichtsbeamten: „Zwingen Sie uns doch, Schulentwicklung zu machen! Welche Machtmittel haben Sie denn!"), oder dazu, dass Misstrauen in das Ministerium und die Schulaufsicht aufgebaut wird („Die sind doch unehrlich. In Wirklichkeit wollen sie uns zwingen, aber sie trauen sich nicht!").

Strategien können auch hinsichtlich ihres *Adressaten*-Bezugs unterschieden werden. Sie können sich richten an das einzelne Individuum (Lehrer als „Agent des Wandels"), an einzelne Gruppen oder Teams in einer Schule (Insellösungen oder Bereichslösungen), an die Organisation Schule (Schule als die Einheit der Veränderung), an Netzwerke mehrerer Schulen bzw. Gruppen aus mehreren Schulen (z. B. bei Aus- und Fortbildung) sowie an das Gesamtsystem (Bildungssystem, z. B. bei Dezentralisierung, externer Evaluation).

In den Anfängen von Organisationsentwicklung in der Schule galt der Grundsatz, die ganze Schule (mindestens aber eine große Mehrheit des Lehrerkollegiums) müsse Subjekt und Objekt von Schulentwicklung sein. Dieser Standpunkt hat sich inzwischen durch Erfahrung und Einsicht verändert. Wer ausschließlich die ganze Organisation Schule als Adressaten von Schulentwicklung sehen will, macht sich schnell abhängig von denjenigen, die Schulentwicklung nicht wollen, und verwendet zu viel Energie auf das Überzeugen von Mitgliedern, statt mit der Arbeit anzufangen und durch sie zu überzeugen.

Der Ausgangspunkt bei der Schule als Organisation setzt außerdem zu stark auf geplante Schulentwicklungsprozesse und greift gewachsene Entwicklung nur unzureichend auf. Schulentwicklung soll da beginnen, wo sie möglich ist, und da aufhören, wo sie unmöglich ist. Ob es möglich ist, jemandem Schulentwicklung aufzuzwingen, halte ich für fraglich. Wenn jemand in der Schule bestimmte Aufgaben oder Funktionen, zu deren Wahrnehmung er verpflichtet ist, nicht wahrnimmt, ist Schulentwicklung kein disziplinarisches Mittel, ihn dazu zu bringen. Schulentwicklung ist keine Strategie, um endlich alle in der Schule zu gemeinsamer Arbeit zu bekommen.

Schulentwicklung mit einzelnen Gruppen einer Schule zu beginnen ist ein durchaus erfolgversprechender Ansatz, wenn dies vom Kollegium bzw. der Schule toleriert wird, die Gruppe ihre Arbeit transparent gestaltet und offen ist für weitere Mitglieder.

Die Strategie, mit Netzwerken aus mehreren Schulen (bzw. Gruppen aus Schulen) in Schulentwicklung einzusteigen, ist relativ neu. Sie bewährt sich offensichtlich dann, wenn es genügend Lernmöglichkeiten innerhalb des Netzwerkes gibt und die Bereitschaft zum Austausch von Material und Erfahrungen größer ist als das Gefühl von Konkurrenz oder Abgrenzung. Schulentwicklung in Netzwerken tangiert die Rolle und Funktion von Schulaufsicht in besonderer Weise, da hier schulübergreifend Entwicklungen implementiert werden (Qualitätssicherung). Diese Qualitätssicherung als Unterstützung und nicht als Kontrolle und Übernahme von Schulentwicklungsarbeit zu gestalten ist eine anspruchsvolle Aufgabe.

Konzepte von Schulentwicklung enthalten meist eine *generelle* (allgemeine) *Strategie*, von der dann Taktiken der Umsetzung oder Realisierung abgeleitet werden. Wichtige generelle Strategien sind:

● Ansetzen bei der Veränderung des Unterrichts, bei den Lernprozessen und -methoden der Schüler,
● Förderung/Erzeugung gemeinsamer Aktivitäten sowie Unterstützung kooperativer Arbeitskultur und Problemlösungen,
● Angebote der Lehrerfortbildung, um Voraussetzungen und Anstöße für neue curriculare, methodische, technologische und organisatorische Entwicklungen zu schaffen,
● Verbesserung der sozialen Beziehungen und des gemeinsamen Verständnisses in der Schule, um die Selbstentwicklungskräfte der Schule zu stärken.

Wenn Schulentwicklung auf nur eine generelle Strategie beschränkt wird und die anderen Strategien ausgegrenzt werden, entsteht ein Ungleichgewicht, Schulentwicklung bleibt defizitär. Ohne am Kern der Schule, dem Unterricht, zu arbeiten, ist Schulentwicklung nutz- und erfolglos, ohne die Förderung gemeinsamer Aktivitäten und kooperativer Arbeitskultur wird sie bald erschöpft sein und Schülern nur ein Beispiel für isoliertes Lernen geben. JOYCE/WOLF/CALHOUN (1993:19) haben nachdrücklich darauf hingewiesen, dass sie im Rahmen ihrer umfangreichen Analysen kein Projekt von Schulentwicklung gesehen haben, das Verbesserung von Schülerleistungen erreicht habe, ohne dies als Ziel und Strategie verfolgt zu haben. Es geht also bei generellen Strategien nicht darum, welche man wählt, sondern welche zuerst gewählt werden und wie man sie mit den anderen verknüpft. Ein Konzept von Schulentwicklung, das sich nur auf eine dieser generellen Strategien beschränkt, beschränkt damit auch die Schule und ihre Mitglieder. Im besten Falle werden diese dann Missionare dieser Strategie, im schlimmsten Falle ihre Opfer.

Taktiken

Wenden wir uns einigen Taktiken zu, mit denen diese Strategien bei Schulentwicklung umgesetzt bzw. realisiert werden können:

● Ankündigung, dass die Entwicklung oder Veränderung verlangt wird	● Intervention von außen
● Auszeit	● Jemandem die Verantwortung für die Schulentwicklung geben
● Belehrung	● Konfrontation
● Belohnung	● Moderation
● Beurteilung/Bewertung	● Projektmanagement
● Delegation bzw. Teilung von Macht	● Restrukturierung
● Dokumentation	● Schaffung von Offenheit und Zusammengehörigkeit
● Durchführung von punktuellen Workshops	● Schulentwicklung allerhöchste Priorität geben
● Eingabe von Informationen	● Veränderung der Rollen und Aufgaben von Leitung
● Einrichtung von Projekt- oder Steuergruppen	● Vermeidung von Arbeitsüberlastung/ Sorge für Entlastung
● Ergebniskontrolle/Evaluation	● Versetzungen/Personalveränderung
● Expertenhilfe	● Verteilung von Verantwortung
● Geduld, Zeit	● Visualisierung
● Gruppenarbeit	● Zwang, Druck
● In Teilgruppen Vorschläge oder Entwicklungen ausprobieren	

Man könnte versuchen, die Taktiken zu bewerten und zu prüfen, ob sie, und wenn ja, unter welchen Umständen sie in Schulentwicklungsprozessen angewendet werden dürfen. Dies setzt voraus, dass man klar und für alle Situationen im Voraus definieren kann, dass eine bestimmte Taktik gut oder schlecht, vertretbar oder nicht vertretbar ist. Dem ist nicht so. Jede der genannten Taktiken kann in Prozessen von Schulentwicklung so angewendet werden, dass dies ethisch und moralisch vertretbar ist. Und jede kann so eingesetzt werden, dass es absolut unvertretbar und zu missbilligen ist.

Bei der Anwendung von Taktiken in Prozessen von Schulentwicklung ist wichtig zu beachten, dass

- sie während des Prozesses oder im Anschluss daran allen Beteiligten offen gelegt werden,
- sie auf einer gewissenhaften Analyse der Situation/Lage beruhen,
- sie sich auf gemeinsam vereinbarte oder anerkannte Ziele von Schulentwicklung beziehen und bei den Beteiligten und der Schule das Potential und die Fähigkeit zur Veränderung und Gestaltung erhöhen,
- sie sich nicht nur auf eine Person richten,
- sie die Beteiligten/die Schule nicht von denen abhängig machen, die die Taktik initiieren oder durchführen,
- vorab mit allen Beteiligten abgestimmt ist, welche Taktiken überhaupt eingesetzt werden können,
- die Beteiligten als Personen geachtet und nicht überwältigt werden,
- die Verantwortlichkeiten für ihre Durchführung und die möglichen Folgen der Taktik geklärt sind,
- diejenigen, die die Taktik initiieren oder verantworten, auch selbst solchen Taktiken ausgesetzt sein können und/oder den Einsatz dieser Taktiken in Formen professioneller Fallberatung/Supervision reflektieren können.

Je früher man sich in Prozessen von Schulentwicklung mit der möglichen Anwendung (und damit auch mit dem möglichen Nutzen oder Schaden) solcher Taktiken auseinandersetzt, umso klarer können alle Beteiligten damit umgehen und ihre Anwendung als Lern- und Erfahrungsprozess sehen. Denn nicht wenige dieser Taktiken gehören zum Alltagsrepertoire von Lehrern gegenüber Schülern ...

Was bedeutet Schulentwicklung jetzt für mich?

Mit Hilfe dieses Arbeitsvorschlags können Sie Ihre Grundpositionen zur Schulentwicklung verallgemeinernd zusammenfassen.

Erster Arbeitsschritt: Markieren Sie: Welcher der beiden Aussagen können Sie jeweils mehr zustimmen?

1.	Schulentwicklung zielt auf Prozesse.	□	?	□	Schulentwicklung zielt auf Produkte.
2.	Schulentwicklung ist Sache des einzelnen Lehrers.	□	?	□	Schulentwicklung ist gemeinsame Sache der ganzen Schule.
3.	Schulentwicklung ist ein bestimmtes Modell.	□	?	□	Schulentwicklung ist ein offener Ansatz.
4.	Schulentwicklung ist auf Verhaltensänderung der Beteiligten ausgerichtet.	□	?	□	Schulentwicklung ist auf Einstellungsänderung bei den Beteiligten ausgerichtet.
5.	Schulentwicklung wird schulintern geplant.	□	?	□	Schulentwicklung wird extern (z. B. von Schulaufsicht) geplant.
6.	Die Schule gibt über ihren Entwicklungsprozess keine Rechenschaft ab.	□	?	□	Die Schule gibt über ihren Entwicklungsprozess Rechenschaft ab.
7.	Schulentwicklung muss systematisch erfolgen.	□	?	□	Schulentwicklung muss offen angelegt sein.
8.	Schulentwicklung ist Management.	□	?	□	Schulentwicklung ist Pädagogik.
9.	Schulentwicklung ist ein planbarer, rationaler Prozess.	□	?	□	Schulentwicklung verläuft nicht rational und ist nicht vorausplanbar.
10.	Schulentwicklung wird von oben angeordnet.	□	?	□	Schulentwicklung geht von der Basis aus.
11.	An Schulentwicklung muss sich das gesamte Lehrerkollegium beteiligen.	□	?	□	An Schulentwicklung sollen sich nur die beteiligen, die sie wollen.

12. Die Ziele von Schulentwicklung sind z. B. durch Richtlinien oder Lehrpläne vorgegeben.	☐ ? ☐	Die Ziele von Schulentwicklung bestimmt die Schule allein.
13. Die Schule ist das Zentrum der Veränderung.	☐ ? ☐	Der Unterricht ist das Zentrum der Veränderung.
14. Schulentwicklung ist Bewahrung des Bewährten.	☐ ? ☐	Schulentwicklung ist Veränderung.
15. Schulentwicklung ist ein Glücksspiel.	☐ ? ☐	Schulentwicklung ist ein Experiment.
16. ...	☐ ? ☐	...

Zweiter Arbeitsschritt: Was könnte sich durch Schulentwicklung, wie Sie sie gerade beschrieben haben, verändern – bei Ihnen selbst, in Ihrer Schule und insgesamt im Bildungssystem?

	Lehren/ Lernen	Materia- lien	Struk- turen	Leistun- gen	Verhal- ten	Anschau- ungen, Werte
1. bei mir selbst (in meinem Unterricht)						
2. in der Schule ins- gesamt (Organisation)						
3. im Bildungssystem						

Wenn Sie jetzt die Arbeitsvorschläge dieses Abschnitts noch einmal Revue passieren lassen: Wie sieht jetzt Ihre Landkarte von Schulentwicklung aus? Inwiefern unterscheidet sich diese Landkarte von dem Bild, das Sie zu Beginn des ersten Teils gelegt haben (vgl. Seite 15)?

Autonomie – Eltern – Entscheidungen – Entwicklung – Evaluation – Fachunterricht – Klasse – Kollegium – Konferenz – Kontrolle – Lehrer/in – Macht – Markt – Organisation – Pädagogik – Planung – Qualität – Qualitätssicherung – Richtlinien und Lehrpläne – Schulaufsicht – Schulentwicklung – Schüler/innen – Schülerleistungen – Schulleitung – Schulprogramm – Selbstbestimmung – Unterricht – Unterrichtsbedingungen – Unterstützung – Veränderung – Verantwortung – Vereinbarung

Welche Begriffe würden Sie jetzt überhaupt nicht mehr verwenden bei Ihrem Bild von Schulentwicklung? Welche Begriffe müssten neu hinzukommen? Und wo wäre der richtige Ort für Schulentwicklung?

Schulentwicklung verstehen lernen

Nehmen Sie einmal an, Sie würden Ihre alte Grundschule wieder besuchen. Der Anlass dafür könnte ein Klassentreffen sein oder eine Einladung Ihrer ehemaligen Klassenlehrerin. Vielleicht soll Ihr Kind auch dort eingeschult werden oder Sie sind nur einfach neugierig, was sich seit Ihrer Entlassung getan hat. Wie auch immer, Sie gehen jetzt über den Schulhof, öffnen die massive Schultür. Sie kommt ihnen leichter vor als damals. Im Eingangsflur das gleiche diffuse Licht, die Flure sind immer noch pastellgrün gestrichen. Langsam gehen sie weiter. Einige Klassentüren stehen offen, die Kinder arbeiten an Tischgruppen, nicht mehr in der alten Kathederordnung. Die Lehrer reden leiser zu den Schülern als früher. In den Vitrinen an den Flurwänden sind die gleichen Martinslaternen und Faltarbeiten ausgestellt wie zu Ihrer Schülerzeit. Sie besuchen Unterricht, schauen nach einiger Zeit verwundert auf die Uhr und warten vergeblich auf das Klingeln.

Ihre ehemalige Klassenlehrerin nimmt Sie mit in den Nebenraum, das Elternsprechzimmer, das früher als Karten- und Medienraum diente. Natürlich will sie wissen, was sich bei Ihnen in all den Jahren getan hat und was Sie heute tun. Dann sind Sie an der Reihe. Ihre Lehrerin winkt lächelnd ab, so wie Sie das noch aus Ihrer Schulzeit kennen. „Hier läuft alles wie immer", antwortet sie. „Ich mache meinen Unterricht, bin verantwortlich für unser Sommerfest und den Martinszug. Es ist alles beim Alten. Außer dass die Wände gestrichen wurden und die Kinder unruhiger sind als früher." Sie schauen ihre ehemalige Lehrerin verwundert an. „Aber die Kinder arbeiten ganz anders als wir früher", entgegnen Sie. Ihre Lehrerin nickt. „Wir machen mehr Freiarbeit als früher und unterrichten in fast allen Klassen nach ‚Lesen durch Schreiben'. Das war zu Ihrer Zeit nicht so, aber jetzt ist es so normal, dass es einem selber schon nicht mehr auffällt." „Und noch etwas hat sich verändert", sagen Sie. „Die Schule riecht anders als früher." Ihre Lehrerin schüttelt heftig den Kopf. „Das kann nicht sein. Ich bin jeden Tag hier. Wenn sich das verändert hätte, hätte ich es merken müssen." Sie wechseln das Thema, es gibt so viele andere Dinge zu besprechen. Bald muss Ihre Lehrerin wieder in den Unterricht zurück.

Sie gehen nach Hause und versuchen Ihre Eindrücke zu ordnen. Warum sind bestimmte Dinge an der Schule so geblieben, wie sie waren, und warum sind andere verändert worden oder neu hinzugekommen? Wie ist es gelungen, bestimmte Dinge zu verändern und andere nicht? Wer hat welche Rolle bei den Veränderungen und bei den Bewahrungen gespielt? Wem nützt es, dass

bestimmte Dinge verändert und andere beibehalten wurden? Welche Veränderungen oder Bewahrungen hat die Schule überhaupt gemerkt? Haben die
Veränderungen zu anderen Folgen als die alte Praxis geführt?

Abbildung 2-1: Tagebuch: Früher – heute

Mit diesen Fragen sind wir bereits dabei, Schulentwicklung verstehen zu
lernen. Verstehen, das meint hier zweierlei: Es meint einmal *verstehen, wie
Schulen sich entwickelt haben und was im Augenblick in ihnen geschieht*,
was bewirkte, dass bestimmte Entwicklungen erfolgten oder nicht. Es spielt
dabei keine Rolle, ob die Veränderungen spontan oder geplant waren, ob sie
zufällig oder absichtlich, bewusst oder unbewusst, heimlich oder offen erfolgten. Wenn man versucht zu verstehen, wie Schulen sich entwickelt haben und
was in ihnen geschieht, dann hat das Folgen für die weitere Arbeit im
Unterricht und in der Schule. Wer aus Schulentwicklung lernt, der lernt auch
für Schulentwicklung. Denn wir können nicht einfach weitermachen wie
bisher, wenn wir begonnen haben, den Gründen für die Entwicklung unseres
Unterrichts und unserer Schule auf die Spur zu kommen. Die zweite Bedeutung von „Schulentwicklung verstehen" lässt sich deshalb beschreiben als *sich
auf Schulentwicklung verstehen,* sie aktiv mitgestalten können.

Lehrer, die Schulentwicklung verstehen und sich auf sie verstehen, haben
mehr von Schule und haben mehr für sie. Insofern ist Schulentwicklung für
sie auf der einen Seite ein Angebot und eine Chance, auf der anderen Seite
aber auch eine Basisqualifikation. Denn tagtäglich haben sie mit Entwick-
lungs- und Veränderungsprozessen von Menschen und von Schule zu tun, sie
müssen mit Entwicklungen umgehen können und diese auch anstoßen, festi-
gen oder in Frage stellen können. Lehrer sind Profis für Entwicklungs- und

Veränderungsprozesse. Sie müssen es sein, weil es Kern ihres Berufes ist. Ihre Professionalität zeigt sich darin, wie sie Entwicklungs- und Veränderungsprozesse verstehen und gestalten. Sie zeigt sich besonders darin, ob und wie es ihnen gelingt, ihre Schüler zu Sachkundigen für Entwicklungsprozesse werden zu lassen, die ihre Arbeit und Umgebung gestalten können.

Wie wir als Lehrer unsere eigenen Entwicklungen und Veränderungen und die um uns herum wahrnehmen und wie wir mit ihnen umgehen, ist entscheidend für unseren persönlichen und beruflichen Erfolg und für das Gelingen von Schulentwicklung. Profi, Experte oder Sachkundiger für Entwicklungs- und Veränderungsprozesse in Unterricht und Schule sind wir nicht automatisch. Wir können es nur sein, wenn wir regelmäßig eigene Entwicklungen und Veränderungen verfolgen und die eigene Arbeit und Umgebung erforschen. Schulentwicklung schließt dann die persönliche Seite von Veränderungsprozessen ein und wird (auch) Lehrerentwicklung. Wenn sie diese einschließt, ist Schulentwicklung eben nicht nur System- oder Institutionsentwicklung. Und Lehrerentwicklung ist dann auch Schulentwicklung und nicht Selbstzweck, Eskapismus oder Flucht vor der Schule ins Private.

Es ist deshalb wichtig, sich auch der Lehrerentwicklung, der einzelnen Lehrperson und ihrer Arbeit anzunehmen. Und da es weder *den* Lehrer noch *die* Lehrerentwicklung gibt, verstehen sich die folgenden Ausführungen als ein Angebot, das den eigenen Möglichkeiten, Erfahrungen und Aufgaben entsprechend genutzt werden kann.

3. Kapitel: Meine Entwicklungsgeschichte(n)

Um Schulentwicklung verstehen zu lernen ist, bietet die Erforschung dessen, wie wir uns in der Schule – als Schüler und als Lehrer – entwickelt haben (zufällig oder mit Absicht) und was wir über Entwicklung und Veränderung gelernt haben, einen Ausgangspunkt.

Schlüssel-Biografie

Dieser Arbeitsvorschlag kann helfen, die eigene Entwicklung als Schüler und Lehrer auf Schlüsselereignisse und -verbindungen hin zu untersuchen, die die Einstellung und das Handeln in Bezug auf Entwicklungen und Veränderungen stark beeinflussen.

Der Auftrag für den *ersten Arbeitsschritt* lautet: Welche Ereignisse/Dinge sind für Sie als Schüler und als Lehrer wichtig (gewesen)? Beschreiben Sie bitte jeweils die zehn wichtigsten Ereignisse/Dinge mit einem Wort oder einer Wendung.

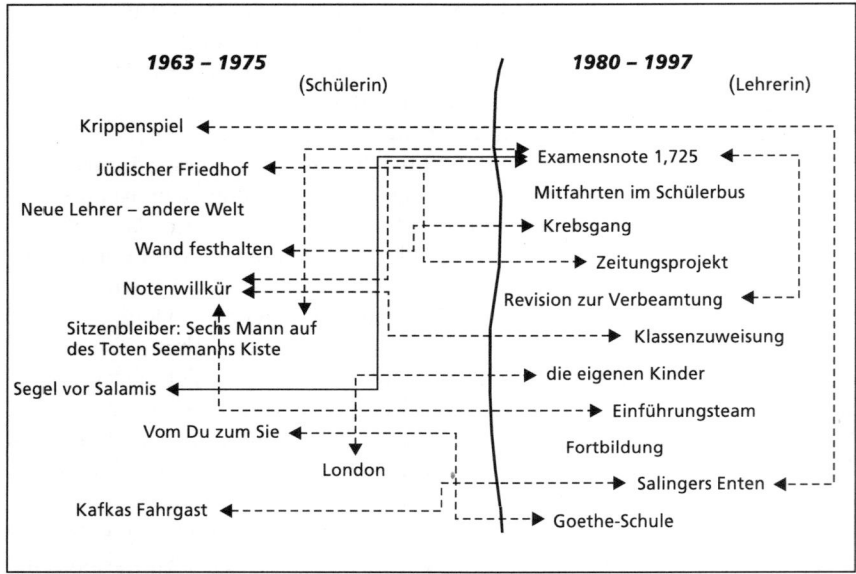

Abbildung 2-2: Schlüssel-Biografie

Dies sind die Angaben einer Kollegin. Jedes Stichwort hat seine eigene Geschichte. So machte ihre erste Lehrerin in der Grundschule besonders gern Krippenspiele und sie kümmerte sich mit der Klasse intensiv um die Pflege des Jüdischen Friedhofs. Der Lehrer in der Fünf ließ unruhige Schüler über Stunden die Klassenwand „festhalten" und gab generell schlechtere Noten als die früheren Lehrer. In der Sieben gab es als Auszeichnung für gutes Benehmen das Buch „Fremde Segel vor Salamis". Und als sechs Klassenkameraden in der Neun des Gymnasiums abgehen mussten, sangen Klassenkameraden ihnen nach: „Sechs Mann auf des Toten Seemanns Kiste und ein Zeugnis voll Dumm". 1,725 war die Note im Zweiten Staatsexamen. 0,1 schlechter, und sie hätte keine Stelle im Schuldienst bekommen. Wie ein ständiger Krebsgang kamen ihr die endlosen Diskussionen mit ihrem ersten Schulleiter über Ordnung und Disziplin vor. Ihr Zeitungsprojekt über „Juden in unserer Stadt" sorgte in der Schule für viel Aufsehen und für eine Diskussion anlässlich ihrer Verbeamtung. Und die Enten waren das Geschenk ihrer letzten Klasse für zwei Monate Arbeit an „Der Fänger im Roggen". Goethe-Schule – als sie dorthin wechselte, war sie überrascht, wie sehr die Kollegen und Schüler sie akzeptierten.

Das Notieren der einzelnen Ereignisse nimmt häufig viel Zeit in Anspruch, weil wir Erinnerungen aktivieren, ordnen und Worte für sie finden müssen. Warum wurden ausgerechnet diese ausgewählt? Was war daran wichtig?

Zur „Schlüssel-Biografie" wird die Liste durch den *zweiten Arbeitsschritt*, bei dem Verbindungen zwischen Schüler- und Lehrerzeit gezogen werden. Welche Angaben haben die gleiche Struktur? Welche gehen von den gleichen Anlässen und Ursachen aus? Warum haben bestimmte Dinge keine Verbindung zueinander bekommen?

Die Verbindung zwischen dem Buch für gutes Benehmen und der Note ihres Staatsexamens erklärte die Kollegin so: „In der Sieben habe ich mich fast geschämt, als ich diese Auszeichnung bekam. Mir wurde das Buch eines Morgens auf dem Schulhof überreicht, wo sich alle Schüler versammelt hatten. Ich kam mir vor wie eine Schleimerin, eine, die immer artig war und sich nicht traute zu widersprechen. Dabei wusste ich gar nicht, warum ausgerechnet ich dieses Buch bekommen hatte. Als ich die 1,725 im Examen bekam, ging es mir ähnlich. Ich wusste nicht, warum es nicht 0,1 mehr oder weniger waren. Ich sah die Referendarkollegen, die keine Stelle bekommen würden, und kam mir vor, als hätte ich ihnen den Arbeitsplatz weggeschnappt, weil ich mich im Referendariat so angestrengt hatte. Wenn ich an meine Entwicklung in der Schule und als Lehrer denke, habe ich mich oft für Leistung geschämt und schämen müssen! Erst allmählich bin ich darauf gekommen, dass nicht meine Leistungen oder mein Verhalten das Problem waren, sondern die Umstände, der Konkurrenzkampf. In der Sieben habe ich gedacht, durch dieses blöde Buch würde ich jetzt Außenseiterin. Nach dem Referendariat habe ich mich lange nicht getraut, mit denen Kontakt aufzunehmen, die keine Stelle bekommen hatten." Die Kollegin meinte, durch ihre Leistungen andere zu schädigen oder zurückzusetzen. Sie war zurückhaltend beim Angehen und Übernehmen von Aufgaben oder Projekten und hatte Angst, ihre Kollegen würden sie verdächtigen, dies alles nur zu tun, um Karriere zu machen und andere in den Schatten zu stellen.

Was als privates Erlebnis oder als persönliches Problem erscheinen mag, wird durch den *dritten Arbeitsschritt* noch deutlicher in den Zusammenhang mit Schulentwicklung gerückt: Es geht eben nicht um Selbstanalyse und um Fragen wie: Wer trägt die Schuld? Was hätte ich anders machen können? Es geht vielmehr darum, an der eigenen Geschichte und Haltung zur (Schul-)Entwicklung zu arbeiten. Deshalb lauten die Fragen bei diesem Arbeitsschritt: Was bedeuten die festgestellten Verbindungen/Zusammenhänge heute für meine Arbeit und für meine Einstellung gegenüber Veränderungen? Welche Verbindungen können mir für die weitere Arbeit nützlich sein?

Für die zitierte Kollegin sind die in der Schlüssel-Biografie festgestellten Zusammenhänge ein Anstoß und auch eine Bestätigung gewesen, mit ihrer eigenen Rolle, ihren Wünschen und Interessen an Schulentwicklung selbstbewusster umzugehen, sie nicht nur auf der Beziehungsebene zu deuten, sondern die Sache in den Vordergrund zu stellen.

Die Arbeit mit der Schlüssel-Biografie muss nicht auf die Einzelperson beschränkt bleiben. Wenn in einer Gruppe genügend Vertrauen herrscht, kann man einander seine Biografie vorstellen und sich bei den einzelnen Arbeitsschritten unterstützen. Eine hilfreiche Frage kann dabei sein, wie Zusammenhänge, die bisher eher negative Wirkungen gezeigt haben, für neue Ansätze und anderes Verhalten genutzt werden können. Man kann die Schlüssel-Biografien in einer Gruppe auch daraufhin auswerten, was für zukünftige Entwicklungsprozesse von Lehrern und Schülern förderlich ist.

In der Gruppe, in der auch die Kollegin ihre Schlüssel-Biografie vorstellte, ergab diese Gruppenauswertung:

Für unsere positive Haltung und Beteiligung an Entwicklungs- und Veränderungsprozessen ist (bzw. war) förderlich, wenn wir in der Schule (als Schüler oder Lehrer)

- in kleinen Vorhaben Sicherheit für größere Projekte erlangen,
- unsere Erfahrungen und Planungen mit Kollegen/Mitschülern austauschen und weiterentwickeln,
- Klarheit über Rahmenbedingungen, Gestaltungsmöglichkeiten und Grenzen haben,
- Lehrer und Schulleitungen haben, die selber das tun, was sie von anderen wünschen oder verlangen,
- uns nicht dafür verteidigen müssen, dass wir lernen wollen,
- zugeben können, dass auch wir von der Entwicklung oder Veränderung einen Nutzen haben,
- bereit sind, Risiken einzugehen,
- unterschiedliche Entwicklungswege akzeptieren,
- Zeit haben für Experimente.

Abbildung 2-3: Auswertung von Schlüssel-Biografien

Zwei Seiten einer Chronologie

Oft geht in der Schul- und Unterrichtsroutine der Blick für Entwicklungsprozesse verloren, Veränderungen werden zu Selbstverständlichkeiten. Wer heute etwas verändern möchte, wer einen Entwicklungsprozess anstoßen möchte oder ihm unterzogen wird, hat immer schon eine Geschichte mit Veränderungen hinter sich. Entwicklungsprozesse beginnen nie bei Null. Keine Veränderung ist die erste. „Zwei Seiten der Geschichte" versucht, Wirkungen und Wechselwirkungen von Entwicklungs- und Veränderungsanstößen auf die Spur zu kommen.

Ausgangspunkt dieses Arbeitsvorschlags sind zwei Chronologien. In ihnen wird viertel- oder halbjahresweise dokumentiert,
a) was sich bei Ihnen und
b) was sich in Ihrer Schule an Veränderungen, Neuerungen bzw. Wichtigem ereignet hat.

Die Chronologien umfassen den Zeitraum von Ihrem ersten Arbeitstag als Lehrer bis heute. Wichtig ist, dass Sie sich bei der Erstellung Ihrer Chronologien nicht nur auf Ihre augenblickliche Erinnerung verlassen, sondern dass Sie Ihre Geschichte und die der Schule systematischer erforschen. Hilfreich dazu sind unter anderem eigene Aufzeichnungen, Unterrichts- und Jahresplanungen, das Mitteilungsbuch der Schulleitung, Konferenzprotokolle, Jahresberichte, Amtsblätter.

Ein Beispiel eines Gymnasiallehrers:

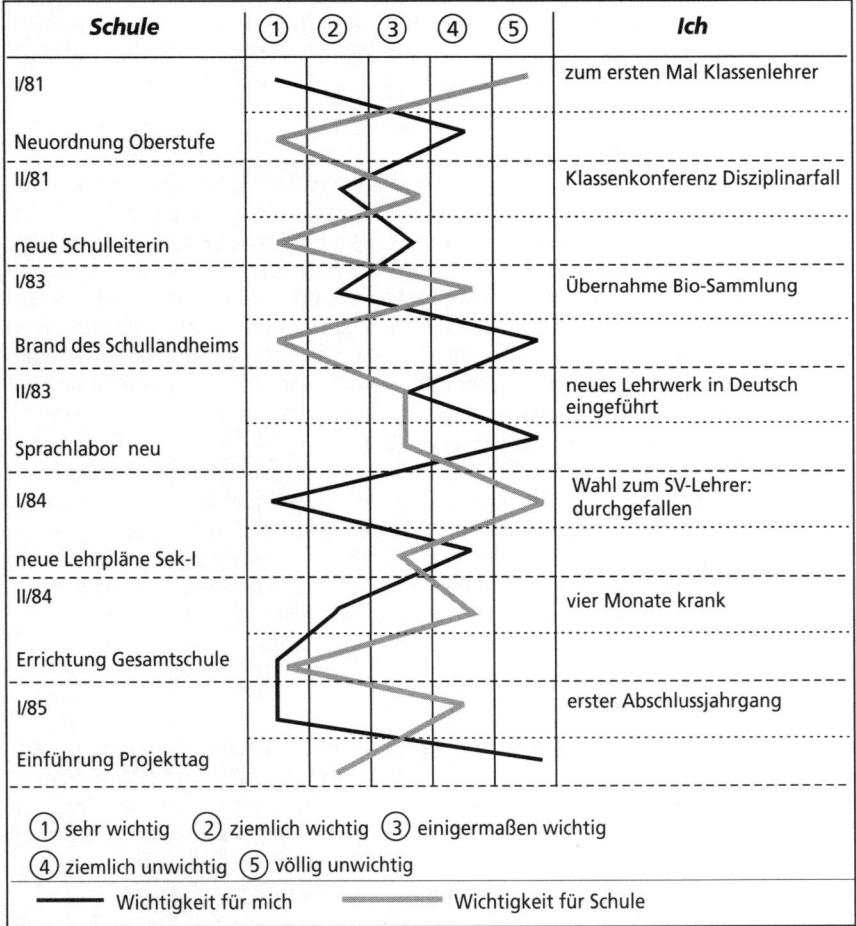

Schule	①	②	③	④	⑤	Ich
I/81						zum ersten Mal Klassenlehrer
Neuordnung Oberstufe						
II/81						Klassenkonferenz Disziplinarfall
neue Schulleiterin						
I/83						Übernahme Bio-Sammlung
Brand des Schullandheims						
II/83						neues Lehrwerk in Deutsch eingeführt
Sprachlabor neu						
I/84						Wahl zum SV-Lehrer: durchgefallen
neue Lehrpläne Sek-I						
II/84						vier Monate krank
Errichtung Gesamtschule						
I/85						erster Abschlussjahrgang
Einführung Projekttag						

① sehr wichtig ② ziemlich wichtig ③ einigermaßen wichtig
④ ziemlich unwichtig ⑤ völlig unwichtig

―――― Wichtigkeit für mich   ≈≈≈≈≈ Wichtigkeit für Schule

Abbildung 2-4: Zwei Seiten einer Chronologie

Wenn dieses Verfahren in Lehrergruppen oder Kollegien angewendet wird, sollte man die Schulchronologie gemeinsam erarbeiten.

In einem *zweiten Arbeitsschritt* bewerten Sie auf einer Skala von 1 bis 5 die Ereignisse der Chronologien. Schätzen Sie zuerst ein, wie wichtig die entsprechenden Ereignisse für Sie und Ihre Arbeit waren.

Dann schätzen Sie im *dritten Arbeitsschritt* ein: Wie wichtig waren diese Ereignisse für die Schule (bzw. den Unterricht)?

Sie untersuchen im *vierten Arbeitsschritt* die Chronologien und Einschätzungen: Welche Richtung sind die Schule und ich gegangen bzw. getrieben worden? Was waren wichtige Einflüsse/Wegmarken? Welche Erklärung haben sie für Gemeinsamkeiten und Unterschiede der beiden Einschätzungen? An welchen Stellen hätte die Richtung völlig geändert werden können?

Album: Entwicklungsstufen

Legen Sie ein Erinnerungsalbum über Ihre bisherige Arbeit als Lehrer an. Sie können dazu die Chronologie (siehe Seite 53) nutzen. Montieren Sie für jedes Arbeitsjahr mindestens ein Erinnerungsstück ein, das von Ihnen selbst stammt (Unterrichtsmaterial, Briefe, Fotos, Aufstellungen, Tonbandaufnahmen, Protokolle), und schreiben Sie einen kurzen Kommentar darunter. Die meisten Kollegen erfahren bei dieser Übung nachhaltig, wie wenig Erinnerungsstücke sie von sich selbst sammeln, denn gesammelt werden meistens die Dinge, die man von Schülern oder von Kollegen bekommt. In vielen Fällen regt dieser Arbeitsvorschlag an, in Zukunft mehr auf eigene Erinnerungsstücke zu achten und das Album, das auch eine Entwicklungs-Autobiografie ist, auf dem Laufenden zu halten.

Versuchen Sie in einem Rückblick herauszufinden, ob es in Ihrer Entwicklung als Lehrer bestimmte Phasen oder Stufen gab. Markieren Sie dazu entsprechende zeitliche Abschnitte und beschreiben Sie, was das zentrale Element dieser Entwicklungsstufe war. Zum Vergleich: HUBERMANN (1988, 1991) hat in einer Studie bei Schweizer Lehrern folgende Entwicklungsstufen im Laufe der Berufsjahre beschrieben: 0 bis 3: Überleben und Entdecken; 4 bis 6: Stabilisierung; 7 bis 18 Experimentieren und Vielfalt; ab 19: Abschluss.

Alt-Papier-Sammlung

Dieser auf den ersten Blick banale und vielleicht sogar zynische Vorschlag ermöglicht, bisherige Arbeitserfahrungen und -materialien bewusster und systematischer abzuschließen oder konsequenter weiterzunutzen. Nehmen Sie sich ein Wochenende Zeit – so lange dauert dieses Verfahren in der Regel bei berufserfahrenen Lehrern – und tragen Sie alle Unterrichts- und Schulmaterialien und -unterlagen zusammen, die Sie im Laufe der Jahre gesammelt haben.

Erster Arbeitsschritt: Sie nehmen Dokument für Dokument, lesen jeweils das Inhaltsverzeichnis oder die Überschriften, blättern höchstens eine halbe Minute darin herum und entscheiden: Will ich dieses Dokument in den nächsten zwei Jahren nutzen? Die Dinge, die Sie nicht nutzen wollen, legen Sie in den „Altpapier-Container". Alle anderen Dokumente legen Sie in den „?-Container".

Zweiter Arbeitsschritt: Alle drei bis vier Stunden gehen Sie noch einmal die Dokumente im „?-Container" durch, und zwar wieder nur maximal eine halbe Minute pro Dokument. Dann entscheiden Sie, ob Sie weitere Dokumente in den Altpapier-Container geben.

Dritter Arbeitsschritt: Die Dokumente, die Sie nutzen wollen, dürfen Sie nur dann in den „Material-Container" übernehmen, wenn sie einem Stichwort, einer Klasse, einem Arbeitsschwerpunkt zugeordnet werden können, sonst müssen sie zum Altpapier.

Vierter Arbeitsschritt: Nehmen Sie aus dem „Altpapier-Container" und aus dem „Material-Container" per Zufallsauswahl je drei bis fünf Dokumente und vergleichen Sie sie miteinander! Was waren die Gründe für die Zuordnung? Erscheint die Zuordnung sinnvoll?

Fünfter Arbeitsschritt: Blicken Sie zurück auf die gesamte Altpapier-Aktion: Was spiegelt sich jeweils in den weggeworfenen und in den bewahrten Materialien über meine Arbeit und die Schule wider? Wie verstehen Sie diese Entwicklungen und Veränderungen? Was bewirkte, dass Sie bestimmte Dinge wegwerfen und andere bewahren konnten?

Dieser Arbeitsvorschlag ist nicht so banal und einfach, wie es auf den ersten Blick scheint. Vielen erscheint es fast als Frevel, einstmals wichtige Unterlagen und Materialien fortzuwerfen, weil damit auch Erinnerungsmöglichkeiten verloren gehen. Ziel dieser „Altpapier-Sammlung" ist es, nützliche Materialien und Erfahrungen für die weitere Arbeit herauszufiltern und nicht Entwicklungen und Erfahrungen zu rekonstruieren. Dies leisten die vorher bereits beschriebenen Arbeitsvorschläge dieses Kapitels.

4. Kapitel: Produktive Unruhe zulassen, Potential entdecken

Lehrern wird Entwicklung und Veränderung in der Schule und im Unterricht zugetraut und anvertraut. Wie selbstverständlich wird aber auch davon ausgegangen, sie hätten allein schon deshalb, weil sie Experten für Entwicklung und Veränderung sind oder sein sollen, ein kontinuierliches Veränderungs- und Entwicklungsbedürfnis (auch bei sich selbst) und ständige Entwicklungsmöglichkeiten. Dem ist nicht so. Der Grund dafür liegt zum Teil bei Lehrern selbst, wenn sie die Notwendigkeit oder das Angebot von Veränderungen nicht sehen wollen oder können. Dies ist meist dann der Fall, wenn sie überlastet sind oder wenig kollegialen Informations- und Erfahrungsaustausch haben. Wichtige Gründe für das Fehlen bzw. das Schwinden von Entwicklungsbedarf und -möglichkeiten liegen aber auch außerhalb der Person selbst. Lehrer werden von Schulaufsicht, Politik, Eltern und Verbänden mit berechtigten und unsinnigen Veränderungsanforderungen überschwemmt. Dabei werden die Veränderungen normalerweise nicht so eingeführt, dass sie die subjektive Realität der Lehrer beachten. Als Experten für Veränderung haben Lehrer nur wenig Möglichkeiten, solche Anforderungen abzuwehren, ohne ihren Expertenstatus zu riskieren. Deshalb wehren Sie sich nicht offen dagegen, sondern versuchen sich gegen Anforderungen zu immunisieren. Dies gelingt umso besser, als diejenigen, die die Anforderungen stellen, nicht nachprüfen, ob diese auch wirklich umgesetzt werden. Statt die Umsetzung der Anforderungen zu überprüfen, wozu es nur wenige Belohnungs- oder Sanktionsmöglichkeiten gibt, werden neue Anforderungen formuliert, die das gleiche Schicksal erfahren.

Bezogen auf die aktuelle Diskussion über Schulentwicklung hat ein Kollege seine Erfahrungen mit Veränderungsanforderungen so zusammengefasst:

Schulentwicklung, das ist wieder mal eine typische Reform. Und über Reformen habe ich in zwanzig Jahren Schularbeit gelernt:

- *Reformen kommen von oben.*
- *Reformen verstehen mich nicht.*
- *Nach dieser Reform kommt die nächste Reform.*
- *Reformen sind Glücksspiele und Feuerwerke – hoher Einsatz, viel Blendung und meistens Verlust.*
- *Ich brauche solche Reformen nicht.*

Natürlich kann man solche Äußerungen verstehen als das, was sie auch sind: Ausrede, Larmoyanz oder innere Kündigung. Man kann sie aber auch ernst nehmen und zu einer Lernmöglichkeit machen, denn der zitierte Kollege war über seine eigene Arbeit und seine Leistungen durchaus beunruhigt, er suchte nach Hilfen und Unterstützung für eine Weiterentwicklung seiner Arbeit. Aus seiner Zusammenfassung sprechen Enttäuschung und Angst. Enttäuschung darüber, dass er nur unklare Forderungen, aber keine Hilfen bekommt. Angst davor, dass Schulentwicklung wieder eine unberechenbare, undurchsichtige Reform ist, die die mühevoll von ihm aufgebauten Strukturen und Routinen gefährdet. Dass der Kollege in dieser Situation nicht zum Innovationsangebot greift, sondern sich an das Bewährte halten will, ist eine verständliche und auch eine professionelle Reaktion. Nur so kann er garantieren, dass es so weitergeht wie bisher, nur so kann er Herr über seine Ängste sein und seine Routinen und Sicherheit bewahren. Oder anders formuliert: Die angebotene oder auferlegte Veränderung ist so undurchsichtig und so unberechenbar im Hinblick auf die eigene Stabilität und Leistung, dass der unbefriedigende Status quo mehr Sicherheit gibt.

Von zwei Seiten aus lässt sich dieses Problem bearbeiten. Wenn es nicht bearbeitet wird, kann Schulentwicklung nicht gelingen. Zum einen müssen berechtigte Veränderungsanforderungen und Reformen von außen so entwickelt und vermittelt werden, dass sie die Veränderungsbereitschaft der Lehrer nicht schwächen. Zum Zweiten muss Schulentwicklung Hilfen und Ansätze für Lehrer bieten, die sie darin unterstützen, ihr eigenes Entwicklungspotential wieder zu sehen, und die ihre Unsicherheit gegenüber Veränderungen nicht zur Angst werden lassen.

Die folgenden Arbeitsvorschläge wollen helfen, Zweifel und Unruhe gegenüber der eigenen Arbeit produktiv zu nutzen und die eigenen Potentiale für Veränderung besser kennen zu lernen.

Das kann ich (richtig)

Lehrer sind nicht nur Experten für Veränderung und Entwicklung, sie sind auch Experten für Fehler(findung). Oft werden Fehler als beste Begründung für die Notwendigkeit von Veränderung angesehen. Dieser Arbeitsvorschlag will dagegen bei den Stärken ansetzen, denn sie sind die beste Begründung für die Notwendigkeit und die Möglichkeit, sich zu verändern. Indirekt ist dieser Arbeitsvorschlag auch ein (kleiner) Tabubruch: Die eigenen Stärken und Möglichkeiten offen auszusprechen und stolz darauf zu sein gilt oft immer noch als Ausdruck von Selbstzufriedenheit und Konkurrenzstreben.

Erster Arbeitsschritt: Zeichnen Sie ihren Körperumriss auf ein einen großen Bogen Packpapier – am besten legen Sie sich mit dem Rücken auf den Bogen und bitten jemanden, den Umriss mit einem dicken Filzstift zu zeichnen.

Zweiter Arbeitsschritt: Schreiben Sie in den Körperumriss hinein, was Sie bereits gut können:

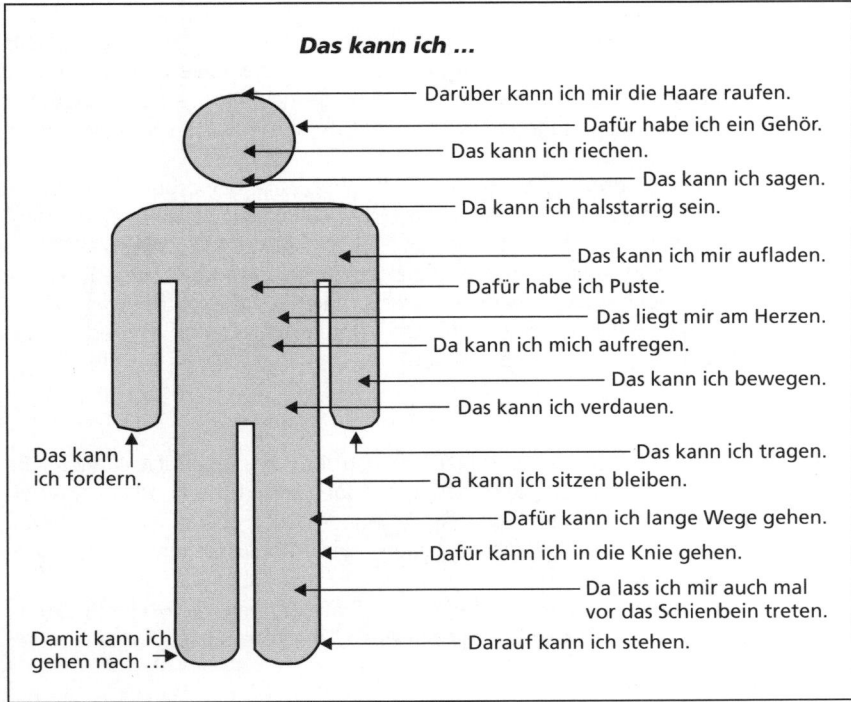

Abbildung 2-5: „Das kann ich"

Dritter Arbeitsschritt: Hängen Sie diesen Körperumriss mindestens eine Woche lang in Ihrem Arbeitszimmer auf, und zwar so, dass sie ihn oft und gut sehen. Wenn es Kommentare von Besuchern dazu gibt, schreiben Sie sie auf eine Karte und kleben Sie die Karte neben ihre Einträge. Verändern Sie die Einträge nicht.

Vierter Arbeitsschritt: Markieren Sie die Einträge, die Sie in der Schule ausleben und zeigen. Wenn Sie jemanden bitten, das auch aus seiner Sicht einzuschätzen, soll er das mit einer anderen Farbe tun. Es geht dann nicht darum, Übereinstimmungen bei der Einschätzung zu erzielen, sondern einen fremden Blick zu nutzen.

Fünfter Arbeitsschritt: Legen Sie eine Liste an, auf der Sie notieren:
a) welchen der nicht markierten Einträge sie in der Schule zeigen/ausleben möchten,
b) welche der markierten Einträge Sie nicht mehr in der Schule zeigen/ausleben möchten.

Sechster Arbeitsschritt: Versuchen Sie jetzt, jeweils an einem bestimmten Arbeitstag einen Eintrag Ihrer Liste in der Schule zu realisieren. Beantworten Sie am Nachmittag für sich die Fragen: Wie ist es mir (nicht) gelungen, mein Vorhaben umzusetzen? Wie verändere ich mich?

Ihre Stellenanzeige

Stellen Sie sich vor, Sie würden morgen in Pension gehen oder eine andere Stelle übernehmen. Als eine Ihrer letzten Aufgaben sollen Sie eine Stellenanzeige für eine Zeitung formulieren, in der ein Nachfolger für Sie gesucht wird. Ihr Schulleiter hat Ihnen eine Stellenanzeige gegeben (siehe Seite 59), die Ihnen als Vorlage dienen kann – aber nicht muss!
Wenn Sie die Wahl hätten: Würden Sie sich für Ihre Stelle bewerben? Was würde Sie daran (nicht) interessieren? (Falls Sie Ihre bisherige Stelle nicht mehr interessiert: Was müsste geschehen, damit Sie wieder an ihr interessiert wären?) Welche Wünschen würden Sie in einem Bewerbungsgespräch vorbringen? Hätten Sie eine Chance, Ihre (bisherige) Stelle wieder zu bekommen? Wenn nicht, was müsste geschehen, damit Sie diese Chance erhielten? Und abschließend: Würden Sie sich um die Stelle der Goethe-Schule bewerben?

Logbuch

Dieser Arbeitsvorschlag erinnert in seiner Grundstruktur ans Tagebuchschreiben. Im Unterschied dazu ist er jedoch stärker arbeitsbezogen, strukturiert und auf Auswertung hin angelegt. Der Grundgedanke ist, die eigene Arbeit über einen bestimmten Zeitraum auszuwerten und Entwicklungsideen und -möglichkeiten zu entdecken und zu stärken.
Als Grundform für ein Logbuch empfehlen sich Eintragungen, die in einem Ordner gesammelt werden. Auf Seite 60 finden Sie einen Vorschlag für das Formular eines Logbuchs.

Stellenanzeige Goethe-Schule	Ihre Stellenanzeige
Die Goethe-Schule in Neustadt sucht eine Lehrkraft! (*Vorzugsweise mit den Fächern* Deutsch und Englisch.) Unsere *Schule befindet sich in einer Phase* grundlegender Veränderungsprozesse. Wir arbeiten für eine Schule der Zukunft, deren *Grundsteine* Selbstständigkeit, Kooperation, Fächerübergreifendes Arbeiten, Lernlust und Lernbereitschaft sind. Unsere Schule ist eine Schule für alle Kinder. Wir geben auch denjenigen Kindern Anregungen und Unterstützung, die besondere Förderung oder Forderung benötigen. Eines unserer wichtigsten *Ziele* ist es, dass sich mehr Schüler für Neue Technologien und Naturwissenschaften interessieren und wagen, entsprechende Angebote und Fächer zu wählen. Als Lehrkraft tragen Sie *Verantwortung* für Ihren Unterricht und die Arbeit der Schule. Sie übernehmen einen eigenen *Arbeitsbereich* im Rahmen der Jahrgangs- oder Facharbeit. Für die Stelle bestehen folgende *Qualifikationsanforderungen*: ● mehrjährige Unterrichtserfahrung in allen Jahrgangsstufen, ● Erfahrungen mit fächerübergreifendem Unterricht, insbesondere unter Einbeziehung von Naturwissenschaften/Informationstechnik, ● fachliche und pädagogische Kompetenz, ● regelmäßige Teilnahme an schulinternen und -externen Fortbildungsveranstaltungen, ● Kooperationsfähigkeit und -bereitschaft, ● Fähigkeit, Gruppen bzw. Konferenzen zu leiten. Die Stelle wird zum nächstmöglichen Termin besetzt. Weitere Informationen erhalten Sie bei ... bzw. beim Personalrat.	

Der Zeitabschnitt für eine Eintragung kann von einem Tag bis zu einer Woche reichen. Wichtig ist, dass auch solche Anlässe und Eindrücke eingetragen werden, die nur normal und alltäglich erscheinen (also z. B.: Anlass: Konferenz über Aula-Renovierung – zwei überarbeitete Vorschläge, noch keine Entscheidung; Eindrücke: Wie immer. Das ist wahrscheinlich meine 95. Konferenz in dieser Schule; Ideen: Überhaupt keine. ...). Abschließend schätzen Sie jeweils die eigene Aktivität, die Zufriedenheit mit den entsprechenden Ereignissen und die Nutzung der eigenen Fähigkeiten ein.

In regelmäßigen Abständen werden die Eintragungen ausgewertet: Welche Richtung hatte meine Arbeit im vergangenen Zeitraum? Gibt es einen roten Faden bei den Ereignissen? Gibt es wiederkehrende Eindrücke und Gefühle? Wie müssten die Anlässe/Ereignisse verändert werden, damit Sie sich ändern? Welche Ideen können Sie umsetzen? Was würde geschehen, wenn die Ideen umgesetzt würden?

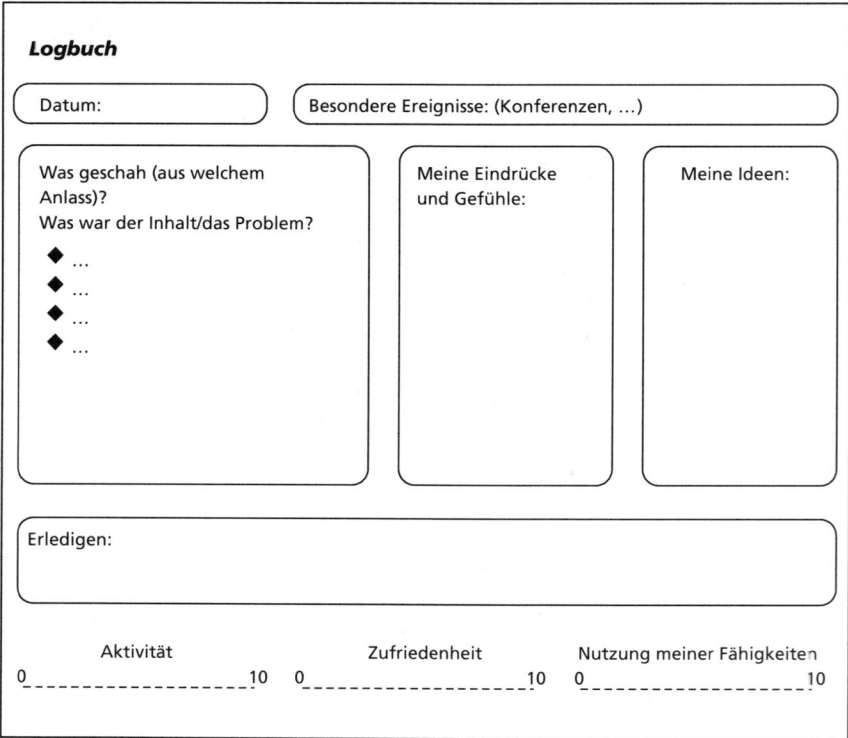

Abbildung 2-6: Logbuch-Formular

Die Bearbeitung dieser Fragen ist in der Regel ergiebiger als die quantitative Auswertung der Skalen. Diese dienen mehr dazu, die Selbstwahrnehmung und -beobachtung zu schärfen und die eigene Entwicklung über einen längeren Zeitraum im Blick zu behalten.

Den Abschluss der Arbeit mit den Logbuch-Eintragungen bildet die Bestimmung des „neuen Kurses" für den nächsten Zeitabschnitt. Natürlich kann der neue Kurs darin bestehen, den eingeschrittenen Weg fortzusetzen.

Variante: Statt der Logbuch-Eintragungen kann man auch Tonbandaufnahmen des eigenen Unterrichts machen. Dies ist technisch schwieriger und zeitaufwendiger, aber näher am Unterricht. Über einen Zeitraum von mehreren Wochen nimmt man in ein oder zwei Klassen etwa jede vierte Unterrichtsstunde auf. Der erste Schritt der Auswertung besteht darin, die Tonbänder abzuhören, sich dabei Stichworte zu machen (in Anlehnung an die Logbuch-Eintragungen). Dann werden jeweils fünf Minuten jeder Unterrichtsstunde wörtlich transkribiert. Im nächsten Schritt werten Sie die Stichworte und Transkripte aus. Schreiben Sie Ihre Kommentare, Eindrücke, Ideen und Meinungen neben die entsprechenden Textstellen. Versuchen Sie im letzten Arbeitsschritt folgende Fragen zu beantworten: Was war meine Richtung/mein Kurs im abgelaufenen Zeitraum? War es der Kurs, den ich festgelegt hatte? Welchen Kurs haben die Schüler wohl gesehen oder empfunden? Welchen Kurs können Sie jetzt festlegen?

Selbst-Rapport

Zur besseren Einschätzung der eigenen Arbeit kann der „Selbst-Rapport" verhelfen. Grundlage dafür ist ein Wochen-Stundenplan:

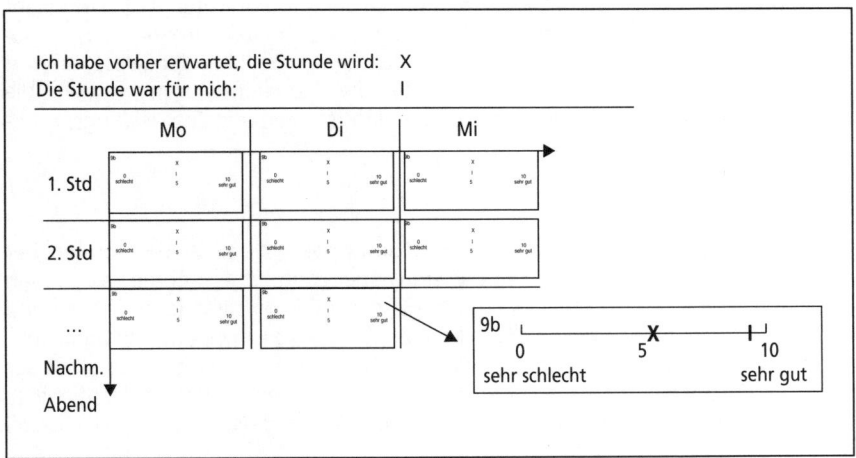

Abbildung 2-7: Selbst-Rapport

Schätzen Sie über einen längeren Zeitraum (zwei bis vier Wochen) jeweils auf einer Zehner-Skala *vor* den entsprechenden Stunden bzw. der Nachmittags- oder Abendarbeit ein, welche Erwartungen Sie daran haben.

Bewerten Sie dann direkt danach, wie die Stunde für Sie war (Eintragung am besten in einer anderen Farbe).

Am Ende des Rapport-Zeitraumes werten Sie Ihre Stundenpläne aus. Es erleichtert die Analyse, wenn Sie sich zuerst darauf konzentrieren, die unterschiedlichen Ebenen getrennt voneinander zu untersuchen und erst dann nach Zusammenhängen und Erklärungen suchen. Sie können beispielsweise zuerst auswerten, wie die Erwartungen bezogen auf bestimmte Klassen, Tageszeiten oder Tage waren. Dann können Sie analysieren, wie sich Erwartungen und Erfahrungen generell zueinander verhalten. Auf der Grundlage Ihrer Auswertung können Sie folgende Analysefragen bearbeiten: Wie erklären Sie sich Ihre Erwartungen und Ihre Erfahrungen (worauf beruhen Sie?)? Welche Erklärung haben Sie für Unterschiede oder Gemeinsamkeiten zwischen Klassen, Tageszeiten, Tagen ...? Was vermuten Sie als Ursache dafür, dass sich ihre Erwartungen und Erfahrungen während der gesamten Zeit (nicht) verändert haben? Welche Annahmen haben Sie darüber, dass sich im Laufe

der Rapport-Zeit Ihre Erwartungen und Ihre Erfahrungen einander (nicht) annä-
herten?
Dieser Arbeitsvorschlag hat oft überraschende Wirkungen (auch bei Schülern, die
ihn durchführen; siehe Seite 116f.): Im Laufe der Selbstbeobachtungszeit nähern sich
die Einschätzungswerte von Erwartungen und Erfahrungen einander an und werden insgesamt deutlich besser. Dies hat damit zu tun, dass die Erwartungen und
Erfahrungen überhaupt erst einmal Gegenstand expliziter Beobachtung werden
und nicht länger unausgesprochen oder verborgen bleiben. Es hat auch damit zu
tun, dass man die eigenen Erwartungen festlegen muss und dann Unterschiede
zwischen Erwartungen und Erfahrungen deutlicher zu Tage treten. Unter Umständen werden dadurch belastende, viel zu hohe Erwartungen, Unruhe und Ängste
deutlicher, es wird aber auch leichter, sie zu bearbeiten. So kann der Selbst-Rapport
produktive (und nicht lähmende) Unruhe über die eigenen Leistungen fördern, die
Arbeit an den eigenen Erwartungshaltungen unterstützen und Entwicklungspotential freisetzen.

Den Anfang finden

Die Beschäftigung mit dem eigenen Entwicklungspotential und mit der Unruhe über
die eigenen Leistungen kann zu Aktionismus oder Lähmungen führen, wenn man
nicht untersucht, wo und in welchem Maße diese Erkenntnisse jetzt sinnvoll und
auch wirkungsvoll umgesetzt werden können. Werden sie in einem Feld angewendet, auf das man praktisch keinen Einfluss hat oder das bedeutungslos ist, stößt der
Entwicklungsprozess schnell an Grenzen oder läuft ins Leere. Deshalb empfiehlt es
sich zu prüfen, wo das eigene Entwicklungspotential und die Unruhe wirkungsvoll
eingesetzt werden können.
Schreiben Sie zu diesem Zweck alle Aufgaben oder Bereiche auf Karten, die für Ihre
Leistung als Lehrer wichtig sind (alternativ: für das Lernen der Schüler; für die
Leistung der Schule).
Ordnen Sie dann die Karten in der Reihenfolge: In welchem Bereich kann ich am
meisten erreichen?
Schreiben Sie jeweils auf die ersten drei Karten, was Sie in diesem Feld als Nächstes
a) tun können,
b) tun müssen.

Nehmen Sie dann die Karten, die im ersten Durchgang nicht unter den ersten drei
waren. Ordnen Sie sie in der Reihenfolge: Was ist von diesen Bereichen am
wichtigsten für meine Leistung als Lehrer (alternativ: für das Lernen der Schüler; für
die Leistung der Schule)? Wählen Sie die drei wichtigsten Karten aus und schreiben
jeweils darauf, wie Sie dort mehr Einfluss bekommen können.
Legen Sie jetzt die sechs ausgewählten Karten vor sich. Wählen Sie mindestens zwei
Bereiche aus, in denen Sie mehr erreichen bzw. mehr Einfluss bekommen wollen.
Ergänzung: Welche Karten hätten Ihre Schulleitung bzw. Ihre Schüler ausgewählt?

5. Kapitel: Arbeits-Inventur

Dieses Kapitel widmet sich der „Inventur" der eigenen Arbeit. Denn Schulentwicklung zu verstehen und sich auf sie zu verstehen setzt voraus, die eigene Arbeit, die Arbeitsbedingungen und das Arbeitsmilieu zu kennen. Das ist notwendig, weil bei der Komplexität schulweiter Entwicklungsprozesse der Blick für die individuelle Arbeit schnell verloren geht und das Gefühl entstehen kann, dass zwar die Schule sich verändert, nicht aber der Lehrer sich selbst.

Die Dinge zählen

Zu den simplen Verfahren einer Bestandsaufnahme der eigenen Arbeit gehören selbst geführte Strichlisten über Tätigkeiten, die im Laufe eines bestimmten Zeitraums durchgeführt werden. Komplexer sind Beobachtungen und Auswertungen mit Hilfe von Untersuchungsrastern zur Unterrichtsbeobachtung. Bei beiden Formen der Bestandsaufnahme der Lehrerarbeit sollten folgende Aspekte beachtet werden:

- Die Erhebungen und Beobachtungen sollen der Entwicklung und Veränderung der eigenen Arbeit dienen.
- Sie sollten kurz und einfach sein und noch am Tag der Durchführung ausgewertet werden können.
- Die Erhebungs- bzw. Beobachtungsbereiche sollten vom jeweiligen Lehrer selbst ausgewählt bzw. erarbeitet werden. (Was will ich wissen?)
- Es sollen nur Bereiche ausgewählt werden, die für das Handeln des Lehrers Bedeutung haben können. (Welche Folgerungen kann ich ziehen, wenn ich das weiß?)
- Vor der Durchführung sollten vom Lehrer Analyse- und Bewertungsrahmen festgelegt werden. (Zum Beispiel: Was bedeutet es, wenn x oder y Prozent der Unterrichtszeit ausschließlich für Gruppenarbeit verwendet werden?)
- Erhebungen und Beobachtungen sollten mehrfach – verteilt über einen längeren Zeitraum – in mehreren Gruppen bzw. zu unterschiedlichen Anlässen durchgeführt werden.

Eine sehr wirkungsvolle Strichliste bei der Bestandsaufnahme ist die Erfassung von Unterrichts- und Arbeitsaktivitäten, wie Hausaufgaben kontrollieren, Arbeitsblätter verteilen, für Ruhe sorgen, Elternbriefe einfordern, Lehrervortrag halten, Klassenarbeiten korrigieren, Gespräche führen (mit Schülern, Eltern oder Lehrern), Mitteilungsbuch lesen, Rückgabe von Büchern kontrollieren, Videogerät suchen, Kopien anfertigen, im Sekretariat nachfragen, Statistiken ausfüllen ...
Erstellen Sie zuerst eine Liste aller möglichen Unterrichts- und Arbeitsaktivitäten, die im Laufe eines Unterrichtstages vorkommen können. Führen Sie dann eine Schätzung durch:

● Wie viel Zeit eines Schultages (etwa 300 Minuten) verwenden Sie nach Ihrer Einschätzung für die einzelnen Situationen?

● In welchen Bereichen erscheint Ihnen die verwendete Zeit als zu lang/zu kurz?

Führen Sie dann die Erhebung/Beobachtung durch. Entweder bitten Sie jemanden, Sie eine bestimmte Zeit lang als Schatten zu begleiten und die Eintragungen vorzunehmen, oder Sie machen die Einträge selbst, begleitend zu Ihrer Arbeit. Für jede Aktivität, die weniger als drei Minuten dauert, tragen Sie einen Strich ein, für jeden weiteren Zeitabschnitt von drei Minuten einen weiteren.

Am Ende Ihrer Erhebung werten Sie die Eintragungen aus. Welche Ergebnisse sind für Sie überraschend? Welche sind wichtig? Welche sind hilfreich für Sie? Wie erklären Sie sich Unterschiede und Gemeinsamkeiten zwischen Schätzung und Erhebung?

Viele solcher Erhebungen oder Beobachtungen erzeugen mehr Veränderungsdruck und -willen, als man vorher meint. In einem Fall bat ein Lehrer einen Praktikanten von der Universität, ihn drei Tage lang als Schatten zu begleiten und eine Strichliste über die Unterrichts- und Arbeitsaktivitäten zu führen. Nach dem ersten Tag regte der Praktikant an, für Aktivitäten, die weniger als 20 Sekunden dauerten, eine zusätzliche Kennzeichnung einzuführen. Nach drei Tagen Beobachtung wurde deutlich, dass über die Hälfte aller Aktivitäten weniger als 20 Sekunden dauerte und rund ein Viertel länger als 15 Minuten. Bei näherer Analyse zeigte sich, dass viele der Aktivitäten, die weniger als 20 Sekunden dauerten, Gespräche mit Schülern und Kollegen waren. Nur ein einziges Gespräch an den drei Tagen hatte länger als zwei Minuten gedauert! Das Ergebnis dieser Erhebung war Verunsicherung und Unruhe des Lehrers. Er sah die Notwendigkeit, seine Gesprächskultur zu verändern und mehr Zeit für Gespräche mit Schülern und Kollegen zu verwenden.

Erfolgs-Belastungs-Analyse (EBA)

Was verschafft der eigenen Arbeit Erfolg, was erzeugt Belastung und Stress? Dies zu untersuchen ist eine wichtige Voraussetzung, um die eigene Arbeit – zielgerichtet und realistisch – positiver zu gestalten. Der folgende Fragebogen gibt hierzu Anregungen.

Erster Arbeitsschritt: Bevor Sie den Fragebogen ausfüllen, decken Sie bitte die drei rechten Spalten ab.

Zweiter Arbeitsschritt: Kreuzen Sie nun an: Wie oft haben Sie Folgendes während der letzten beiden Monate in ihrer täglichen Schularbeit erlebt?

Dritter Arbeitsschritt: Decken Sie dann die rechten Spalten auf und multiplizieren Sie Ihren jeweiligen Wert mit der in der Spalte (*) angegebenen Zahl. Tragen Sie das Ergebnis in das Feld rechts davon (Spalte A bzw. B) ein.

	nie	sel-ten	ab und zu	häu-fig	im-mer	*	A	B
1. Ich hatte ein gutes Verhältnis zu den Schülern.	0	1	2	3	4	**10**		
2. Ich war belastet mit Korrekturen, Unterrichtsvorbereitung oder Verwaltungsaufgaben	0	1	2	3	4	**10**	–	
3. Schülern „ging ein Licht auf" in meinem Unterricht, sie hatten Spaß.	0	1	2	3	4	**9**		
4. Es gab Ärger mit Schülern, Diszi-plin- oder Anwesenheitsprobleme.	0	1	2	3	4	**9**	–	
5. Die Schüler hatten gute Lernerfolge.	0	1	2	3	4	**8**		
6. Die Schüler waren nicht motiviert, sie waren dem Unterricht gegenüber negativ eingestellt.	0	1	2	3	4	**8**	–	
7. Ich hatte Arbeits- und Erfahrungsaustausch mit Kollegen.	0	1	2	3	4	**7**		
8. Mir fehlte es an Unterstützung und Hilfe durch die Schulleitung und -verwaltung.	0	1	2	3	4	**7**	–	
9. Ich hatte Einfluss auf Entwicklung, Haltungen und Charakter der Schüler.	0	1	2	3	4	**6**		
10. Kollegen waren inkompetent, negativ eingestellt gegenüber Schule und Unterricht.	0	1	2	3	4	**6**	–	
11. Ich habe mich an außerunter-richtlichen Aktivitäten beteiligt.	0	1	2	3	4	**5**		
12. Es fehlte mir an Unterrichts-material und -mitteln.	0	1	2	3	4	**5**	–	
13. Ich konnte mich auf meinen (Fach-)Unterricht konzentrieren.	0	1	2	3	4	**4**		
14. In der Schule bestand Unsicherheit, z. B. wegen zurückgehender Schülerzahlen, Versetzungen.	0	1	2	3	4	**4**	–	
15. Ich habe guten Unterricht gemacht.	0	1	2	3	4	**3**		
16. Meine Klassen waren sehr groß.	0	1	2	3	4	**3**	–	

						A	B
17. Ich habe einzelnen Schülern gehol- fen, die Lernprobleme hatten.	0	1	2	3	4	2	
18. Für mich gab es neue Erlasse, Richtlinien, Unterrichtsvorschriften.	0	1	2	3	4	2	–
19. Ich habe (am Jahresende, bei Klassentreffen) Rückmeldungen von Schülern über meine Arbeit bekommen.	0	1	2	3	4	1	
20. Ich wurde von Eltern nicht unterstützt.	0	1	2	3	4	1	–
						A=	B=

Vierter Arbeitsschritt: Addieren Sie jeweils alle Zahlen der Spalten A und B. Zeilen, in die der Wert in Spalte A eingetragen werden muss, benennen Erfolgsfaktoren. Zeilen, in die der Wert in Spalte B eingetragen werden muss, benennen Belastungsfaktoren.

Fünfter Arbeitsschritt: Analysieren Sie die Ergebnisse. Folgende Angaben und Fragen können dabei behilflich sein:

● Welche der 20 Angaben kam Ihnen fremd oder ungewohnt vor? Bei welcher erkannten Sie sich besonders gut wieder?
● Die Angaben des Fragebogens orientieren sich an Ergebnissen einer kanadischen Befragung (N = 6 000 Lehrerinnen und Lehrer) über Belastungs- und Erfolgsfaktoren der Lehrerarbeit (KING 1988). Die Angaben sind in der Reihenfolge der Nennungen geordnet (d. h., die Punkte 1 und 2 wurden am häufigsten genannt). Welches waren für Sie die wichtigsten Erfolgs- bzw. Belastungsfaktoren? Stimmt die Reihenfolge mit der des Fragebogens überein?
● Vergleichen Sie die Summen der Spalten A und B. In welchem Verhältnis stehen Erfolgs- und Belastungsfaktoren zueinander?
● Wo müssten Sie Ihre Einstellung ändern, damit die Erfolgsfaktoren größer und die Belastungsfaktoren geringer werden?
● Wo müssten Sie die Bedingungen bzw. das Umfeld ändern, damit die Erfolgsfaktoren größer und die Belastungsfaktoren geringer werden?

Natürlich gibt dieser Fragebogen nicht die objektiven Erfolgs- oder Belastungsfaktoren des Unterrichts wieder. Darum geht es hier auch nicht. Ziel des Fragebogens ist es, die Auseinandersetzung darüber anzuregen, was Sie als Erfolgsbedingungen und Belastungsfaktoren ansehen, wie Sie diese wahrnehmen und welche Bedeutung Sie ihnen zumessen. Ergebnis kann sein, erst einmal Belastungs- *und* Erfolgsfaktoren in den Blick zu bekommen und die Arbeitsbedingungen in der Schule bzw. die eigene Einstellung zu hinterfragen.
Eine weitere Möglichkeit für die Erforschung der eigenen Arbeitsbelastung bietet die Untersuchung von COMBE/BUCHEN (1996). Hier können Sie überprüfen, ob die von den Autoren festgestellten Belastungsfaktoren auch für Sie und Ihre Arbeit von

Bedeutung sind (z. B. die Notwendigkeit, ständig Plausibilität für das eigene Tun herstellen zu müssen, und die Lernsituation immer wieder aushandeln müssen; die ständige Anstrengung, Ziele zu erreichen, wobei diese selten oder nie erreicht werden).

Untersuchung von Arbeitskultur und -milieu

Arbeitskultur und Arbeitsmilieu der Schule (auch als Anhäufung unterschiedlicher Teil- und Subkulturen und -milieus, vgl. HUBERMANN 1992:19; ROSENHOLTZ 1989) beeinflussen die Leistung und die Zufriedenheit am Arbeitsplatz erheblich. Sind diese wenig entwickelt, können Lehrer oft nicht wahrnehmen, dass sie Kultur und Milieu ihrer Schule aktiv oder passiv mitgestalten. Diese erscheinen im Wesentlichen als von außen verursacht und auch nur von außen veränderbar. In solchen Fällen wirken Initiativen zu ihrer Veränderung oder Thematisierung bedrohlich oder paradox, manchmal sogar zynisch. In einer gut entwickelten Arbeitskultur und einem anregenden, gesunden Arbeitsmilieu hingegen akzeptieren Lehrer explizit oder durch ihr Handeln ihren Anteil daran und auch ihre Verantwortung dafür. Sie sehen dann Arbeitskultur und -milieu als etwas an, das auch ihnen „gehört" und gepflegt werden muss.

Der folgende Arbeitsvorschlag (vgl. MOXNES 1997) kann Lehrern helfen, sich mehr Klarheit über ihre Sicht der Arbeitskultur und des Arbeitsmilieus ihrer Schule zu verschaffen und ihren Anteil daran besser zu erkennen. Dies hilft, bei Schulentwicklungsprozessen darauf zu achten, dass diese Bedingungen als Thema und als Einflussfaktor beachtet werden, dass mit ihnen sorgsam umgegangen und ihre Weiterentwicklung in den Zielhorizont gerückt wird.

Arbeitskultur und -milieu meiner Schule

Kreuzen Sie bitte an, wie Sie es persönlich sehen.

1. **Arbeitskultur und -milieu meiner Schule sind** **meiner Erfahrung nach gekennzeichnet durch**	sehr stark				gar nicht
	1	2	3	4	5
1.1 Beziehungskonflikte					
1.2 ehrlichen Meinungsaustausch					
1.3 Einigkeit in Sachfragen					
1.4 Engagement					
1.5 Fehlertoleranz					
1.6 feste Routinen					
1.7 Genauigkeit					
1.8 gespannte Atmosphäre					
1.9 gute Information					
1.10 Irritation					

	1	2	3	4	5
1.11 neue Ideen					
1.12 Offenheit					
1.13 persönliche Gespräche					
1.14 Respekt vor Vorgesetzten					
1.15 Unsicherheit					
1.16 Unterschiedlichkeit der Personen					
1.17 Veränderungen					
1.18 verborgene Gefühle					
1.19 Vermeidung von Konflikten					
1.20 Zusammenarbeit					

In der folgenden Liste kreuzen Sie bitte mit x an, wie es bei Ihrer Arbeit wirklich ist. Kennzeichnen Sie mit 0, wie Sie es sich für Ihre Arbeit wünschen.

2. So ist es mit meiner Arbeit, so wünsche ich es mir: Ich ...	häufig				nie
	1	2	3	4	5
2.1 werde von Kollegen geschätzt.					
2.2 bin engagiert.					
2.3 erlebe Fortschritte.					
2.4 erledige meine Arbeit besser als noch vor einem Jahr.					
2.5 finde Konferenzen und Besprechungen gut.					
2.6 habe Angst, Fehler zu machen.					
2.7 habe die richtige Arbeit.					
2.8 habe eigene Ziele für und Erwartungen an meine Arbeit.					
2.9 habe immer die gleiche Arbeit/die gleichen Klassen.					
2.10 habe einen guten Einblick in das, was in der Schule vor sich geht.					
2.11 habe an Fortbildungsveranstaltungen teilgenommen.					
2.12 habe in den letzten zwei Jahren neue Arbeitsaufgaben erhalten.					
2.13 habe Einfluss auf die Schule.					
2.14 habe Freiheit bei meiner Arbeit.					

2.15	trage Verantwortung.				
2.16	mache meine Arbeit wie die anderen Kollegen.				
2.17	nehme an Konferenzen teil.				
2.18	sehe in meinem Vorgesetzten ein Ideal.				
2.19	spüre großen Arbeitsdruck.				
2.20	stelle meine Familie über meinen Beruf.				
2.21	vermeide Konflikte.				

Bei der Analyse können Sie sich durch folgende Hinweise und Fragen anregen lassen:

- Welche Angabe in Liste 1 oder Liste 2 hat bei Ihnen unmittelbar Erinnerungen oder Assoziationen an vergangene Situationen ausgelöst? Welche Bewertung ist Ihnen besonders leicht/schwer gefallen? Warum?
- Welche der Angaben haben Sie für völlig überflüssig gehalten? Würden Ihre Kollegen diese Angabe auch für überflüssig halten?
- Zu welchen Punkten in Liste 1 haben Sie aktiv beigetragen?
- Welche Punkte aus Liste 1 könnten Ihrer Meinung nach am einfachsten verändert werden? Warum ist die Veränderung bisher nicht erfolgt?
- Vergleichen Sie Ihre Ist-Soll-Angaben in Liste 2: Wo bestehen Unterschiede und Gemeinsamkeiten?
- Welche Punkte in Liste 2 haben andere Personen maßgeblich verursacht?
- Wenn Sie drei Ihrer nicht realisierten Wünsche aus Liste 2 realisieren könnten, welche wären das?
- Markieren Sie in beiden Listen jeweils die drei Angaben, die Ihrer Meinung nach für Arbeitskultur und -milieu in Ihrer Schule die größte Bedeutung haben. Welchen Einfluss haben Sie auf diese Punkte?
- Stellen Sie sich vor, eine fremde Person würde Ihre Angaben in beiden Listen sehen. Was würde sie über Sie und Ihre Schule erfahren?
- Was haben Sie aus dem Fragebogen über Arbeitskultur und -milieu Ihrer Schule gelernt?

Bestandsaufnahme: Ziele – Annahmen – Probleme – Strategien (ZAPS)

Einen anderen Zugang zur Arbeits-Inventur bietet die ZAPS-Bestandsaufnahme, die sonst mehr bei Planungen in Schulentwicklungsprozessen eingesetzt wird. Diese Form der Arbeitsinventur ermöglicht es nicht nur, einzelne Elemente Ihrer Arbeit zu inventarisieren und auf Entwicklungs- und Veränderungspotential hin zu untersuchen, sondern sie gestattet auch, Verbindungen zwischen Elementen herzustellen und zu überprüfen. Als Material benötigen Sie für diesen Arbeitsvorschlag einen dicken Filzstift, etwa 30 bis 50 weiße und fünf andersfarbige DIN-A6-Karten (alternativ: Selbstklebezettel A6), Klebeband, Wollfaden und einen Bogen Packpapier/eine Wandzeitung.

Erster Arbeitsschritt: Es geht jetzt um Ihre Arbeit des letzten Monats, und zwar um die Klasse, für die Sie besonders viel Arbeit und Energie aufgewendet haben.

- Was haben Sie in dieser Klasse gemacht/gearbeitet?
- Warum haben Sie das gemacht?
- Wie haben Sie das gemacht?
- Wozu haben Sie das gemacht?

Schreiben Sie auf die weißen Karten jeweils eine Aussage (z. B.: verstärktes Rechtschreibtraining; Elternabend; Klassenarbeit ...).

Zweiter Arbeitsschritt: Kleben Sie die einzelnen Karten locker auf das Packpapier/die Wandzeitung. Ordnen Sie dabei Ihre Karten folgenden Rubriken zu, die kreuzförmig angeordnet sind: Ziele, Annahmen, Probleme, Strategien.

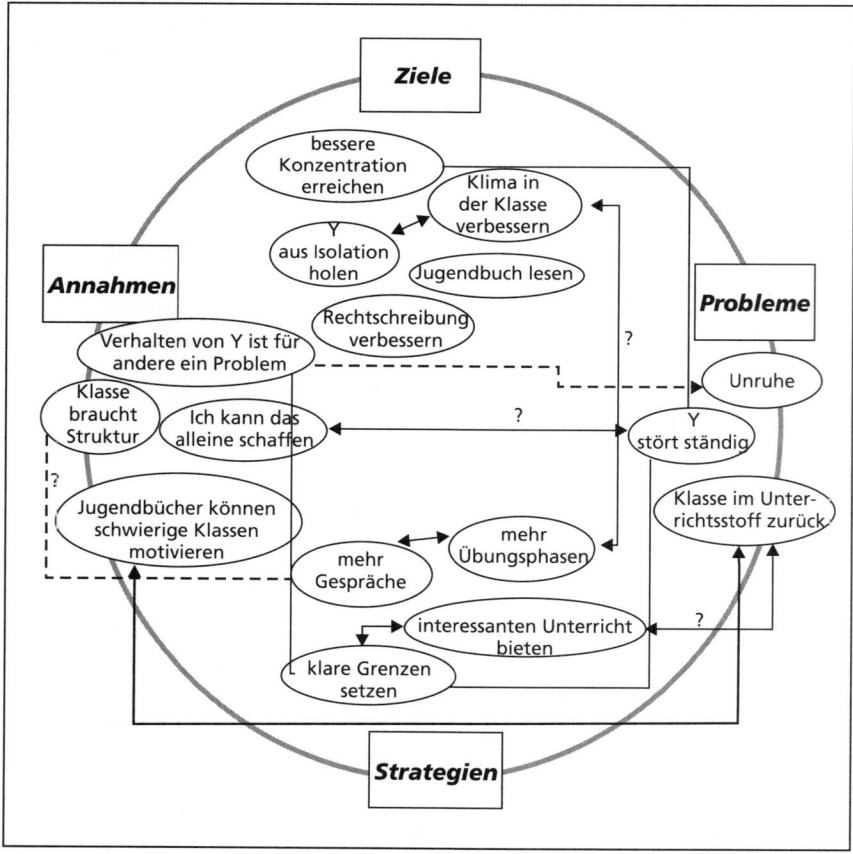

Abbildung 2-8: Ziele – Annahmen – Probleme – Strategien

Dieser Schritt dauert erfahrungsgemäß oft über eine halbe Stunde. In den Fällen, wo Sie sich nicht entscheiden können, wohin eine Karte gehört, kleben Sie sie an den Rand der Wandzeitung oder kopieren die Karte und kleben sie unter zwei Rubriken. Wenn Sie die Möglichkeit haben, dokumentieren/fotografieren Sie das Ergebnis.

Dritter Arbeitsschritt: Untersuchen Sie den Zusammenhang zwischen den einzelnen Karten. Verändern Sie die Anordnung der Karten, bis sie Ihrer Meinung nach richtig liegen. Finden sich zu den Zielen auch Strategien und Annahmen? Gibt es Zusammenhänge zwischen den Problemen, den Annahmen und den Strategien? Korrespondieren die Ziele mit den Strategien? Sie können jetzt einzelne Karten umhängen, Sie können Wollfäden zwischen einzelnen Karten spannen, um Verbindungen herzustellen, Sie können auch mehrere Karten mit einem Wollfaden einkreisen und so Eckpunkte kennzeichnen.

Vierter Arbeitsschritt: Sind Sie der Meinung, dass ZAPS sich im Gleichgewicht befindet? Entsprechen Ziele, Annahmen, Probleme und Strategien einander sinnvoll? Falls ja: Vergleichen Sie die jetzige Anordnung mit der des zweiten Arbeitsschrittes. Falls nein: Probieren Sie, ob Sie durch maximal fünf neue, andersfarbige Karten mit weiteren Annahmen, Zielen, Problemen und Strategien ein Gleichgewicht erzielen können. Prüfen Sie, ob die neuen Karten Ihnen Hilfen für Ihre nächsten Handlungsschritte geben können.

Das abgebildete Beispiel eines Zwischenstands (dritter Arbeitsschritt) stammt von einer Lehrerin einer 8. Realschulklasse. Sie suchte eine Erklärung dafür, dass trotz erhöhter Anstrengungen und attraktiverer Unterrichtsinhalte die Probleme in der Klasse größer geworden waren. Eine der ersten Konsequenzen, die sie aus dieser Übung zog, war eine Reduzierung der Ziele. Dann überlegte sie, ob nicht einige Strategien eher Annahmen waren – wenn nicht sogar Probleme! Schließlich zeigte sie das ZAPS-Bild einem Kollegen und bat ihn, ihr sein Verständnis des Bildes zu nennen.

6. Kapitel: Visionen zuletzt!

Dieses Kapitel steht mit Absicht erst am Schluss des ersten Teils. Denn nur wenige Konzepte von Lehrer- und Schulentwicklung werden so missverstanden (und sind auch so missverständlich) wie „Veränderung durch Visionen". Dazu drei Beispiele:

1. Der Referent einer schulinternen Fortbildungsveranstaltung über Schulentwicklung beginnt die Veranstaltung mit einer knappen theoretischen Einleitung. Dann gibt er jedem Teilnehmer einen Bogen Papier und Farbstifte: „Schulentwicklung geht nicht ohne Visionen. Sie haben jetzt eine halbe Stunde Zeit. Malen, zeichnen Sie auf den Bogen die persönliche Vision von Ihrer Traumschule!"

Die Kollegen sehen sich irritiert an, kritzeln auf dem Papier herum. Der Referent ermuntert freundlich. Schließlich malt über die Hälfte der Kollegen ihre Traumschule: Häuser im Grünen, bunte Schulhäuser, einen Menschenbaum, ein Universum. Die Bilder werden aufgehängt. Die Kollegen werden gebeten, die Bilder der anderen zu kommentieren. Allmählich kristallisiert sich ein Lieblingsbild heraus, das fast alle schön finden: Die Zirkus-Schule!

2. Im Rahmen einer kollegialen Fallbesprechungsgruppe, zu der sich zehn Lehrer auf freiwilliger Basis treffen, schlägt ein Teilnehmer vor: „Wir müssen nach vorn blicken, nicht nur immer unsere Fälle und Probleme bearbeiten. Ich schlage vor, wir setzen uns jetzt zu zweit zusammen. Einer schließt die Augen und berichtet dem anderen, welche Fantasie er über eine gute Schule hat. Der andere schreibt die Dinge auf oder malt sie, je nachdem. Die Zusammenfassung kann man dann für sich mit nach Hause nehmen!"
Die Kollegen greifen den Vorschlag des Lehrers gern auf. Sie möchten, dass es nach vorn geht. Als sie später die Zusammenfassungen und Bilder ihrer Fantasien sehen, stellen sie fest: Sie sind mit ihrer Arbeit nicht vorangekommen, sie sind einfach nur davongelaufen.

3. Der Leiter einer Schulabteilung der Bezirksregierung hat gemeinsam mit einer Arbeitsgruppe aus Schulräten und Lehrerausbildern ein Lehrerleitbild (Grundverständnis und Ziele der Lehrerarbeit, Normen, Pflichten und Rechte) erarbeitet. Es wird im Amtsblatt der Bezirksregierung veröffentlicht. Als es nur wenig Rückmeldungen auf die Veröffentlichung gibt, empfiehlt der Leiter seinen Schulräten, bei Revisionen und bei Schulleiterdienstbesprechungen das Thema „Lehrerleitbild" aufzugreifen.

Im ersten Beispiel werden Vision und Traum miteinander verwechselt. „Veränderung durch Visionen" wird verstanden als eine Art gruppendynamischer Entscheidungsprozess für einen Traum. Dabei wird es nicht für wichtig gehalten, ob dieser Traum überhaupt realisierbar oder im Interesse der Schüler wäre.

Im zweiten Beispiel wird Vision als Fantasie missverstanden. Unabhängig von Erfahrungen werden Fantasie-Überschüsse gesammelt und gemeinsam zu verstehen versucht. Dass sich dadurch die Beziehungen der Gruppenmitglieder zueinander verbessern können, wird nicht bezweifelt. Höchst unsicher ist nur, ob die Fantasien irgendetwas für Schule und Unterricht leisten können.

Im dritten Beispiel firmiert das Leitbild als Vision. Dieses Missverständnis kommt besonders häufig bei Schulaufsicht und Bildungspolitik vor, es wird aber auch von Lehrern als Abwehrargument gegen Entwicklungsanforderungen eingesetzt. Der Grundtenor ist: Man muss klare Ziele und Leitbilder von oben geben, damit Lehrer Orientierungen haben und Visionen entwickeln können. Oder von Lehrerseite aus formuliert: Solange die da oben ihre Ziele und Entwicklungsperspektiven nicht klar haben, brauchen wir mit Visionen oder Zielen erst gar nicht anzufangen.

Die Missverständnisse und Fehldeutungen von „Veränderung durch Visionen" lassen sich zum Teil darauf zurückführen, dass dieses Konzept nur verkürzt adaptiert wurde. Diese Verkürzung führt zu unernsten, unreifen und zu verfrühten Visionen. Solche Visionen machen blind (FULLAN 1993:28). Eine noch wichtigere Ursache für die Missverständnisse und Fehldeutungen von „Veränderung durch Visionen" liegt aber im mechanistischen Konzept des Visionsmanagements, zum Beispiel bei BECKHARD/PRITCHARD (1992:25). Dort werden vier zentrale Aspekte für Veränderung durch Visionen genannt:

1. Entwicklung und Formulierung der Vision,
2. Vermittlung der Vision,
3. Aufbau von Engagement und Verpflichtungsgefühl gegenüber der Vision,
4. Organisation der Menschen und ihrer Arbeit in der Weise, dass sie an der Vision ausgerichtet sind.

Dass solche Konzepte nicht das erreichen, was sie versprechen, ist inzwischen belegt (u. a. BEER/EISENSTAT/SPECTOR 1990; STACEY 1992; SENGE 1996:282). Aber selbst wenn sie die versprochenen Effekte erzielen würden, wären sie nicht für Schulentwicklung geeignet. Durch Visionen von oben lernen weder Lehrer noch Schüler, selber Visionen zu entwickeln, diese zu prüfen und sich mit anderen auf gemeinsame Visionen zu verständigen. Sie machen vielmehr die Erfahrung, dass ihre Realität geschaffen wird und sie dabei nichts anderes sind als Ausführende. Mit verordneten oder vorgegebenen Visionen können sie nicht die Überzeugung erlangen, dass sie ihre Zukunft selbst gestalten können, sie erhalten durch solche Visionen keine Anstöße und Impulse für schöpferisches Lernen und Gestaltung ihrer Arbeit und ihrer Schule.

Wenn das so ist, wem nutzen dann eigentlich all die sicher gut gemeinten Programme, Leitbilder, Broschüren, Zielvereinbarungen und CI-Prozesse von Bildungspolitik, Schulaufsicht oder Schulverwaltung? Am meisten denjenigen, die diese Visionen verbreiten. Sie bestätigen dadurch ihren Glauben und ihre Hoffnung, Entwicklungs- und Veränderungsprozesse seien für andere vorhersehbar, steuerbar und beherrschbar. Das sind sie nicht. Am wenigsten nutzen solche Fremdvisionen den Schulen und den Lehrern. Bei ihnen wird dadurch eher eine Kultur der Abhängigkeit und Konformität gefördert, es wird verhindert, dass Dinge in Frage gestellt werden und komplexe Lernprozesse angegangen werden. In einer solchen Kultur kann Schulentwicklung nur in Opposition gedeihen.

Die Alternative besteht allerdings nicht darin, auf Visionen zu verzichten oder ihre Bedeutung und Kraft zu ignorieren. Wenn Visionen ein Erkundungsprozess sind für die Antwort auf die Fragen: Was will ich hier gestalten und (er)schaffen? Was will ich hier sein? – wenn sie auf Erfahrungen beruhen, fundiert sind und geteilt werden, dann sind sie unentbehrlich für die Lehrer- und Schulentwicklung. Wollen Sie solche Visionen als Einzelner oder in einer Gruppe erarbeiten, dann sind folgende Aspekte wichtig:

■ Visionen müssen auf reflektierter Praxis beruhen. In erster Linie erwachsen sie aus Handlungen und Erfahrungen und erst in zweiter Linie führen sie auf neue Handlungen hin.

▣ Visionen müssen mit den Wertvorstellungen übereinstimmen, die den Alltag der Menschen bestimmen, sonst werden sie keinerlei echte Begeisterung wecken, sie werden häufig blanken Zynismus hervorrufen. (SENGE 1996:273)

▣ Gemeinsame Visionen (in einer Schule) kann man erst entwickeln, wenn man eine persönliche Vision hat. Wenn Menschen keine eigene Vision von etwas haben, können sie mit anderen auch keine Vision teilen.

▣ Visionen müssen geteilt werden: Werden sie einzeln erarbeitet, muss die jeweilige Person ganz von ihr überzeugt sein. Werden sie in einem Kollegium erarbeitet, muss dies in einem dynamischen Prozess der Gruppenmitglieder und der Leitung erfolgen, damit die Visionen von allen wirklich geteilt werden. Eine Vision, die halbherzig vertreten wird oder die von oben verordnet oder übergestülpt wird, führt bestenfalls zu nichts, im schlimmsten Fall zu Verachtung.

Die folgenden Arbeitsvorschläge zielen darauf, die Erarbeitung von Visionen in diesem Sinne zu unterstützen und Antworten auf die Fragen zu finden: Was will ich hier gestalten und (er)schaffen? Was will ich hier sein? Diese Arbeitsvorschläge dürfen nicht isoliert eingesetzt werden, sondern müssen mit den Erkenntnissen und Erfahrungen der vorherigen Arbeitsschritte (Erkundung der eigenen Entwicklungsgeschichte und des eigenen Entwicklungspotentials, Bestandsaufnahme der Arbeit, siehe Seite 49 bis 71) verbunden werden. Erst dann werden sie für die eigene Entwicklung und die Erarbeitung gemeinsamer Visionen fruchtbar.

Du sollst dir keine Vision machen

Suchen Sie sich einen ruhigen Raum und sorgen Sie dafür, dass Sie in der nächsten Viertelstunde nicht gestört werden. Setzen Sie sich entspannt auf einen Stuhl und schließen Sie die Augen. Denken Sie jetzt zehn Minuten nicht daran, wie Ihre Wunschschule der Zukunft aussehen wird! Denken Sie nicht daran! – Überlegen Sie danach: Brauche ich wirklich eine Vision für mich, für meine Arbeit?

Visions-Collage

Was will ich in den nächsten Jahren in meinem Unterricht (er)schaffen? Schneiden Sie zu dieser Frage eine Woche lang jeden Tag fünf Schnipsel (Wörter, Sätze, Fotos) aus Ihrer Tageszeitung aus und erstellen Sie daraus eine Collage. Legen Sie die Collage eine Woche lang beiseite. Nehmen Sie sie sich dann wieder vor. Versuchen Sie sich zuerst zu erinnern, in welchem Zusammenhang die Schnipsel in den Zeitungen standen. Warum haben Sie ausgerechnet diese Schnipsel ausgewählt? Können Sie Ihre Collage in einem Satz/Wort zusammenfassen: Ich will ...

Maschinen-Modelle

Stellen Sie sich vor, Sie könnten eine Maschine erfinden, die Ihren Unterricht und Ihre Schule so verändert oder beeinflusst, wie Sie es sich wünschen. Es sind alle Arten von Maschinen möglich (Windrad, Automotor, Roboter ...).

- Wie sieht die Maschine aus?
- Welche Beziehungen bestehen zwischen den Teilen der Maschine?
- Was leistet sie, bewegt sie? Sind ihre Leistungen oder ihr Verhalten vorhersagbar?
- Wird sie gesteuert? Wie?
- Warum gibt es diese Maschine?
- Ist die Maschine ersetzbar, verletzbar, abhängig?
- Welche Beziehung besteht zwischen Ihnen und der Maschine?
- Was wäre das Gegenteil einer solchen Maschine?

Fertigen Sie eine Zeichnung oder ein Modell Ihrer Maschine an. Können Sie Leistungen oder Aufgaben der Maschine selbst übernehmen?

Haltungsveränderung

Wenn Sie die Möglichkeit hätten, eine für Sie bei Ihrer Arbeit charakteristische Körperhaltung zu verändern, welche wäre das? Nehmen Sie diese Haltung ein, gefrieren Sie sie zu einem „Standbild" und beschreiben Sie sie für sich (z. B. Balance, Schwerpunkt, Ausdruck).

Versuchen Sie jetzt, diese Körperhaltung entsprechend Ihren Wünschen zu verändern. Wenn Sie mit der Änderung nicht zufrieden sind, nehmen Sie die Ausgangsposition wieder ein und suchen nach einer neuen Lösung. Wenn Sie mit der neuen Haltung einverstanden sind, gefrieren Sie sie und registrieren Sie möglichst genau Ihre jetzige Haltung. Gehen Sie dann in die ursprüngliche Haltung zurück, dann wieder in die veränderte. Was ist bei diesem Wechsel geschehen? Wie haben Sie von einem Standbild zum anderen gewechselt? Was sind die größten Chancen und Hindernisse, diesen Wechsel im Alltag zu vollziehen?

Alles anders?

Notieren Sie auf einem Blatt, was Sie im Laufe eines gewöhnlichen Arbeitstages alles tun. Dann schreiben Sie oben groß über das Blatt: Ab heute absolut verboten! Und nun *müssen* Sie innerhalb kurzer Zeit neben jede der Eintragungen schreiben, was Sie in Zukunft stattdessen machen werden! Sie können keine Ihrer alten Eintragungen hinüberretten oder an anderer Stelle einsetzen!

Architekt

Schließen Sie Ihre Augen drei bis fünf Minuten lang. Stellen Sie sich so genau wie möglich einen Raum oder eine Umgebung vor, in der Sie persönlich am liebsten lernen oder unterrichten würden. Zeichnen Sie Ihre Vorstellung auf ein Blatt Papier. Was würde Ihnen dieser Raum oder diese Umgebung ermöglichen, was Sie in Ihrer alten Umgebung nicht können?

Projektion

Versetzen Sie sich sieben Jahre weiter in die Zukunft. Stellen Sie sich vor, Sie würden dann immer noch in der gleichen Schule arbeiten wie heute. Wenn Ihre tiefsten Wünsche in Erfüllung gingen, wie sähe Ihre Arbeit zu diesem Zeitpunkt aus (nach SCHMUCK/RUNKEL/ARENDS/ARENDS 1977:173)?

Jetzt, im Jahre 2_____ bin ich _____ Jahre alt.

Meine Position in der Schule ist _____

_____

Meine Aufgaben sind _____

_____

Folgendes sind meine täglichen Aufgaben _____

_____

Meine Verantwortlichkeiten sind _____

_____

Besonders gern arbeite ich _____

_____

Besonders stolz bin ich auf _____

_____

Die beiden folgenden Dinge/Veränderungen seit 1997 haben sich besonders gelohnt: _____

_____

Sie haben sich gelohnt, weil _____

_____

Was wäre heute, wenn gestern ...

Was wäre heute mit Ihnen und Ihrer Arbeit, wenn Sie in den letzten fünf Jahren nach den folgenden Leitsätzen gehandelt hätten (nach FULLAN/HARGREAVES 1992: 86–98)?

Leitsätze für Lehrer (1992)	Das wäre geschehen, wenn ich in den letzten fünf Jahren nach diesem Leitsatz gehandelt hätte:
1. Finden Sie Ihre innere Stimme, hören Sie ihr zu. Sagen Sie anderen Ihre Ansichten und Meinungen.	
2. Reflektieren Sie kontinuierlich Ihr Handeln, indem Sie ● die Gründe dafür kritisch hinterfragen, ● Fachliteratur lesen, ● mit Kollegen über ihre Arbeit reden, ● in Lehrergruppen gemeinsam lernen, Materialien entwickeln, analysieren, ● Ihren Unterricht evaluieren, ● Biografien und Lebensgeschichten von Lehrern lesen, ● schulexterne Fortbildungsveranstaltungen besuchen.	
3. Entwickeln Sie Risikobereitschaft: ● Probieren Sie neue Verfahren/Methoden aus. ● Wagen Sie den ersten Schritt bei Entwicklungsvorhaben (z. B. Aufbau von Kooperationsstrukturen in der Schule).	
4. Vertrauen Sie Prozessen (die die Leistungsfähigkeit der Organisation erhöhen und ihre Problemlösefähigkeit verbessern) genauso wie Menschen.	
5. Wenn Sie mit Kollegen zusammenarbeiten, erkennen Sie sie als ganze Person an, als Lehrer und als Privatmenschen.	
6. Engagieren Sie sich für die Zusammenarbeit mit Kollegen – aber hüten Sie sich vor übertriebenen und unnützen Formen von Zusammenarbeit!	
7. Seien Sie offen für Zusammenarbeit mit unterschiedlichen Kollegen und Gruppen, vermeiden Sie Cliquenbildung.	
8. Sehen Sie auch Ihre Verantwortung außerhalb des Klassenraums (für die Schule, für Lehrplanarbeit, Fortbildung ...).	
9. Halten Sie Beruf und Privatleben im Gleichgewicht.	
10. Fordern und unterstützen Sie die Schulleitung bei Schulentwicklung.	
11. Bilden Sie sich fort.	
12. Beachten und verstärken Sie den Zusammenhang zwischen Ihrer Leistung und Entwicklung und der Ihrer Schüler.	

Dritter Teil

Schulentwicklung in der Klasse

„Klassische" Schulentwickler aus Wissenschaft und Lehrerfortbildung mögen diese Überschrift irreführend finden oder gar für falsch halten. Endlich haben sie es geschafft, die ganze Schule als Einheit für Veränderung in den Blick zu rücken und die Bedeutung von Organisationsentwicklung für die Schule deutlich zu machen, da stutzt diese Überschrift die Schulentwicklung zurück auf Klassengröße. Die Zurückhaltung der bisherigen (insbesondere von Organisationsentwicklung geprägten) Schulentwicklungskonzepte gegenüber der Handlungseinheit „Klasse" ist erklärlich. Um die Idee von Schulentwicklung überhaupt durchzusetzen und in Schulen Veränderungsdruck oder -interesse auszulösen, musste die überzogene Position „Schulentwicklung ist immer Entwicklung des Systems, der gesamten Schule" vertreten werden. Dass nur diese Position als richtig angesehen wurde, lag auch an Erfahrungen des Scheiterns von Kleinprojekten, des Versandens vieler Klassenprojekte. Die Pointierung der Position „Schulentwicklung nur für die ganze Schule" erweist sich nun aber eher als Hindernis. Die Betonung des Systembezugs und der „Einheit Schule" machen es Lehrern und Schülern schwer, Schulentwicklung als ihre Sache (und nicht nur die ihrer Schule) anzusehen, sie können nur schwer verstehen, was Schulentwicklung für ihren Unterricht und ihre Schüler bringen könnte – außer einer Verbesserung der Rahmenbedingungen.

Dabei sind Klasse und Unterricht der Kern von Schulentwicklung, man könnte fast sagen: Sie ist deren Herz. Denn will Schulentwicklung die Schule als Ganzes erfassen und verändern, wie kann sie das, ohne die Arbeit in den Klassen zu erfassen!

Schulentwicklung in der Klasse ist

- *sinnvoll,* weil sie die Bedingungen für Entwicklung, Lernen und Lehren verbessern kann.
- *unabdingbar,* weil sie ohne Verbesserung der Qualität in diesem zentralen Bereich von Schule ihren Sinn und ihre Berechtigung verlieren würde.
- *notwendig,* weil so Schüler zu Sachkundigen für Entwicklungs- und Veränderungsprozesse in der Schule und im Unterricht werden, die ihre Arbeit und Umgebung bewusst und entwickelnd gestalten können (organisationales Lernen). Schulentwicklung darf nicht nur Folgen für die Klassen haben, sie muss in den Klassen selbst erfolgen.
- *ermutigend,* weil sie mehr Mitwirkung und Mitbestimmung von Schülern und Lehrern bei der täglichen Arbeit der Schule ermöglicht.

■ *zwangsläufig*, weil es keine selbstständigen (teilautonomen) Schulen geben kann, wenn Lernen und Lehren nicht auf Selbstständigkeit und Selbstgestaltung angelegt sind.

■ *leicht*, weil Lehrer auf die Klasse großen Einfluss haben und vielfältige Gestaltungsmöglichkeiten.

Dieser dritte Teil stellt deshalb ausführlich Ansätze, Verfahren und Möglichkeiten der Schulentwicklung in der Klasse vor. Welche der folgenden Materialien eingesetzt werden, wie und wann sie verwendet werden, das können Schüler und Lehrer auf der Grundlage ihrer Ziele und Planungen entscheiden. Die Einsatz- und Verwendungsmöglichkeiten der jeweiligen Materialien sind dabei meistens nicht auf bestimmte Entwicklungsschritte beschränkt. So können beispielsweise *Fragebögen zur Selbsteinschätzung der Fachkenntnisse* (vgl. Seite 118ff.) eingesetzt werden als Lernstandsdiagnose, als prozessbeobachtendes Verfahren der Arbeits- und Unterrichtsplanung oder zur abschließenden Einschätzung des Lernerfolges.

Schulentwicklung in der Klasse ist für Schüler und Lehrer immer ein Experiment, ein offener Versuch, neue Lernwege zu entdecken. Sie darf aber kein Glücksspiel sein und sie darf auch nicht das Einzige sein, was es im Unterricht zu lernen gibt.

Oft werden bereits zu Beginn von Schulentwicklungsprozessen falsche Weichenstellungen vorgenommen, die zum Abbruch oder zum späteren Scheitern führen. Dies hängt u. a. damit zusammen, dass Lehrer sich bei den ersten Schritten von Schulentwicklungsprozessen wieder als Lernende empfinden und dass Schüler dies meistens auch deutlich spüren. Lehrer geraten dann schnell in eine Spannung zwischen dem Wunsch, die eigene Arbeit zu verändern und etwas Neues auszuprobieren, und der Ungewissheit und Unsicherheit, wie Schüler und Kollegen wohl auf die Veränderungen reagieren werden. Schulentwicklung stellt zu Beginn bewährte Routinen zur Diskussion, sie hinterfragt das, was Lehrer jahrelang mit Erfolg oder zumindestens ohne Misserfolg gemacht haben. Damit zeigt sie den Lehrer als veränderbar und veränderungsbedürftig. Es ist verständlich, dass in der Spannung zwischen Veränderungswunsch und Ungewissheit eine Innovationsangst (JOYCE/WOLF/ CALHOUN 1993:24) aufkommt, die dazu führt, dass man lieber beim Alten bleibt. Das Umgehen mit Ungewissheit und Innovationsangst ist besonders dann schwierig, wenn man allein versucht, in seiner Klasse mit Schulentwicklung zu beginnen. Es mag zwar trösten zu wissen, dass viele Lehrer in Schulentwicklungsprozessen solche Ängste und Ungewissheiten verspüren, aber eine Hilfe ist das nicht. Hilfe und Unterstützung sind eher zu erwarten durch Freunde, durch Gruppen in der Lehrerfortbildung, durch Zusammenarbeit mit anderen Kollegen (aus der eigenen oder anderen Schulen). Hilfreich kann auch sein, die eigene Ausgangslage und die Bedingungen in der Klasse und in der Schule zu untersuchen und zu prüfen, welche Möglichkeiten des

Gelingens für Schulentwicklung in der Klasse bestehen (Anregungen hierzu geben die Arbeitsvorschläge zur Arbeits-Inventur, vgl. Seite 63ff.).

Ungewissheit, Unsicherheit und Angst lassen sich auch vermeiden oder zumindest reduzieren, wenn man sich beim Einstieg in Schulentwicklungsprozesse an folgenden Erkenntnissen und Leitsätzen orientiert:

- Um etwas zu verändern, muss sich erst einmal jemand verändern. Gehen Sie im ersten Schritt nur Themen oder Bereiche an, auf die Sie wirklich neugierig sind und von denen Sie einigermaßen sicher sind, dass Sie sich dort verändern wollen und können.

- Es ist für viele Lehrer ein unrealistisches Ziel, sich massiv (emotional und zeitlich) für schulischen Wandel zu engagieren. Realistisch sind gemäßigte, aber ausdauernde Versuche, das eigene Unterrichtsrepertoire zu erweitern. Nicht die Radikalität, sondern die Kontinuität von Schulentwicklungsprozessen ist entscheidend für den Erfolg.

- Legen Sie für sich genau fest, was Sie auf keinen Fall tun werden. Halten Sie sich daran, wenn es richtig ist.

- In den meisten Schulentwicklungsprozessen gibt es „Implementation dips". Nach einer Phase des Einstiegs und des Anstoßes geht es eine Zeit lang bergab. Es ist wichtig, sich genügend Zeit für Schulentwicklungsprozesse zu nehmen, solche Schwächeperioden einzukalkulieren und sie als einen oft unvermeidbaren Schritt von Schulentwicklung anzusehen.

- Wählen Sie nur ein konkretes Thema oder einen Bereich, der Ihnen und der Klasse wichtig ist, und zeigen Sie deutlich, dass Schulentwicklung für Sie Konsequenzen hat. (Aus Angst vor dem Scheitern von Schulentwicklungsprozessen werden manchmal Randbereiche ausgewählt, damit im Falle des Scheiterns keine großen Schäden entstehen. Diese Haltung ist dann Grund dafür, dass Schulentwicklung scheitert.)

- Wenn es in Ihrer Schule ein Schulprogramm bzw. Zielvereinbarungen für Schulentwicklungsprozesse gibt, sollten Sie sich daran orientieren. Wenn Sie mit dem Schulprogramm bzw. den Zielen nicht einverstanden sind, setzen Sie sich für deren Änderung ein, bevor Sie mit Schulentwicklung in der Klasse beginnen.

- Geheime Schulentwicklungsprozesse in der Klasse, von denen Kollegen oder Schulleitung nichts wissen, setzen Sie selbst, die Klasse und die Kollegen unter Druck. Informieren Sie daher alle, die von Ihren Schulentwicklungsaktivitäten in der Klasse direkt betroffen sind, über die Schulentwicklungsarbeit, insbesondere dann, wenn es um die Sammlung von Daten geht. Bieten Sie weiterhin Grundinformationen für Interessierte an. Unterstützen Sie andere bei deren Vorhaben.

- Konzentrieren Sie sich auf das, was Sie tun wollen, machen Sie sich nicht abhängig von „oben" oder „außen". Vermeiden Sie Äußerungen oder Wunschdenken, das Schuld und Verantwortung anderen auferlegt („Wenn doch nur der ... Wenn doch nur das ..."). Vermeiden Sie „Henne-Ei"-Diskussionen: Zuerst muss sich die Schule ändern, dann kann ich mich ändern ...

- Schulentwicklung ist ein komplexer Prozess. Vieles von dem, was wir erleben oder tun, vergessen wir schnell, wenn wir es nicht dokumentieren. Es ist günstig, wenn Sie von Beginn an genügend Zeit für Dokumentation (im Tagebuch, in der Klasse, für Kollegen) reservieren.

- Machen Sie weiter Unterricht.

7. Kapitel: Es gibt nicht nur eine Hauptstraße zum guten Unterricht

Manchmal wünscht man sich, Schulentwicklung in der Klasse wäre ganz einfach, man bräuchte nur die Forschungsergebnisse über guten Unterricht zu studieren und könnte daran prüfen, wie es mit dem Unterricht in der (eigenen) Klasse bestellt ist. Würden wir Schwächen feststellen, änderten wir die Dinge entsprechend. Wären Stärken zu verzeichnen, würden wir uns darüber freuen und alles beim Alten lassen.

Ließe sich dieser naive Wunsch erfüllen, bräuchte ich jetzt nur noch entsprechende Forschungsergebnisse über guten Unterricht (z. B. FEND 1977, 1986; STEFFENS/BARGEL 1993; HAENISCH 1993 und umfassend SCHEERENS 1992) zusammenzufassen, am besten in einer Checkliste, und dann könnte gehandelt werden. Spielen wir dieses Szenario kurz durch und orientieren wir uns dabei an Forschungsergebnissen zu drei wichtigen Bereichen:

Innerschulische Struktur- und Prozessmerkmale	*Effektive Schule und Unterricht*	*Effektive Lehrer*
STEFFENS (1995:38) beschreibt zwölf innerschulische Struktur- und Prozessmerkmale guter Schulen: „1. Leistungsorientierung der Schule; 2. förderndes Lernen; 3. pädagogisches Engagement der Lehrer; 4. kontrollierte Beobachtung und Begleitung der Lernfortschritte der Schüler; 5. Sicherung der Mindestbedingungen von Disziplin und Ordnung in der Schule; 6. Führungsqualitäten von Leitungs- und Lehrpersonen in der Schule; 7. Klima des Vertrauens; 8. arbeitsorganisatorisches Funktionieren einer Schule; 9. Lehrerkooperation;	Folgende Faktoren für effektive Schule und Unterricht werden in Untersuchungen häufig genannt (SCHEERENS 1992:83, 45): *Unterrichtsebene:* 1. Strukturierter Unterricht (klare Ziele, adäquates Material, angemessene Lernumgebung, Übungsmöglichkeiten, Lernfortschrittskontrollen); 2. effektive Nutzung der Lern-/Unterrichtszeit z. B. durch Erstellung schuleigener Lehrpläne, durch Betonung von Lernen als Zentrum von Unterricht, durch Schaffung lernunterstützender Arbeitsatmosphäre; 3. enger Zusammenhang zwischen dem, was unterrichtet und was geprüft wird.	PORTER/BROPHY (1988) beschreiben effektive Lehrer als „teilautonome Professionals", die 1. sich im Klaren sind über ihre Unterrichtsziele; 2. die inhaltliche Umsetzung der Ziele beherrschen und wissen, mit welchen Methoden man sie unterrichten kann; 3. ihren Schülern vermitteln, was von ihnen erwartet wird – und warum; 4. vorhandene Unterrichtsmaterialien fachmännisch nutzen, um mehr Zeit zu gewinnen für Übungen, die den Inhalt anreichern und klären; 5. ihre Schüler kennen, ihren Unterricht deren Bedürfnissen anpassen und eventuell vorhandene falsche Vorstellungen berücksichtigen;

10. Innovationsbereitschaft und -fähigkeit der Lehrer; 11. Einbeziehung der Eltern; 12. flankierende schulaufsichtliche Stützmaßnahmen." FULLAN (1985:400) nennt vier Faktoren, die für eine gute „Organisation Schule" entscheidend sind: 1. ein Gefühl für den Prozess der Führung; 2. eine gemeinsame Wertorientierung (z. B. Einigkeit über hohe Erwartungen, klare Regeln, formulierte Ziele ...); 3. intensive Interaktion und Kommunikation, gleichzeitiger Zug und Druck von außerhalb und innerhalb der Schule; 4. gemeinsame Planung und Umsetzung.	*Schulebene:* 1. Betonung von Leistung und Lernen als ausdrücklichem Ziel der Schule; 2. unterrichtsbezogene Leitung von Schule; 3. qualifizierte Lehrer; 4. Fähigkeiten der Schule zur Evaluation; 5. angemessene finanzielle und materielle Möglichkeiten der Schule; 6. gutes Schulklima. Ergänzend dazu MORTIMORE u. a. (1988:250-256): 1. Höchstmaß an Kommunikation zwischen Lehrern und Schülern, Mischung von Interaktion mit Einzelnen, Gruppen und der Klasse; 2. aktive Beteiligung der Lehrer an der Erarbeitung schulinterner Lehrpläne, Beteiligung an schulischen Entscheidungsprozessen.	6. ihren Schülern Lernstrategien und -methoden erklären und ihnen Gelegenheit geben, diese zu üben und anzuwenden; 7. sowohl fachlich sehr anspruchsvolle als auch weniger anspruchsvolle Themen behandeln; 8. sich durch ein Angebot regelmäßigen, geeigneten Feedbacks versichern, dass die Schüler die Unterrichtsinhalte verstanden haben; 9. ihre Unterrichtspraxis mit der in anderen Fächern abstimmen; 10. ihre Verantwortung für die Leistungen der Schüler annehmen; 11. ihre Praxis reflektieren.

Nehmen wir an, Sie würden von den hier genannten Merkmalen zwölf in Ihrem Unterricht bzw. in Ihrer Schule als erfüllt ansehen. Was würde das aussagen? Dass Sie schlechten Unterricht machen? Oder dass Sie verhältnismäßig guten Unterricht machen, weil es sich aus Ihrer Sicht um die zwölf wichtigsten Kriterien handelt? Heißt es, dass Sie erst noch die anderen Merkmale erfüllen müssen, bevor Sie von gutem Unterricht sprechen dürfen?

Eine Auswertung der erfüllten bzw. nicht erfüllten Merkmale mag für Schulaufsicht und Lehrerausbildung, die daraus Kriterien für eine Bewertung ableiten können, attraktiv sein. (Vgl. HOPKINS/AINSCOW/WEST 1994:44, die die Entstehung der „Schulqualitäts-Forschung" auch im Rechenschafts-Konzept und im Markt-Modell für Schule begründet sehen. Denn wäre es möglich, objektiv festzustellen, welche Schulen gut sind, hätte man eine scheinbar objektive Grundlage für einen offenen Schulmarkt (vgl. OGDEN 1991:69).) Für diejenigen aber, die Schulentwicklung in der Klasse oder in der Schule machen wollen, hat die Verwendung solcher Merkmalslisten als Bewertungsgrundlage eine meist geradezu paralysierende Wirkung: Sie schrauben die Erwartungen hoch, man meint, der Unterricht sei erst dann gut, wenn alle Merkmale erreicht sind. Sie machen hilflos, weil man nicht sehen kann, welche Merkmale wie miteinander zusammenhängen und was jetzt getan werden kann oder muss. Hinzu kommt, dass solche Beschreibungen über Schul- und Unterrichtsqualität forschungsmethodologisch angreifbar sind, dass sie nur Momentaufnahmen darstellen: „Die Forschungsergebnisse sind nicht schlüssig, und Schlussfolgerungen über den positiven Einfluss mehrerer allgemeiner Faktoren sind noch sehr allgemein. (…) Die ‚differentielle' Natur und die kontextuellen Besonderheiten von ‚effektiven Schulen' sind mehrfach betont worden. Deshalb müssen Theorien über effektive Schulen jeweils an die spezifischen Bedingungen und Verhältnisse angepasst werden. (…) Zwischen der Forschung über Schulqualität und der Anwendung ihrer Modelle in der Unterrichtspraxis muss ein Prozess von Schulentwicklung liegen. (…) Schulentwicklung ist eine notwendige Brücke zwischen den theoretischen Erkenntnissen und der praktischen Anwendung der Forschung über Schulqualität. Schließlich haben die Modelle von guten Schulen noch nicht den Stand erreicht, dass sie den Einfluss der unterschiedlichen Variablen erklären können." (CREEMERS/REYNOLDS 1989:340)

Dieser kritische Befund wird bestätigt durch eine Meta-Analyse von SCHEERENS, der untersucht hat, inwiefern sich die Aussagen und Schlussfolgerungen der Forschung über Schulqualität empirisch belegen lassen. Natürlich ist die Tatsache, dass bestimmte Annahmen nicht empirisch belegt sind, noch kein Beweis dafür, dass sie falsch sind. Sie ist aber auf jeden Fall Grund genug, mit solchen Annahmen vorsichtig umzugehen (nach SCHEERENS 1992:84):

Positives Merkmal für Schulqualität x = bedeutender Einfluss o = unbedeutender Einfluss	gut empirisch abgesichert	empirische Basis hinreichend	zweifelhafte empirische Basis	hypothetisch
strukturierter Unterricht (s. o.)	x			
effektive Nutzung der Lern-/ Unterrichtszeit für Unterricht	x			
enger Zusammenhang zwischen dem, was unterrichtet und was geprüft wird		x		
hohe Erwartungen/ Anforderungen		x		
– an bestmögliche Leistungen		x		
– an pädagogisch orientierte Schulleitung			x	
Fähigkeit zur Leistungsbeurteilung in der Klasse und in der Schule, Anwendung von Tests …			x	

Schulklima (Betonung von Grundfertigkeiten, hohe Erwartungen, häufige Benotungen ...)			x	
Lehrerauswahl, Lehrerfortbildung				x
organisatorische/strukturelle Bedingungen (Aufbau, gemeinsame Ziele, Informationspolitik ...)			x	
Material, Schulgebäude, Klassenräume		o		
feste Variablen: Zusammensetzung der Schülerschaft, Ruf bzw. Art der Schule, Lage der Schule			x	
externe Anregungen, Schulen effektiver/besser zu machen				x
Elternbeteiligung		x		

Abbildung 3-1: Aussagen empirischer Studien über die Relevanz der wichtigsten Schul- und Unterrichtsfaktoren für Effektivität

Heißt das, angesichts dieser kritischen Einwände wären die Ergebnisse der Forschung über Schulqualität für Schulentwicklung in der Klasse nicht oder nur wenig brauchbar? Sie sind in der Tat dann nicht brauchbar oder sogar irreführend, wenn man aus ihnen eindimensionale Rezepte oder Standards ableitet, nach dem Motto: Wenn das Merkmal A oder B erfüllt ist, dann sind unsere Schule und die Arbeit in der Klasse gut. Nützlich sind diese Ergebnisse für Schulentwicklung aber auf einer allgemeinen Ebene, weil sie

- gezeigt haben, dass Lernerfolg und Lernergebnisse beeinflussbar und gestaltbar sind, d. h., dass – unter bestimmten Bedingungen – alle Schüler lernen können,
- den Blick auf Lernergebnisse gerichtet haben (und nicht nur auf den Lernprozess),
- betonen, dass Schule Verantwortung für das Lernen ihrer Schüler übernehmen muss und schlechte Leistungen nicht immer auf die Schwächen oder Fehler der Schüler schiebt,
- die Notwendigkeit der Vernetzung, der Koordination und der gemeinsamen Ziele von Schule bestätigt haben (vgl. MURPHY 1992:94-96).

Aber:

- Nicht alle Merkmale guter Schulen (bzw. effektiver Lehrer) sind gleich gewichtig.
- Nicht alle Merkmale sind für jeden gleich bedeutsam und haben auch nicht für jeden die gleiche Bedeutung. Gute Schulen sind nicht für alle Schüler gut (vgl. ILEA 1990).

■ Merkmale werden nicht immer und nicht immer von allen erreicht oder als erreicht angesehen. In einer Klasse bzw. einer Schule können Kriterien für eine Gruppe erreicht worden sein, für eine andere nicht. Wie sich diese Unterschiede auswirken, ist weitgehend unklar.

■ Es werden bei weitem nicht immer alle Merkmale gleichzeitig erfüllt. Zum Teil werden sie nacheinander erfüllt, zum Teil heben sie sich auf. Das Zusammenwirken solcher Prozesse ist noch nicht genügend untersucht.

■ Um zu entscheiden, ob Merkmale erfüllt sind, benötigt man lange Beobachtungszeiträume.

■ Wie die Kriterien und Faktoren einander bedingen (Wechselwirkungen oder einseitige Beeinflussung), ist weitgehend ungeklärt.

■ Es gibt verschiedene Möglichkeiten, die Merkmale zu erfüllen.

■ Ob Schule oder Unterricht besser werden, wenn man bestimmte Merkmale erfüllt, ist nicht sicher.

■ Erfüllung bzw. Nichterfüllung der Merkmale sind Ergebnis eines gemeinsamen Prozesses von Schülern und Lehrern. Will man hier etwas verändern, muss es gemeinsam getan werden. Man kann die Erfüllung von Kriterien nicht allein erreichen.

■ Eine Einschätzung, ob man die Merkmale erfüllt, ist nur eine Momentaufnahme. Nur für diesen Moment lässt sich sagen: Wir sind (k)eine gute Schule, oder: Ich mache (k)einen guten Unterricht. Im nächsten Augenblick (z. B. durch diese Erkenntnis) verändert sich das Bild schon wieder.

Pointiert formuliert zeigt uns die Forschung zur Schulqualität: Es gibt viele Wege, ein guter Lehrer zu werden, es gibt viele Wege, gut zu unterrichten – wenn die Wege mit Bedacht gewählt werden. Aber die Wege sind nicht beliebig, sie sind weder Einbahnstraßen noch Traumpfade. Um den Weg dahin zu finden, benötigt man Hilfen. Dazu gehören Materialien, um die Ausgangslage und den jeweiligen Fortschritt gemeinsam in der Klasse zu untersuchen, um die nächsten Schritte zu planen und durchzuführen. Notwendig sind Materialien und Verfahren, mit denen die Klasse (Lehrer und Schüler) lernen kann, Lern-, Veränderungsprozesse bewusst zu gestalten. Diese Verfahren dürfen die Klasse nicht abschotten, sondern müssen sie nach außen öffnen. Dann sind sie ein Beitrag für organisationales Lernen und für Organisationslernen in der Schule.

Zu diesem Zweck werden in den folgenden beiden Kapiteln Materialien und Verfahren vorgestellt. Sie konzentrieren sich auf zwei besonders wichtige Bereiche:

■ das Klassenklima und die Arbeitskultur in der Klasse,

■ Lernen und Lernleistungen in der Klasse.

8. Kapitel: Prima Klima und Arbeitskultur – Betroffene, Beteiligte, Gestaltende

Es gibt viele Vermutungen darüber, wie gutes Lern- und Arbeitsklima in einer Klasse zustande kommt und wie man es eventuell verbessern kann:

„Von Anfang an habe ich als Lehrer viel Energie darauf verwendet, Routinen in der Klasse zu schaffen. Dazu gehört, wie die Schüler in die Klasse kommen, wie sie am Tisch sitzen, wie sie die Hefte führen, welche Anforderungen man bei den Hausaufgaben hat. Man muss den Schülern Sicherheit geben, was man von ihnen erwartet. Das funktioniert insgesamt gut, wir wissen voneinander, was wir wollen."

„Meine achte Klasse hat sich seit der letzten Klassenfahrt völlig verändert. Aus den lieben Kindern sind plötzlich Jugendliche geworden, die ihren Willen durchsetzen wollen. Jetzt müssen wir uns erst einmal neu arrangieren."

„Klima ist für mich die halbe Miete des Unterrichts. Wenn das nicht funktioniert, brauchst du gar nicht anfangen zu unterrichten, dann redest du gegen eine Wand."

„Ich finde, Klima hat nur wenig Bedeutung für Unterricht. Für mich stehen Leistung und Inhalte in den Vordergrund, ich versuche zu allen gerecht zu sein. Die Schüler schätzen das, die wollen kein langes Gerede über Klima, die wollen Klarheit und Sicherheit."

„Als ich die neunte Klasse übernahm, waren vier Schüler sitzen geblieben, offensichtlich die falschen. Die Klasse war verunsichert und misstrauisch. Man hatte ihnen ihre Anführer und Clowns weggenommen, jetzt waren diese Positionen frei und mussten neu besetzt werden. Aber keiner wollte das so richtig, alle wussten, was mit denen passiert, die diese Positionen besetzen."

„Wir Lehrer in der Jahrgangsstufe haben eine klare Vorstellung, wie das Unterrichtsklima sein soll: Produktive Arbeitsruhe, das ist unser oberstes Ziel. Wir können das nur erreichen, wenn wir Lehrer gemeinsam gleiche Grundsätze bei der Arbeit haben. Es geht nicht, dass Schüler bei einem Lehrer während des Unterrichts in der Klasse herumlaufen dürfen, während sie bei einem anderen die ganze Zeit still sitzen müssen. Jeder Kollege trägt die Folgen seines Vorgängers, sozusagen."

Das, was im Klassenzimmer passiert, während des Unterrichts, neben dem Unterricht und zwischen den Unterrichtsstunden, ist eine komplexe Angelegenheit. Vieles geschieht gleichzeitig, schnell und ungeplant, anderes hat eine lange, scheinbar unveränderbare Tradition, ist Ritual oder Regel. Dass dies so ist, bedeutet nicht, es wäre unabänderlich oder zufällig. Klassenklima und Arbeitskultur und die Organisation einer Klasse sind Ergebnis von Entwicklungs- und Handlungsprozessen, von Rahmenbedingungen, Anforderungen und Interessen. Diese sichtbar werden zu lassen und zu zeigen, dass sie beeinflusst und gestaltet werden können, ist Aufgabe von Schulentwicklung in der Klasse. Es ist auch eine Voraussetzung für Schulentwicklung der ganzen Schule.

Schulentwicklung in der Klasse bedeutet also nicht nur, Betroffene zu Beteiligten zu machen. Mehr noch bedeutet es, diejenigen, die an der Gestaltung von Klima, Organisation und Arbeit in der Klasse beteiligt sind, zu Entwicklern und Gestaltern zu machen. Schüler und Lehrer müssen selbst das

Klima, die Arbeitskultur und die Organisation der Klasse erforschen (lernen), sie müssen neue Ansätze und Herangehensweisen planen, erproben und auswerten können und sie müssen selbst untersuchen und entscheiden, was für sie „guter Unterricht" bedeutet.

8.1 Schüler erforschen den Unterricht

Befragung: Ratschläge an neue Schüler

Dieser und andere Arbeitsvorschläge dieses Kapitels gehen davon aus, dass Schüler gute Experten für Unterricht und Unterrichtsklima sind. Kaum jemand sonst erlebt so viele Lehrer im Unterricht und hat so häufig Gelegenheit, Lehrer und Unterricht in Ruhe zu studieren. Notwendig ist, ihre Eindrücke, Erfahrungen und auch Vorurteile ans Licht zu holen, sie zu Einsichten und Kenntnissen über Unterricht werden zu lassen.

Ähnlich wie die (unstrukturierte) Befragung von Lehrern zu Beginn dieses Kapitels (vgl. Seite 86) kann man auch Schüler über die Arbeit und das Klima in der Klasse befragen. In der Primarstufe und in der Sekundarstufe I ist es dabei hilfreich, wenn ihnen dazu eine konkrete Situation angeboten wird.

Bei dem folgenden Arbeitsvorschlag wird die Klasse in Gruppen mit je vier bis sechs Schülern eingeteilt.

Erster Arbeitsschritt: Bevor sich die Klasse in Gruppen zusammensetzt, erhält jeder Schüler x DIN-A6-Karten (x = Anzahl der Gruppen) mit dem Auftrag: „Stellt euch vor, gleich käme ein neuer Schüler herein und setzte sich dort an den Tisch. Jetzt hat jeder von euch die Möglichkeit, dem Schüler heimlich (!) einen Zettel zu schreiben: ‚Bei uns in der Klasse ist es so …':

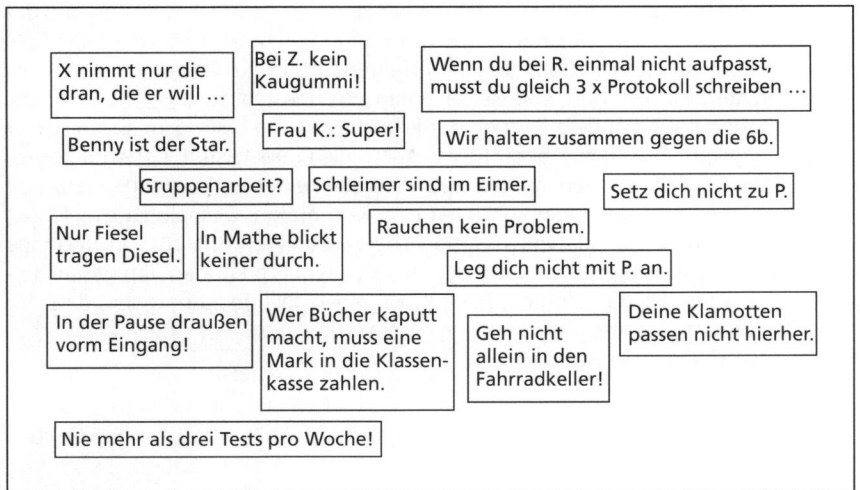

Abbildung 3-2: Befragung: Ratschläge an neue Schüler

Zweiter Arbeitsschritt: Jeder Schüler kopiert seinen Zettel x mal (der Lehrer schaut sich die Zettel nicht an!). Nun setzen sich die Gruppen zusammen, jede bekommt alle Zettel der Klasse. „Versetzt euch jetzt in den neuen Schüler und wertet die Karten aus. Was würdet ihr jetzt an seiner Stelle über unsere Klasse denken? – Fasst euren Eindruck bitte in Stichworten zusammen."

Dritter Arbeitsschritt: In der Klasse stellt jede Gruppe kurz ihren Eindruck vor, dann erfolgt eine Auswertung an der Tafel: Welches sind wichtige Punkte? Worin stimmen die Gruppen überein?

Vierter Arbeitsschritt: Was würde passieren, wenn sich der neue Schüler nach diesen Ratschlägen richten würde? Welche Ratschläge würdet ihr selber auf keinen Fall/auf jeden Fall befolgen?

Variante: Man kann die einzelnen Zettel direkt an einer großen Wandzeitung ordnen und dann in Gruppen auswerten lassen. Das erspart Zeit, weil keine Kopien nötig sind, es erfordert aber, dass die Gruppe solche Verfahren gewöhnt ist. Am besten ist, wenn der Lehrer an der Gliederung und Auswertung der Zettel nicht teilnimmt.

Wie auch immer das Auswertungsverfahren angelegt wird, hilfreich ist die Einhaltung der drei Grundbedingungen für die *Erforschung von Unterrichts- und Klassenklima* im Rahmen von Schulentwicklung:

- Die Auswertung von Daten oder Informationen soll in der Regel so umfassend wie möglich durch die Beteiligten selbst erfolgen, damit sie die Analyse von Daten über ihren Unterricht zu einem Teil ihrer Arbeitskultur machen.
- Erhebung und Auswertung der Daten müssen ethisch vertretbar sein. Negativ formuliert heißt das, sie dürfen den Einzelnen weder überwältigen noch bloßstellen. Oder positiv formuliert: Sie müssen von der Methode und vom Inhalt/Gegenstand her den Aufgaben und den Interessen der Beteiligten dienen und auf konstruktive Weiterarbeit hin ausgerichtet sein. (Das kann im vorliegenden Falle bedeuten, auf den Einsatz dieses Verfahrens dann zu verzichten, wenn zu befürchten ist, dass durch die Zettel jemand bloßgestellt wird.)
- Befragungen und andere Formen der Erforschung von Unterricht sollen sich in der Regel auf Praxis beziehen und etwas für die Praxis leisten. Befragungen zu Aspekten oder Bereichen, auf die die Beteiligten keinen Einfluss haben, machen ohnmächtig und abhängig von oben oder von außen. Deshalb ist es wichtig, alle Hindernisse abzubauen, die möglicherweise einen Praxisbezug und eine ehrliche Auseinandersetzung mit der Praxis verhindern können. (Im geschilderten Fall kann das dazu führen, bei der Aufgabenstellung zu betonen, dass nur solche Ratschläge/Informationen gegeben werden, die der entsprechende Schüler auch praktisch verwenden kann.)

Klassenbild legen

Dieser Arbeitsvorschlag lässt sich nur anwenden, wenn in der Klasse keine Außenseiterproblematik und keine tiefergehenden Konflikte zwischen den Schülern und Lehrern bestehen. Auch hier wird die Klasse in Gruppen von vier bis sechs Schülern aufgeteilt, wobei die Anzahl der Gruppen gerade sein muss.

Erster Arbeitsschritt: Jede Gruppe erhält einen Beutel mit ungefähr 30 bis 50 Bausteinen. Bei der folgenden Gruppenarbeit sollen die Schüler nicht sprechen. Jede Gruppe soll die Steine so legen, wie ihrer Meinung nach die Klasse aussieht. Einer fängt jeweils an, die Steine zu legen, dann können die anderen Gruppenmitglieder das Klassenbild verändern. Wenn die Gruppe sich bei der Platzierung der Steine nicht einigen kann, können eventuell auch zwei Bilder gelegt werden.

Zweiter Arbeitsschritt: Wenn jede Gruppe ihr Bild gelegt hat, werden jeweils zwei Gruppen zusammengefasst. Jede Gruppe beschreibt zuerst das Bild der anderen Gruppe. (Alternative: Jedes Mitglied der einen Gruppe beschreibt mit einem Wort oder einem Satz, wie es das Bild der anderen Gruppe sieht. Die Wörter/Sätze werden notiert.) Dann beschreibt die Gruppe jeweils ihr eigenes Bild.

Dritter Arbeitsschritt: Die Bildbeschreibungen werden in der Klasse zusammengetragen: So ist unsere Klasse – ist unsere Klasse so? (Tafelnotiz)

Vierter Arbeitsschritt: Punktung/Wertung der Aussagen: Wenn wir eine Sache ändern könnten, welche müsste das sein? Wenn wir eine Sache auf jeden Fall beibehalten müssten, welche müsste das sein?

Bei einer Realisierung dieses Arbeitsvorschlages sind außerdem zwei Aspekte zu bedenken:

a) *Soll der Lehrer anwesend sein, wenn die Schüler die Modelle erstellen?*
Ich würde das auf jeden Fall bejahen. Wenn die Schüler nicht in der Lage oder nicht bereit sind, diesen Arbeitsvorschlag in Anwesenheit des Lehrers durchzuführen, fehlt offensichtlich das dazu notwendige Vertrauen. Ein anderer Grund dafür, dass der Lehrer bei der Durchführung des Arbeitsvorschlages in der Klasse bleiben sollte, liegt darin, dass das Verfahren unter Umständen zu persönlich werden kann (Klassensoziogramm), etwa wenn Außenseiterpositionen gekennzeichnet werden. In solchen Fällen muss der Lehrer klar vermitteln, dass diese Ebene nicht Ziel dieses Arbeitsvorschlages ist.

b) *Soll der Lehrer selber seine Sichtweise von der Klasse vorstellen?*
Kurz und knapp: Ja, aber nur dann, wenn er und die Klasse das können. Die Sicht des Lehrers darf nicht als Konfrontation oder als Bewertung der Klasse eingesetzt werden, sie darf auch nicht als Konfliktstrategie verwendet werden! Wenn der Lehrer bei diesem Arbeitsvorschlag mitmacht, muss er die Gruppen vorher darauf aufmerksam machen, dass auch seine Position in deren Bild beschrieben werden kann. Wirkt der Lehrer mit, muss die Anzahl der Gruppen ungerade sein, der Lehrer bildet dann sozusagen eine zusätzliche Gruppe und tauscht seine Sichtweise entsprechend dem zweiten Arbeitsschritt auch zuerst mit einer Gruppe aus. Wichtig ist, dass seine Sicht der Klasse nur eine von vielen ist.

Dieser Arbeitsvorschlag wird trotz dieser Einschränkungen und Bedenken hier aufgeführt, um deutlich zu machen, dass eine Erforschung des Klassenklimas und der Arbeitskultur der Klasse nicht möglich ist, ohne über die Menschen in der Klasse zu sprechen. Schulentwicklung berührt oft persönliche und private Aspekte. Aufgabe des Lehrers ist es, dafür zu sorgen, dass der Bezug zur Arbeit der Klasse bestehen bleibt, dass es nicht um Analyse oder Wertung von Personen geht, sondern um eine Erforschung der Arbeit und der Kultur der Klasse.

Dort, wo der Lehrer oder die Klasse noch wenig Erfahrungen mit solchen Arbeitsvorschlägen haben, ist es günstig, vorab Grundregeln zu vereinbaren. Dazu kann z. B. gehören, dass jeder Schüler das Recht hat es zu sagen, wenn ihm ein Arbeitsvorschlag zu persönlich wird, dass der Lehrer jederzeit die Möglichkeit hat einzugreifen …

Erfolgs-Belastungs-Analyse für Schüler (EBA-S)

Im zweiten Teil wurde auf Seite 64 die Erfolgs-Belastungs-Analyse für Lehrer in Anlehnung an KING (1988) vorgestellt. Mit ihr konnten Belastungs- und Erfolgsfaktoren der eigenen Arbeit untersucht und Ansätze für ihre positive Gestaltung gefunden und unterstützt werden. Dieser Analysebogen kann auch ab der 9. Klasse als Grundlage verwendet werden, um gemeinsam mit Schülern eine Erfolgs-Belastungs-Analyse für Schüler zu erarbeiten. Dies kann in folgenden Arbeitsschritten geschehen:

Erster Arbeitsschritt: Alle Schüler erhalten den kompletten Analysebogen für die Lehrer – allerdings ohne die Ankreuzfelder, damit deutlich wird, dass dieser Fragebogen nicht ausgefüllt werden soll.

Dazu erhält jede Gruppe einen Satz der einzelnen Items des Fragebogens (jeweils eins auf einem Blatt) mit dem Arbeitsauftrag: Formulieren Sie die Items des Lehrerfragebogens zu einem Fragebogen für Schüler um. Schreiben Sie bitte jedes neue Item auf ein Blatt.

Zweiter Arbeitsschritt: Die neuen Items (Umformungen) werden nach Erfolgsfaktoren und Belastungsfaktoren geordnet und an die Tafel geheftet. Wenn nötig, kann eine redaktionelle Bearbeitung der neuen Items erfolgen: Sind die Aussagen für Schüler verständlich? Treffen sie die Schülerperspektive?

Dritter Arbeitsschritt: Jeder Schüler erhält je fünf rote und grüne Klebepunkte. Mit Rot werden die wichtigsten Erfolgsfaktoren gepunktet, mit Grün die Belastungsfaktoren.

Vierter Arbeitsschritt: Die Aussagen werden entsprechend nach der Häufigkeit der Nennungen geordnet. Die fünf meistgenannten Erfolgs- und Belastungsfaktoren werden auf einem großen Wandfragebogen befestigt, der fünf Antwortkategorien aufweist:

Erfolgsfaktoren	nie	selten	ab und zu	häufig	immer
1. Ich hatte ein gutes Verhältnis zu meinem Lehrer.					
2. Ich habe viel gelernt.					
3. Ich hatte Spaß im Unterricht.					
4. ...					

Belastungsfaktoren	nie	selten	ab und zu	häufig	immer
1. Der Unterricht war für mich zu schwer.					
2. Es gab Disziplinprobleme im Unterricht.					
3. ...					

Abbildung 3-3: Beispiel für eine Wandzeitung: EBA-Schüler

Fünfter Arbeitsschritt: Die Schüler schreiben für sich auf, wie sie die einzelnen Faktoren werten wollen. Dann gehen sie zur Wandzeitung und tragen ihre Wertung in der jeweiligen Rubrik ein.

Sechster Arbeitsschritt: Gemeinsame Auswertung der Ergebnisse der Befragung in der Klasse oder in Gruppen: Welche Fragen waren leicht/schwer zu beantworten? Was müsste geschehen, damit die Erfolgsfaktoren größer und die Belastungsfaktoren geringer werden? Was könnten wir in der Klasse tun, um eine Verbesserung der Erfolgsfaktoren und eine Verringerung der Belastungsfaktoren zu erreichen?

Dieser Arbeitsvorschlag kann für Schüler interessant sein, weil sie indirekt eine Menge über die Erfolgs- und Belastungsfaktoren für Lehrer erfahren und sich mit deren Sichtweisen auseinandersetzen können. Ein weiterer Vorteil kann sein, dass die Schüler lernen, einen Erhebungsbogen für diesen wichtigen Bereich zu entwerfen. Schon durch das Erstellen des Fragebogens und die dadurch gewonnene Aufmerksamkeit für das Arbeitsklima in der Klasse treten häufig Verbesserungen ein.

In den meisten Fällen ist es sinnvoll, wenn der Lehrer sagt, wo Erfolgs- und Belastungsfaktoren für ihn liegen: Unterricht ist gemeinsame Arbeit von Schülern und Lehrern, sie ist nicht auf Kosten des jeweils Anderen zu haben. Belastungen haben immer Auswirkungen auf beide Seiten, deshalb sollten auch beide Seiten ein Interesse daran haben, Belastungsfaktoren zu beseitigen oder vernünftig mit ihnen umzugehen.

Klima-Balance

Das Klassenklima, die Arbeitskultur und die Qualität der sozialen Beziehungen einer Klasse lassen sich nicht mit einem bestimmten Wert angeben, sie lassen sich auch nicht einfach nur mit einem Wort fassen. Kennzeichnend für ein gutes Klassenklima und eine förderliche Arbeitskultur in einer Klasse ist eine Balance zwischen unterschiedlichen Elementen (OGDEN 1991:94, 123). Der folgende Arbeitsvorschlag soll Verständnis für die Elemente von Klassenklima und Arbeitskultur entwickeln helfen und ihr Zusammenwirken verdeutlichen.

Erster Arbeitsschritt: Der folgende „Klima-Bogen" wird den Schülern vorgestellt:

Fragen zum Arbeitsklima: Wie war es heute in der Schule?

1. Die Zeit wurde sinnvoll verwendet.	+ / o / − 1. 2. 3. 4. 5. + / o / −
2. Die Unterrichtsmethoden und Lehrbücher wurden sinnvoll eingesetzt.	+ / o / − 1. 2. 3. 4. 5. + / o / −
3. Es war gut überlegt, wie Arbeitsgruppen zusammengesetzt sind und wie wir in der Klasse sitzen.	+ / o / − 1. 2. 3. 4. 5. + / o / −
4. Im Unterricht wurde so weit wie möglich auf den einzelnen Schüler eingegangen.	+ / o / − 1. 2. 3. 4. 5. + / o / −
5. In unserer Klasse wusste jeder genau, was passieren wird, wenn man etwas Bestimmtes tut oder wenn man es nicht tut.	+ / o / − 1. 2. 3. 4. 5. + / o / −
6. Wenn es neue Aufgaben oder Probleme in unserer Klasse gab, fanden wird darauf neue Lösungen.	+ / o / − 1. 2. 3. 4. 5. + / o / −
+ = ja, das war sehr oft der Fall o = das war häufiger der Fall − = nein, das war fast überhaupt nicht so	

Abbildung 3-4: Klima-Balance

Zweiter Arbeitsschritt: Die Schüler und der Lehrer tragen jeweils für einen Schultag ein, in welchem Umfang ihrer Meinung nach die einzelnen Aussagen zutrafen. Es sollten fünf bis acht Schultage über einen Zeitraum von zwei bis drei Wochen eingeschätzt werden.

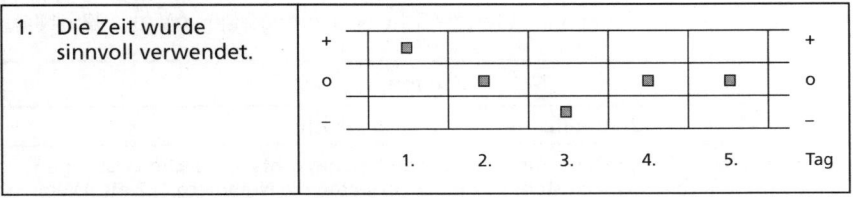

Abbildung 3-5: Beispiel für eine Klima-Kurve

Dritter Arbeitsschritt: Auswertung: a) Individuell: Wie haben sich die Eintragungen bei den einzelnen Fragen entwickelt? Wie wirken die Faktoren (nicht) zusammen? b) In der Klasse: In Partner- bzw. Gruppenarbeit Austausch und Vergleich der Eintragungen.

Vierter Arbeitsschritt: Versuch, eine Klima-Kurve der Klasse zu den einzelnen Fragen zu finden und die unterschiedlichen Kurven miteinander zu vergleichen.

8.2 „Lehrer machen einen Unterschied"

Die Überschrift, ein Zitat von BROPHY (1986), bezieht sich ursprünglich darauf, dass es für Schüler und deren Leistungen einen Unterschied macht, von welchem Lehrer sie unterrichtet werden. Person, Fähigkeiten und Kenntnisse der Lehrer sind wichtige Einflussfaktoren für das Lernen, die Leistung und die Arbeitskultur. Allerdings ist es nicht so, dass Lehrer für jede Klasse und über lange Zeiträume die Gleichen sind. Ihre Methoden, ihre Stimmung, ihr Verhalten verändern sich in relativ kurzen Zeiträumen innerhalb einer Klasse und von Klasse zu Klasse (vgl. SANDSTRÖM/EKHOLM 1984; EKHOLM 1993). Ihr Handeln ist insgesamt nicht so konsistent und auch nicht über die einzelnen Klassen hinweg so stabil, wie es das Schlagwort von der „Lehrerpersönlichkeit" vermuten lässt. In welche Klasse sie gehen (Zusammensetzung der Klasse, Leistungsvermögen ..., vgl. OGDEN 1991:73) und welche Erwartungen und Erfahrungen dort bestehen, ist wichtig für das Befinden und die Leistungen der Schüler und der Lehrer.

Um zu untersuchen, welche Unterschiede ein Lehrer bei seiner Arbeit macht, können in verschiedenen Klassen regelmäßig Befragungen oder Beobachtungen über das eigene Lehrerhandeln durchgeführt werden, kann man die Schüler bitten, das Lehrerhandeln und -verhalten zu beschreiben und zu bewerten. Die Abweichungen zwischen Bewertungen einzelner Klassen oder zwischen Bewertungen zu unterschiedlichen Zeitpunkten sind für den Lehrer wichtige Hinweise darauf, ob und wie er Unterschiede macht.

Lehrerzeugnisse

WOLF (1995) beschreibt, wie es mit relativ einfachen Mitteln möglich ist, zuerst intuitiv, später systematisch von Schülern eine Bewertung über sich als Lehrer und über den eigenen Unterricht zu bekommen. Zuerst hat WOLF Klassen um allgemeine Kritik an seinem Unterricht gebeten, mit der Zeit ist er dann zu einem differenzierteren Lehrerzeugnis durch seine (Berufs-)Schüler übergegangen (WOLF 1995:184):

Zeugnis					
Klasse:	Zeitraum:		Fach:		
Bitte versuchen Sie zunächst die „Leistungen" zu gewichten. Welche Leistungen Ihnen persönlich am wichtigsten erscheinen, erhalten die Nummern 1, 2 etc. Weniger Gewichtung haben die Nummern 10,11 etc. Mehrfachzahlen sind möglich. Dann haben diese Leistungen für Sie das gleiche Gewicht.					
Gewichtung	Benotung (mit Begründung) Leistungen	+	o	–	Sonstiges
o	Fehlstunden				
o	Pünktlichkeit				
o	Einhalten der Stundenzeiten				
o	Themenauswahl				
o	Unterrichtsverlauf				
o	Vermittlung der Unterrichtsinhalte				
o	Tafelanschrieb a) Schrift				
o	b) Menge				
o	anderer Medieneinsatz (z. B. Umdrucke, OHP)				
o	persönliches Auftreten				
o	Umgang mit Schülern/-innen				
o	Sprache				
o	Humor				
o	Klassenarbeiten a) Schwierigkeitsgrad				
o	b) gerechte Benotung				
o	Hausaufgaben				
o	Zeugnisbenotung				
o	...				

Abbildung 3-6: „Lehrerzeugnis"

Dieses einfache Evaluationsverfahren (weitere Zeugnisverfahren bei SCHNYDER 1989) ist nicht auf objektive Ergebnisse aus, sondern es soll eine Grundlage bilden für den Dialog zwischen Lehrer und Schülern. Der entscheidende Punkt bei diesem Verfahren ist, dass man es über einen längeren Zeitraum und in verschiedenen Klassen regelmäßig anwenden muss, um Entwicklungen und Unterschiede herausfinden zu können. Wird dies Zeugnis in mehreren Klassen zu gleicher Zeit erstellt, können Sie auch wieder prüfen, ob und warum Sie in verschiedenen Klassen ähnlich oder höchst unterschiedlich arbeiten und wirken.

Doppel-Beobachtung

In Schulen der Sekundarstufen sehen die Schüler und Lehrer einander oft nur in 45-Minuten-Einheiten. Der Arbeitstag eines Schülers bleibt den Lehrern ebenso verborgen wie den Schülern der Arbeitstag eines Lehrers. Durch die „Doppel-Beobachtung" soll die 45-Minuten-Sichtweise aufgebrochen und der Arbeitstag von Schülern und Lehrer sichtbar gemacht werden.

Erste Variante: Lehrer und Schüler verfolgen sich selbst zwei Tage lang als Schatten und fertigen für jeden Tag eine Art Tageslauf an, am besten mit Hilfe eines Zeitrasters mit 15- oder 30-Minuten-Abschnitten. Spätestens nach jeder Unterrichtsstunde notieren Schüler und Lehrer für sich: Was ist in der Klasse geschehen? Was habe ich gemacht? Nach den beiden Tagen tauschen die Schüler in der Klasse zuerst ihre Aufzeichnungen untereinander aus, es werden Handlungsschwerpunkte, Gemeinsamkeiten und Unterschiede untersucht: Wie sieht ein typischer Schultag für uns aus? Dann stellt der Lehrer seine Auswertung vor: Wie sieht ein typischer Schultag für einen Lehrer aus? Nach einer Sichtung der Gemeinsamkeiten und Unterschiede zwischen den beiden Tagesläufen sollte die Perspektive auf zukünftiges Handeln ausgerichtet werden: Welche Aktivitäten sollten im eigenen Tageslauf verändert, verkürzt oder verlängert werden? Und wie ist es mit den Aktivitäten im fremden Tageslauf?

Zweite Variante: Hier werden die Klasse und der Lehrer von einem fremden Schatten eine bestimmte Zeit lang verfolgt. Ziel ist auch hier, eine ganzheitliche Sicht eines Schultages der Schüler und des Lehrers herzustellen. Sehr von Vorteil ist es, wenn Referendare die Schattenfunktion übernehmen können. Sie müssen zu Beginn mit der Klasse vereinbaren, welches Ziel die Beobachtung (für Lehrer und Schüler) hat und wie sie angelegt sein und ausgewertet werden soll (z. B. Rückmeldung an Klasse und Lehrer gemeinsam oder getrennt ...). Der fremde Schatten sollte möglichst auf Wertungen verzichten, sich auf die Beobachtungsaufgabe konzentrieren und seine Beobachtungen dem Lehrer und der Klasse gleichzeitig mitteilen.

Dritte Variante ist die des Kollegen-Schattens, z. B. im Rahmen von Team-Teaching oder von Fortbildungsmaßnahmen. JOYCE/WOLF/CALHOUN (1993:35-37) weiten dieses Verfahren zum Peer-Coaching aus.

Vierte Variante: Man versucht, ausländische Gäste für die Beobachtung zu gewinnen. Dies ist reizvoll, weil die Gäste vielfach aus einer anderen Schul- und Unterrichtskultur kommen und Dinge entdecken können, die man selbst häufig übersieht.

Problematisch kann diese Form werden, wenn die Gäste die Beobachtungen zu sehr für eine Diskussion über Vor- und Nachteile von nationalen Bildungssystemen nutzen oder ungefragt Rückmeldungen geben.

Kein Vorbild, aber ein Lernfall:
Schüler-Einschätzung von Verhalten und Unterricht des Lehrers

Am Ende eines Kurses in der gymnasialen Oberstufe wurden Schüler gebeten, folgende Einschätzungen über ihren Kurslehrer abzugeben:

Name des Lehrers:							Kurs:
Verhalten des Lehrers	1	2	3	4	5	6	
1. gründlich, gewissenhaft und sachlich							flüchtig, oberflächlich und unsachlich
2. vertrauenerweckend und aufrichtig							nicht Vertrauen erweckend und unaufrichtig
3. hilfsbereit, geduldig und verständnisvoll							nicht hilfsbereit, ungeduldig und ohne Verständnis
4. hat Durchsetzungsvermögen							hat kein Durchsetzungsvermögen
5. sicheres und ruhiges Auftreten							unsicheres und unruhiges Auftreten
6. lässt sich kritisieren und ist selbstkritisch							rechthaberisch und uneinsichtig
7. bemüht sich, neutral und objektiv zu sein							voreingenommen und parteiisch
8. gerecht							ungerecht

Unterricht des Lehrers	1	2	3	4	5	6	
1. Mitspracherecht, was Unterrichtsthemen betrifft							kein Mitspracherecht, was Unterrichtsthemen betrifft
2. gut vorbereitet und gibt sich Mühe							unvorbereitet und gibt sich keine Mühe
3. guter Bezug zwischen Unterricht und Klausuren							wenig Bezug zwischen Unterricht und Klausuren

4.	geht auf Probleme der Schüler ein						geht nicht auf Probleme der Schüler ein
5.	vielseitig und interessant						eintönig und langweilig
6.	anschaulich und informativ						wenig anschaulich und nicht informativ
7.	anspruchsvoll						nicht anspruchsvoll
8.	motivierend						nicht motivierend

Abbildung 3-7: Einschätzungsbogen in einer gymnasialen Oberstufe

Mir scheint es mehr als fraglich, ob man diesen Einschätzungsbogen vernünftig und produktiv für Schulentwicklung in einer Klasse einsetzen kann. Dies hat zuerst mit der handwerklichen Qualität zu tun: Bei einzelnen Items werden mehrere Eigenschaften auf einmal abgefragt. Was ist dann mit den Lehrern, die sich zwar gut vorbereiten, sich dann aber wenig Mühe geben? Oder was ist mit den Lehrern, die wenig Informatives sehr anschaulich vermitteln?

Diese Einschätzungsbögen sind auch eine Mogelpackung: Klammheimlich wird in ihnen eine Theorie des guten Lehrers verkauft (linke Spalten), es werden Gegensatzpaare aufgebaut, die so keine Gegensätze sein müssen (lässt sich kritisieren – rechthaberisch), es werden Fragen gestellt, auf die die Schüler nur Vermutungen äußern können (gut vorbereitet ...).

Im genannten Fall war es so, dass Einsatz und Folgen der Fragebogenaktion weder für die Schüler noch für die Lehrer klar waren. Da außerdem der Fragebogen erst am Ende des Kurses eingesetzt wurde, gab es keine Möglichkeit der Bearbeitung und der Verwertung der Ergebnisse für die weitere Arbeit, der Fragebogen war quasi das Ende der Kursarbeit. Die Schüler beantworteten die Fragen anonym, gaben sie bei einem Lehrer ab, der für eine Reihe von Kursen die Bögen sammelte und auswertete. Nach kurzer Zeit bekamen die Lehrer in einem verschlossenen Umschlag die Ergebnisse ihres Kurses.

Außer den Werten aus ihren Kursen erhielten die Lehrer noch die Angabe, welchen Rang sie im Kollegium in der Bewertung der Schüler einnahmen. Die Lehrer konnten selbst entscheiden, ob sie den Umschlag öffnen wollten, ob sie über die Ergebnisse mit der Schulleitung reden wollten.

Dieser problematische und nicht nachahmenswerte Evaluationsansatz ist ein ergiebiger Lernfall. Zum einen lassen sich an ihm Kriterien für Befragungen über Lehrer verdeutlichen: Befragungen über Leistungen und Verhalten von Lehrern dürfen keine Quittung oder keine Rangliste sein, sondern:

●   Befragungen müssen den Dialog zwischen Lehrern und mit Schülern unterstützen.

●   Sie müssen Lernprozesse zwischen Lehrern und Schülern ermöglichen, veränderungsorientiert sein und dürfen nicht als Instrument zur Überwachung eingesetzt werden.

- Die Schüler müssen in die Diskussion/Arbeit über Ziele und Folgen solcher Befragungen eingebunden werden.
- Die Konsequenzen der Befragungen für Schüler, Lehrer und Schulleitung müssen geklärt sein/werden.
- Inhalt und Verfahren müssen die Persönlichkeit des Einzelnen schützen.
- Werden solche Fragebögen schulweit eingesetzt, muss Schulleitung sich selbst dem Verfahren (Bewertung durch Lehrer) unterziehen.
- Insbesondere wenn die Befragungsbögen nicht selbst in der Klasse erstellt werden, müssen die Fragen, die Kategorien und die Kriterien klar und eindeutig sein.

Zum zweiten zeigt dieses Beispiel, welche Probleme auftreten, wenn Schüler als Kunden betrachtet werden, deren Urteil über eine Ware oder eine Dienstleistung eingeholt und dann an den Produzenten weitergeleitet wird. Dadurch wird der Eindruck erweckt, die Produzenten oder Dienstleister müssten sich auf die Kundenbedürfnisse einstellen, eine Diskussion über die Berechtigung von Kundenbedürfnissen sei nicht statthaft. So ist es nicht. Kunden haben nicht Recht, weil sie Kunden sind. Schüler werden durch solche Befragungen zu schlechten Kunden gemacht. Solche Fragebogen können die Schüler sehr stark prägen: Sie zeigen ein falsches Bild vom Schüler als Kunden, der ohne Konsequenz und ohne Hintergrund die Ware Unterricht und den Dienstleister Lehrer bestellen oder kritisieren kann.

8.3 Klassenleben, Lern- und Arbeitskultur

Analyse des Klassenlebens

Was sich (fast) nur unter den Schülern abspielt, ist bei Analysen des Klassenklimas und der Arbeitskultur nur schwer zu erfassen. Zum Teil ist es aus gutem Grund dem Lehrer verborgen und das soll auch so bleiben, denn auch die Schüler und die Klasse haben einen Anspruch auf Wahrung ihrer Intimität: Zum Teil liegt es daran, dass hier häufig nur Verfahren einzusetzen wären (z. B. aus der Soziometrie), die die Persönlichkeit des Einzelnen zu stark berühren würden und auch eine Reihe von Ergebnissen liefern könnten, mit denen man als Lehrer weder umgehen kann noch will.

In mindestens einer Hinsicht ist es bezüglich der Entwicklung von Klassenklima und Arbeitskultur jedoch von Bedeutung, das Klassenleben genauer zu untersuchen. OGDEN (1991:41, 52) beschreibt, dass jede Klasse im Laufe eines bestimmten Zeitraums unterschiedliche Entwicklungsphasen durchläuft, wobei diese Phasen einerseits gesteuert werden durch die Schüler und die Lehrer und andererseits durch die Anforderungen und die Organisation der Schule sowie des Schullebens:

- Gruppenbildung (Kennenlernen/Kontrolle und Dominanz),
- Testphase,
- Normenklärung,
- Produktivität und Zusammenhalt.

In diesen Phasen ist das Verhältnis der Schüler untereinander und zum Lehrer u. a. gekennzeichnet durch die Wahl von Grundstrategien. OGDEN (1991:90f.) unterscheidet vier Strategien, die sowohl aus innerer Überzeugung als auch aus Anpassung an erwünschtes Verhalten gewählt werden können:

- Zusammenarbeitsstrategien (als ehrliche oder als sozial erwünschte Strategie): Schüler zeigen Engagement, konkurrieren miteinander, wollen gute Leistungen und gutes Verhältnis zueinander haben.
- Oppositionsstrategien zielen darauf, Konflikte mit Lehrern und Unterrichtszielen zu schaffen, z. B. durch Rückzug, durch Störung, durch Abwesenheit.
- Verhandlungsstrategien arbeiten nach der Regel: Gibst du mir, so gebe ich dir. Sie werden sowohl unter Schülern als auch zwischen Schülern und Lehrern eingesetzt.
- Gemischte Strategien sind oft Ausdruck dessen, dass die Schüler zwei Rollen erfüllen wollen: gute Schüler sein und beliebte Klassenkameraden.

Ein solcher Erklärungsansatz kann Schülern und Lehrern Anregungen geben, die Entwicklung der Klasse zu analysieren und zu reflektieren.

Erster Arbeitsschritt: Ausgangspunkt einer Reflexion kann eine Jahreschronik der Klasse sein (eine Dokumentation, in der Schüler festhalten, welches aus ihrer Sicht wichtige Ereignisse in der Klasse waren). Wenn diese Chronik auf einer langen Wandzeitung erstellt wird und die einzelnen Ereignisse dabei auf eigene Papierbögen (A4) geschrieben werden, erleichtert dies Umstellungen, Erweiterungen und Veränderungen.

Der *zweite Arbeitsschritt* besteht darin, in dieser Chronik die „Wendepunkte" zu markieren: Wann hat sich etwas besonders stark verändert? Was waren die entscheidenden Ereignisse des Jahres? ...

Im *dritten Arbeitsschritt* kann man dann gemeinsam den einzelnen Wendepunkten und den Phasen zwischen den Wendepunkten Bezeichnungen geben.

Im *vierten Arbeitsschritt* geht es um die charakteristischen Entwicklungen, um die Strategien, die die Klasse und der Lehrer in den einzelnen Phasen jeweils angewendet haben.

Wie gesagt, die Auseinandersetzung mit dem Klassenleben ist immer auch ein Eindringen in ein Privatgelände, das die Schüler bewusst und manchmal auch mit Stolz vor ihren Lehrern absperren. Nichtsdestotrotz ist die Einsicht der Klasse, dass auch sie Entwicklungsschritte durchmacht (oder verhindert), von grundsätzlicher Bedeutung für Schulentwicklung in der Klasse.

Das Eindringen in das „Privatgelände Klasse" wird dann von den Schülern akzeptiert, wenn sie sicher sein können, dass die gewonnenen Informationen nicht aus einer überheblichen Lehrerrolle („Ich weiß sowieso, wie ihr euch demnächst entwickeln werdet ...") interpretiert werden, und wenn sie darauf vertrauen können, dass der Einblick ins Klassenleben nicht zu individuellen Konsequenzen führt.

Inventur der Lern- und Arbeitskultur einer Klasse

Das Bild von der Inventur wurde bereits im zweiten Teil im Hinblick auf Lehrer benutzt (vgl. Seite 63ff.). Auch für Schulklassen besteht die Notwendigkeit regelmäßiger Inventur des Klassenklimas, der Arbeitskultur und der Lernergebnisse. Es gibt verschiedene Verfahren, Klassen-Inventuren durchzuführen. Ihnen gemein ist die folgende Struktur:

- Rekonstruktion: Bemühen, viele Informationen über den abgelaufenen Zeitabschnitt einzuholen: Was haben wir erfahren bzw. gelernt? Was ist geschehen? Wichtig ist, dass zu dieser Bestandsaufnahme Dokumente hinzugezogen werden (Arbeitshefte, Klassenbuch, Ausleihstatistik bei Medien …).
- Analyse: Kennzeichnen der für die Leistung der Schule/Schüler entscheidenden Felder: Was war wichtig? Warum? Wird es in Zukunft wichtig sein für mich persönlich, für andere (in Bezug auf Qualifikationen oder zukünftige Perspektiven)?
- Wertung: Was muss bewahrt/neu geschaffen werden (im Hinblick auf das Erlangen von Qualifikationen oder Gratifikationen, auf die Zukunft)?

Schätzung der effektiven Unterrichtszeit

Die Angaben, wie viel Prozent der Unterrichts- oder Schulzeit für „reines Lernen" genutzt werden, schwanken. GOODLAND spricht von 70 Prozent, RUTTER von 65 bis 85 Prozent. Das absolute Maß der reinen Lernzeit ist allerdings allein noch kein Beleg für Qualität von Unterricht.
Wichtige andere Einflussfaktoren sind, dass

- die Zeit des Lehrers in der Klasse gerecht auf die Schüler verteilt wird,
- durch die Zeit, die für reines Lernen genutzt wird, andere Aufgaben in der Schule nicht vernachlässigt werden (OGDEN 1991:78, 85),
- in der Zeit etwas durch Anstrengung erreicht werden kann (BROOKOVER u. a. 1979).

Dies muss berücksichtigt werden, wenn man mit einer Klasse eine Schätzung der effektiven Unterrichtzeit durchführt.

Erster Arbeitsschritt: Vorstellung der Schätzungsmethode. Aufhängen einer Wandzeitung.

Zweiter Arbeitsschritt: Zu Beginn der nächsten Unterrichtsstunde wird darauf hingewiesen, dass zum Schluss der Stunde eine Schätzung der reinen Unterrichtszeit vorgenommen werden soll. Am Ende der Stunde schätzen dies alle Schüler zuerst für sich ein, anschließend werden die Angaben (in 10er-Intervallen, um Schätzungscharakter zu betonen) mit einer Strichliste an der Tafel ausgewertet. Dann wird auf der Wandzeitung für die betreffende Stunde notiert: Datum und Stunde, Mittelwert und Extremwerte.

Dritter Arbeitsschritt: Über einen Zeitraum von zwei bis vier Wochen werden mehrmals solche Schätzungen durchgeführt. Dabei wird die Entwicklung fortlaufend ausgewertet.

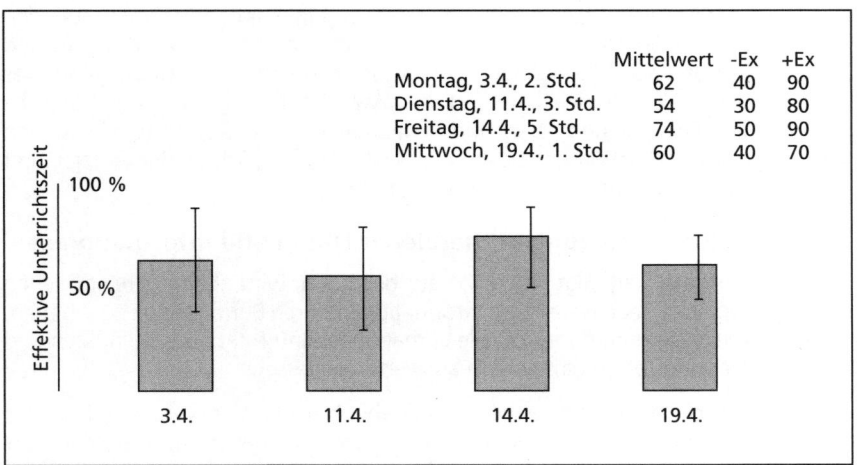

Abbildung 3-8: Schätzung: Effektive Unterrichtszeit

Hilfreich ist es, wenn die Schätzung ständig in der Klasse präsent ist und somit selbst eine Wirkung auf den laufenden Unterricht hat. Schüler achten nach einer solchen Schätzung darauf, wie viel reiner Unterricht gemacht wird und was sie als reinen Unterricht ansehen.

Ein Problem mit diesem Arbeitsvorschlag kann entstehen, wenn andere Kollegen in der Klasse die Wandzeitung kommentieren oder wenn sie sich durch solche Verfahren unter Druck gesetzt fühlen. Es ist deshalb ratsam, vor der Durchführung dieses Schätzverfahrens die beteiligten Kollegen zu informieren.

Klimamessung

Ein auf den ersten Blick faszinierendes und scheinbar leicht zu handhabendes Verfahren ist die „Klimamessung". An verschiedenen Stellen eines Raums werden entweder Smileys aufgehängt oder Karten mit den Ziffern 1 bis 6, die für die Schulnoten (sehr gut bis ungenügend) stehen. Je nach Ziel oder Anlass kann man die Klasse fragen: Wie war das Klima heute bei uns? Wie sind wir miteinander ausgekommen? Wie war der Unterricht heute? Wie bewerten wir den heutigen Schultag, diese Woche?

Die Schüler (und der Lehrer) stellen sich im *ersten Arbeitsschritt* zu dem Smiley bzw. zu der Notenkarte, die ihrer Meinung am ehesten entspricht.

Dynamisch und für Schulentwicklung in der Klasse nützlich wird dieses Verfahren aber erst, wenn man dann im *zweiten Arbeitsschritt* die Beteiligten fragt: Wie wird das Klima in einem Monat (in einem halben Jahr) sein? Bis zu welcher Stufe werden wir im nächsten Vierteljahr den Unterricht verbessern können? Wenn wir alle in den nächsten Monaten x oder y tun würden, welche Noten, welchen Smiley würden wir dann erreichen?

Der Schwerpunkt liegt bei diesem Verfahren weniger auf der rückschauenden Bewertung eines Zeitabschnittes (wobei man sich hier schon über Kriterien und Bewertungsgrundlagen auseinandersetzen kann), sondern auf der Überlegung, was in absehbarer Zeit gelingen kann: Ist der zweite Schritt groß genug? Welche Wünsche und Erwartungen haben wir an den nächsten Zeitabschnitt, wie können wir sie realisieren? Wird dieses Verfahren ohne den zweiten Schritt eingesetzt, lähmt es die Gruppe, es macht ohnmächtig oder überheblich.

Doku-Detektive: Nutzung vorhandener Daten und Informationen

Dieser Arbeitsvorschlag liegt eigentlich auf der Hand, wird aber nur relativ selten angewendet. Statt neue Daten und Informationen durch Befragungen zu erheben, setzt der Vorschlag darauf, radikal alle vorhandenen Informationen zu nutzen und durch Schüler und Lehrer gemeinsam auswerten zu lassen.

Erster Arbeitsschritt: Projektvorstellung/Aufgabenklärung. Wir werden erforschen, was alles im letzten Schul(halb)jahr in unserer Klasse geschehen ist. Dazu sollen alle vorhandenen Informationsquellen und Daten genutzt werden, vom Klassenbuch über Hefte einzelner Schüler bis hin zu Tagebüchern, Tischkritzeleien, Notenspiegeln etc.

Zweiter Arbeitsschritt: Sammelphase. Es werden alle erreichbaren Informationen über die Klasse gesammelt.

Dritter Arbeitsschritt: Auswertung. Hier gibt es zwei Alternativen. Erste Alternative: Man lässt die Dokumente nur wirken und collagiert sie auf einer großen Wandzeitung, kommentiert und strukturiert sie. Zweite Alternative: Man wertet die Daten und Informationen nach einem Raster aus oder versucht in den Daten (nachträglich) eine Struktur zu finden.

Vierter Arbeitsschritt: Ausblick. Was wird/kann und muss im nächsten Zeitabschnitt geschehen?

8.4 Wie man Fragebögen erarbeiten und einsetzen kann

Gemeinsam entwickelte Klassen-Befragung

Die wohl gebräuchlichste Methode, Klassenklima und Arbeitskultur zu untersuchen, besteht im Einsatz von Fragebögen. Vorteilhaft daran ist, dass alle Schüler ihre Einschätzungen abgeben und dass man sich unter Umständen sogar an Ergebnissen aus anderen Klassen orientieren kann. Nachteile dieser Methode entstehen vor allem dann, wenn vorgefertigte Fragebögen eingesetzt werden, über deren Ziele und mögliche Wirkungen man sich nicht im Klaren ist, wenn mehr gefragt wird, als verarbeitet werden kann, wenn die Kategorien für die Klasse keine Bedeutung haben oder unklar sind. Ein wesentlicher Nachteil vorgefertigter Klassen-Befragungen besteht darin, dass die Klasse nicht selbst lernt, Fragebögen zu erstellen und sich mit der Problematik des Einsatzes von Fragebögen auseinanderzusetzen. Kurz: Es besteht die Gefahr, dass man durch Fragebögen viel erfährt, aber wenig lernt.

Dieser Nachteil lässt sich mindern, wenn die Befragung von der Klasse selbst entwickelt wird. In den meisten Fällen werden dafür aber realistischerweise kaum mehr als ein bis zwei Unterrichtsstunden zur Verfügung stehen. Dies erfordert, beim Erstellen der Fragebögen sehr konzentriert und pragmatisch vorzugehen (ausführlicher dazu im Kapitel 12 über Evaluation).

Erster Arbeitsschritt: Vorstellung bzw. Erarbeitung.

● Wer soll die Befragung durchführen? Wer soll die Ergebnisse der Befragung auswerten?
● Was soll erfragt werden? Was soll ausgewertet werden?
● Warum soll das erfragt werden? Wozu ist die Auswertung gut?
● Wie soll erfragt werden? Warum soll mit diesem Verfahren erfragt werden?

Über diese vier Aspekte benötigt die Klasse vorab Klarheit, es sei denn, es wird ausdrücklich vereinbart, diese Aspekte experimentell im Verlauf des Befragungsverfahrens zu klären.

Zweiter Arbeitsschritt: Aus Zeitgründen empfiehlt es sich, der Klasse geeignete Frageformen und -verfahren vorzustellen (vgl. BURKARD 1994; ALTRICHTER/ POSCH 1994:136ff.) und entsprechende weitere Vereinbarungen zu treffen:

● Am einfachsten zu erstellen sind offene Fragen, am einfachsten auszuwerten sind geschlossene Fragen.
● Offene Fragen schränken die Antworten nicht ein, geschlossene Fragen bieten den Befragten Anhaltspunkte für Meinungsbildung.
● Offene Fragen können eher helfen, Problemlagen zu identifizieren, geschlossene Fragen helfen eher, Sichtweisen zu quantifizieren.

Wenn eine Klasse bisher wenig Erfahrungen mit dem Erstellen von Fragebögen hat, ist eher zu einfachen, geschlossenen Fragen zu raten, d. h. auf Polaritätenprofile, Rangfolgen, Soll-Ist-Abgleiche zu verzichten. So wurde z. B. in einer Klasse 6 folgendes Raster für eine Befragung zur Kooperation und Klima in der Klasse vereinbart:

Wie ist es in deiner Klasse?	immer	oft	ab und zu	selten	nie
1. ???					
2. ???					
3. ???					

Dritter Arbeitsschritt: In der Klasse (zuerst Gruppen, dann Plenum) werden Fragestellungen/Items erarbeitet und untereinander ausgetauscht. Bei jeder Frage wird auf den ersten Arbeitsschritt zurückgegangen und geprüft, ob er im Rahmen der Vereinbarungen/Vorgaben liegt. Die Schüler legen dann etwa zehn Items für den Fragebogen fest.

In der Klasse 6 sah der Fragebogen so aus:

Wie ist es in deiner Klasse?					
Kreuze bei jeder Aussage an, was für dich am meisten zutrifft.					
	immer	oft	ab und zu	selten	nie
1. Ich helfe anderen während des Unterrichts beim Lernen.					
2. Andere helfen mir im Unterricht beim Lernen.					
3. Wenn es Gruppenarbeit in unserer Klasse gibt, werden die Ergebnisse hinterher allen vorgestellt.					
4. Unsere Lehrer lassen uns mitentscheiden, welche Inhalte im Unterricht drankommen.					
5. Im Unterricht muss ich oft auf das zurückgreifen, was ich früher gelernt habe.					
6. In unserem Unterricht wird gestört.					
7. Ich störe im Unterricht.					

Vierter Arbeitsschritt: Alle Schüler erhalten eine Kopie des Fragebogens bzw. schreiben den Fragebogen ab. Dann füllen sie den Fragebogen für sich allein aus. (Dies ist wichtig, damit es beim nächsten Schritt nicht zu Anpassungen an erwünschte/vorherrschende Ergebnisse kommt und damit jeder Schüler auch seine eigene Wertung für sich mit nach Hause nehmen kann.) In der Zwischenzeit kann der Lehrer einen vergrößerten Fragebogen/Wandzeitung anfertigen.

Fünfter Arbeitsschritt: Die Schüler übertragen ihre Wertungen auf den Fragebogen an der Wand. Es ist wichtig, dass sich immer mehrere Schüler vor dem Fragebogen befinden und eintragen.

Sechster Arbeitsschritt: Dieser Schritt wird auch als kommunikative Validierung bezeichnet: Was bedeuten diese Wertungen für uns? Wie verstehen wir sie? Nach einer ersten offenen Kommentar- und Analyserunde wird eine Validierung auf die im ersten Arbeitsschritt formulierte Fragestellung hin unternommen.

Durch dieses Vorgehen lernen die Schüler, Klassenklima und Arbeitskultur ihrer Klasse selber zu erforschen und sich der Möglichkeiten und Grenzen solcher Befragungen bewusst zu werden.

Steinbruch für Schülerfragebögen in der Klasse (und in der Schule)

Fremde Fragebögen in der Klasse einzusetzen ist, wie gesagt, eine zweischneidige Sache. Auf der einen Seite erspart es Zeit und Arbeit, man kann Erfahrungen anderer nutzen und unter Umständen sogar die eigenen Ergebnisse mit denen anderer vergleichen. Auf der anderen Seite scheut man sich bei Verwendung fertiger Fragebögen manchmal, diese zu verändern, weil man vermutet, dass sie eine innere Logik und einen zusammenhängenden Aufbau haben. Auf diese Weise nimmt man Fragen mit, die für den speziellen Fall vielleicht nicht interessant oder überflüssig sind. Und da viele der Fragebögen aus wissenschaftlichen Untersuchungen stammen, trägt man unter Umständen auch Fragen und Aspekte in die Schulklasse, die eigentlich nur von wissenschaftlichem Interesse sind. Schließlich kann die äußerlich oft perfekte Gestaltung fertiger Fragebögen dazu führen, dass man sich selbst nicht mehr zutraut, solche Fragebögen zu erstellen. Der Einsatz fertiger Fragebögen kann andererseits zu einer Konzentration nach außen führen, wenn gefragt wird, wo Vergleichswerte sind, was wohl an anderen Schulen die Ergebnisse bezüglich dieses Fragebogens waren.

Die Zurückhaltung gegenüber fremden, vorgefertigten Fragebögen soll aber nicht bedeuten, dass jede Schule und jede Klasse bei Null anfangen muss, wenn sie Befragungen durchführen will. Im vierten Teil wird ausführlicher auf die Planung und Durchführung von Evaluation in der Schule eingegangen (siehe Seite 154ff.). An dieser Stelle soll nur ein Steinbruch interessanter und wichtiger Fragen für Schulentwicklung in der Klasse vorgestellt werden. Bei der Auswahl möglicher Fragen kann man sich an den Arbeitsschritten orientieren, die für gemeinsam entwickelte Klassen-Befragungen vorgeschlagen wurden (siehe Seite 103). Wichtig ist auch die Beachtung der für Befragungen grundlegenden Normen (siehe „Befragung: Ratschläge an neue Schüler" auf Seite 88f.).

Einleitung für Fragebögen

Werden Fragebögen in einer Klasse eingesetzt, sollte in einer Einleitung beschrieben werden, wer diesen Fragebogen gemacht hat, wozu er dient und was er für Folgen hat. Sehr wichtig ist eine Zusage, in welcher Form und wann die Ergebnisse des Fragebogens mit den Beteiligten besprochen/analysiert werden. Ein Beispiel:

Liebe Schülerin, lieber Schüler,

ich möchte, dass unser Unterricht (noch) besser wird, dass wir erfolgreicher zusammen arbeiten, dass wir (mehr) Freude am Unterricht haben. Damit wir dies erreichen, sollten wir über unsere Meinungen, Ansichten und Wünsche über den Unterricht ausführlich sprechen. Dazu dient der folgende Fragebogen.

Damit soll erfragt werden,
* *was die Klasse über den Unterricht denkt,*
* *was in der Klasse und in der Schule „los" ist,*
* *was dir an unserer Klasse gefällt und was dir nicht gefällt.*

Die Abgabe des Fragebogens ist freiwillig. Kein Fragebogen gerät in die Hände anderer Personen. Ich werde die Fragebögen so schnell wie möglich auswerten und euch zu allen Fragen die Ergebnisse vorlegen. Spätestens am ... möchte ich mit euch die Ergebnisse des Fragebogens besprechen und diskutieren, was wir für unsere weitere Arbeit daraus lernen können.

Bitte lies jetzt die Fragen sorgfältig durch und antworte so, wie du persönlich es findest/siehst.

Vielen Dank für deine Hilfe und Mitarbeit.

In vielen Fragebögen werden eingangs persönliche Merkmale (Alter, Geschlecht, Klasse ...) abgefragt. Bei Befragungen auf Klassenebene ist dies höchstens angebracht, wenn diese Angaben a) nicht zu einer De-Anonymisierung führen können und b) unabweisbar benötigt werden, um bestimmte Fragen zu klären und Handlungsperspektiven zu entwickeln (z. B. wenn es um Mädchenförderung oder um spezielle AG-Angebote für Jungen und Mädchen geht).

Allgemeine Einstiegsfragen

Stimmen die folgenden Aussagen? Bitte kreuze nur eine Alternative an.	immer	oft	ab und zu	selten	nie
1. Die Schule überfordert mich.	1	2	3	4	5
2. Es gibt genügend Angebote außerhalb des Unterrichts (z. B. AGs, Sport, Theater ...).	1	2	3	4	5
3. Ich erzähle zu Hause, was wir in der Schule machen.	1	2	3	4	5

4. Ich finde den Unterricht interessant.
5. Ich gehe gerne zur Schule.
6. Ich glaube, meine Lehrer mögen mich.
7. Ich glaube, meine Mitschüler mögen mich.
8. Ich habe Angst vor Klassenarbeiten.
9. Ich habe interessante Lehrbücher/-materialien.
10. Ich habe Lust zu Hause das zu üben, was wir gerade im Unterricht durchgenommen haben.
11. Ich komme mit meinen Klassenkameraden gut aus.
12. Ich langweile mich in der Schule.
13. Ich schaffe die Hausaufgaben ohne fremde Hilfe.
14. Ich störe den Unterricht.
15. Ich würde lieber eine andere Schule besuchen.
16. Im letzten halben Jahr habe ich viel gelernt.
17. Im Unterricht habe ich Kopfschmerzen.
18. Im Unterricht lernen wir viel für unsere Zukunft.
19. Unser Lehrer fragt uns, ob uns der Unterricht gefällt.
20. Unser Lehrer muss dafür sorgen, dass Ruhe im Unterricht ist.
21. Was wir in der Schule lernen, ist zu schwer für mich.
22. Wenn ich mich melde, übersieht mich der Lehrer.
23. Wer in der Schule gut ist, der ist bei anderen Kindern beliebt.
24. Wir können sitzen, wo wir wollen.

Fragen zum Klassenklima und zur Arbeitskultur in der Klasse

Bevor einzelne Fragen ausgewählt werden, muss man entscheiden, ob sich der Fragebogen nur auf den Unterricht eines einzelnen Lehrers oder auf den aller Lehrer einer Klasse beziehen soll. Letzteres geht natürlich nur, wenn dies mit den Kollegen abgestimmt ist und wenn sie bereit sind, an Auswertung und Rückmeldung mitzuwirken.

Die folgenden Fragen sind für eine Befragung konzipiert, die sich nur auf eine Lehrperson (Herrn X, Frau Y) bezieht. Bei der Auswertung der Fragen geht es nicht so sehr um die absoluten Einzelwerte (z. B., ob sie stimmen oder nicht), sondern um einen Vergleich von Ist-Soll-Angaben, um die Unterschiede zwischen der erlebten und der erwünschten Situation.

A *Wie ist es im Unterricht? – Wie sollte es deiner Meinung nach sein?*

Kreuze bei jeder Frage an, wie es ist und wie du es dir wünschst.

	So ist es:					So wünsche ich es mir:				
	im-mer	oft	ab und zu	sel-ten	nie	im-mer	oft	ab und zu	sel-ten	nie
1. Es kommen immer dieselben dran.	1	2	3	4	5	-1-	-2-	-3-	-4-	-5-

2. Herr X/Frau Y hilft mir in der Stunde.
3. Herr X/Frau Y ist außerhalb des Unterrichts mit uns zusammen.
4. Herr X/Frau Y bestimmt, was wir im Unterricht machen sollen.
5. Herr X/Frau Y erklärt uns immer (genau), wie wir die Aufgabe lösen müssen.
6. Herr X/Frau Y informiert uns darüber, was in den nächsten Wochen im Unterricht bearbeitet wird.
7. Herr X/Frau Y kümmert sich darum, wie es den Schülern geht.
8. Herr X/Frau Y sieht meine Aufgaben nach.
9. Herr X/Frau Y spricht die ganze Zeit im Unterricht.
10. Ich kann die Arbeit selbst einteilen.
11. Ich kann entscheiden, mit wem ich zusammenarbeite.
12. Ich kann im Unterricht viele Fragen stellen.
13. Ich kann mit dem, was ich im Unterricht lerne, etwas anfangen.
14. Ich traue mich zu sagen, was ich meine, wenn wir in Gruppen arbeiten.
15. Ich weiß vorher, für welche Leistung ich eine gute Note bekommen kann.
16. Im Unterricht arbeiten wir häufig in Gruppen oder mit einem Partner.
17. Im Unterricht beschäftigen wir uns häufig alleine mit Aufgaben.
18. Im Unterricht fordert Herr X/Frau Y uns auf, dass wir unsere Meinung sagen.
19. In der Klasse ist es ruhig.
20. Meine Fragen werden von Herrn X/Frau Y beantwortet.
21. Wir arbeiten an Aufgaben, die man nur gemeinsam mit anderen Schülern lösen kann.
22. Wir arbeiten gemeinsam (in Gruppen) an Aufgaben.
23. Wir arbeiten in mehreren Fächern an einem Thema.
24. Wir diskutieren oft darüber, wie wir eine Aufgabe/ein Problem lösen können.
25. Wir können Unterrichtsthemen vorschlagen.
26. Wir können bestimmen, welche Hilfsmittel wir zur Lösung der Aufgabe(n) benutzen.
27. Wir Schüler helfen uns gegenseitig im Unterricht.

B Möchtest du in deiner Klasse mitbestimmen, ...

	viel	ziemlich viel	ziemlich wenig	gar nicht
1. was im Unterricht besprochen oder bearbeitet wird?	1	2	3	4

2. welche Bücher benutzt werden?
3. wenn entschieden wird, wie Klassenarbeiten aussehen?
4. wenn Gruppen für Gruppenarbeit gebildet werden?
5. wenn in der Klasse oder im Schulgebäude etwas verbessert werden soll, z. B. beim Anstreichen der Wände?
6. wie Hausaufgaben gegeben werden?
7. wie im Unterricht gearbeitet werden soll (z. B. Gruppenarbeit, Arbeit mit dem Arbeitsbuch)?

C Bist du schon einmal von Mitschülern ...

	noch nie	manchmal	schon oft
1. angeschrien worden?	1	2	3
2. ausgelacht worden?	1	2	3
3. erpresst worden?	1	2	3
4. geschlagen worden?	1	2	3
5. lächerlich gemacht worden?	1	2	3
6. beschimpft worden?	1	2	3
7. nicht beachtet worden, weil du etwas Bestimmtes gemacht hast?	1	2	3

D Stell dir vor, du wärst der Klassenlehrer und würdest 1 000 DM für deine Klasse bekommen. Was würdest du mit dem Geld machen?

Fragen zum Lehrerverhalten

Auch bei diesen Fragen, die sich auf das Verhalten des Lehrers in der Klasse konzentrieren, muss man entscheiden, ob sich die Fragen nur auf den Unterricht eines einzelnen Lehrers oder – unter Mitwirkung aller betroffenen Kollegen – auf den aller Lehrer einer Klasse beziehen. Die folgenden Fragen sind für eine Befragung konzipiert, die sich nur auf eine Lehrperson (Herrn X, Frau Y) bezieht.

Wie ist es im letzten (halben) Jahr mit deinem (Klassen-)Lehrer gewesen – wie hättest du es dir gewünscht?

Kreuze bei jeder Frage an, wie es ist und wie du es dir wünschst.

	So ist es:					So wünsche ich es mir:				
1. Herr X/Frau Y greift bei Unruhe in der Klasse durch.	im-mer	oft	ab und zu	sel-ten	nie	im-mer	oft	ab und zu	sel-ten	nie
	1	2	3	4	5	-1-	-2-	-3-	-4-	-5-

2. Herr X/Frau Y gibt gerechte Noten.
3. Ich habe Vertrauen zu Herrn X/Frau Y.
4. Wenn ich im Unterricht Hilfe brauche, kann ich mich immer an Herrn X/Frau Y wenden.
5. Herr X/Frau Y achtet darauf, dass alle Schüler die Regeln einhalten.
6. Wenn wir Strafen bekommen, begründet Herr X/Frau Y das.
7. Herr X/Frau Y kümmert sich um Probleme der Schüler.
8. Wer etwas Falsches gemacht hat, bekommt dies von Herrn X/Frau Y auch später noch zu spüren.
9. Manche Schüler werden von Herrn X/Frau Y schneller bestraft als andere.
10. Herr X/Frau Y hält zu uns, auch wenn wir manchmal etwas Falsches machen.
11. Herr X/Frau Y wird schnell ungeduldig.
12. Herr X/Frau Y behandelt alle Schüler gleich.

Weitere Beispiele – auch für fachbezogene Schülerfragebögen – finden Sie in EIKENBUSCH (1995).

9. Kapitel: Lern-Forschung

Die Verbesserung des Klimas und der Arbeitskultur sind notwendige, aber nicht ausreichende Bedingungen für Schulentwicklung in der Klasse. Sinnvoll wird Schulentwicklung erst durch die Arbeit am Kern von Unterricht und Schule: dem Lernen. Dazu gehört u. a. die Bearbeitung von Fragen wie: Welche Lernvoraussetzungen bestehen bei Schülern? Wie gelingt es, (nicht) zu lernen? Wie kann Lernen sinnvoll gestaltet und verbessert werden? Wie erwerben Schüler ein Verständnis dafür, was Lernen ist? Wie werden sie zu kompetenten Lernern, die Lernprozesse selbstständig und verantwortungsbewusst planen, durchführen und einschätzen können?

Bei Schulentwicklung in der Klasse finden Lehrer und Schüler selbst Antworten auf diese Fragen, sie betreiben Lernforschung und werden Fachleute für Lernen und Lernprozesse. Solche Lernforschung ist für Lehrer oft gar nicht so einfach. Wenn Lernen in der Klasse erforscht wird, können sie (mehr als bisher) in Begründungs- und Rechtfertigungszwänge geraten. Wie sie Lehr- und Lernprozesse und die Bewertung von Lernleistungen gestalten, wird von Schülern hinterfragt und kritisiert werden. Aber je kompetenter Schüler ihr Lernen erforschen, umso besser können sie es auch verstehen und mitgestalten. Wenn Lernen im Rahmen von Schulentwicklung zum Gegenstand von Erforschung und Vergleich wird, sind Unterrichtsgestaltung, Bewertungsmaßstäbe und Ergebnisse Lehrens und Lernens (mehr als bisher) für Kollegen oder Schulleitung sichtbar, werden damit aber oft auch leichter kritisierbar. Das kann Druck oder Konflikte mit sich bringen, kann aber auch Erleichterung und Möglichkeit der Zusammenarbeit schaffen. Wer sich auf Lernforschung im eigenen Unterricht einlässt, kann viel Neues und Unterstützendes erfahren, wird sich aber auch mit Unangenehmem, Unbekanntem und Irritierendem auseinandersetzen müssen. Das ist der Preis für Schulentwicklung in der Klasse. Und besonders in zwei Fällen kann Lernforschung zu sehr problematischen Ergebnissen führen und sollte besser unterbleiben: Sie wird zur Bedrohung, wenn Lehrer die Gestaltung und Bewertung in ihrer Klasse ausschließlich als Bestandteil *ihrer* individuellen beruflichen Autonomie definieren. („In meine pädagogische Tätigkeit werde ich mir niemals reinreden lassen! Die Methodenfreiheit des Lehrers macht meine Berufs- und Lebensqualität aus. Dass ich gerecht und fachlich qualifiziert entsprechend den Richtlinien, Lehrplänen und Vorschriften bewerte, ist überprüfbar, meinetwegen sogar vor Gericht. Aber auch nicht früher.") Und rückschrittlich und entwicklungshemmend wird Lernforschung, wenn Schüler, Lehrer, Eltern, Schulleitung oder Schulaufsicht sie reduzieren auf den Aspekt der Leistungsbewertung und des Leistungsvergleichs (zwischen Schülern oder zwischen Lehrern), wenn sie als Beleg oder Indiz für Bewertung von Personen oder persönlichen Leistungen benutzt wird.

Der letzte Aspekt verweist darauf, dass es Schwierigkeiten im Umgang mit Ergebnissen von Lernforschung in der Klasse geben kann. Während die Klasse und der Lehrer die Ergebnisse als etwas ansehen können, das den gemeinsamen Unterricht verbessern helfen soll, schätzen Außenstehende sie häufig vorrangig ein als Ausdruck von Leistungen, Stärken oder Schwächen der Schüler oder des Lehrers. So kann Lernforschung in der Klasse schnell auf Personalbeurteilung reduziert werden. Besonders wenn testähnliche Verfahren eingesetzt werden, besteht die Gefahr, dass die Ergebnisse missbraucht werden. Selbstverständlich ist es legitim und notwendig, dass Eltern, Schulleitung und Schulaufsicht sich kontinuierlich um Qualitätskontrolle von Unterricht und Schule kümmern, dass sie darauf achten, dass alle Schüler die gleichen Bildungschancen erhalten. Dazu können sie aus ihrer Verantwortung heraus eigene Verfahren verwenden und Rechenschaft fordern. Mit den Ergebnissen der Lernerforschung in der Klasse aber sollten sie so zurückhaltend wie nötig und so verantwortungsvoll wie möglich umgehen und den Schülern und Lehrern Freiräume lassen für Lernversuche, für Experimente, für Scheitern und Erfolg. Lernforschung muss etwas riskieren dürfen, sie muss sich auf unbekanntes Gebiet wagen dürfen, dann kann sie zur Schulentwicklung in der Klasse beitragen.

In diesem Sinne werden hier drei Möglichkeiten von Lern-Forschung in der Klasse vorgestellt:

■ Lerngeschichte(n): Lerngeschichte als etwas Gestaltbares,
■ Lernergebnisse sehen: Möglichkeiten der Selbsteinschätzung für Schüler,
■ Schüler gestalten Lernprozesse.

9.1 Lerngeschichte(n)

„Meine Lerngeschichte ist keine. Als ich vom Kindergarten zur Grundschule wechselte, sagte uns der Lehrer nach ein paar Tagen, als es sehr laut in der Klasse war: ‚Wir sind jetzt nicht mehr im Kindergarten'. Als ich zum Gymnasium wechselte, meinte unser Klassenlehrer: ‚Hier ist jetzt nicht mehr die Grundschule'. In der zehnten Klasse sagte mein Deutschlehrer: ‚Vergiss den Kreativkram von Dr. M.' Im Studium hörte ich den Satz: ‚Das ist hier keine Schule' bestimmt ein halbes Dutzend mal. Im Referendariat wurde mir erklärt, jetzt sei es mit der Wissenschaft vorbei. Und an meiner ersten Lehrerstelle sagte mir ein Kollege: ‚Na, dann können Sie ja jetzt endlich die Referendarpädagogik vergessen.'"

„Die Schüler meiner neuen fünften Klasse kommen aus drei Grundschulen. In allen drei Schulen gibt es Frei- und Wochenplanarbeit, Förderkonzepte für starke und schwache Schüler, die drei Schulen haben jeweils einen Schwerpunkt im Bereich ‚Kreativer Umgang mit Sprache', was für mich als Deutschlehrer besonders wichtig ist. Eigentlich mehr aus Neugier habe ich die neuen Schüler letzte Woche vorspielen, malen oder aufschreiben lassen, was sie und wie sie in ihren Schulen gelernt haben. Ich habe natürlich ziemlich ähnliche Geschichten erwartet, bei den Voraussetzungen. Umso mehr war ich erstaunt, wie unterschiedlich die Sichtweisen der neuen Schüler waren. Man könnte meinen, die wären aus 29 verschiedenen Schulen gekommen. Die einen fanden ihren Unterricht total strukturiert und geregelt, während die anderen ihn als völlig frei und offen empfanden."

Lernforschung mit Lerngeschichte(n) anzufangen ist aus zweierlei Gründen sinnvoll: Mit jedem neuen Lernschritt werden auch bisherige Lernerfahrungen und Erkenntnisse umstrukturiert, erweitert und verändert. Selbst dann, wenn, wie im ersten geschilderten Fall, ausdrücklich nicht auf frühere Lernerfahrungen zurückgegriffen wird, hat dies Folgen für den neuen Lernschritt: Die Entwertung bisherigen Lernens lässt auch das neue Lernen wieder als Sisyphusarbeit erscheinen. Will man die Umstrukturierung, Erweiterung und Veränderung bisherigen Lernens als einen sinnvollen und richtigen Prozess vermitteln, muss man die Lerngeschichte(n) der einzelnen Schüler und der gesamten Klasse aufgreifen und bewusst weiterentwickeln bzw. umformen.

Der zweite Grund für die Beschäftigung mit Lerngeschichte(n) besteht darin, sie als Grundlage für die Auseinandersetzung der Schüler mit Lernen überhaupt zu nutzen und das eigene Lernen zu untersuchen. Lernforscher kann man nicht werden, ohne seine Lerngeschichte zu kennen.

Auch für Schüler: Schlüssel-Biografie – Album: Entwicklungsstufen – Das kann ich (richtig) – Stellenanzeige – Logbuch

Im zweiten Teil dieses Buches wurden Verfahren vorgestellt, um die eigene Entwicklungsgeschichte als Lehrer näher zu untersuchen und Entwicklungspotentiale zu entdecken. Viele dieser Verfahren eignen sich bei entsprechender Adaption auch für den Einsatz bei der Lern-Forschung.

So lässt sich z. B. bei allen Schulübergängen (Primarstufe – Sek-I, Sek-I – Sek-II) die „Stellenanzeige" durchführen. Wie sähen Stellenanzeigen für Schüler in der ehemaligen und der neuen Schule aus? (Die XY-Schule stellt zum neuen Schuljahr ein: ... Voraussetzungen ... erwartete Leistungen ...) Eine Alternative besteht darin, die Schüler eine Stellenanzeige für Lehrer oder die Schulleitung der neuen Schule schreiben zu lassen. Eine weitere Alternative könnte sein, dass der Lehrer eine Stellenanzeige der neuen Schule vorlegt und die Schüler diese Anzeige verändern. Die Analyse sollte sich jeweils darauf konzentrieren: Was erfahren wir aus den Stellenanzeigen über unser bisheriges Lernen bzw. über unsere Lernwünsche?

Unterrichtsideen von Schülern

Mit diesem Arbeitsvorschlag lässt sich (auch in der Primarstufe und in den ersten Klassen der Sek-I) untersuchen, welchen Unterricht Schüler kennen und wie sie verschiedene Unterrichtsmodelle und -strategien erleben.

Erster Arbeitsschritt: Der Lehrer präsentiert der Klasse (mündlich und schriftlich) eine Grobskizze einer Unterrichtsstunde des nächsten Tages. Zu den kurzen Angaben können gehören: Was soll morgen in der Stunde getan/gelernt werden (Ziele, Aufgaben)? Wer soll morgen in der Stunde was tun (Akteure)? Wie soll das morgen in der Stunde (nicht) erfolgen (Verfahren)? Womit soll das morgen in der Stunde (nicht) erfolgen (Material)?

Zweiter Arbeitsschritt: Der Lehrer bittet die Klasse um eine Beratung: Er möchte gern von ihr wissen, wie sie morgen an seiner Stelle die Unterrichtsstunde machen würde. Die Klasse wird aufgeteilt in Gruppen (etwa fünf Schüler). In unteren Klassen können die Fragen lauten: Welche Ideen habt ihr für die Stunde morgen? Was wollt ihr als Schüler in der Stunde (nicht) tun? Was würdet ihr als Lehrer (nicht) tun? In oberen Klassen können sie lauten: Schreibt drei bis fünf Schritte oder Ideen auf, die ihr morgen an meiner Stelle (nicht) tun bzw. nicht verwirklichen würdet!

Dritter Arbeitsschritt: Vorstellen der einzelnen Ideen, Klärung von Verständnisfragen (keine Analyse oder Bewertung), Erproben einzelner Szenarios oder Ideen. Erst dann Auswertung: Wie funktionierten die Ideen? Ist jede Idee für jeden geeignet? Welche Ideen werden (warum) bevorzugt?

Möglicher *vierter Arbeitsschritt:* Revision der Planung. Hilfreich kann die Verabredung sein, eine bestimmte Idee als Experiment durchzuführen.

Lerntachometer

Anhalts- und Diskussionspunkte zur Auswertung des Lerntempos und des Lernerfolgs bei vergangenen oder aktuellen Lernprozessen kann der Lerntachometer geben (insbesondere beim Übergang von der Sek-I zur Sek-II). Mit seiner Hilfe kann man das Verhältnis von Lerntempo und -ergebnis in Lernprozessen thematisieren: Ist es möglich und sinnvoll, ständig mit Höchstgeschwindigkeit zu lernen? Oder ist es wichtiger, das beste Lernergebnis zu erreichen, ganz gleich bei welcher Geschwindigkeit? Sollen vergangene Lernprozesse eingeschätzt werden, kann als Zeiteinteilung ein Schuljahr bzw. Schulhalbjahr gewählt werden. Bei Auswertungen laufender Lernprozesse haben sich Zeiteinheiten von maximal einem Unterrichtstag bewährt. In der Primarstufe sollte die Zeiteinteilung eine Arbeitseinheit nicht überschreiten.

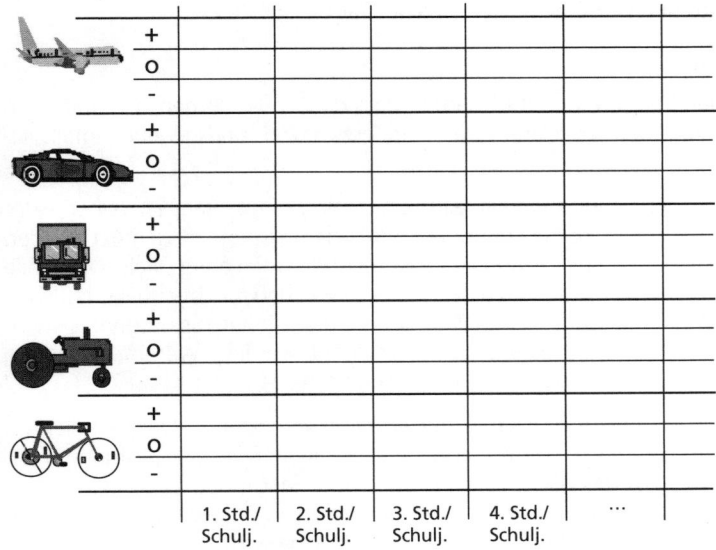

Abbildung 3-9: Lerntachometer

Erster Arbeitsschritt: Jeder Schüler erhält einen Lerntachometer. Zuerst schätzt er ein: Wie hoch war das Lerntempo im entsprechenden Zeitabschnitt? (Wie schnell wurde im Unterricht vorgegangen? Wie schnell ...) Dann wird eingeschätzt: Was habe ich im entsprechenden Zeitabschnitt gelernt: viel (+), durchschnittlich (o), fast nichts (–).

Zweiter Arbeitsschritt: Nachdem jeder Schüler seine Einschätzung auf sein Blatt eingetragen hat, können alle Schüler ihre Markierungen auf das Klassenlerntachometer übertragen. Wird eine kontinuierliche Einschätzung eines laufenden Lernprozesses vorgenommen (z. B. drei Tage lang jeweils zwei Stunden), werden die Ergebnisse jeweils nach dem entsprechenden Zeitabschnitt auf das Blatt eingetragen und am Ende jedes Schultages auf das Klassentachometer übertragen. In der

Primarstufe und in den ersten Klassen der Sek-I ist ein gestuftes Vorgehen ratsam, bei dem für die ersten Zeitabschnitte nur das Lerntempo eingeschätzt wird, für die weiteren Abschnitte dann auch die Lernergebnisse.

Dritter Arbeitsschritt: Bei laufenden Lernprozessen: In unteren Klassen sollte zuerst nur eine Ebene ausgewertet werden (Wann war das Tempo am größten? Was geschah da? Für welchen Abschnitt sind die Einschätzungen des Tempos weitgehend gleich, wo bestehen Unterschiede?), um dann die Verbindung der beiden Ebenen herzustellen (Was war die beste Unterrichtsstunde? Was haben wir da wie gemacht? Warum wird diese Stunde so positiv eingeschätzt?). Werden vergangene Lernprozesse eingeschätzt, kann zuerst untersucht werden, wo Unterschiede/Gemeinsamkeiten in der Klasse auftreten: Gab es Zeitabschnitte, die von allen Schülern ähnlich eingeschätzt wurden? Gibt es eine allgemeine Beziehung zwischen Höhe des Lerntempos und Lernergebnissen? Wann war die „beste Zeit"?

Lernetappen

Auch bei diesen Verfahren geht es darum, dass die Schüler lernen, sich mit ihren eigenen Lernprozessen strukturiert auseinanderzusetzen, und gegebenenfalls Alternativen entwickeln.

Alternative 1: Jeder Schüler erstellt eine Chronologie mit Etappen seiner Lerngeschichte. Dazu sollen Originaldokumente aus dem Unterricht genutzt werden (Hefte, Fotos, Zeichnungen, offizielle Dokumente). Der Lehrer stellt dazu alle Schuldokumente zur Verfügung, die die Klasse verwenden möchte (Klassenbücher, Unterrichtsmaterialien, Statistiken). Die Etappen, die Schüler für besonders wichtig/gelungen halten, sollen eigens gekennzeichnet werden. Warum sind diese Etappen wichtig? Gibt es Gemeinsamkeiten/Unterschiede in der Klasse?

Alternative 2: In der Klasse wird ein Aufgabenmarkt veranstaltet: Jeder Schüler hat die Möglichkeit, aus seiner Lernvergangenheit je einen Text, eine Aufgabe o. Ä. auszusuchen, die er „unmöglich" und „absolut gut" fand: Jeder muss versuchen, seine beiden Produkte an Mitschüler zu „verkaufen" und zwei neue Produkte einzukaufen. Auswertung: Welche Produkte waren schwer bzw. leicht verkäuflich? Was waren Argumente für oder gegen Kauf?

Alternative 3: Jeder Schüler bringt aus seiner Lernvergangenheit einen Text oder eine Aufgabe mit, die für ihn besonders wichtig ist/war (z. B. weil er daraus viel gelernt hat, weil ihn die Aufgabe angesprochen hat, weil die Stunde, in der sie bearbeitet wurde, lustig/schön war ...). Die Texte werden in der Klasse an einer Wandzeitung aufgehängt: Welche Lerngeschichte hat unsere Klasse?

Alternative 4: Lernwelten. Die Schüler zeichnen oder fotografieren ihren Arbeitsplatz zu Hause, sie machen Videoaufnahmen, Tonbandaufnahmen: Das ist meine Lernwelt. – Umformung in Gruppenarbeit: So wünsche ich mir meine Lernwelt.

Alternative 5: Der Lehrer führt z. B. im Differenzierungsbereich oder in der Sek-II eine Eingangsbefragung durch über Motivation für das gewählte Fach, über vorhandenes Inhalts- und Methodenwissen, über Lernerfahrungen und Lernbedürf-

nisse. Ein Beispiel einer solchen Befragung für den Einstieg in das Fach Erziehungs-
wissenschaft liefern ZIMMERMANN/HEMPELMANN/KLAEREN (1987:10f.).

9.2 Lernergebnisse sehen: Einschätzungsmöglichkeiten für Schüler

Wer das eigene Lernen und Lernleistungen nicht wahrnehmen und verstehen
kann, läuft Gefahr, sich zu verirren, falsche Schwerpunkte zu setzen, das
Lernen erschöpft oder resigniert aufzugeben. Schüler werden Schulentwicklung in der Klasse nur dann als möglich ansehen können, wenn man ihnen
Verantwortung und Werkzeuge gibt, sich mit dem eigenen Lernen und seinen
Ergebnissen auseinanderzusetzen (vgl. WITTROCK 1986; WORELL/STILLWELL
1981), damit sie selber Schulentwicklung machen können und nicht lediglich
zu Konsumenten von Schulentwicklungsaktivitäten anderer werden. Die folgenden Arbeitsvorschläge bieten Anregungen, wie sich Schüler im Rahmen
von Schulentwicklung aktiv mit ihrem eigenen Lernen und mit den Lern- und
Lehrprozessen in der Klasse auseinandersetzen und zu deren Veränderung
beitragen können.

Einschätzung der Nutzung des Lernpotentials

Dieser Arbeitsvorschlag zielt auf eine einfache allgemeine Einschätzung der erreich-
ten Lernergebnisse im Verhältnis zum – nach Meinung der Schüler selbst – vorhandenen Lernpotential.

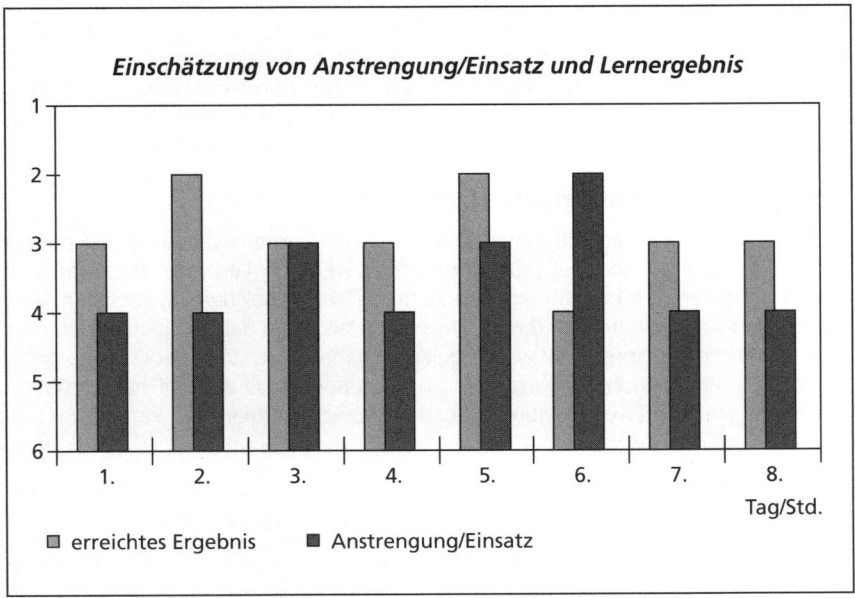

Abbildung 3-10: Nutzung des Lernpotentials

Erster Arbeitsschritt: Die Schüler schätzen für sich allein ein, wie hoch ihr Anstrengungsgrad bzw. ihr Einsatz in einem bestimmten Zeitraum gewesen ist: Wenn 1 für dich die höchste Anstrengung ist und 6 die geringste: Wie sehr hast du dich heute angestrengt?

Zweiter Arbeitsschritt: Die Schüler schätzen für sich allein ein, wie sehr sie ihr „Lernpotential" in einem bestimmten Zeitraum genutzt haben: Wenn 1 für dich das beste Lernergebnis wäre, das an du in dieser Stunde hättest erreichen können, wie nahe bist du diesem Ergebnis gekommen? (1 = total alles erreicht, 2 = fast alles erreicht, 3 = ziemlich alles erreicht, 5 = wenig erreicht, 6 = gar nichts erreicht)

Dritter Arbeitsschritt: Einzelauswertung: In welcher Beziehung stehen Anstrengung und das erreichte Lernergebnis zueinander?

Möglicher *vierter Arbeitsschritt:* Auswertung in der Klasse: Eine quantitative Auswertung der Differenzen ist in der Regel zu arbeitsaufwendig und wenig ergiebig, sie ist hier auch nicht das Ziel des Arbeitsvorschlages. Stattdessen können die Schüler in kleinen Gruppen – die jeweiligen Tischnachbarn oder die am weitesten entfernt voneinander sitzenden Schüler – die Einschätzungen vergleichen und sich von Mitschülern spiegeln lassen, wie diese die Einschätzungen sehen, welche Änderungen sie vornehmen würden, welche Lernstrategie aus dieser Einschätzung abgeleitet werden kann ...

Führt man diesen Arbeitsvorschlag im Unterricht durch, kann er bei Schülern Widerspruch und Irritation auslösen: Ist es sinnvoll, Lernprozesse an Hand der Kriterien von Anstrengung und Ergebnis zu analysieren? Wo bleiben die Inhalte und die Zukunftsbedeutung der Lernprozesse? Und was, bliebe man in diesem Modell, wäre der beste Lernerfolg: maximaler Erfolg mit minimaler Anstrengung? Oder maximaler Erfolg unabhängig von Anstrengung? Wie würde der Lehrer die Leistungen bewerten, wenn er jeweils von jedem Schüler diese Übersicht – z. B. bei Klassenarbeiten – hätte oder wenn er dies objektiv messen könnte?

Vergleich von Erwartungen – Leistungen

Schwierigkeiten bei der Einschätzung der eigenen Lernergebnisse – und daraus folgend Schwierigkeiten bei der Planung des weiteren Lernprozesses – rühren manchmal daher, dass bei Schülern eine zu große Diskrepanz besteht zwischen dem, was sie von sich erwarten, und dem, was sie geleistet zu haben glauben. Obwohl sie z. B. viel in einer Unterrichtsstunde geleistet haben, sind sie dennoch enttäuscht, weil sie vorher (zu) hohe Erwartungen an sich oder den Unterricht hatten. Wenn Schüler regelmäßig Erwartungen und Lernergebnisse vergleichen, kann diese Diskrepanz vermindert werden.

Erster Arbeitsschritt: Die Schüler wählen (nach Absprache mit dem Lehrer) die Stunden oder das Fach aus, in dem sie die Einschätzung durchführen.

Zweiter Arbeitsschritt: Alle Schüler schätzen vor der Stunde (evtl. schon am Nachmittag vorher) auf einer Zehner-Skala (oder Sechser-Skala entsprechend den Schulnoten) ein, wie ihrer Meinung nach die eigene Leistung in dieser Stunde sein wird.

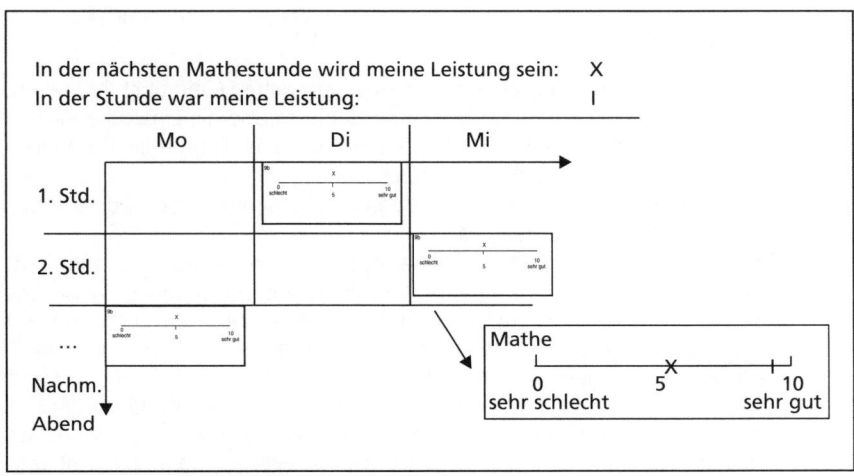

Abbildung 3-11: Vergleich: Erwartungen – Leistungen

Dritter Arbeitsschritt: Nach der Stunde schätzen die Schüler ein, wie die eigene Leistung nach ihrer Meinung gewesen ist.

Vierter Arbeitsschritt: Erst am Ende des vereinbarten Zeitraumes werden die Angaben ausgewertet. Hilfreich ist, wenn die Schüler sich zuerst auf die Entwicklungen ihrer Erwartungen und dann auf die Wertungen am Ende der Stunde konzentrieren. Was hat das häufige Einschätzen der Erwartungen und der Ergebnisse bei den Schülern bewirkt? Wie sicher bzw. unsicher waren sie zu Beginn und am Ende des Beobachtungszeitraumes über ihre Einschätzungen? Lassen sich Entwicklungen (Annäherungen, Wachsen der Diskrepanz) feststellen und erklären?

Im Laufe der Selbstbeobachtung nähern sich die Einschätzungswerte von Erwartungen und Erfahrungen häufig einander an und verbessern sich insgesamt erheblich. Dies hat u. a. damit zu tun, dass Unterrichtsleistungen systematisch und kontinuierlich Gegenstand von Beobachtung werden und die Erwartungen an die eigene Leistung damit realistischer.

Portfolios

Dieser Arbeitsvorschlag erinnert etwas an die altbekannte Arbeitsmappe: Jeder Schüler sammelt über einen bestimmten Zeitraum (in den unteren Klassen höchstens ein Monat, später bis zu einem halben Jahr) „Lernbelege", also Materialien, Selbsteinschätzungen, Tests, Berichte, Hinweise von Lehrern oder Mitschülern über sein Lernen. Die Funktion des „Portfolios" ist, Mitschülern und Lehrern gegenüber den eigenen Lernprozess und die Lernergebnisse zu dokumentieren und zu werten. Damit sind wir auch schon bei dem entscheidenden Unterschied zwischen Arbeitsmappe und Portfolio: Während Arbeitsmappen in der Regel themen- oder fachspezifisch angelegt und für den einzelnen Schüler und Lehrer gedacht sind, richten sich

Portfolios auf den Lernprozess in einem bestimmten Zeitraum und wenden sich an Lehrer und Klasse:

● Die Schüler sammeln kontinuierlich, was Auskunft geben kann über ihr Lernen, also über die Inhalte, Lernmethoden, Lernergebnisse und die Einschätzung des Lernprozesses. Wenn die Schüler es wünschen, kann der Lehrer die Materialien auf sachlich/fachliche Richtigkeit hin durchsehen.

● Die Schüler wählen Materialien aus, die charakteristisch oder besonders aussagekräftig sind für ihren Lernprozess.

● Sie analysieren und kommentieren diese Materialien (meist auf einem Vorblatt oder durch andersfarbige Kommentare im vorhandenen Material): Was habe ich gelernt? Wie habe ich das gelernt? Haben andere in der Klasse anders gelernt (worin bestanden die Unterschiede)? Wie schätze ich meinen eigenen Lernprozess ein: Was ist gut gelaufen, wo hatte ich Schwierigkeiten?

● Sie legen dem Lehrer ihr Portfolio vor und präsentieren es mündlich (evtl. in Gruppen). Die Auswertung/Kommentierung des Lehrers bezieht sich zuerst auf die Selbstbeobachtung und -analyse des Lernprozesses und dann, falls notwendig, auf die fachlichen Inhalte des Portfolios. Sie schließt ab mit einer Vereinbarung: Was folgt aus der inhaltlichen und methodischen Arbeit des Portfolios für unseren Arbeitsprozess in der nächsten Zeit?

● Die Auswertungen und Vereinbarungen werden in Gruppen und dann in der Klasse zusammengetragen und analysiert: Was folgt aus den Auswertungen für die weitere Arbeit in der Klasse?

Steinbruch: Schülerfragebögen über Lernen und Lernergebnisse im Fachunterricht

Der Einsatz von Fragebögen über Lernen und Lernergebnisse im Fachunterricht ist vielfach noch ungewohnt, zum Teil werden erhebliche Bedenken vorgebracht, insbesondere wenn es sich um extern erstellte Befragungsinstrumente handelt (z. B. durch Forschungsinstitute oder Schulaufsicht). Wenn im Folgenden zwei Beispiele für Schülerfragebögen im Fachunterricht vorgestellt werden, dann nicht, um etwa dem Einsatz von Tests oder der Durchführung zentraler Prüfungen das Wort zu reden, im Gegenteil. Die folgenden Fragebögen sind ein Angebot für die selbstverantwortete Qualitätsentwicklung und -sicherung von Lehrern und der Schule. Sie sollen, ähnlich wie die Fragen zum Klima in der Klasse, als Steinbruch benutzt werden, aus dem Lehrer und Schüler (nach Möglichkeit gemeinsam) ihren eigenen Fragebogen konzipieren.

Ausgangspunkt sollte dabei sein, einen Fragebogen zu entwickeln, der den Schülern hilft, ihre eigenen Leistungen besser zu verstehen und Anregungen sowie Hilfen für ihr zukünftiges Lernen zu bekommen. Bei der Erarbeitung eines Konzepts für einen Fragebogen sollten folgende Aspekte beachtet werden:

● Wer hat ein Interesse an der Befragung, wer führt sie durch? Wer soll die Ergebnisse der Befragung auswerten?

● Was soll die Befragung und deren Auswertung bewirken? Welche Folgen soll die Befragung für die Schüler und für die Lehrer haben? (Besonders wichtig ist die Frage, ob die Befragung unter Umständen Auswirkungen auf Notengebung haben kann/soll.)
● Was soll erfragt/ausgewertet werden? (Festlegung der Zeiträume und Inhalte, zu denen die Befragung erfolgen soll)
● Welche Fragen sollen ausgewählt werden? Warum?

Englischunterricht Klasse 5

Der Fragebogen auf den folgenden Seiten geht zurück auf Arbeiten von BURKARD und KOHLHOFF (1995), die ihn in 5. und 6. Klassen von Gesamtschulen eingesetzt haben.

---

1. Was denkst du über deine Unterrichtsfächer?

1.1 Das Fach, das mir am meisten Spaß macht, ist ...

1.2 Das Fach, in dem ich am meisten lerne, ist ...

1.3 Das Fach, in dem wir als Schüler am meisten zusammenarbeiten, ist ...

2. Wie viel hast du bisher gelernt?	viel	mittel	wenig
2.1 im Englischunterricht			
2.2 in den Förderstunden Englisch/Englisch AG 2.3 bei den Hausaufgaben 2.4 bei ...			

3. Wie schwer findest du es, ...	leicht	mittel	schwer
3.1 auf Englisch zu schreiben?			
3.2 Englisch richtig auszusprechen? 3.3 Englisch zu verstehen, wenn es andere Schüler sprechen? 3.4 Englisch zu verstehen, wenn es ein Engländer auf einer Kassette oder im Fernsehen spricht? 3.5 Englisch zu verstehen, wenn es Frau X/Herr Y (Lehrer/in) spricht? 3.6 englische Texte zu lesen? 3.7 selber Englisch zu sprechen?			

4. Was kannst du bereits? Würdest du dir zutrauen, ...	Ja, glaube ich schon.	Ich weiß nicht.	Nein, ich glaube nicht.
4.1 jemandem auf Englisch deinen Namen zu nennen?			

4.2 in Englisch jemanden nach der Uhrzeit zu fragen?
4.3 einem englischen Kind über deine Familie zu erzählen?
4.4 alleine einem Kind aus England einen Brief zu schreiben?
4.5 alleine einen englischen Brief zu lesen?
4.6 ein englisches Kind zu verstehen, wenn es etwas über seine Familie erzählt?
4.7 einem englischen Kind etwas über deine Schule zu erzählen?
4.8 deinen Eltern auf Deutsch etwas über Großbritannien zu erzählen?

5. Wie ist es im Englischunterricht?	ganz oft	manch-mal	nicht oft
5.1 Ich finde es langweilig.			

5.2 Ich finde es interessant.
5.3 Es macht mir Spaß.
5.4 Es ist anstrengend.
5.5 Ich freue mich darauf.
5.6 Ich habe keine Lust.
5.7 Ich beteilige mich.
5.8 Ich bin konzentriert.
5.9 Ich verstehe die Aufgaben nicht.
5.10 Ich habe Angst.
5.11 Ich bin müde.
5.12 Ich verstehe nicht, was Frau X/Herr Y von mir will.

6. Wie häufig sollte man deiner Meinung nach im Englischunterricht ...	ganz oft	manchmal	nicht oft
6.1 Englisch lesen?			

6.2 Englisch schreiben?
6.3 englische Grammatik üben?
6.4 englische Kassetten hören?
6.5 englische Lieder singen?
6.6 mit anderen Schülern Englisch sprechen?
6.7 Rollenspiele machen?
6.8 Spiele spielen?
6.9 Übungen auf Arbeitsblättern bearbeiten?
6.10 Übungen aus dem Buch machen?
6.11 Vokabeln abfragen?
6.12 ...

7. Wie möchtest du in der Klasse Englisch lernen? Ich möchte ...	ganz oft	manchmal	nicht oft
7.1 alleine Aufgaben machen.			
7.2 alleine die Aufgaben auswählen. 7.3 etwas herstellen (ein Hörspiel, einen Text ...). 7.4 für andere etwas produzieren. 7.5 im Klassengespräch mit Frau X/Herrn Y lernen. 7.6 in Gruppen Aufgaben machen. 7.7 mit einem Partner Aufgaben machen. 7.8 mir selber Aufgaben aussuchen können. 7.9 ...			

8. Wie ist es im Englischunterricht?	zu schwer	genau richtig	zu leicht
8.1 Die Arbeitsblätter sind ...			
8.2 Die Aufgaben sind ... 8.3 Die Hausaufgaben sind... 8.4 Die Klassenarbeiten und Tests sind ...			

9. Wie ist es mit deiner Englisch-lehrerin/deinem Englischlehrer? Er/Sie ...	sehr oft	genug	sehr selten
9.1 achtet darauf, dass Ruhe ist.			
9.2 erklärt die Aufgaben gut. 9.3 hat Zeit für mich. 9.4 hilft mir, wenn ich etwas nicht weiß. 9.5 hört mir zu. 9.6 ist gerecht zu mir. 9.7 ist nett zu mir. 9.8 lässt uns Zeit bei Aufgaben. 9.9 lässt uns Schüler mitbestimmen. 9.10 nimmt uns ernst. 9.11 redet zu viel im Unterricht. 9.12 schimpft. 9.13 verträgt Spaß. 9.14 ...			

10. Was denkst du? **Stimmen die folgenden Sätze?**	stimmt	stimmt vielleicht	stimmt nicht
10.1 Ich habe schon viel Englisch gelernt.			

10.2 Wir sollten mehr mitbestimmen können, was wir im Unterricht machen.
10.3 Ich möchte im Unterricht viel häufiger Englisch reden.
10.4 Ich habe Angst vor Klassenarbeiten in Englisch.
10.5 Ich finde, wir müssen mehr Grammatik pauken.
10.6 Wenn ich noch einmal wählen könnte, würde ich eine andere Sprache nehmen.
10.7 Ich mache gern Englischhausaufgaben.
10.8 Wenn ich Englisch sprechen soll, schäme ich mich, etwas Falsches zu sagen.
10.9 Ich weiss nicht, wie gut ich Englisch kann.
10.10 Ich weiss, warum ich meine Note in Englisch bekommen habe.
10.11 Ich weiss, wo ich mich in Englisch noch verbessern kann.

11. Wie ist es im Englischunterricht?	sehr oft	genug	sehr selten
11.1 Die Schüler helfen sich gegenseitig.			

11.2 Die Schüler lachen, wenn ein Mitschüler etwas falsch macht.
11.3 Die Schüler ärgern sich gegenseitig.
11.4 Es ist mir zu laut in der Klasse.
11.5 Jeder möchte der Beste sein.
11.6 Die Schüler hören einander zu.

12. Fandest du deine Noten in Englisch-Klassenarbeiten und den Tests gerecht?

    ( ) ja   ( ) nein

13. Findest du, dass du in Englisch besser oder schlechter bist als deine Noten?

    ( ) Ich bin besser.
    ( ) Ich bin schlechter.
    ( ) Die Noten sind richtig.

Weitere fachbezogene Instrumente (zu Mathematik und Englisch) finden sich in EIKENBUSCH (1995). Hier werden auch weitere Aufgabentypen (z. B. Gruppenaufgaben) vorgestellt und Einschätzungshilfen für Schülerleistungen gegeben. Solche Einschätzungen können Schülern, Lehrern und Eltern helfen, sich über den Stand und die weitere Arbeit des Unterrichts zu vergewissern (vgl. die folgende Seite).

Beispiel für eine Einschätzungshilfe (Mathematik, Klasse 9)

Von 100 % der Schüler aus 9. Klassen (in Schweden) lösen folgende Aufgaben richtig (N = 1 000 Schülerinnen und Schüler):

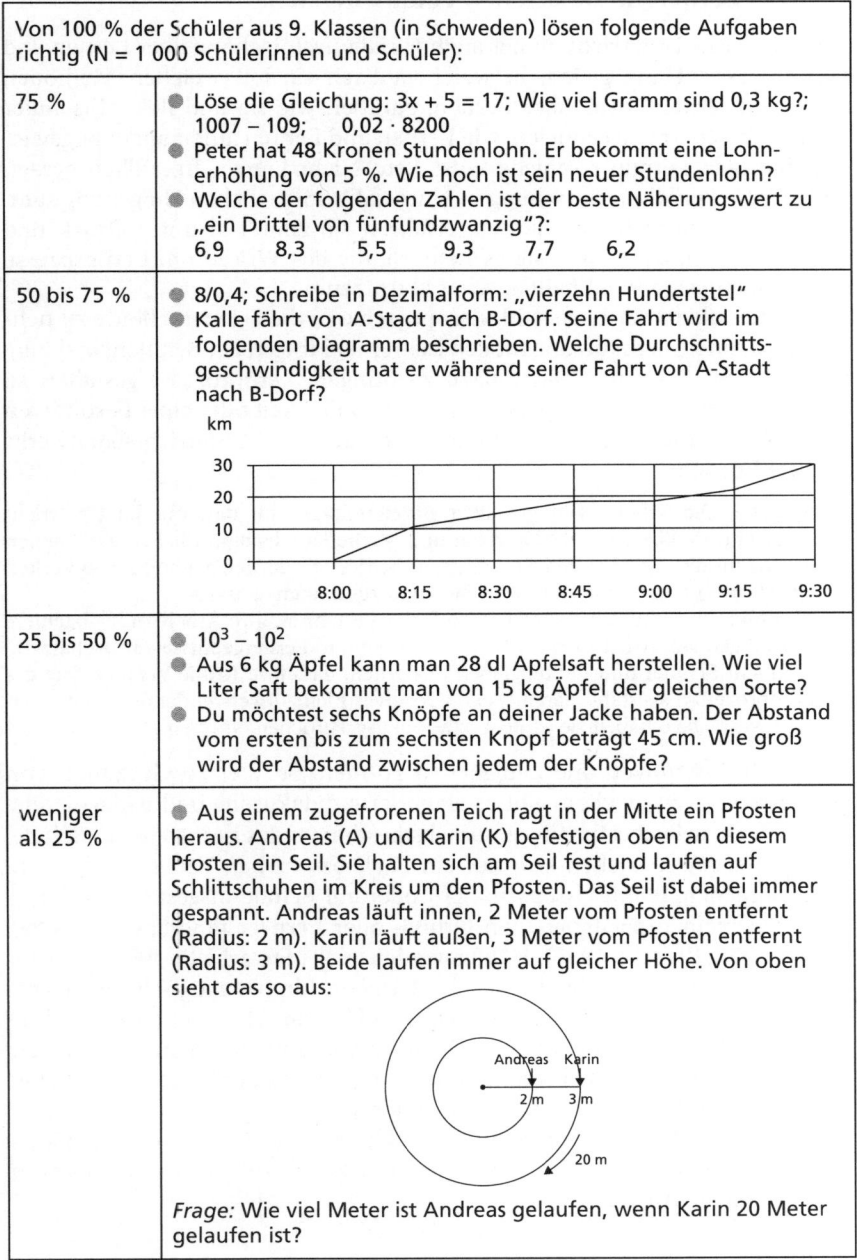

75 %	● Löse die Gleichung: 3x + 5 = 17; Wie viel Gramm sind 0,3 kg?; 1007 – 109; 0,02 · 8200 ● Peter hat 48 Kronen Stundenlohn. Er bekommt eine Lohnerhöhung von 5 %. Wie hoch ist sein neuer Stundenlohn? ● Welche der folgenden Zahlen ist der beste Näherungswert zu „ein Drittel von fünfundzwanzig"?: 6,9 8,3 5,5 9,3 7,7 6,2
50 bis 75 %	● 8/0,4; Schreibe in Dezimalform: „vierzehn Hundertstel" ● Kalle fährt von A-Stadt nach B-Dorf. Seine Fahrt wird im folgenden Diagramm beschrieben. Welche Durchschnittsgeschwindigkeit hat er während seiner Fahrt von A-Stadt nach B-Dorf?
25 bis 50 %	● $10^3 - 10^2$ ● Aus 6 kg Äpfel kann man 28 dl Apfelsaft herstellen. Wie viel Liter Saft bekommt man von 15 kg Äpfel der gleichen Sorte? ● Du möchtest sechs Knöpfe an deiner Jacke haben. Der Abstand vom ersten bis zum sechsten Knopf beträgt 45 cm. Wie groß wird der Abstand zwischen jedem der Knöpfe?
weniger als 25 %	● Aus einem zugefrorenen Teich ragt in der Mitte ein Pfosten heraus. Andreas (A) und Karin (K) befestigen oben an diesem Pfosten ein Seil. Sie halten sich am Seil fest und laufen auf Schlittschuhen im Kreis um den Pfosten. Das Seil ist dabei immer gespannt. Andreas läuft innen, 2 Meter vom Pfosten entfernt (Radius: 2 m). Karin läuft außen, 3 Meter vom Pfosten entfernt (Radius: 3 m). Beide laufen immer auf gleicher Höhe. Von oben sieht das so aus:

Frage: Wie viel Meter ist Andreas gelaufen, wenn Karin 20 Meter gelaufen ist?

9.3 Schüler gestalten Lernprozesse: Das Lernen in die eigenen Hände nehmen

Für Schüler ist Unterricht immer auch Handlungsforschung über Lernen und Lernprozesse. Ganz gleich, in welchem Fach sie mit welchen Methoden lernen, sie lernen etwas über Lernen, darüber, wie sie und ihre Mitschüler Lernergebnisse (nicht) erzielen, wie Lernen und Lehren aufeinander angewiesen sind, wie Lernunterschiede entstehen. Nicht immer, freundlich gesagt, findet diese Handlungsforschung in einer dafür förderlichen Umgebung statt. Was Schüler über Lernen lernen, erfahren sie zum Teil unter Druck und Zwang, manchmal müssen sie es Lehrern, die das Wissen um Lernprozesse für ein Standesmonopol halten, sogar abtrotzen.

Schüler, die in der Lage sind, Lernprozesse in die eigenen Hände zu nehmen, sind eine Unterstützung für den Lehrer und tragen zur Schulentwicklung in der Klasse bei. Eine Klasse dazu zu bringen, Lernprozesse gestalten zu lernen, ist weniger eine Frage der Lehrerpersönlichkeit oder eines besonderen pädagogischen Konzeptes, es ist eher eine Sache des Unterrichtshandwerks auf drei Ebenen:

- Sprache: Die Schüler verfügen über Bezeichnungen für das, was im Unterricht geschieht, sie können Arbeitsformen und Methoden(elemente) benennen, kennen deren Einsatzmöglichkeiten. Sie verfügen über Verfahren, den methodischen Verlauf einer Unterrichtsstunde zu beschreiben und zusammenzufassen.
- Technik: Die Schüler beherrschen einfache Verfahren, ihre Arbeit zu beobachten, Wirkungen von Arbeitsformen herauszufinden und Lernergebnisse einzuschätzen.
- Normen: Schüler und Lehrer haben Sicherheit, dass ihre Kritik/Veränderung des Lernprozesses als stabilisierendes und positives Element verwendet und aufgenommen wird. Dazu haben sie explizit bzw. unausgesprochen Normen erarbeitet.

Neben eher intuitiven und alltäglichen Formen, Schüler zu Gestaltern von Lernprozessen zu machen, gibt es elaborierte didaktische und pädagogische Konzepte für selbstbestimmtes und selbstbestimmendes Lernen in der Schule. Diese Konzepte beziehen sich auf ein Fach bzw. einen Fachbereich (z. B. Fremdsprachen, Naturwissenschaften) oder auf Schule insgesamt (im Sinne eines allgemeinen pädagogischen Grund- oder Lernverständnisses, z. B. bei DEWEY 1956; KÖHLER 1936). Häufig werden auch „Freiarbeit", „Wochenplanarbeit" oder die Projektmethode als Beispiele für pädagogische Konzepte selbstbestimmten Lernens genannt, wobei es hier darauf ankommt, wie Lehrer diese Verfahren jeweils einsetzen: Es ist durchaus auch möglich, unter dem Etikett „Wochenplanarbeit" rigide zu steuern (dann ist der Wochenplan nichts anderes als ein Lehrerauftrag an den Schüler).

Wie man im Rahmen von Schulentwicklung in der Klasse Schüler stärker zu Gestaltern von Lernprozessen machen kann, zeigen drei eher etwas ungewöhnliche Ansätze.

Learner Autonomy – der Traum und die Wirklichkeit vom selbstständigen Lernen

Das Konzept „Self-directed-Learning", „Self-Instruction" bzw. „Learner Autonomy" im Fremdsprachenunterricht wird seit Beginn der 80er-Jahre unter Fremdsprachenlehrern und -didaktikern wieder stärker diskutiert, es fand Eingang in bildungspolitische Konzepte und Empfehlungen (CDCC 1981) und in die praxisorientierte Lehrerfortbildung (BEZIRKSREGIERUNG MÜNSTER 1994).

„Learner Autonomy" wird verstanden als ein Konzept des Lehrens und Lernens, als ein umfassendes Arrangement von Unterricht und nicht als eine Methode. Das Konzept beruht ursprünglich auf Erkenntnissen der Entwicklungs- und Lernpsychologie Piaget'scher Prägung, wurde dann stärker in den Zusammenhang der pädagogischen Konzeption von Schule und Schulentwicklung gestellt.

„Learner Autonomy" oder „Self-Instruction" können sehr unterschiedlich verstanden werden (nach DICKINSON 1987:10):

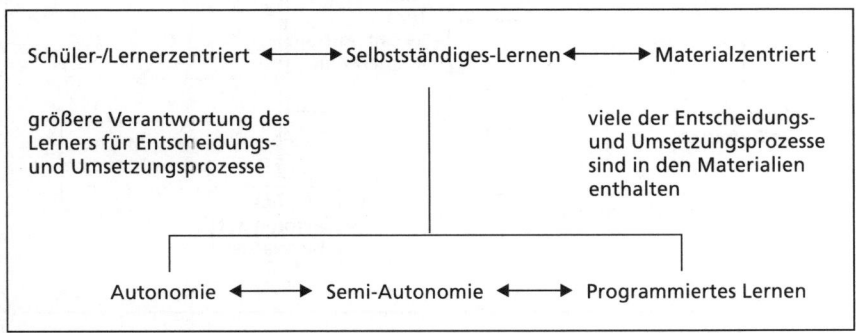

Abbildung 3-12: Learner Autonomy

Im einen Falle meint Autonomie, dass Schüler fähig sind (bzw. werden), ihr eigenes Lernen zu „übernehmen" und selbst Verantwortung dafür zu tragen (= selbstständig), während es im anderen Falle meint, dass Materialien so konstruiert sind, dass Schüler ohne Lehrerhilfe (= allein) lernen können, weil im Material alle wichtigen Entscheidungen bereits enthalten sind.

Wenn, wie ich im ersten Teil (siehe Seite 20) in Anlehnung an PROBST dargelegt habe, ein Ziel von Schulentwicklung ist, dass Menschen ihre Fähigkeiten und Wünsche erweitern, um ihre eigenen Bedürfnisse und legitimen Wünsche sowie auch die von anderen zu befriedigen, kann Learner Autonomy dann nur verstanden werden im Sinne einer Unterstützung und Förderung der einzelnen Schüler, ihr eigenes Lernen (auch über die Schulzeit hinaus) in die Hand zu nehmen. Um zu betonen, dass Schüler auf dem Weg zur Autonomie sind, benutzt DICKINSON (1987:11) den Begriff „Semi-Autonomy".

Dass Schüler ihr eigenes Lernen übernehmen, dafür sprechen nach DICKIN-
SON (1987:19) und ERIKSSON (1993:67) (bezogen auf Fremdsprachenunterricht) viele Gründe:

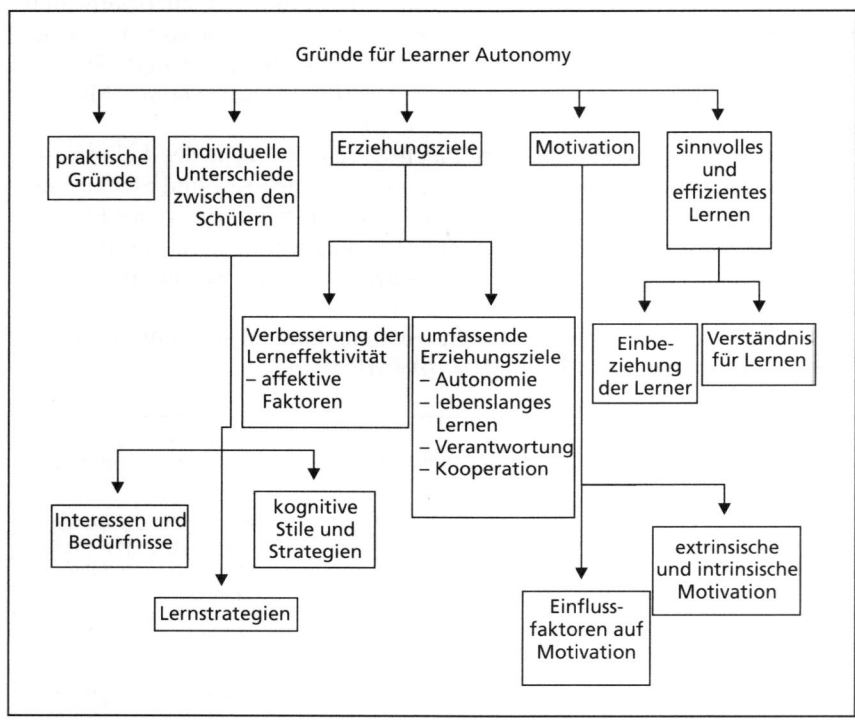

Abbildung 3-13: Gründe für Learner Autonomy

Es ist ziemlich leicht, diese Gründe für Learner Autonomy anzuerkennen.
Aber es ist schwierig, das umfassende Konzept von Learner Autonomy im
Unterricht zu praktizieren. Einerseits gibt es von außen Einwände und Kritik
(Wischiwaschi-Konzept, Schüler brauchen Leitung und Anleitung, in der
Klasse müssen klare Struktur und Ordnung bestehen, das ganze Konzept hat
eine viel zu schwache theoretische Basis). Andererseits ist es in der Schule
schwer, dieses Konzept umzusetzen, wenn nicht die notwendige Unterstüt-
zung und Zusammenarbeit im Kollegium besteht.

Leni DAM, die dänische Pionierin von Learner Autonomy, beschreibt in
ihrem „Blumen-Modell" für eine 5. Englischklasse (DAM 1988:23) den Grund-
stein für die Vermittlung von Learner Autonomy: Es ist der alltägliche, ständige
Dialog zwischen Lehrern und Schülern bzw. unter den Schülern über Lern-
material, Aufgaben, Aktivitäten, Ergebnisse usw.

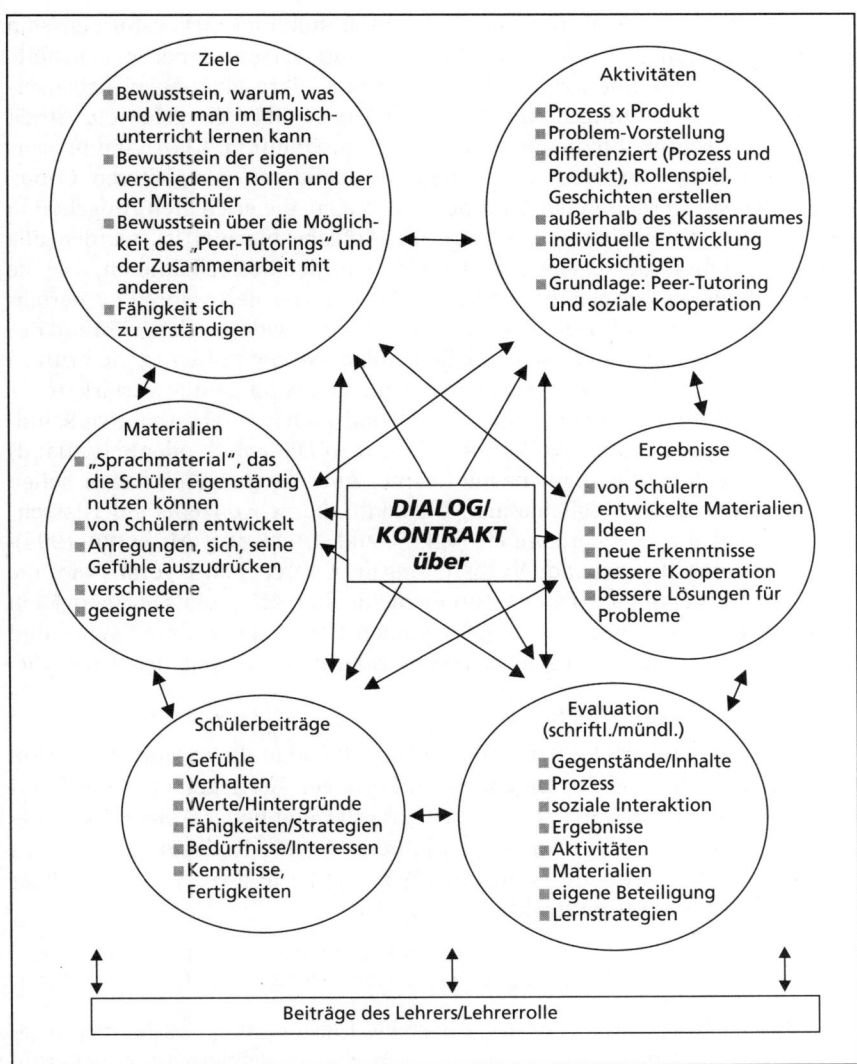

Ziele
- Bewusstsein, warum, was und wie man im Englischunterricht lernen kann
- Bewusstsein der eigenen verschiedenen Rollen und der der Mitschüler
- Bewusstsein über die Möglichkeit des „Peer-Tutorings" und der Zusammenarbeit mit anderen
- Fähigkeit sich zu verständigen

Aktivitäten
- Prozess x Produkt
- Problem-Vorstellung
- differenziert (Prozess und Produkt), Rollenspiel, Geschichten erstellen
- außerhalb des Klassenraumes
- individuelle Entwicklung berücksichtigen
- Grundlage: Peer-Tutoring und soziale Kooperation

Materialien
- „Sprachmaterial", das die Schüler eigenständig nutzen können
- von Schülern entwickelt
- Anregungen, sich, seine Gefühle auszudrücken
- verschiedene
- geeignete

DIALOG/ KONTRAKT über

Ergebnisse
- von Schülern entwickelte Materialien
- Ideen
- neue Erkenntnisse
- bessere Kooperation
- bessere Lösungen für Probleme

Schülerbeiträge
- Gefühle
- Verhalten
- Werte/Hintergründe
- Fähigkeiten/Strategien
- Bedürfnisse/Interessen
- Kenntnisse, Fertigkeiten

Evaluation (schriftl./mündl.)
- Gegenstände/Inhalte
- Prozess
- soziale Interaktion
- Ergebnisse
- Aktivitäten
- Materialien
- eigene Beteiligung
- Lernstrategien

Beiträge des Lehrers/Lehrerrolle

Abbildung 3-14: „Blumen-Modell"

Die Schüler arbeiten mit eigenen Materialien oder benutzen vorhandene Materialien im Klassenzimmer entsprechend ihren eigenen Interessen und Bedürfnissen. Es gibt keinen Frontalunterricht, Schüler können sich entscheiden in Gruppen zu arbeiten, manchmal arbeiten sie auch allein. Eine Unterrichtseinheit beginnt in der Regel mit einem Unterrichtsgespräch über die Planung oder die laufenden Projekte. Schüler diskutieren darüber, was und wie gelernt werden soll, was das Ergebnis bestimmter Arbeitsformen sein könnte, wie man es präsentieren könnte. Statt verschiedener Arbeitshefte haben die Schüler eine Art Tagebuch, in dem sie ihre Planungen, Arbeitsergebnisse und Bewertungen sowie die Reflexionen über die geleistete Arbeit und Lernfortschritte dokumentieren. Es wird nicht nur im Klassenraum gearbeitet, bei Bedarf arbeiten die Gruppen an anderen geeigneteren Orten. Hausaufgaben werden in der Gruppe vorgetragen, die erledigten Aufgaben in der Gruppe kritisch bewertet. Wenn die Aufgabe beendet ist, werden alle Arbeitsergebnisse der Gruppe präsentiert. Die Schüler reflektieren, wie sie gearbeitet und was sie gelernt haben, welche Schlüsse sie aus ihren Lernerfahrungen für die Zukunft ziehen können. Die Lehrer widmen sich während des gesamten Unterrichts unterschiedlichen Aufgaben: Sie initiieren, sie bringen Gruppen auf den Weg, sie beraten, regen zur Reflexion an und bestärken.

Dieses Konzept erscheint anspruchsvoll und auch nur in bestimmten Schulformen und besonderer Schulkultur (wie z. B. in Dänemark oder Schottland) umsetzbar. Lehrer, die Versuche mit Learner Autonomy studiert haben, sehen allerdings durchaus Möglichkeiten, Elemente dieses Konzepts auf Klassen- oder Schulebene zu übernehmen (vgl. BEZIRKSDIREKTION MÜNSTER 1994). Dies setzt eine entsprechende Vorbereitung der Lehrer ebenso voraus wie eine Vorbereitung der Schule. Denn wenn Elemente dieses Konzepts in einem Fach realisiert werden, müssen sie langfristig auch Folgen auf andere Fächer und auf die Schule haben, oder selbstbestimmtes Lernen wird zu einer Inselidylle.

Lernkontrakte und Portfolios

Dass man mit Schülern Lernvereinbarungen schließt und eine Dokumentation des Lernprozesses und der -ergebnisse in Form von Berichten oder Portfolios (vgl. Seite 117) vereinbart, ist auch kein grundlegend neuer Ansatz. Systematisch realisiert sah ich ihn vor einigen Jahren bei einer Kollegin in Schweden (vgl. LJUNGBERGH/MOLANDER-BEYER 1995). Sie hatte ihren Unterricht über längere Zeitabschnitte so strukturiert, dass sie

- zuerst mit jedem ihrer Schüler den Lernstand und die Lernerfahrungen auswertete,
- mit dem Kurs die Zielsetzungen, Inhalte und den Rahmen für die Leistungsbewertung der Arbeit klärte,
- mit jedem Schüler analysierte, wie – und in welchem Umfang – Zielsetzungen des Kurses auf der Grundlage des Lernstandes und der Lernerfahrungen erreicht werden konnten,
- mit jedem Schüler und dem Kurs vereinbarte, was der Schüler, der Kurs und sie als Lehrerin leisten wollten, um die Zielsetzungen zu erreichen,
- mit dem Kurs festlegte, wie das Erreichen der Zielsetzung evaluiert bzw. geprüft werden würde.

Im Rahmen ihres Unterrichts wurden folgende Evaluationsverfahren für Schülerleistungen eingesetzt (LJUNGBERGH/MOLANDER-BEYER 1995:94):

1. Tests, die die Schüler selber korrigieren.
2. Tests, die der Lehrer korrigiert. Die Schüler kommentieren ihren Test: Was ich bereits kann ..., Was ich noch üben muss ..., Was ich üben werde ...
3. Tagebuchaufzeichnungen der Schüler, die mit eigenen Worten Folgendes kommentieren:
   Woran habe ich gearbeitet? _____ Warum? _____
   Wie habe ich gearbeitet? _____
   Was habe ich gelernt? _____
   Wenn die Schüler nach diesen Kategorien gearbeitet haben, gehen wir mit Folgendem weiter: _____
   Ich möchte arbeiten an: _____ damit ich Folgendes lerne: _____
   Ich benötige Hilfe/Unterstützung bei: _____
   Ich werde meine Lernergebnisse wie folgt belegen/nachweisen: _____
   weil: _____
   In folgender Unterrichtsstunde bin ich bereit, meine Lernergebnisse zu belegen bzw. nachzuweisen: _____
4. Es liegt in der Verantwortung des Schülers, seine Arbeit bzw. Gruppenarbeiten in einem Ordner zu sammeln. So können andere Personen, z. B. Lehrer, die Arbeiten der Schüler evaluieren.
5. Abschluss-Klassenarbeit, d. h. eine Arbeit/ein Test, der von der Fachkonferenz erarbeitet worden ist.

Häufig wurden die Lernvereinbarungen schriftlich festgehalten, es wurde ausdrücklich festgelegt, was Schüler und Lehrer tun wollten, um ein bestimmtes Ziel/Ergebnis zu erreichen. Lernkontrakte sind also beiderseitige Vereinbarungen. Die Gegenseitigkeit von Lernkontrakten betont, dass der Lehrer nach wie vor Verantwortung und Aufgaben für das Lernen der Schüler hat.

Die Vereinbarungen im Rahmen eines Lernkontrakts beziehen sich auch nicht ausschließlich auf Inhalte oder Lernziele, sondern sie beschreiben zum Teil auch Lernverfahren und Lernschritte. Insbesondere wenn sie beginnen mit einer Beschreibung des jeweiligen Lernstandes des Schülers, können daraus die für den kommenden Zeitabschnitt angestrebten bzw. geeigneten Lernschritte und -methoden abgeleitet werden.

Dieses Vorgehen ist dann überfrachtet und überflüssig, wenn es Individualisierung vorspiegelt, wo gar keine ist. Im vorliegenden Fall korrespondierte das Konzept „Lernkontrakte" aber eng mit dem Unterrichtskonzept, das auf Individualisierung und Differenzierung angelegt war. Häufig lernten die Schüler an verschiedenen „Stationen" und arbeiteten sie in themen- bzw. aufgabenbezogenen Gruppen.

Während der Unterrichtsstunden konzentrierte sich die Lehrerin darauf, die bereitgestellten Materialien zu erläutern und mit den Schülern (einzeln) zu besprechen, ob der Lernkontrakt modifiziert oder ergänzt werden müsse. Ein wesentlicher Teil der Arbeit der Lehrerin für diese Klasse geschah außerhalb der Unterrichtsstunde bei der Vorbereitung des Materials und bei der Absicherung der Lernkontrakte durch Selbsteinschätzungstests, Gespräche,

Zwischenergebnisse. Wichtig dabei ist, dass diese Materialien den Lernprozess der Schüler nicht übersteuern (im Sinne programmierten Lernens), sondern dass sie Möglichkeiten bieten für eigene Lernentscheidungen und Arbeitsplanungen. Diesen Anspruch einzuhalten ist schwierig bei Schülern mit schwachen Leistungen oder besonderem Förderungsbedarf, weil die Materialien hier so gestaltet werden müssen, dass sie genügend Orientierung geben, dass sie die Lernwege aber auch nicht völlig festlegen. Angesichts dieses Arbeitsumfangs war es wichtig, dass die Lehrerin Möglichkeiten hatte, mit Kollegen zusammenzuarbeiten und gemeinsam erarbeitete Materialien zu nutzen.

Planungs- und Entwicklungsgespräche zwischen Schülern und Lehrern

Diese Gespräche auf freiwilliger Basis zwischen einzelnen Schülern bzw. Gruppen und dem Lehrer (oder Lehrergruppen) finden in regelmäßigen Abständen (ein- bis zweimal jährlich) statt. Gegenstand der Gespräche sind Leistungen und Erfahrungen mit der Arbeit im vergangenen Zeitabschnitt, eine Analyse der notwendigen nächsten Schritte sowie Vereinbarungen zur weiteren Arbeit. Während Lernkontrakte sich mehr auf Arbeitsinhalte und -methoden beschränken, werden in Planungs- und Entwicklungsgesprächen auch Leistungen, Haltungen und Verhalten angesprochen. Wie diese Gesprächsform angelegt ist, wie sie gehandhabt werden kann, welche grundlegenden Aspekte dabei beachtet werden müssen, wird im vierten Teil (siehe Seite 151ff.) für die Ebene Schulleitung–Lehrer beschrieben. Da Entsprechendes auch für die Planungs- und Entwicklungsgespräche zwischen Schülern und Lehrern gilt, sei hier auf diese Ausführungen verwiesen.

Schule entwickeln

Lehrerentwicklung und Schulentwicklung in der Klasse machen die Entwicklung der ganzen Schule nicht überflüssig. Im Gegenteil: Ohne Schulentwicklung der ganzen Schule besteht die Gefahr, dass das, was man als Lehrer in seinen Klassen anstrebt, vom übrigen schulischen Umfeld nicht gefördert oder gar behindert bzw. konterkariert wird. Wenn also in den vorherigen Teilen Schulentwicklung als Lehrerentwicklung und Schulentwicklung in der Klasse fokussiert wurde, dann um zu betonen, dass die Entwicklung der ganzen Schule ohne beides nicht möglich ist. Sie sind die Bedingung dafür, dass Schulentwicklung zur Realität wird und Sinn macht. Schulentwicklung, die nur die Schule als Organisation, als System oder als Einrichtung entwickelt, ist genauso sinnlos wie Lehrerentwicklung, die für die Arbeit im Unterricht keine Folgen hat, die das Potential der Schule nicht erweitert.

Selbst wenn die Zurückhaltung von Lehrern, sich angesichts von Überlastung, hohen Anforderungen und neuen Aufgaben jetzt auch noch mit Schulentwicklung der ganzen Schule zu beschäftigen, verständlich ist, gibt es gute Gründe, sich daran zu beteiligen:

■ *Kooperation und Koordination:*
Was ich als Lehrer in meinen Klassen an Entwicklungen und Veränderungen durchsetzen will, wirkt, ob ich es nun will oder nicht, immer auf andere Kollegen, auf die Schulleitung, auf die Schule insgesamt. Es ist gar nicht möglich, Schulentwicklung nur auf die Klasse zu beschränken oder sich selbst oder die Klasse von Veränderungsanforderungen und -wirkungen abzuschotten. Populär formuliert könnte man sagen, Lehrer und Klassen können nicht nicht mit der Schule kommunizieren. Oft wird diese Kommunikation und Beeinflussung erst deutlich, wenn mehrere Lehrer mit gegensätzlichen Vorstellungen, Arbeitsweisen oder Zielen in einer Klasse unterrichten und es dann explizit oder unausgesprochen zu einem Wettstreit zwischen den unterschiedlichen Auffassungen kommt. Im besten Falle verlieren einige Lehrer den Wettstreit um das geltende Konzept von Unterricht („Dann machen wir das eben so, wie es der Klassenlehrer mit euch vereinbart hat ...“). Im schlimmsten Falle verlieren aber alle Lehrer den Wettstreit, wenn die Schüler so verunsichert werden, dass sie keinem Konzept mehr Vertrauen schenken und bei jedem Lehrer willenlos das tun, was er verlangt. Dann erscheint die Schule den Schülern oder Lehrern als eine machtvolle Institution, die sie nicht gestalten können, sondern der sie gehorchen müssen. Lehrerentwicklung und Schulentwicklung in der Klasse sind nur glaubwürdig, wenn die Lehrer sich gegenüber ihren Kollegen und ihrer Leitung so verhalten, wie sie es von den Schülern verlangen, sich nämlich über die gemeinsamen Interessen und Aufgaben zu verständigen und zusammenzuarbeiten. Durch Kooperation der Lehrer in der Schule, durch ein

Bemühen um eine gemeinsame Gestaltung der alle betreffenden Aspekte in der Schule können Lehrerentwicklung und Schulentwicklung in der Klasse das Entwicklungspotential für Schulentwicklung überhaupt ausschöpfen und den Schülern vermitteln, wie man auf eine Organisation einwirken und gemeinsam eine Lern- und Arbeitsumgebung gestalten kann.

■ *Kontinuität und Kalkulierbarkeit:*
Manchmal erscheint Lehrern und Schülern Schulentwicklung als Sisyphusarbeit, bei der sie immer wieder von vorn anfangen müssen. Und manchmal kommt sie ihnen so sinnlos unberechenbar vor, weil ständig neue Ziele, neue Aufgaben und neue Ideen in die Diskussion gebracht werden. Damit man nicht in jeder neuen Klasse von vorn beginnen muss und die Anforderungen bewältigbar bleiben, braucht Schulentwicklung Kontinuität und Kalkulierbarkeit. Eine Voraussetzung für Vertrauen in Schulentwicklungsprozesse ist, dass sie auf vorhandenen Entwicklungen aufbaut und längerfristige Perspektiven eröffnet, dass sie keine Eintagsfliege und kein unberechenbares Risiko ist. Erfahrungen müssen systematisch ausgewertet und genutzt werden, Entwicklungen müssen aufeinander aufbauen können (und nicht einander ersetzen oder einander entwerten). Kontinuität und Kalkulierbarkeit können nicht allein auf Klassenebene durch den einzelnen Lehrer sichergestellt werden. Ergänzt werden muss dies durch Vereinbarung von Zielen, durch Abstimmung der Arbeit, durch Einräumen von Erprobungs- und Entwicklungsmöglichkeiten, Gewähren von Zeit, Dokumentation und Diskussion der Arbeit in Schulentwicklungsprozessen.

■ *Konsequenzen und Kompetenzen:*
An der Schulentwicklung der ganzen Schule sollte man sich als einzelner Lehrer auch deshalb beteiligen, damit die eigene Entwicklung als Lehrer und die Schulentwicklung in der Klasse Wirkungen haben können. Ob Schulentwicklung Konsequenzen haben wird, darüber kann der einzelne Lehrer nicht allein entscheiden. Schon wenn es um Konsequenzen im eigenen Unterricht geht (z. B. Veränderung von Arbeitsformen oder Inhalten), wird der Lehrer ein Interesse daran haben, dass diese Veränderungen seinen Unterricht überdauern und in die nächste Klasse, zum nächsten Lehrer mitgenommen werden können. Würde er das nicht tun, könnte er sich die Veränderungsbemühungen sparen. Und der Lehrer wird ein Interesse daran haben, dass auch andere Lehrer und Schüler die für Schulentwicklung notwendigen Kompetenzen erwerben, damit nicht Lehrer- oder Schulwechsel das Ende von Schulentwicklung in der Klasse sind. Konsequente Schulentwicklung kompetent anzugehen erfordert Zusammenarbeit und Absprache.

Wie Lehrer und Schüler diese Anforderungen erfüllen, dafür gibt es, wie in den vorherigen Teilen dargelegt, weder allgemein gültige Modelle noch feste Fahrpläne oder den einen richtigen Weg. Das heißt auf der anderen Seite nicht, bei Schulentwicklung wäre alles beliebig und alles möglich. In diesem vierten Teil werden Grundstrukturen, Erfahrungen und Verfahren für eine Schulentwicklung der ganzen Schule vorgestellt.

10. Kapitel: Die ganze Schule entwickeln – Erfahrungskondensate

Schulentwicklung ist für die Schule immer ein mit Unwägbarkeiten und Überraschungen verbundener Weg. Sie bleibt eine eigene, nicht ausrechenbare Arbeit und ein offener Lernprozess, das haben Fallstudien und Untersuchungen nachhaltig belegt (z. B. LOUIS/MILES 1990; HOPKINS/AINSCOW/ WEST 1994; HAENISCH 1993). Und gerade weil das so ist, suchen Lehrer und Schulleitungen, die Schulentwicklungsprozesse beginnen wollen, nach Orientierungen, damit nicht schon die ersten Schritte und Weichenstellungen in die Irre oder in Sackgassen führen. Sie wollen wissen, welche Chancen, Möglichkeiten und Gefahren mit Schulentwicklung in der ganzen Schule eigentlich verbunden sind, welche Gelingensbedingungen es gibt, wie man am besten in Schulentwicklungsprozesse einsteigt und was geeignete Themen oder Inhalte von Schulentwicklung sein können. Antworten in Form von Patentrezepten verlieren ihre faszinierende Wirkung meist nach den ersten Anwendungsversuchen, Allheilmittel erweisen sich als wenig wirksam oder mit starken Nebenwirkungen belastet. Hilfreich dagegen können Erfahrungskondensate bisheriger Schulentwicklungsprozesse sein. Man kann sie nutzen als Anregung, zur Reflexion, als Prüf- und Bewertungskriterien oder als Hypothesen, um herauszufinden, ob sie so auch auf die eigene Schule zutreffen. Erfahrungskondensate sind keine Naturgesetze, sie können durch jeden neuen Prozess von Schulentwicklung verändert oder widerlegt werden.

10.1 Was soll, was kann Schulentwicklung?

Schulentwicklung der ganzen Schule

- *ist nützlich und notwendig* – und zwar *für Schüler und für Lehrer*, wenn die Lern- und Lehrbedingungen dadurch verbessert werden, wenn Schüler ihre Bildungschancen besser verwirklichen und Lehrer ihre Fähigkeiten besser einsetzen können. (Übrigens kann man die Einsicht, dass Schulentwicklung nützlich und notwendig ist, nicht verordnen, weder durch Hochglanzbroschüren noch durch Erlasse.)
- *ist möglich.* Für jeden Lehrer, für jede Lehrergruppe und für jede Schule gibt es Felder, Arbeitsbereiche, Projekte und Anlässe, um mit Schulentwicklung anzufangen.
- *ist ein Experiment,* dessen Anordnung und Bedingungen beeinflusst werden können und bei dem selbst dann, wenn es scheitert, bedeutende und neue Erkenntnisse gewonnen werden können. Schulentwicklung ist also systematisches Umgehen mit Entwicklung und Veränderung, sie ist kein Glücksspiel, wo außer dem Einsatz nichts anderes sonst bestimmt werden kann.
- *ist ein länger dauernder, nichtlinearer Lern-, Arbeits- und Gestaltungsprozess,* der entsprechend den Bedingungen und Voraussetzungen der jeweiligen Schule angelegt sein muss.

▪ *ist Veränderung und Bewahrung der bisherigen Arbeit.* Es müssen neue Wege beschritten und gewohnte Arbeitsweisen verändert werden, es muss aber auch Bewahrenswertes gefestigt und gesichert werden.

▪ *ist nicht schon an sich gut* (sie kann z. B. auch zu rigiden Formen der Selbstorganisation und der Selbststeuerung führen).

10.2 Welches sind Bedingungen für das Gelingen von Schulentwicklung?

Es ist sehr schwierig, Aussagen zu Gelingensbedingungen und -chancen von Schulentwicklungsprozessen zu machen. Zum einen ist oft nicht klar, wo und wie einzelne Faktoren bei Schulentwicklung wirken, wie mehrere Faktoren zusammenwirken, wie die Komplexität von Schulentwicklung der ganzen Schule gelingen oder misslingen kann. Zum anderen ist die Bestimmung von Kriterien für das Gelingen von Schulentwicklungsprozessen schwierig: Ob etwas gelungen ist oder als gelungen angesehen wird, kann beispielsweise eine Frage der Ergebnis- oder Prozessqualität sein, es kann von den Möglichkeiten und Zielen der Beteiligten abhängen.

Wertet man bisherige Erfahrungen mit Schulentwicklung aus, kristallisieren sich eine Reihe von Gelingensbedingungen heraus. Natürlich sind sie keine absoluten Kriterien oder gar Regeln, sondern eher Erfahrungswerte, die durch jeden neuen Versuch auf den Kopf gestellt werden können:

▪ Selbst äußerst erwünschte Veränderungen und Reformen sind notwendigerweise mit Stress und internen Turbulenzen verbunden (HUBERMANN 1992). Deshalb können umfangreichere Schulentwicklungsbemühungen nur erfolgreich durchgestanden werden, wenn sie das Lernen der Schüler und den Unterricht zu verbessern versprechen. Ist dies nicht der Fall, werden Veränderungen in der Organisation und der Einsatz für die Implementierung als zu aufwendig angesehen. (JOYCE/WOLF/CALHOUN 1993:20)

▪ Konflikte und Meinungsunterschiede sind notwendig für erfolgreiche Veränderung. „Alle erfolgreichen Veränderungsprozesse (...) haben in den ersten Phasen Abschnitte, in denen es mit der Umsetzung haperte, in denen es Konflikte gab. Sanfte Umsetzung von Veränderung ist oft ein Zeichen dafür, dass sich nicht sehr viel verändert." (FULLAN 1991:105–108)

▪ Schulentwicklung gelingt eher, wenn die Beteiligten *auch* in kleineren Vorhaben Sicherheit gewinnen können für größere Projekte, wenn die Beteiligten die Erfahrungen darüber mit Kollegen bzw. Mitschülern austauschen können, wenn Klarheit über die Rahmenbedingungen und Grenzen besteht und wenn akzeptiert ist, dass Schulentwicklung auch für den Einzelnen Nutzen und Vorteile bringen soll. Wenn Schulentwicklung ausschließlich an kleinen Problemen/Aufgaben arbeitet, wird die Veränderung dagegen kaum ernst genommen und nicht von Dauer sein. („easy in, easy out", LOUIS/MILES 1990:28)

▪ Massives Engagement für den allgemeinen schulischen Wandel ist für viele Lehrer ein unrealistisches Ziel, z. B. für viele, die sich in einer fortgeschrittenen Phase ihrer Karriere befinden. Gemäßigte, aber ausdauernde Versuche, das Unterrichtsrepertoire zu erweitern und die Unterrichtspraxis in Zusammenarbeit mit Kollegen zu verbessern, sind wohl realistischere Ziele.

■ Schulentwicklung verändert das Lernen der Schüler nur positiv, wenn dies auch als ein zentrales Ziel von Schulentwicklung formuliert wurde. „Wir haben nicht eine einzige Fallstudie in der Literatur gefunden, wo das Lernen der Schüler sich positiv veränderte – es aber nicht das zentrale Ziel von Schulentwicklung war." (JOYCE/ WOLF/CALHOUN 1993:19)

■ Neue Wege der Zusammenarbeit zu lernen, während die Organisation weiterlaufen muss – das ist nicht leicht. DRUCKER (1985) betont, dass dieses Weiterführen die Veränderung unterminieren kann, dass aber auch Chaos in der Organisation die Veränderungen auffrisst. Eine Möglichkeit, dem zu begegnen, besteht darin, die gewohnten Funktionen und Angelegenheiten so zu erledigen, dass sie allmählich in die Richtung des erwünschten Wandels hin verändert werden (vgl. JOYCE/WOLF/ CALHOUN 1993:44). Weiterhin ist es wichtig, bei Schulentwicklungsprozessen einen erheblichen Teil der Arbeit auf den Unterhalt und die Absicherung der laufenden Arbeit zu verwenden und sich nicht nur auf Veränderung und neue Aufgaben zu konzentrieren (vgl. HARGREAVES/HOPKINS 1991:17–20).

■ Bei Schulentwicklung lediglich auf Freiwilligkeit und Nutzung bisheriger Ressourcen (Zeit, Personal, Unterstützung) zu bauen wird oft so gedeutet, als hätte sie geringe Bedeutung und Wichtigkeit. Schulentwicklung nur auf zusätzliche Ressourcen und Zwang aufzubauen bedeutet vielfach, dass sie beendet wird, sobald die Ressourcen oder der Zwang nachlassen. Dagegen trägt zum Gelingen von Schulentwicklung eine Kombination von Unterstützung und Druck durch Schulleitung und Schulaufsicht bei (vgl. LOUIS/MILES 1990:28). „Menschen brauchen Druck, damit sie Veränderungen angehen (auch solche, die sie wünschen). Aber der Druck wird nur dann wirkungsvoll sein, wenn er den Menschen erlaubt zu reagieren, ihre eigene Position zu bestimmen, mit anderen zusammenzuarbeiten, nach technischer Hilfe zu suchen usw." (FULLAN 1991:105–108)

■ Schulentwicklung ist erfolg- und wirkungslos, wenn sie auf zentraler Ebene von Spezialisten entwickelt und an Abnehmer vor Ort weitergegeben wird, wenn sie sich nur auf augenscheinlich lösbare Probleme konzentriert, wenn durch sie die Strukturen und die Organisation der Schule nicht in Frage gestellt werden (dürfen), wenn sie zu lange in Planungsphasen bleibt, wenn sie von einem Küchenkabinett bestimmt wird, wenn nicht durch klare Signale deutlich gemacht wird, dass sie intern und extern unterstützt wird, und wenn keine Kontakte zu anderen Schulen bzw. Lehrern gesucht werden (vgl. LOUIS/MILES 1990:27f.).

■ Schulentwicklung führt zu Veränderung, „wenn die Beteiligten dafür ein eigenes Verständnis entwickeln und darin einen Sinn sehen. Grundlegende Veränderungen bringen ein bestimmtes Maß an Zweideutigkeit und Ambivalenz mit sich und lassen den Einzelnen unsicher werden über den Sinn der Veränderung. Deshalb ist wirkungsvolle Umsetzung von Veränderungen ein Klärungsprozess. Klärung über Schulentwicklung wird erreicht durch Praxis. (...) Man muss das Augenmerk darauf legen, in den ersten Phasen eines Veränderungsprozesses zu viel Zeit auf Bedarfsermittlung, Programmplanung und Definition des Problems zu verwenden – Kollegien haben nur begrenzte Zeit für Schulentwicklung. (...) Unrealistische oder unklare Zeitplanungen verkennen, dass die Umsetzung von Veränderungen ein Entwicklungsprozess ist. Grundlegende Veränderung in Form von Umsetzung spezieller Innovationen oder neuer Ansätze benötigen mindestens zwei bis drei Jahre, Reformen von Einrichtungen können fünf und mehr Jahre benötigen. Beharrlichkeit ist ein entscheidendes Merkmal für erfolgreiche Veränderungsprozesse." (FULLAN 1991:105–108)

■ „Es ist nicht zu erwarten, dass alle – ja nicht einmal die meisten – Menschen oder Gruppen sich verändern. Veränderungsprozesse sind derart komplex, dass es unmöglich ist, breit angelegte Reformprozesse in großen sozialen Systemen zu verwirklichen. Fortschritte sind zu erreichen, wenn wir Schritte unternehmen, die Zahl der Betroffenen und Beteiligten allmählich anwachsen lassen." (FULLAN 1991:105–108)

10.3 Wie steigt man in Schulentwicklung (nicht) ein?

Welches ist die richtige Strategie, der geeignete Ansatz, um in Schulentwicklungsprozesse einzusteigen? Welches Vorgehen verspricht den meisten Erfolg, wo lauern unbekannte Hindernisse? Nachdem wir im zweiten Teil diesen Fragen aus der Perspektive des einzelnen Lehrers nachgegangen sind (siehe Seite 39), geht es hier um Erfahrungskondensate für die Schulentwicklung der ganzen Schule (um die „Entry"-Problematik, wie es im Schulentwickler-Deutsch heißt).

Günstig für einen Einstieg in Schulentwicklung der ganzen Schule ist häufig, wenn

■ neue Anforderungen, Probleme oder Konflikte in der Schule bzw. in deren Einzugsgebiet nach Lösungen verlangen,
■ für die Schule wirkliche und bedeutende, klar formulierbare Veränderungen möglich sind und wenn die Beteiligten Perspektiven für den Prozess und das Ergebnis der Veränderung sehen,
■ gute Informationen und Materialien über mögliche Veränderungen existieren,
■ es unter Lehrern, Schulleitung und in der Schulaufsicht eindeutige Befürworter der Veränderungen gibt,
■ besonders in den ersten Phasen Unterstützung von außen (z. B. durch Fortbildner) möglich ist,
■ diejenigen, die die Initiative für Schulentwicklungsprozesse übernehmen, ihre Macht und ihre Arbeit so bald wie möglich mit anderen teilen und hierarchieübergreifende Arbeitsgruppen bilden,
■ in der Bildungspolitik das Konzept Schulentwicklung nachhaltig vertreten und entsprechende Ressourcen dafür zur Verfügung gestellt werden,
■ die subjektive Realität der Lehrer beachtet wird (vgl. FULLAN 1991:35).

Die Aussicht auf Erfolg für einen Einstieg in Schulentwicklung steigt, wenn drei Bedingungen erfüllt sind:

■ *Relevanz der Veränderungen.* (Die beabsichtigten Veränderungen müssen wirklich notwendig sein und auch praktisch umgesetzt werden können.)
■ *Bereitschaft für die Veränderungen.* (In der Schule und bei den Beteiligten müssen die Fähigkeit und der Bedarf vorhanden sein, die Veränderung umzusetzen.)
■ *Vorhandensein von Ressourcen für die Veränderungen.* (Es müssen personelle und materielle Ressourcen vorhanden sein, mit denen die Veränderungen umgesetzt werden können.)

Dagegen kann der Einstieg in Schulentwicklung schnell scheitern, wenn

■ nicht wenigstens bei einzelnen Lehrern Erfahrungen mit Schulentwicklungsprozessen vorhanden sind.

▦ Schulen, die wegen sinkender Schülerzahlen unter großem Druck stehen, plötzlich mit Schulentwicklung anfangen oder wenn sie ihnen aufgedrängt wird. Sobald der Druck nachlässt, ist in den Augen der Schule die Notwendigkeit für Schulentwicklung nicht mehr gegeben.

▦ im Kollegium eine formale Konsenskultur besteht, bei der erst mit Zustimmung einer großen Mehrheit Schulentwicklungsprozesse begonnen werden dürfen. Die Betonung der Notwendigkeit des Konsenses im Kollegium (und nicht bloß einer Tolerierung oder eines Akzeptierens) setzt die Hürden hoch, provoziert unproduktiven Widerstand und macht Schulentwicklung zu einem Spielball des Kräftemessens.

▦ zu lange und zu gründlich geplant und abgesichert wird, Risikobereitschaft verloren geht und so Angst vor ungewissen Erfahrungen entsteht.

▦ der Schulleiter verdeckt gegen Schulentwicklung eingenommen ist.

▦ wenn Schulleiter die Schulentwicklung als strategisches Mittel gegen ihr Kollegium einsetzen („Die müssen mal aufgemischt werden ...").

▦ in der Schule die Tradition herrscht, ein Projekt nach dem anderen zu machen, um nicht zu sich selbst zu kommen.

▦ Veränderungen und Reformen von oben verlangt werden, ohne dass angemessene Planungen für die Implementation erfolgt wären.

▦ im Kollegium Konflikte bestehen, bei denen Schulentwicklung nur zum neuen Konfliktgegenstand entwertet wird.

▦ die Schule eigentlich ihre ganze Kraft für eine Phase der Ruhe und der Restrukturierung verwenden müsste, wenn sie alle Kraft braucht, um den Betrieb überhaupt erst einmal aufrecht zu erhalten.

▦ sich das Kollegium nur um sich selbst kümmert (Kommunikation und Kooperation im Kollegium als einziges Thema von Schulentwicklung) und Schüler überhaupt nicht ins Blickfeld kommen.

▦ externe Berater oder Vorgesetzte ihre Rolle in den Vordergrund stellen. Dies ist z. B. dann der Fall, wenn in Einstiegsphasen die Rollen und Aufgaben der Berater oder Vorgesetzten über die vorausehbare Notwendigkeit hinausgehend festgelegt werden.

▦ unabhängig von der Situation und dem Bedarf in der Schule ein bestimmter Ansatz von Schulentwicklung verfolgt wird.

10.4 Welche Themen sind für Schulentwicklung der ganzen Schule geeignet?

Mehrfach ist bereits davon die Rede gewesen, wie wichtig es ist, dass in Schulentwicklungsprozessen die Ebene des Unterrichts, der Arbeit mit den Schülern bearbeitet wird. Deshalb sind prinzipiell alle Themen und Bereiche für Schulentwicklung geeignet, die den Unterricht und damit das Lernen und die Chancen der Schüler verbessern. Anregungen und Hinweise für die Themen/Bereiche können von Schülern, Lehrern, Eltern, Schulleitungen kommen, oder auch von der Schulaufsicht, aus der Literatur, aus der Bildungspolitik. (Wie einzelne Lehrer Themen und Bereiche finden können, wird im ersten Teil, Seite 26 beschrieben.) Entscheidend sind die mit der Wahl des Themas/Bereichs verbundenen Ziele und angestrebten Wirkungen. So kann beispielsweise ein Vortrag „Die neuen Kinder und die alte Schule" für Schulentwicklung Sinn machen, wenn dabei eine Überprüfung des eigenen Lehrens und Lernens in der Schule erfolgt und Konsequenzen für die Praxis gezogen werden. Keinen Sinn für Schulentwicklung macht ein solcher Vortrag, wenn er bei bloßer Information bleibt, keine nachprüfbaren Konsequenzen für den Unterricht hat und zur lähmenden und Vorurteile bestätigenden pädagogischen Horror- oder Glücksshow wird. Baukastenangebote oder Katalogware in der Lehrerfortbildung (vgl. KLIPPERT 1997) sollten deshalb mit Umsicht und auf der Grundlage einer gründlichen Bedarfsanalyse genutzt werden. Ausschlaggebend für die Wahl eines Themas oder Bereichs für Schulentwicklung ist, dass man sich sicher sein kann (u. a. auf der Grundlage von Bestandsaufnahmen und Analysen), dass das vorgesehene Thema für die Leistung der Schule und das Lernen der Schüler wichtig ist und damit praktische Konsequenzen in diesen Bereichen haben kann.

11. Kapitel: Eine kooperative Lern- und Arbeitskultur aufbauen

Wenn in der Schule von Kooperation die Rede ist, dann meist mit moralischem Unterton, dass Kooperation schon an sich eine gute Sache sei und es nur vom guten Willen des Einzelnen abhänge, ob sie gelingt.

Wenn auch viele Studien und Erfahrungen über Kooperation in der Schule von positiven Folgen und Wirkungen sprechen (vgl. FULLAN 1990; FULLAN/ HARGREAVES 1992:71ff.), so gibt es auch kritische Einwände, die unterstreichen, dass die bloße Existenz von Kooperation noch keine Kooperationskultur bedeutet und dass bestimmte Formen von Kooperation am besten vermieden werden: „Führt Kooperation von Lehrern zu kreativer Veränderung und gut überlegten Entscheidungen oder führt sie zu gegenseitiger Verstärkung von Uninformiertheit? Fördert die gemeinsame Arbeit der Lehrer Verständnis und die Vorstellung von ihrer Arbeit, oder bestätigen sich Lehrer bei Kooperation nur in ihrer gegenwärtigen Praxis?" (LITTLE 1990:522)

11.1 Einschätzungsraster: Wohin führt(e) Kooperation in der Schule?

Kooperation ist also nicht gleich Kooperation. Zwei Modelle können für eine Einschätzung von Kooperationsstrukturen in der Schule Aufschluss geben:

1. Kooperation als Teil der Arbeitskultur der Schule

Die Art und Wirkung von Kooperation in der Schule hängt stark davon ab, wie Lern- und Arbeitskultur in der Schule beschaffen sind und welche Funktion die Kooperation darin spielt. ROSENHOLTZ (1989) hat in einer Untersuchung zwei Grundtypen von Arbeitskulturen einer Schule herausgefunden („stecken geblieben", „in Bewegung"). Dabei wird Kultur verstanden „als die Art und Weise, wie wir Dinge tun und uns zu den anderen um uns herum verhalten" (FULLAN/HARGREAVES 1993:83). Diese Grundtypen wurden dann von HOPKINS/AINSCOW/WEST (1994:90f.) erweitert.

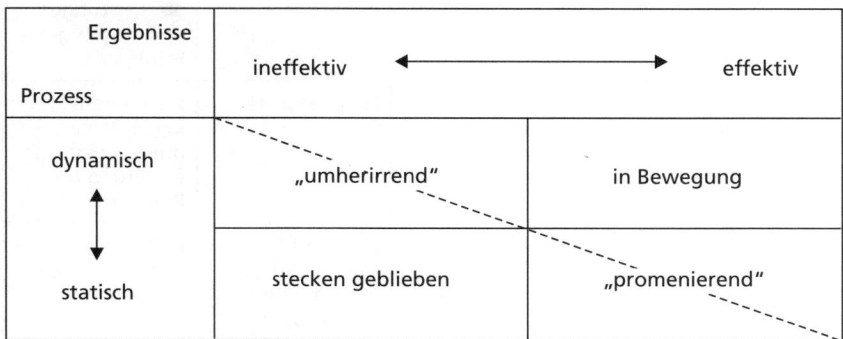

Abbildung 4-1: Arbeitskulturen in der Schule

Ob Kooperation sinnvoll ist oder nicht, muss man von ihrer Einbettung und ihrer Bedeutung für die Lern- und Arbeitskultur der Schule abhängig machen. Auf der anderen Seite kann man die Form der (Nicht-)Kooperation als einen Indikator für die Lern- und Arbeitskultur ansehen. Dabei muss bedacht werden, dass bei unterschiedlichen Gruppen mehrere Arbeitskulturen nebeneinander existieren können, dass ein Teil des Kollegiums sich durchaus in Bewegung sieht, während für andere Kollegen die Schule stecken geblieben ist.

Die folgende Übersicht (nach HOPKINS/AINSCOW/WEST 1994:91) kann man in Schulentwicklungsprozessen zur Analyse des Arbeitsklimas und der Kooperation benutzen. Die einzelnen Aspekte werden bezogen auf die Schule umformuliert und auf eine große Wandzeitung projiziert.

Jeder Lehrer erhält diese Übersicht auch für sich persönlich auf einem Blatt. Es werden dann die Kennzeichen angekreuzt, die aus Sicht des einzelnen Lehrers am meisten auf das Kollegium zutreffen. Die Lehrer übertragen anschließend ihre Einschätzungen auf die Wandzeitung.

	stecken geblieben	in Bewegung	umherirrend	promenierend
1.	geringer Konsens	hoher Konsens	keine klare Richtung	Ausruhen auf Lorbeeren vergangener Zeit
2.	Unsicherheit bei Lehrern	Sicherheit bei Lehrern	Lehrer ausgelaugt und erschöpft	Selbstzufriedenheit in Bezug auf Leistungen und vergangene Erfolge
3.	geringes Engagement	hohes Engagement	Hyperaktivität	wenig oder keine Bewegung, Aufrechterhaltung des Betriebs
4.	Isolation	Zusammenhalt	teilweiser Mangel an Übereinstimmung bei Gruppen, die ihre eigenen Ziele verfolgen	Kollegialität und Anpassung als Norm
5.	Vereinzelung	Zusammenarbeit	Zersplitterung	Zurückhaltung
6.	anregungsarme Lernumgebung	anregungsreiche Lernumgebung	wenig Realität der Veränderung, teilweise gute Entwicklungen	gute Leistungsergebnisse, allerdings geringer Lernzuwachs bei Schülern

Abbildung 4-2: Kennzeichen der Arbeitskultur der Schule

2. Formen und Qualität der Kooperation in der Schule

Die Qualität der in einer Schule/Gruppe bestehenden oder der gewünschten Kooperation lässt sich mit Hilfe der folgenden Typologie der Formen und Qualität von Kooperation untersuchen:

■ *Individualisierung:* Es gibt im Kollegium praktisch keine Zusammenarbeit zwischen Lehrern, kooperiert wird zu formalen Anlässen, dann aber reibungslos, um kein weiteres Verlangen nach Kooperation aufkommen zu lassen.

■ *Balkanisierung:* Hier arbeiten die Lehrer zusammen, aber sie tun es in einzelnen Gruppen und selten in der Schule als Ganzes. Sie haben eine Kultur von getrennten, manchmal miteinander wettstreitenden Gruppen, die nach Positionen und Vorherrschaft streben. Lehrer sind in dieser Kooperationskultur loyal zu einzelnen Gruppen, hierbei handelt es sich meistens um die Kollegen, mit denen sie am engsten zusammenarbeiten und die meiste Zeit verbringen. Die Gruppen vertreten häufig ganz unterschiedliche Positionen zu Normen, Inhalten und Zielen.

■ *Bequeme Zusammenarbeit:* Die Kooperation verläuft nach festen Regeln und innerhalb klarer Grenzen. Gemeinsamer Unterricht, gegenseitige Unterrichtsbesuche oder Lernforschung sind hier nicht möglich, die Grundfragen von Erziehung und Schule werden nicht thematisiert. Die Kooperation konzentriert sich im Wesentlichen auf Ratschläge, Materialaustausch, Trickkisten-Einblicke und tägliche Organisationsarbeit. Sie konzentriert sich des Weiteren auf Austausch, Information, Koordination und Feiern, während Lernforschung, Reflexion, Kritik und Dialog nicht gewünscht werden.

■ *Verordnete Kollegialität:* Weil die Entwicklung von Kooperation in einem Kollegium ein langer und nicht immer genau abschätzbarer Prozess ist (der auch Emanzipationsbewegungen im Kollegium erzeugen kann), verordnen Vorgesetzte, die auf schnellen Erfolg aus sind, solche Kooperation durch Regeln, bürokratische Prozeduren, durch Beratungen, gemeinsame Planungen. Kennzeichen verordneter Kollegialität können u. a. sein, dass viele Koordinationsposten geschaffen werden, ständig Arbeitsbesprechungen stattfinden, spezifizierte Aufgabenbeschreibungen und Geschäftsverteilungspläne erarbeitet werden. Verordnete Kollegialität kann sowohl positive als auch negative Wirkungen haben: Sie kann Gelegenheiten schaffen und Anstöße geben für Kooperation, sie kann aber auch die Zeit für Kooperation stehlen und falsche Signale setzen.

■ *Kooperative Lern- und Arbeitskultur:* Die Kooperation beruht darauf, dass Lehrer sich selbst als lernende und sich entwickelnde Menschen sehen und dass sie in gemeinsamen Arbeits- und Lernerfahrungen Chancen haben, sich und ihre Arbeit weiterzuentwickeln und Entscheidungen zu treffen (interaktiver Professionalismus). Die Kooperation erfolgt bei der alltäglichen Arbeit, sie beruht auf gemeinsamen Normen, Zielen und gemeinsamem Handeln, auf ausgetragenen Meinungsunterschieden. Es gibt Leitung, Hilfen, Unterstützung und Möglichkeiten, um das, was man einzeln oder kooperativ entwickelt und geplant hat, auch umzusetzen. Kooperative Lern- und Arbeitskultur erlaubt, Fehler zu machen und zuzugeben. Mit ihr können Lehrer
- kontinuierlich und konkret Informationen über ihre Unterrichtspraxis austauschen, voneinander lernen und erfahren, wie viele kleine, alltägliche Lern- und Veränderungsprozesse von den Kollegen geleistet werden,
- gemeinsam Lern- und Arbeitszeit nutzen und durch gemeinsames Planen, Entwickeln und Evaluieren mehr erreichen,
- sich gegenseitig unterstützen, sich Rückmeldung über ihre Arbeit geben, Anstöße, Aufmunterung und Anerkennung für ihre Arbeit ausdrücken und erfahren,
- eine gemeinsame Sprache für Unterrichtsstrategien und ihre Bedürfnisse entwickeln.

11.2 Kooperative Lern- und Arbeitskultur – eine Alltagssache

Bei gelingender Schulentwicklung geht es nicht um Kooperation um jeden Preis, sondern um eine kooperative Lern- und Arbeitskultur zwischen Schülern und Lehrern und unter ihnen. Diese Kooperation liegt vorrangig im Interesse der Lehrer und Schüler selber, auch dann, wenn sie oft erst verunsichert und es zeitaufwendig ist, sie herzustellen. Schüler und Lehrer brauchen eine kooperative Lern- und Arbeitskultur, sie profitieren am meisten davon.

Sie fördert kontinuierliche Entwicklungsarbeit mehr als irgendwelche Verbesserungen der Arbeitsbedingungen (vgl. FULLAN 1991:55). Schulentwicklung wird in letzter Zeit immer häufiger dazu genutzt, Kollegialität und Kooperation zu verordnen oder zu erzwingen. Lehrer erhalten Aufgaben, die sie nur gemeinsam lösen können, sie werden durch Geschäftsverteilung, Aufgaben- und Jahresarbeitspläne in die Arbeit der Schule eingebunden. Dieses Vorgehen kann aussichtsreich sein, wenn Lehrer dadurch erfahren können, dass Kooperation sich für sie und ihre Schüler lohnt und ihnen Sicherheit verschafft. Wenn die Kooperation jedoch nur Zwang und Druck bedeutet, wenn sie mehr verunsichert und fordert als sie gibt, wird sie scheitern. Und wenn dann angesichts des Scheiterns „Kooperation" zum Thema von Schulentwicklung gemacht wird (z. B. durch Teamanalysen, Übungen zum Aufbau von Kooperationsbeziehungen, durch kollegiumsinterne Fortbildungsveranstaltungen) und wenn Gremien eingerichtet werden, die für Kollegialität und Kooperation zuständig sind, treten oft zwei Probleme auf:

■ die bekannten Nebenwirkungen „erzwungener Kollegialität" und
■ der Eindruck, dass kooperative Lern- und Arbeitskultur etwas Besonderes ist, das man nicht jeden Tag leisten kann.

Beides lässt sich vermeiden, wenn kooperative Lern- und Arbeitskultur konsequent als Alltagssache betrachtet wird, für die alle Beteiligten verantwortlich sind, wenn die Möglichkeit geschaffen wird, sie als Chance und Erleichterung zu erfahren, und wenn sie allmählich, den Bedingungen der Schule und den Möglichkeiten der Lehrer entsprechend, aufgebaut wird.

11.2.1 Selbstevaluation: Kommunikation im Kollegium

Ständige „Kommunikationspflege" ist regelmäßiger Bestandteil kooperativer Lern- und Arbeitskultur in der Schule. Gemeint ist dabei nicht die ständige quasi-therapeutische kommunikative Selbstbespiegelung oder das Reden über Kommunikation als Ersatz für Kommunikation. Gemeint ist auch nicht, die Arbeit im Kollegium müsse nach den Regeln der Themenzentrierten Interaktion ausgerichtet sein. Ständige Kommunikationspflege wird hier verstanden als kontinuierliche Selbstevaluation der eigenen beruflichen Kommunikation mit Kollegen. Hat man sie eine Zeit lang für sich selbst analysiert, kann man die Ergebnisse mit Kollegen, mit denen man die Kommunikation verbessern möchte, austauschen und die Kommunikation zum Thema machen.

Der folgende Arbeitsvorschlag bietet eine Möglichkeit der Selbstevaluation von Kommunikation (vgl. RONTHY-ÖSTBERG/ROSENDAHL 1993:19ff.). Vier Kriterien sind für gelungene Kommunikation im Kollegium besonders wichtig: Selbstrespekt und Respekt vor dem Anderen, Ehrlichkeit sich selbst und dem Anderen gegenüber, reflektierte Offenheit, gegenseitige Akzeptanz. Jedes Kriterium ist dabei wie ein Tor, durch das man möglichst aufrecht gehen muss, um zu einer gelungenen Kommunikation zu kommen.

Markieren Sie über einen längeren Zeitraum, wie Sie (jeden Tag, jede Stunde) in eine bestimmte Klasse oder ins Lehrerzimmer gehen. Werten Sie Ihre Angaben spätestens nach jeweils einer Woche aus und setzen Sie sich *ein (!)* Ziel: Durch welches Tor möchte ich in der nächsten Zeit aufrechter gehen?

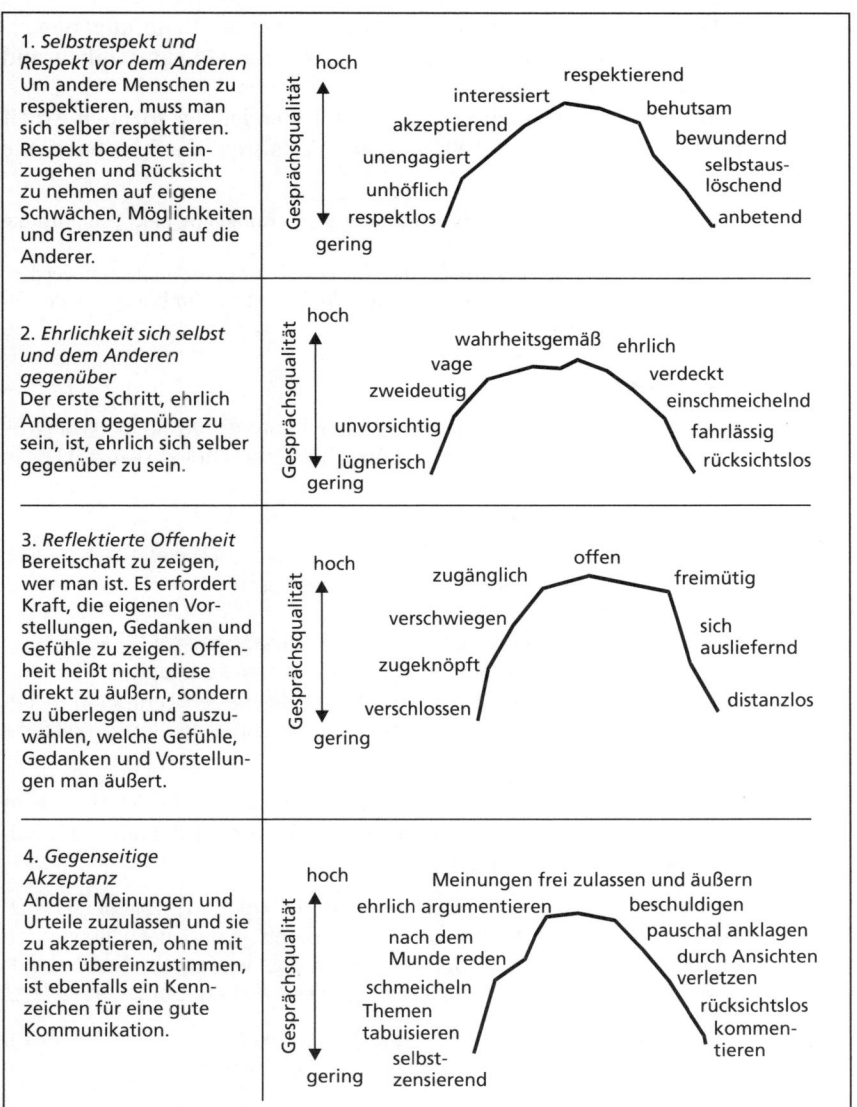

Abbildung 4-3: Die vier Tore zur guten Kommunikation

11.2.2 Gemeinsame Sichtweise für die eigene Praxis entwickeln

Eine gemeinsame Sprache und Sichtweise für die eigene Praxis zu entwickeln ist eine gute Voraussetzung für kooperative Lern- und Arbeitskultur. Dabei geht es zum einen darum, gemeinsam festzustellen, was „die Sache" ist, zum anderen darum, verschiedene Sichtweisen bezüglich dieser Sache deutlich und damit auch besprechbar zu machen. Es geht also nicht um Benotung, Bewertung oder Abrechnung, sondern um das Erreichen von Gemeinsamkeit und das Anerkennen von Unterschieden.

Das „Rating Assessment", ursprünglich für den Bereich der sozialen Arbeit entwickelt (MILLER/GEHRMANN 1994), ist ein Verfahren, das hier wertvolle Hilfe leisten kann.

▨ Es dient der Evaluation von Praxissituationen und ermöglicht eine gemeinsame Auswertung in der Gruppe.

▨ Mit ihm können die Kriterien derjenigen, die die Praxis beurteilen, analysiert werden.

▨ Und es kann die Beobachtungs- und Beurteilungskompetenzen für komplexe Praxissituationen verbessern helfen.

Rating Assessment

Dieses Verfahren hat sich in Schulklassen und bei Konferenzen als wirkungsvoll erwiesen und wurde auch in der Arbeit zwischen Schule und Schulaufsicht mit Erfolg eingesetzt.

Gegenstand des Rating Assessment kann z. B. sein:

● in einer Klassenkonferenz: der Umgang mit einem „schwierigen Schüler" (Rekonstruktion, wie Lehrer einer Klasse mit einem bestimmten Schüler umgegangen sind),

● in der Klasse selbst: Wie haben wir im letzten Vierteljahr gelernt? (Rekonstruktion und Bewertung der einzelnen Lernschritte in einem Projekt),

● in der Lehrerkonferenz: Analyse der Umsetzung der neuen Lehrpläne in der Schule (Sichtweisen über einen abgelaufenen Entscheidungs- und Arbeitsprozess).

Das Verfahren ist möglich in Gruppen von 5 bis 50 Personen. Als Material wird benötigt: Falldarstellung (auf einer Packpapierrolle), für jeden Teilnehmer DIN-A5-Karten in zwei Farben (z. B. Gelb und Rot), Wandzeitungspapier.

Erster Arbeitsschritt: Ein Gruppenmitglied stellt einen Fall vor, und zwar zuerst durch eine kurze mündliche Falleinführung, dann chronologisch und nach Beteiligten geordnet auf einer Wandzeitung. (Möglich ist auch, dass von einem Gruppenmitglied ein Fall eines Dritten vorgestellt wird – wenn dieser Fall gut dokumentiert ist.)

Zweiter Arbeitsschritt: Teilnehmer können Rückfragen (wann, wie …) zum Ablauf des Falles und zum Handeln der Beteiligten stellen. Eventuell wird die Chronologie ergänzt.

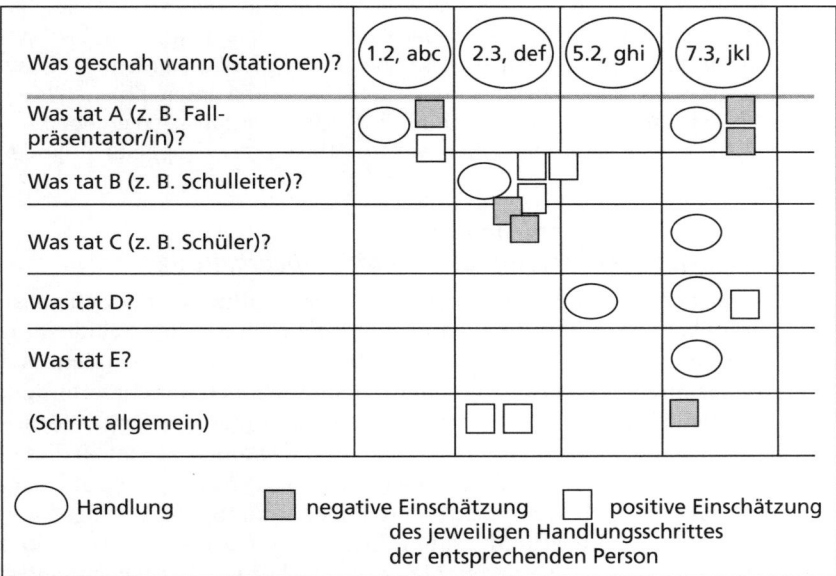

Abbildung 4-4: Wandzeitung Rating Assessment (1. Schritt und Wertungsschritt)

Dritter Arbeitsschritt: Jeder Teilnehmer sucht (für sich) maximal drei Handlungsschritte in dem entsprechenden Fall, die er persönlich als besonders gelungen und als nicht gelungen betrachtet, und notiert auf gelben (Post-)Karten, was er an dem von ihm als positiv eingeschätzten Schritt positiv findet, und auf roten Karten, was er an dem negativ eingeschätzten Schritt negativ findet.

Vierter Arbeitsschritt: Jeder Teilnehmer klebt seine Karten neben dem entsprechenden Handlungsschritt der Person oder in die untere Spalte für den gesamten Handlungsschritt.

Fünfter Arbeitsschritt: Arbeit in der Großgruppe: Die Teilnehmer analysieren ihre Wertungen und arbeiten heraus: Welche Karten sind (aus Sicht der Teilnehmer) überraschend? Welche Karten sind (aus Sicht der Teilnehmer) hilfreich für die Erklärung/Lösung des Falles? Wo sind Gemeinsamkeiten bei den Wertungen? Wo sind Unterschiede bei den Wertungen? Welches sind die entscheidenden Karten/ Wertungen? Was ist gelungene Praxis? (Ergebnisse werden auf der Wandzeitung bzw. auf Flipcharts notiert.)

Sechster Arbeitsschritt: Revision: Nach der Diskussion können die Teilnehmer die Position ihrer Karten ändern.

Siebter Arbeitsschritt: Die Person, die den Fall vorgestellt hat, gibt eine Rückmeldung zu den Wertungen, die für sie besonders wichtig/hilfreich waren.

Achter Arbeitsschritt: Im Hinblick auf eine Analyse/Diskussion unterschiedlicher Fälle soll abschließend das Ergebnis der Arbeit kurz zusammengefasst werden: Wie handelten wir als Gruppe bei der Analyse und Wertung? Was wurde gemeinsam als Stärke/Schwäche des Handelns eingeschätzt? Was waren unsere Kriterien? Gibt es Alternativen zum (dargestellten) Handeln? Welche Konsequenzen ergeben sich aus dem Rating Assessment für unsere weitere Arbeit in der Gruppe und mit den Teilnehmern?

11.2.3 Die Praxis zur Sprache bringen: Systematische Praxisanalyse und Fallbearbeitung

Ein Kennzeichen für kooperative Lern- und Arbeitskultur in einer Schule ist, dass Lehrer über ihre Arbeit, ihre Schüler, ihre Kollegen und ihre Schulleitung konstruktiv und professionell reden können, dass sie durch Gespräche mit anderen über ihre Praxis etwas lernen können. Solche Gespräche erfordern Zeit, Vertrauen und eine angemessene Umgebung. Äußere und organisatorische Bedingungen in Schulen erschweren dies oft. Dennoch, es gibt zu diesen Gesprächen keine Alternative als die Isolation oder die (noch größere) Unzufriedenheit. Es lohnt sich, wenn Lehrer ihre Praxis so zur Sprache bringen und reflektieren, dass dies konstruktiv ist und Kooperation ermöglicht. Dazu sind neben alltäglichen, unstrukturierten Gesprächen über Praxis auch systematische Fallbearbeitungen und Praxisanalysen erforderlich.

Was soll Gegenstand der Praxisanalyse und Fallbearbeitung sein?	Wie soll in der Gruppe mit dem Fall gearbeitet werden?	Was ist das Ziel der Praxisanalyse und Fallbearbeitung?
↓	↓	↓
● Arbeits- und Berufsfragen ● Haltungen ● Arbeitsbeziehungen ● Arbeitsstrukturen ● Gruppenarbeit, -strukturen und -beziehungen ● Organisationen/Institutionen ● Organisationskultur	● Fragen stellen ● in Frage stellen ● verstehen ● analysieren ● Alternativen erarbeiten ● Kontext umdeuten ● rekonstruieren ● lösen	● etwas erleben ● etwas strukturieren ● etwas verarbeiten ● etwas bewältigen ● etwas gestalten ● etwas verändern ● etwas erreichen

Abbildung 4-5: Systematische Fallbearbeitung

Systematische Fallbearbeitung und Praxisanalyse werden hier nicht als eine spezielle Methode verstanden, sondern als Sammelbegriff für eine Reihe von Ansätzen und Verfahren. Gemeinsam ist ihnen, dass in Gruppen oder Teams klar berufsbezogene Erfahrungen der Teilnehmer in einem gemeinsamen Erfahrungs- und Analyseprozess bearbeitet werden (vgl. GUDJONS 1992:38f.).

Angesichts der Vielzahl von Methoden für systematische Praxisanalyse und Fallbearbeitung in der Schule ist es wichtig, vorab zu klären, was Gegenstand, Methode und Ziel sein soll. Um ein größeres Repertoire an Verfahren der Praxisanalyse und Fallbearbeitung zu erwerben, kann es manchmal sinnvoll sein, zuerst das Verfahren oder den Gegenstand festzulegen, um dann zu bestimmen, welche Ziele damit erreicht werden können.

Verfahren, Gegenstand und Ziele sind noch nicht alles, was der vorherigen Klärung bedarf. Wichtig für das Gelingen systematischer Praxisanalyse und Fallbearbeitung ist weiterhin, dass die Beteiligten

1. überhaupt *die Möglichkeiten* haben, im Beruf zu handeln und berufliche Situationen, Strukturen und Ereignisse zu beeinflussen. Wer nicht die Möglichkeit zu handeln hat und sie sich durch solche Analysen auch nicht erschließen kann, für den sind solche Verfahren eher belastend.

2. *das Bedürfnis* haben, Gegenstände des beruflichen Lebens zu verarbeiten und/oder Lösungen für sie zu finden.

3. *genügend Vertrauen und Offenheit sowie angemessene Distanz* haben, sich konstruktiv auf eine Bearbeitung einzulassen und sich an vereinbarte Normen (z. B. Konstruktivität, kein Reden über Nichtanwesende, Berufsbezogenheit) zu halten. Befinden sich die Beteiligten in einer tieferen Konfliktphase, muss überlegt werden, ob nicht eine Bearbeitung der bestehenden Konflikte vorausgehen muss oder ob die Fallbearbeitung der Konfliktlösung dienen kann (vgl. auch GLASL 1990:279, 360). Wird Fallbearbeitung distanzlos vorgenommen, kann es schnell zu einer „Tyrannei der Intimität" kommen. Es muss deshalb immer wieder geprüft werden, dass durch Fallbearbeitung Kollegen nicht überwältigt werden, mehr von sich preiszugeben, als sie wollen oder können.

Sind diese Voraussetzungen nicht erfüllt, kann Fallbearbeitung instrumentalisiert werden, sich zum Unmuts- oder Frustrationsventil entwickeln, zu einer nicht gewollten oder unerwünschten Individualtherapie werden. Es macht auch keinen Sinn, Systematische Praxisanalyse und Fallbearbeitung in einer Einrichtung durchzuführen, in der Wandel weder erwünscht noch möglich ist, hier sind andere Formen der Bearbeitung erforderlich.

Die unter Punkt 1 und 2 genannten Voraussetzungen liegen häufig auf der Hand und werden von allen Beteiligten schnell geäußert oder eingeräumt („Wir brauchen jetzt was, damit wir mit dem Problem X fertig werden. ... Wenn das Problem Y nicht bald gelöst wird, dann ..."). Die unter Punkt 3 genannten Voraussetzungen sind schwieriger zu erreichen. Vertrauen und Offenheit bilden sich meist erst im Laufe eines Arbeitsprozesses. Macht man sie zur Voraussetzung, würde man das verlangen, was in vielen Fällen erst Ergebnis von Fallbearbeitungen ist. Deshalb wurde hier einschränkend formuliert: *genügend* Vertrauen und Offenheit, sich auf dieses Verfahren einzulassen. Auch angemessene Distanz zur eigenen Praxis (und damit auch zur eigenen Person) kann man nicht generell als Voraussetzung für systematische Fallbearbeitung formulieren, manchmal muss sie erst wieder gelernt werden. Wichtig ist dann, dass die Beteiligten oder die Moderationsperson die Bildung einer angemessenen Distanz als Ziel formulieren und auf die Einhaltung des Ziels achten.

Analysegespräch in einer Gruppe

Dieses Verfahren (nach ALTRICHTER/POSCH 1994:69f.) dient dazu, in einer Gruppe zunächst die Oberflächensymptome von Praxis- oder Problemsituationen auszukundschaften, um dann ein Verständnis für die positiven und negativen Ursachen und Bedingungen des Falles zu erhalten. Schließlich dient das Verfahren dazu, Alternativen im Handeln und Denken zu entwickeln und sie auf ihre Plausibilität und Stimmigkeit hin zu überprüfen.

Beim Analysegespräch wird ein Problem nach folgenden Regeln untersucht:

Erster Arbeitsschritt: Ein Teilnehmer erklärt sich bereit, während des folgenden Gesprächs auf die Einhaltung der vereinbarten Regeln zu achten: Beim Analysegespräch sollen nach Möglichkeit nur Fragen gestellt werden; Kritik, auch wenn sie in Fragen versteckt wird, ist nicht zugelassen; auch Lösungsvorschläge sind nicht erlaubt; der Gesprächsleiter kann Fragen stellen und Perspektiven eröffnen.

Zweiter Arbeitsschritt: Der Lehrer, der ein Problem analysieren möchte, schildert der Gruppe den Sachverhalt so, wie er ihn aktuell sieht. Anschließend geht er nach Möglichkeit auf die Fragen der übrigen Mitglieder der Gruppe ein.

Dritter Arbeitsschritt: Die übrigen Teilnehmer versuchen, durch Fragen ein umfassendes, möglichst stimmiges Bild der Situation zu erhalten.

Vierter Arbeitsschritt: Die Gruppe versucht, durch ihre Fragen die Analyse der Situation weiterzutreiben. Besonders geeignete Frageformen sind dabei: Fragen zur Konkretisierung oder zum gedanklichen (theoretischen) Hintergrund und Fragen zur Erweiterung des Systems (z. B. danach, welche Rolle Personen gespielt haben könnten, die bisher noch nicht erwähnt wurden). ALTRICHTER/POSCH (1994) haben bei der Leitung solcher Analysegespräche in einer Gruppe immer wieder festgestellt, dass das Gespräch nach einer Durststrecke von etwa 10 bis 20 Minuten, in denen die Oberfläche und der Rahmen abgesucht werden, plötzlich an Tiefe gewinnt und allen Beteiligten wichtige Aufschlüsse über die Situation gibt.

Fall-Entwicklung

0. Ein Teilnehmer erklärt sich (vor der Sitzung!) bereit, einen Fall aus seiner Praxis vorzustellen (ein Unterrichtsproblem, einen Bericht über einen Schüler ...). Er beschreibt diesen Fall sehr kurz schriftlich. Dabei unterteilt er den Fall in zwei bis drei Abschnitte, die seiner Meinung nach Wendepunkte waren, an denen sich alles hätte ganz anders entwickeln können. Die schriftliche Darstellung erhält die Gruppe noch nicht.
1. Der Teilnehmer berichtet in der Gruppe den Fall bis zum ersten Wendepunkt.
2. Die Gruppe teilt sich in Kleingruppen auf (drei bis fünf Personen) und entwickelt Szenarios: Wie ist der Fall wohl weitergegangen? Worauf beruhen unsere Annahmen?

3. Die Kleingruppen spielen/berichten ihre Szenarios.
4. Der Teilnehmer stellt dem Szenario den tatsächlichen weiteren Verlauf des Falles gegenüber und schildert den Fall dann bis zum nächsten Wendepunkt.
5. Die Kleingruppen (drei bis fünf Personen) entwickeln ein weiteres Szenario: Wie ist der Fall – wann und aus welchen Gründen – wohl weitergegangen/geendet?
6. Diskussion im Plenum: Auf welchen Annahmen beruhen die Szenarios? Welche Strategien werden mit den Lösungen verfolgt?
7. Der Teilnehmer berichtet den tatsächlichen Verlauf des Falles (und gibt an, welche der vorgestellten Szenarios er für sich interessant findet).
8. Der Teilnehmer formuliert, was er jetzt von der Gruppe wünscht (Entwicklung einer Perspektive/Lösung; Erprobung eines der genannten Szenarios, um Handlungsalternativen genauer zu eruieren …).

Kritische Situation

1. Ein Teilnehmer schildert einen Fall bis zu einer bestimmten Situation, die er für „kritisch" hält, wo er grundlegende Entscheidungen, Weichenstellungen getroffen hat oder hätte treffen müssen.
2. Der Teilnehmer erklärt, warum diese Situation für ihn besonders „kritisch" ist.
3. Die Gruppe spielt die Situation nach, wobei die Person, die den Fall präsentiert hat, ihre Rolle spielt.
4. Die Beobachter und die Spieler beschreiben, was in ihnen vorging, als sie die Rolle gespielt haben.
5. Alternativen-Runde: Welche Lösungen gäbe es (noch) für die Bewältigung dieser kritischen Situation?
6. Auswahl eines Lösungsansatzes.
7. Spielen des Lösungsansatzes, wobei die Person, die den Fall präsentiert hat, *nicht* mitspielt, zumindest aber nicht ihrer Rolle.
8. Die Spieler beschreiben, wie sie die Situation gespielt haben und was für sie dabei wichtig war.
9. Die Beobachter beschreiben, wie sie die Situation gesehen haben.
10. Die Person, die den Fall präsentiert hat, beschreibt, was sie in der Zuschauerrolle oder in der anderen Rolle gesehen und gelernt hat.
11. Eventuell neue Lösungsrunde.
12. Auswertung in der Gruppe: Lösungsansätze und ihre Hypothesen.

Lernfragen für systematische Praxisanalyse und Fallbearbeitung

Bei Analysen und Fallbearbeitungen in Schulentwicklungsprozessen kann angesichts des Handlungs- und Erfolgsdrucks der Beteiligten die Neigung entstehen, schnell Hypothesen zu bilden und rasch nach Lösungen und Handlungsalternativen zu suchen. Dies bedeutet nicht nur, eventuell zu schnelle und damit auch unzureichende Lösungen zu bekommen. Es bedeutet auch, die Probleme nicht als Lernmöglichkeiten genutzt zu haben und sich durch inneren oder äußeren Handlungsdruck davon abhalten lassen zu haben, aus den bisherigen Entwicklungen zu lernen. Mit Hilfe der folgenden Fragen können Analysen und Fallbearbeitungen lernorientierter (für beide Seiten) gestaltet werden:

● Auf welchen (offen dargelegten) Prinzipien basierte die Arbeit?
● Für wen stellt das Verhalten/die Sache ein Problem dar?
● In welcher Verbindung steht die gegenwärtige Situation zu vergangenen oder vorgestellten zukünftigen Kontexten?
● Können Sie das genau beschreiben?
● Was erwarten Sie von X? Weiß sie/er das? Und wenn ja: woher?
● Was müsste sich sonst noch ändern, bevor das ... sich ändern könnte?
● Was wird passieren, wenn sich nichts verändern würde?
● Was würde man in einem Jahr als einen typischen Erfolg bezeichnen?
● Was würden andere Menschen an positiven Dingen über die Personen/die Sache aufzählen?
● Welchen Unterschied macht das?
● Welches sind Ihrer Meinung nach die Normen bezüglich ...
● Wenn es uns nicht gelingt, die Situation, die Sie beschreiben, zu verbessern, was geschieht dann in einem Jahr?
● Wer hat die größte/geringste Macht bei diesem Problem/dieser Sache?
● Wer teilt dieselben Ansichten über Strategien, Ideologien und Notwendigkeit von Veränderungen?
● Wer unterstützt immer wen?
● Wer würde hier am meisten gewinnen oder verlieren, wenn Sie hierüber eine Entscheidung träfen?
● Wie lauten die Regeln der Beteiligten bzw. der Betroffenen?
● Wie reagieren Sie, wenn das ... passiert?
● Wie würde der Prozess aussehen, durch den er gelöst würde?
● Wie würde es sein, wenn der gegenwärtige Konflikt gelöst wäre?
● Wo liegt in Bezug auf das Problem die Entscheidungsmacht – bei Ihnen oder woanders?

11.2.4 Durch Strukturen verändern – Verändern der Strukturen

Kooperative Lern- und Arbeitskultur durch Strukturveränderungen anstoßen oder erzwingen zu wollen kann schnell in verordneter Kollegialität enden. Es wäre allerdings falsch, angesichts dieser Gefahr auf Strukturveränderungen zu verzichten. Es lassen sich drei Voraussetzungen für den Erfolg von Strukturveränderungen nennen:

■ Die Neuerungen müssen gewährleistet und längerfristig abgesichert werden können. So sind Strukturveränderungen, die nur auf besonderen Belohnungen beruhen (z. B. guter Stundenplan, bestimmte Stundenverteilung), nicht lange zu halten, weil für weitere Veränderungen ebenfalls Belohnungen angeboten werden müssen, die es aber entweder nicht gibt oder die dann die anderen Belohnungen entwerten.

■ Die Neuerungen müssen mehr als nur formale Veränderungen sein und zur Entwicklung der persönlichen Arbeitsbeziehungen beitragen. Rein formale Strukturveränderungen wie eine Erhöhung der Zahl der Konferenzen oder Besprechungen, um mehr Austauschmöglichkeiten zu schaffen, sind kontraproduktiv. Durch die Erhöhung der Konferenzzahl wird häufig die Möglichkeit des Austausches reduziert, Kooperation leidet unter den Konferenzen!

■ Die Neuerungen dürfen nicht als konfrontative Strategie eingesetzt werden. Dadurch würde nur Energie erzeugt, um diese Veränderungen zu unterlaufen. Konfrontative Strukturveränderungen von oben führen zu Gehorsam oder Opposition.

Unter diesen Voraussetzungen sind die folgenden *Ideen für erfolgreiche Strukturveränderungen* zu sehen.

■ Vergabe von Aufgaben und (zeitlich begrenzten, leistbaren) Aufträgen für gemeinsame Erarbeitung von Unterrichtsmaterialien, Konzepten, Verwaltungsabläufen an Lehrer unterschiedlicher Gruppierungen/Bereiche.
■ Verordnen eines fremden Blicks: Personen in Arbeitsgruppen delegieren, die nicht Fachleute sind.
■ Schaffung undramatischer Routinen für gemeinsame Arbeit und Zusammenarbeit (z. B. bestimmte Aufgaben immer von zwei Lehrern gemeinsam wahrnehmen lassen).
■ Lehreraustausch zwischen abgebenden und aufnehmenden Schulen: Dadurch wird deutlich, dass kooperative Lern- und Arbeitskultur nicht nur innerhalb einer Schule, sondern auch zwischen Schulen bestehen muss.
■ Schaffung von Anlässen/Strukturen, in denen Lehrer unterschiedlicher Gruppierungen zusammentreffen und -arbeiten (!) müssen, z. B. bei Projekten, Schulfesten, Betreuung außerunterrichtlicher Angebote, Klassenfahrten ...
■ Lehrer aus unterschiedlichen Gruppierungen bzw. Altersstufen in nebeneinander liegenden Klassenräumen unterrichten lassen und gegenseitige Wahrnehmungsmöglichkeiten schaffen ...
■ Gemeinsame Beschlüsse nur noch über die Dinge treffen lassen, die wirklich für alle wichtig sind (und nicht auf Konferenzen falsche Kollegialität dadurch herstellen, dass jeder über alles mitbestimmt).
■ Entscheidungen in Konferenzen dokumentieren und nach einer bestimmten Zeit auch kontrollieren, ob sie umgesetzt worden sind.
■ Kollegen anderer Schulen, Eltern, Schulaufsicht in die Schule einladen.
■ Bildung von Gesprächskreisen mit Lehrern bzw. Lehrern und Schülern, in denen Fachliteratur systematisch bearbeitet wird.
■ Austausch/Präsentation von Evaluationsmaterialien oder Ergebnissen (Klassentagebücher, Fragebögen, Interviewleitfäden ...).
■ Vergabe von Forschungsaufgaben an Lehrer: Untersuchung bestimmter Aspekte des Schullebens oder des Unterrichts.

11.2.5 Systematische Planungs- und Entwicklungsgespräche in der Schule

Zugegebenermaßen war ich mehr als skeptisch, als ich zum ersten Mal (in Schweden) von diesem Verfahren von Schulentwicklung hörte: Mitglieder der Schulleitung sprachen in regelmäßigen Abständen (ein- bis zweimal pro Jahr) nach einem vorgegebenen Muster mit ihren Mitarbeitern, werteten die Arbeit der vergangenen Zeit aus, sprachen über Leistungen und Erwartungen, trafen Vereinbarungen über die kommende Arbeit. Ich konnte mir kaum vorstellen, wie sich solche Gespräche durchführen lassen, ohne dass sie ritualisiert, unehrlich und damit überflüssig werden. Dann wurde meine Skepsis durch Berichte von Kollegen und Freunden gestützt, die in Deutschland Mitarbeitergespräche erlebt hatten. Sie berichteten, wie diese Mitarbeitergespräche, Beratungsgespräche, Personalentwicklungsgespräche oder Zielvereinbarungsgespräche teilweise als Verhör, Rechenschaftszirkus oder Selbsteinschätzungstortur durchgeführt wurden, wie sie in der öffentlichen Verwaltung pflichtgemäß und mit ironischem Augenzwinkern erledigt wurden. Erst durch Gespräche mit schwedischen Kollegen, die diese Gespräche als Vorgesetzte oder Mitarbeiter führten, durch Beobachtungen und die Auseinandersetzung mit der schwedischen Forschungsliteratur (vgl. BJÖRK/MONTGOMERY 1992; JÄGHULT 1988; RONTHY-ÖSTBERG/ROSENDAHL 1992; ENQUIST 1990; ELLMIN/JACOBSSON 1989) ist meine Skepsis allmählich gewichen.

Wichtig für die Entwicklung meiner positiven Einstellung zu den Planungs- und Entwicklungsgesprächen war, dass diese auf freiwilliger Basis ein- und durchgeführt wurden, dass sie symmetrisch angelegt waren und Vorgesetzten *und* Mitarbeitern dienen sollten, dass sie auf Schulentwicklung aus waren und nicht auf Personalbeurteilung oder Gängelung.

Zu den Inhalten systematischer Planungs- und Entwicklungsgepräche gehören mittelfristig u. a.:

- individuelle und schulweite Ziele für die Arbeit und die Einrichtung;
- Arbeitsaufgaben, -ergebnisse und -erfolge der Gesprächspartner;
- Anforderungen/Belastungen, Arbeitsverhältnisse;
- Zusammenarbeit, Verhältnis zu anderen Abteilungen/Klassen/Leitung, Leitungsqualität;
- Anforderungen, die sich aus neuen Aufgaben für die nächste Arbeitsperiode ergeben;
- Planung und Verabredung kommender Arbeitsaufgaben;
- Lern- und Unterstützungs- bzw. Aus- und Fortbildungsbedarf (individuell und organisationsbezogen);
- mittelfristig gewünschte Aufgaben, Funktionen;
- die Evaluation der Absprachen.

Nicht zu den Inhalten systematischer Planungs- und Entwicklungsgespräche gehören Absprachen über Beförderung und Versetzung sowie Elemente psychosozialer Beratung, wenn diese sich nicht unmittelbar auf Aufgaben- bzw. Verantwortungsbereiche der Gesprächspartner beziehen. Vereinbarungen zu Ungunsten oder auf Rechnung Dritter dürfen in Planungs- und Entwicklungsgesprächen nicht getroffen werden.

Ihre volle Wirkung für Schulentwicklungsprozesse können systematische Planungs- und Entwicklungsgespräche erzielen, wenn sie in der Schule von vielen Lehrern wahrgenommen und über einen längeren Zeitraum durchgeführt werden. Dann entwickeln sich aus einzelnen Arbeitsgesprächen *systematische* Planungs- und Entwicklungsgespräche, bei denen die Bestandsaufnahme und Auswertung der bisherigen Arbeit zu Konsequenzen für die weitere Arbeit des Gesprächspartners und die Entwicklung der Schule führen (nach JÄGHULT 1988:37 ff.).

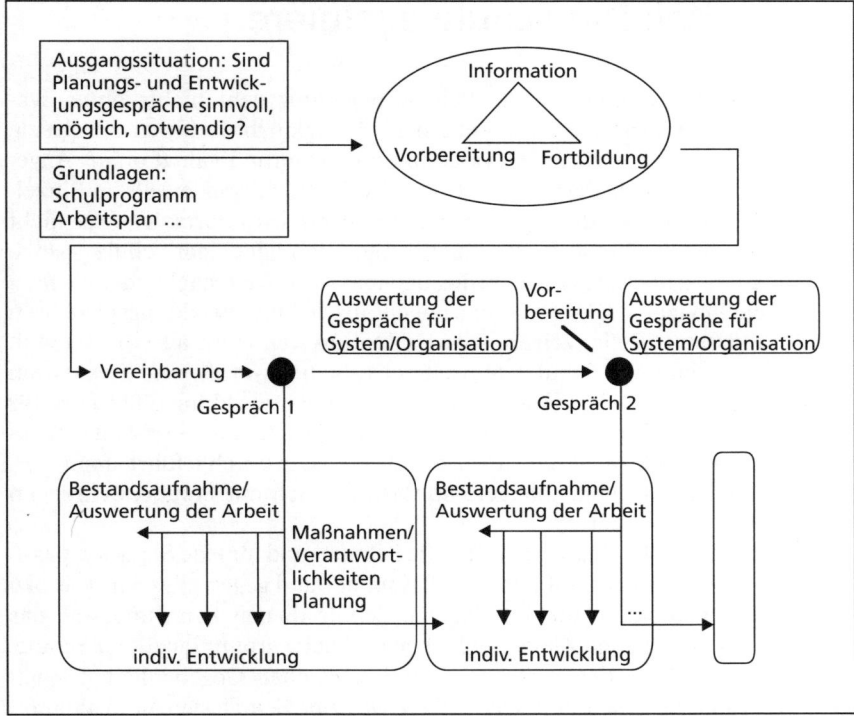

Abbildung 4-6: Systematische Planungs- und Entwicklungsgespräche

Die Planungs- und Entwicklungsgespräche erfüllen dann eine Doppelfunktion: Sie dienen der Entwicklung und der weiteren Arbeit *des Einzelnen* und *der Schule.* Um die Ergebnisse der Gespräche auch zur Entwicklung und Veränderung des Systems zu nutzen, ist es wichtig, diese im Schulleitungsteam und in der Lehrer- und Schulkonferenz regelmäßig aufzugreifen und zu analysieren.

Werden diese Gespräche aber unqualifiziert eingesetzt oder instrumentalisiert, werden sie pure Repression oder enervierende Selbstbeschäftigung, dann muss man sich gegen sie wehren. Hintergrund, Theorie und Praxis systematischer Planungs- und Entwicklungsgespräche werden ausführlicher beschrieben in EIKENBUSCH (1995b, 1997b).

12. Kapitel: Die Schule evaluieren

In der aktuellen Diskussion um Schulentwicklung geht nichts ohne Evaluation. Kultusministerien veröffentlichen Hochglanzbroschüren zu diesem
Thema, in Gesetzen wird Selbstevaluation oder externe Evaluation als Angebot oder als Pflichtaufgabe verankert. Was Evaluation dabei jeweils im Einzelnen ist und soll, wie sie durchgeführt werden kann, wird normalerweise nicht
näher beschrieben. Hier wird ganz auf die Eigenständigkeit der Schule gesetzt.
    Evaluation ist aber keine Sache, die man mal so einfach macht oder die man
einfach nachmachen könnte. Erfahrungen aus Schulentwicklungsprozessen
(vgl. EIKENBUSCH 1995c) zeigen, dass Evaluation weit mehr als eine Technik
ist und dass Lehrer und Schulen nur selten Evaluations-Profis sind. Evaluation
gehört zu den schwierigsten Prozessen der Schulentwicklung. Gibt es dafür
nicht genügend Zeit und Kompetenz, wird die Umsetzung von Evaluation in
die Arbeit der Schule nicht schrittweise und behutsam durchgeführt, dann wird
sie ein einmaliges Erlebnis bleiben, an das man sich mit Freude, Schrecken
oder Langeweile erinnert.
    Es gibt nicht *die* Evaluation, die für alle Schulen und für jede Situation passt.
Evaluation ist auch kein Allheilmittel, das immer und gegen alles wirkt. Wozu
schulinterne Evaluation für die einzelne Schule dienen kann und soll, das
richtet sich u. a. nach den Zielen, Aufgaben und Schwerpunkten dieser Schule,
nach den Interessen, den personellen und sachlichen Gegebenheiten, nach
ihrer Tradition. Es ist sehr unterschiedlich, was eine Schule sich an Evaluation
und Entwicklung zumuten kann und muss, wie viel Sicherheit und wie viel
Veränderung sie benötigt. Schulinterne Evaluation ist also für die Beteiligten
und für die einzelne Schule ein spezifischer Lern- und Arbeitsprozess. Sie lässt
sich nicht durch bloße Information vermitteln oder durch Vorschriften verordnen, sondern sie muss gemeinsam in der Schulpraxis gelernt und verankert
werden.
    Nachdem in den vorherigen Teilen dieses Buches bereits eine ganze Reihe
von Evaluationsansätzen und -verfahren für einzelne Lehrer und für die Arbeit
in der Schulklasse vorgestellt wurden, soll Evaluation nun in einem größeren
Zusammenhang und auf die Arbeit der ganzen Schule bezogen dargestellt
werden.

12.1 Was heißt (interne und externe) Evaluation?

Es liegt nahe, diese Frage zu beantworten mit einer Definition („Evaluation ist
die systematische Untersuchung des Wertes und Nutzens eines Gegenstan-
des", JOINT COMMITEE ON STANDARD FOR EDUCATIONAL EVALUATION 1994:3),
mit praktischen Beispielen (Schülerbefragung, Bestandsaufnahmen …) oder
mit der Widerlegung von Vorurteilen wie denen von ADAM (1996), der meint,

Selbstevaluation sei nur eine elaborierte Form des (Selbst-)Betrugs. Bei all diesen Antwortversuchen bleibt aber offen, was Ziel und Zweck von Evaluation ist, was sie für die Beteiligten und Betroffenen bedeuten kann und warum sie für Schulentwicklung überhaupt wichtig ist. Für schulinterne und schulexterne Evaluation schlage ich Arbeitsdefinitionen vor, die diese Aspekte miterfassen:

Schulinterne Evaluation ist
▶ ein kontinuierlicher systematischer Lern- und Arbeitsprozess der Schule selbst, um
▶ vor Ort
▶ Informationen und Daten
▶ über das Lernen, den Unterricht und die Schule zu sammeln,
▶ Erkenntnisse aus ihnen zu gewinnen und begründet zu bewerten
▶ für Selbstreflexion über die Arbeit, für Schulentwicklung, für Beteiligung von Betroffenen und/oder für Selbstkontrolle und Rechenschaft.

Schulinterne Evaluation ist also ein bewusst eingeleiteter, geplanter und kontinuierlicher Prozess zur Verbesserung der Arbeit und der Einrichtung. Sie fußt auf einer Sammlung relevanter (bereits vorhandener oder noch zu erhebender) Daten und Informationen, die analysiert und bewertet werden. Dabei werden bewertende Aussagen auf der Grundlage von Kriterien oder Zielformulierungen (z. B. Richtlinien, Schulprogramm) begründet. Evaluation besteht nicht nur aus einleitender Bestandsaufnahme und abschließender Ergebnisauswertung, sondern auch aus kontinuierlicher Analyse der Voraussetzungen, der Planung und der Durchführung der Arbeit.

Welche Verfahren für schulinterne Evaluation angewendet werden sollen, darüber bestehen unterschiedliche Auffassungen. Sie reichen von einfachen (Selbst-)Evaluationen durch kleine Umfragen auf Klassenebene bis hin zu umfassenden Analysen der Arbeit der gesamten Schule durch Umfragen, Tests und Dokumentenanalysen. Während kleinere Umfragen in der Klasse in Schulen heute häufiger eingesetzt werden, stellen Evaluationskonzepte für die gesamte Schule eher die Ausnahme dar und stoßen teilweise auch auf Zurückhaltung, weil sie (angeblich) einen hohen organisatorischen Aufwand erfordern oder als Kontrolle empfunden werden.

Schulexterne Evaluation ist
▶ eine durch Verpflichtung oder Vereinbarung veranlasste,
▶ von schulexternem Personal (Schulaufsicht, anderen Schulen, Eltern usw.) durchgeführte
▶ Analyse und Bewertung
▶ vorhandener oder eigens zu diesem Zweck erhobener Daten oder Informationen der Schule oder ihrer Mitglieder
▶ über Ergebnisse, Bedingungen und Qualität des Lernens, des Unterrichts bzw. des Schullebens, um
  – der Schule eine Rückmeldung über ihren Leistungsstand zu geben oder
  – die Vergleichbarkeit der Schulen und ihrer Anforderungen zu sichern oder
  – Schulentwicklung anzuregen oder

- Grundlagen für Bildungsberichterstattung zu gewinnen oder
- Schulen zu kontrollieren und zu korrigieren oder
- die Einhaltung von eingeräumten Frei- und Gestaltungsräumen zu gewährleisten.

Schulexterne Evaluation kann also von der Schule selbst gewünscht werden (z. B. angeregt durch eine Nachbarschule oder im Rahmen von internationalen Schulpartnerschaften), sie kann der Schule aber auch z. B. per Gesetz auferlegt sein. Dies bezieht sich sowohl auf die Art der Durchführung als auch auf die evaluierten Inhalte, Prozesse und Analyse bzw. Bewertungskriterien. Bisher in der Bundesrepublik vorgestellte Modelle schulexterner Evaluation gehen davon aus, dass eine Grundlage dafür eine (verpflichtende) schulinterne Evaluation ist (vgl. BILDUNGSKOMMISSION NRW 1995; HESSISCHES KULTUS-MINISTERIUM 1996; BREMISCHES SCHULGESETZ 1994).

12.2 Schulinterne Evaluation

Eigentlich ist schulinterne Evaluation für die Schule ein alter Hut. So werden durch Klassenarbeiten die Lernerfolge der Schüler oder der Klasse erhoben, es werden Auswertungen in den Jahrgangsstufen durchgeführt, Kollegien haben Erfahrungen in gemeinsamer Reflexion ihrer Arbeit, sie analysieren in Fach- oder Jahrgangskonferenzen, auf pädagogischen Tagungen oder bei kollegiumsinternen Fortbildungsveranstaltungen die eigene Arbeit, identifizieren Handlungsbedarf und suchen nach Lösungswegen.

Die meisten dieser Aktivitäten sind jedoch punktuell und unsystematisch. Oft gehen sie auf die Initiative Einzelner zurück und zeigen nur begrenzte Wirkungen im Hinblick auf die ganze Schule. Für längerfristig angelegte Schulentwicklungsprozesse bieten punktuelle Evaluationen und Einzelinitiativen eine gute Grundlagen und wichtige Impulse. Sie müssen aber in die Arbeit der gesamten Schule integriert werden, damit sich Fragen beantworten lassen wie: Welchen Stand haben wir in der Schule erreicht? Welche Ergebnisse hat unsere Arbeit? War die Arbeit erfolgreich? Stimmen unsere Annahmen? Was sind Stärken und Schwächen unserer Arbeit? Was folgt aus den Ergebnissen für die weitere Planung? Welche Entwicklung können/wollen wir anstreben?

12.2.1 Evaluations-Schritte

Angesichts der vielfältigen Aufgaben und Funktionen sowie der engen Anbindung von schulinterner Evaluation an die Arbeit der einzelnen Schule kann es keine für alle Schulen verbindliche Form von Evaluation geben. In systematischen Evaluationsprozessen sind jedoch fast immer (wenn auch unterschiedlich in Abfolge und Umfang) die folgenden Schritte enthalten:

1. Formulieren/Festlegen des Evaluationsbereichs, der mit der Evaluation angestrebten Ziele sowie Vorentscheidung für eine Struktur der Evaluation (Was soll untersucht/erreicht werden? Wer führt Evaluation durch, wer wird beteiligt? Wozu werden Ergebnisse benötigt?)

2. Klärung der Bewertungsgrundlagen (Woran sollen z. B. Erfolg, Probleme, Veränderungen erkannt/gemessen werden?) (Dieser Schritt muss häufig mehrfach erfolgen, z. T. sollen durch Evaluation auch erst Bewertungsgrundlagen geschaffen werden.)
3. Einschränkung und Festlegung konkreter Fragebereiche (Was genau soll evaluiert werden? Wozu wollen wir das genau wissen? Was kann/soll sich verändern, wenn wir das wissen?)
4. Entscheidung über Auswahl der Daten und Informationsquellen (Welche Informationen werden von wem benötigt?)
5. Auswahl bzw. Entwicklung von Methoden und Instrumenten (Mit welchen Methoden können Fragebereiche untersucht werden?)
6. Erhebung neuer bzw. Aufbereitung vorhandener Daten
7. Datenaufbereitung/Auswertung
8. Analyse der Daten (Welche Informationen liegen vor? Was sagen sie aus?)
9. Diagnose und Bewertung der Analyse (Was bedeuten die Ergebnisse für unsere Arbeit? Was kann oder muss sich durch sie verändern?)
10. Revision und Auswertung des Evaluationsprozesses im Hinblick auf weitere Verfahren (Was haben wir aus dieser Evaluation über Evaluation gelernt?)

Mit dieser Übersicht sollte man sich immer wieder vergewissern: Wo befinden wir uns im Evaluationsprozess? Was könnte/müsste der nächste Schritt sein?

12.2.2 Grundbedingungen für schulinterne Evaluation

Schulinterne Evaluation muss Konsequenzen haben, sie muss für die Arbeit der Schule nützlich sein und relevante Fragestellungen bearbeiten.

Wenn Evaluation darauf angelegt ist, nützlich und praktisch wirksam zu sein, kann sie einen Dialog über die Arbeit in der Schule auslösen bzw. unterstützen:

- Wird die Evaluation die Qualität unseres Unterrichts und unserer Schularbeit verbessern? Wie?
- Wird Evaluation helfen, die anstehenden Aufgaben und Probleme zu bewältigen?
- Wird Evaluation den Dialog zwischen Schülern, Lehrern und Schulleitung stützen und verbessern?
- Wird Evaluation zu mehr Zusammenarbeit im Kollegium führen, um die Ziele der Schule zu erreichen?

Evaluation muss langfristig angelegt sein und kontinuierlich durchgeführt werden.

Zum einen müssen bereits vorliegende Informationen und Daten berücksichtigt werden, damit aus der Vergangenheit gelernt und nicht doppelte Arbeit geleistet wird. Die meisten Evaluationen fragen bereits bekannte Daten ab! Der Umfang bereits vorliegender Informationen wird meistens unterschätzt.

Zum anderen darf die jeweilige Evaluation nicht als eine folgenlose Einzelaktivität angesehen werden, sondern es muss gefragt werden, wie weitergearbeitet werden soll, welche Formen und Inhalte der Evaluation in den nächsten Jahren erfolgen sollen.

Evaluation muss bekräftigen und verändern.
Evaluation hat in der Diskussion um Schulentwicklung häufig das Stigma
eines Fehlerteufels oder einer Gewissenserforschung: Durch Evaluation sollen
Schwächen der Schularbeit herausgefunden und möglichst schnell abgestellt
werden. Zugleich soll Evaluation die positiven Seiten der Schule herausfinden
und erklären, was denn die für die Arbeit und die Qualität der Schule
entscheidenden positiven Leistungen sind. Erkenntnisse über diese Leistungen
zu erhalten und zu verstärken ist für Schulentwicklung wesentlich. Evaluation
als Bekräftigung kann zum einen durch die Art der systematisch angelegten
Auseinandersetzung mit der eigenen Arbeit erfolgen, zum anderen durch
Ergebnisse und Analysen dessen, was gelingt, was entwicklungsfähig ist, was
antreibt.

Evaluation muss konkret sein und kleine sowie umfassende Vorhaben bzw.
Bereiche umfassen.
Die Ergebnisse der Evaluation sollen etwas leisten und bewirken können. Bei
Evaluationen, die sich nur auf das Gesamtsystem beziehen, können die Beteiligten erklären, sie seien als Einzelne für die Veränderung nicht zuständig, oder
Veränderungen seien unmöglich, weil der dafür erforderliche Konsens nicht
erreichbar sei. Bei Evaluationen, die sie sich nur auf kleine Arbeitsbereiche
beziehen, wird für die Beteiligten häufig deutlich, wo etwas verändert werden
muss, allerdings ist die Veränderung angesichts ungeklärter bzw. unbeeinfluss-
barer Gesamtzusammenhänge nicht möglich oder fast überflüssig. Handlungsdruck und Anreiz zur Veränderung durch Evaluation entstehen dauerhaft nur,
wenn sowohl konkrete, kleine Arbeitsbereiche (z. B. eine Unterrichtseinheit,
ein Fach) als auch umfassende Aspekte und Bereiche (z. B. Erfolg und Zufriedenheit in einer Stufe) zum Untersuchungsgegenstand gemacht und miteinander verknüpft werden.

Evaluation muss komplex angelegt sein, darf die Beteiligten aber inhaltlich,
politisch, sozial, methodisch oder zeitlich nicht überfordern.
In den meisten Fällen wird unterschätzt, welch hoher Zeit- und Personalauf-
wand für Evaluationsverfahren erforderlich ist, welche tiefgreifenden sozialen
Wirkungen Evaluationen haben können (z. B. wenn Rückschlüsse auf Schwächen Einzelner möglich sind oder altbewährte Strukturen sich als nicht lange
tragfähig erweisen). Schulinterne Evaluation wirkt immer intervenierend auf
soziale Beziehungen und die Arbeit in der Schule. Sie trifft auf ein bestehendes
soziales System, greift in Beziehungen ein. Sie kann instrumentalisieren und
instrumentalisiert werden, sie kann eskalieren und deeskalieren, konfrontativ
oder einigend wirken.

Der Warnung vor zu komplex angelegter Evaluation steht die Forderung
nach hinreichender Tiefe entgegen. Eine Evaluation muss in die Schularbeit
eindringen und neue – kritische – Erkenntnisse zu Tage bringen können über
die Voraussetzungen des Unterrichts, dessen Prozess und dessen Ergebnisse.

Sie sollte theoriebezogen, erklärend und prozessorientiert angelegt sein (vgl. FRANKE-WIKBERG 1995). Es gilt, die Arbeit der Schule in ihrer Gesamtheit zu erfassen und sie für sich selbst und für andere begreiflich zu machen. Die Evaluation soll Hinweise geben für das, was geändert werden muss und kann. Gerade in einem Schulsystem, in dem unterschiedliche Schulformen miteinander konkurrieren, ist die Versuchung groß, kritische Ergebnisse in Evaluationen zu vermeiden oder sie zu verheimlichen. (Im Übrigen ist dieser Aspekt der Evaluation in miteinander konkurrierenden Schulformen bisher nur selten bedacht worden. Fast alle Länder, in denen Evaluation in der Schule eingeführt wurde, haben solche konkurrierenden Schulformen nicht, bei ihnen konkurrieren nur die Schulen einer Schulform miteinander!) Wenn die innere oder äußere Situation einer Schule so ist, dass keine angemessenen Ressourcen für die seriöse Durchführung von Evaluation vorhanden sind, dass kritische Ergebnisse weder angestrebt noch verarbeitet werden können oder dass Evaluation nur als Konfrontation eingesetzt bzw. empfunden werden kann, dann ist Evaluation (noch) kein Mittel der Schulentwicklung, es müssen erst die Grundlagen für sie bereitet werden.

Vereinbarungen über Regeln, Normen und Verantwortlichkeiten müssen hinreichend klar und genügend offen sein.
Wenn Schulen nur wenig Erfahrungen mit Evaluationsprozessen haben oder wenn unbekannte Verfahren gewählt werden, wird der Festlegung von Verantwortlichkeiten und der Vereinbarung von Normen häufig entweder nicht genügend Aufmerksamkeit gewidmet oder sie wird bis zur Paralyse übertrieben. Beides ist für den weiteren Verlauf der Evaluation schädlich. Ist nicht vereinbart, wer mit welchem Auftrag welche Schritte durchführt oder von außen unterstützt (Moderatoren, Experten), wer welche Ergebnisse in welcher Form erhält und wer wie an der Interpretation beteiligt wird, dann müssen diese Grundfragen bei jedem Schritt neu entschieden werden. So können sie schnell zu ständig wiederkehrenden Machtfragen werden. Versucht man andererseits, vorab die Evaluation bis in alle Eventualitäten zu regeln und die Rollen und Aufgaben so zu klären, dass keine Überraschungen mehr auftreten können, darf man sich nicht wundern, dass keine Überraschungen mehr auftreten und die Evaluation leer läuft oder von Verfahrensfragen überlastet wird. Notwendig sind hinreichend klare, offene und prozessorientierte Vereinbarungen.

Evaluation muss nicht perfekt und restlos abgesichert sein.
Wenn eine Schule Evaluation noch lernt, müssen Freiräume und Experimentiermöglichkeiten bestehen, es müssen auch Versuche gemacht und Risiken eingegangen werden können. Damit Evaluation für die weitere Entwicklung der Schule Chancen bietet, sollte sie aber inhaltlich, organisatorisch und zeitlich so angelegt sein, dass sie von den Beteiligten und Betroffenen akzeptiert werden kann. Evaluation soll (auch als Experiment) strukturiert und

transparent angelegt sein und in die Arbeit und die Entwicklung der Schule eingebunden werden. Dies kann gefördert werden durch die Bearbeitung der folgenden Matrix:

	Daten erheben	Daten analysieren und bewerten	Umsetzen der Ergebnisse
Was?			
Wozu? Warum? (Für wen?)			
Wie?			
Wer?			
Wann? Wie oft?			

Abbildung 4-7: Grundfragen der Evaluationsplanung

Sie unterscheidet erst einmal drei grundsätzliche Arbeitsschritte, die von Schulen zu Beginn oft so noch gar nicht gesehen werden. Wird die Unterscheidung dieser Schritte beachtet, können im Evaluationsprozess Störungen vermieden werden. Werden die Schritte nicht beachtet (z. B. wenn eine Projektgruppe Daten sammelt und sie wie selbstverständlich auch bewertet und erst dann dem Kollegium vorstellt), dann wird das Kollegium dies oft als Konfrontation empfinden und die gesamte Datenerhebung zurückweisen.

In der Matrix werden dann fünf Fragen genannt, die – jeweils für die drei Arbeitsschritte – geklärt werden müssen. Alle Felder dieser Matrix sollen vorab geklärt und vereinbart werden. Dies kann von einer Gruppe vorbereitet werden, es sollten aber alle Beteiligten und Betroffenen die Möglichkeit haben, daran mitzuwirken. Auf der Grundlage einer solchen Klärung können später Veränderungen und Revisionen nachvollziehbar erfolgen.

Evaluationen müssen nicht die Standards wissenschaftlicher Sozialforschung erfüllen.
Insbesondere bei der Frage der Wahl geeigneter Evaluationsverfahren wird in Diskussionen häufig vorgebracht, zulässig seien nur Verfahren, die die Gütekriterien der Validität, Objektivität und Reliabilität erfüllten. Dies ist jedoch nur in seltenen Fällen notwendig und sinnvoll, z. B. bei vergleichenden Schulleistungsmessungen. Die Arbeit der eigenen Schule wirkungs- und verantwortungsvoll zu untersuchen und zu bewerten erfordert die Einhaltung anderer Bedingungen:

- Verfahren und Ergebnisse der Evaluation müssen mit Auffassungen und Sichtweisen anderer Beteiligter konfrontiert werden (können).
- Alle eingesetzten Verfahren müssen ethisch vertretbar und mit den pädagogischen Zielen vereinbar sein sowie den Grundsätzen humaner Interaktion entsprechen

(u. a.: Gegenseitigkeit: Jede Frage, die man über andere stellen will, muss man auch über sich selber stellen lassen. Vorbild: Evaluation kann nur verlangen, wer selber evaluiert und sich evaluieren lässt).

▇ Evaluationen müssen auf gezielter Sammlung relevanter Daten und Informationen über die zur Frage stehenden Gegenstandsbereiche fußen und sich an Standards, Vorgaben und Zielen orientieren oder auf sie hinarbeiten.

▇ Der gesamte Evaluationsprozess muss so angelegt sein, dass er ohne übermäßigen zusätzlichen Zeitaufwand für die Weiterentwicklung der Praxis genutzt werden kann.

Immer mit Schülern und Schulleitung.
Wie auch immer Evaluation angegangen wird, in welcher Konstellation sie auch immer organisiert ist – es geht nicht ohne die Schulleitung. Manchmal möchten Schulleitungen Fragestellungen nicht beeinflussen, insbesondere dann, wenn es um ihre Arbeit geht. Auch wenn diese Zurückhaltung in bester Absicht erfolgen mag, so ist sie doch problematisch. Denn dadurch wird signalisiert, dass jemand, dessen Arbeit Untersuchungsgegenstand ist, sich nur mit den Ergebnissen der Evaluation (= Urteil) beschäftigen soll. Die Schulleitung sollte sich daher mit ihren Erfahrungen, Interessen, Aufgaben, mit ihrer Verantwortung und in ihrer Funktion in die Evaluation einbringen.

Unverzichtbar ist auch die Beteiligung und die Mitwirkung von Schülern. Wenn Evaluation sich auf die Veränderung und Entwicklung von Unterricht richtet, müssen diejenigen einbezogen werden, für die der Unterricht gemacht wird.

Schnelle Rückmeldung, genügend Zeit, angemessene Dokumentation.
Einbeziehung von Schülern bedeutet nicht nur, sie zu evaluieren. Im Regelfall bedeutet dies, ihnen die Ergebnisse zurückzumelden und sie an der Analyse und Bewertung zu beteiligen. Es gibt Ansätze und Verfahren der Evaluation, solche Beteiligung und Rückmeldung auch mit jüngeren Schülern durchzuführen.

Besonders dann, wenn Schüler beteiligt werden, ist eine schnelle Rückmeldung der Ergebnisse von größter Wichtigkeit. Umfang und Anlage von Evaluationsinstrumenten sollten daher so beschaffen sein, dass eine Auswertung schnell und übersichtlich erfolgen kann. Rückmeldungen über Beobachtungen müssen innerhalb von 24 bis 48 Stunden erfolgen, sonst sind die Beobachtungen für die Schüler nicht mehr erinner- bzw. nachvollziehbar. Ergebnisse von Befragungen oder Interviews sollten spätestens eine Woche nach Durchführung zurückgemeldet werden. Die für die Rückmeldung erforderliche Zeit – sowohl in Lehrerkollegien als auch in Schulklassen – wird meist unterschätzt. Für eine Auseinandersetzung mit den Ergebnissen eines Fragebogens von 10 bis 15 Fragen sind oft zwei Stunden erforderlich. Es ist sehr wichtig, dass die Schulleitung sicherstellt, dass bereits vor einer Evaluation geklärt ist, wie die Rückmeldung erfolgen wird, und dass dafür genügend Zeit vorhanden ist. Kann die für eine angemessene Rückmeldung erforderliche Zeit nicht garantiert werden, sollte die Evaluation nicht durchgeführt werden. Eine Evaluation, bei der Schüler befragt werden, sie aber nicht die Ergebnisse erhalten und nicht an der Analyse beteiligt werden, ist ein schlechtes Beispiel für Schulentwicklung.

Bei Evaluation mit so hohem Arbeits- und Energieaufwand sollten Ergebnisse und Bewertungen sorgfältig dokumentiert werden, um für eine weitere Bearbeitung im Rahmen des Entwicklungsprozesses zur Verfügung zu stehen.

Evaluation ist nichts wert, wenn sie den Unterricht nicht erreicht.

Wie gut, umfassend und raffiniert auch immer Evaluation in der Schule durchgeführt wird, entscheidend für die Berechtigung, die Wirkung und den Erfolg ist, dass sie den Unterricht erreicht, dass sie im Interesse der Schüler die Schule und die Arbeit weiterbringt. Nichts anderes. Wenn Evaluation das erreicht, wird sie auch für die Lehrer nützlich und wertvoll, wird sie auch ein Weg zur Lehrerentwicklung.

12.2.3 Anregungen und Verfahren für schulinterne Evaluation

Es gibt für Evaluation – wie gesagt – keine Patentrezepte. Man muss Evaluation aber auch nicht jedes Mal neu erfinden, sondern kann Erfahrungen, erprobte Methoden und Ideen im Hinblick auf eine Verwendung für die eigene Arbeit kritisch prüfen und kreativ nutzen.

Prüffragen: Wann können Evaluationen gelingen?

Folgende Fragen (in Anlehnung an FRANKE-WIKBERG 1995:67ff.) sollten positiv beantwortet werden können, wenn man einen Evaluationsprozess beginnen will:

- Beachtet die Evaluation den Zusammenhang der jeweiligen Arbeitsprozesse und Probleme?
- Kann sie dazu beitragen, Arbeitsprozesse und/oder -beziehungen zu erklären und zu klären?
- Achtet sie die sozialen Beziehungen?
- Ist sie auf die konkrete Entwicklung vor Ort ausgerichtet?
- Gibt sie Anregungen zur Selbsthilfe?
- Ermöglicht sie kollegialen Erfahrungsaustausch und gemeinsames Lernen?
- Ist die Evaluation für alle Beteiligten und Betroffenen offen und kontrollierbar?
- Macht die Evaluation deutlich, was Evaluation (nicht) sein kann?

Welche Bedeutung erhält Evaluation in Ihrer Schulentwicklung?

Mit Hilfe einer Mindmap-Übung, wie sie bereits im ersten Teil vorgestellt wurde (siehe Seite 15), kann eine Antwort gefunden werden. Zum Thema „Evaluation" werden dabei folgende Begriffe verwendet:

● Analyse	● Evaluation	● Richtlinien/Lehrpläne
● Autonomie	● Kollegium	● Schüler/innen
● Bewertung	● Kontrolle	● Schulaufsicht
● Beurteilung	● Lehrer/in	● Schulleitung
● Daten	● Leistung	● Schulprogramm
● Diagnose	● Macht	● Unterricht
● Eltern	● Planung	● Veränderung
● Entwicklung	● Qualität	● Verantwortung
● Ergebnisse	● Rechenschaft	

Abbildung 4-8: Mindmap: Evaluation und Schulentwicklung

Auswahl von Evaluationsverfahren

Für Evaluation in der Schule und im Unterricht gibt es viele Verfahren. Die
Auswahl sollte sich u. a. nach folgenden Kriterien richten:
Welches Verfahren

▪ macht neugierig, regt an, erscheint bewältigbar?
▪ liefert schnell und anschaulich Ergebnisse zu den vereinbarten Fragestellungen?
▪ ist praktikabel und praxisverträglich?
▪ entspricht unseren Normen am besten?
▪ ist anregend, auf die Alltagsarbeit übertragbar?
▪ ist von allen Beteiligten durchzuführen und auszuwerten?

Abbildung 4-9: Ideenkarte – Verfahren schulinterner Evaluation

Grundformen der Evaluation

Zu den Grundformen der Evaluation (schriftliche Befragung, strukturierte Gespräche, Beobachtung und Datenanalyse) existiert viel Literatur und Forschung. Die folgenden Erfahrungen aus Schulentwicklungsprojekten werden hier nicht als Regeln vorgestellt, sondern es sind Hinweise und Tipps, die auf häufig auftretende Praxisprobleme eingehen.

Die *schriftliche Befragung* (z. B. Fragebögen, Kartenabfragen, Selbstuntersuchungen) wird bei Evaluationen wohl am häufigsten angewendet, obwohl sie nicht unbedingt einfach zu entwickeln und zu handhaben ist. Auch wenn es viele Vorlagen für Fragebögen gibt, muss in der Regel eine Adaption für die spezifischen Ziele und Bedingungen der Schule oder Klasse erfolgen. Vorgefertigte Fragebögen wiegen schnell in Sicherheit oder liefern leicht Ergebnisse, die man gar nicht wollte, oft sind Auswertungskriterien nicht klar genug.

- Zu Beginn schriftlicher Befragungen (insbesondere bei Schüler- oder Elternfragebögen) sollte vermerkt sein: Wer macht wozu diese Befragung? Wann gibt es eine Rückmeldung der Ergebnisse – in welchem Zusammenhang?
- Je genauer Befragungen die Wahrnehmungen und Gefühle erfassen, umso eher können sie für Analysen und Diagnosen hilfreich sein. (Also nicht: Wie findest du den Unterricht? Hast du Angst in der Schule? Sondern: Nenne drei Dinge, die du gut im Unterricht findest.)
- Ranking-Fragen (Stelle eine Reihenfolge der für deine Zukunft wichtigsten Fächer auf.) sind schwer auszuwerten und zu analysieren. Denn was sagt es aus, wenn alle Schülerinnen Deutsch für das wichtigste Fach halten?
- Der Vergleich eigener Schuldaten mit Ergebnissen ähnlicher Befragungen oder Untersuchungen anderer Schulen oder Bezirke/Länder erweist sich in der Praxis als fragwürdig – insbesondere dann, wenn es sich um Vergleich von Klima-Bewertungen bzw. Wahrnehmungen handelt. (Was bedeutet es, wenn sich an der Goethe-Schule 63 Prozent aller Schülerinnen wohl fühlen, im Bundesdurchschnitt sich aber 75 Prozent aller Schülerinnen in ihrer Schule wohl fühlen?)
- Bei schriftlichen Befragungen zur Schule und zum Unterricht sollte nur in seltenen Ausnahmen darauf verzichtet werden, Schüler zu befragen und sich mit ihnen über Analyse und Diagnose auseinanderzusetzen.
- In den meisten Fällen ist die Auswertung der Fragebögen von Hand oder eine „offene Auswertung" (s. u.) schneller und einfacher als eine Computer-Auswertung.
- Zehn bis fünfzehn Fragen sind für eine Schule/Klasse, in der erstmalig eine schriftliche Befragung durchgeführt wird, schon eine Menge.

Strukturierte Gespräche mit Einzelpersonen oder Kollegien (z. B. Planungs- und Entwicklungsgespräche, Bilanzkonferenzen, Interviews) orientieren sich an Leitfragen, die systematisch ausgewertet werden. Anders als in skandinavischen Ländern werden solche Evaluationsverfahren in Deutschland eher selten eingesetzt.

- Es sollten hier vorrangig Verfahren eingesetzt werden, die in zwei bis drei Tagen ausgewertet und rückgemeldet werden können.

▣ Um schnelle Auswertbarkeit herzustellen, sollten vor Interviews Leitfragen und Antwortraster (in denen die Antworten schnell stichwortartig eingetragen werden können) erarbeitet werden.

▣ Interview-Transkriptionen und deren Auswertung überfordern in aller Regel die Schule schon von den Arbeitskapazitäten her.

▣ Hilfreich ist, wenn Interviews von zwei Interviewern geführt werden, von denen einer protokolliert.

▣ In Klassen sind Gruppeninterviews sehr gut möglich (s. u.).

▣ In Interviews können auch quantitative Fragen eingebaut werden, dadurch erhält man auch einen Grundstock quantitativer Aussagen.

Beobachtungen (z. B. Pausenbeobachtung, Unterrichtshospitation) werden insbesondere eingesetzt, wenn nicht subjektive Sichtweisen oder Meinungen von jemandem erfragt werden sollen, sondern wenn untersucht werden soll, was „wirklich" (sicht- bzw. hörbar) geschieht.

▣ Am einfachsten durchführbar und vertretbar ist eine nicht teilnehmende, offene Beobachtung. Problematisch sind in der Regel verdeckte, teilnehmende Beobachtungen (Täuschungs- oder Manipulationsvorwurf).

▣ Beobachtungen führen nur zu verallgemeinerbaren Ergebnissen, wenn sie über einen längeren Zeitraum durchgeführt werden.

▣ Beobachtungen, die auf die Analyse psychischer Probleme oder sozialer Beziehungen zielen, sind, wenn überhaupt, nur im Einverständnis mit allen Beteiligten durchführbar.

▣ Die Qualität von Beobachtungen hängt wesentlich von der Klarheit der Beobachtungskriterien ab. Deshalb muss auf die Erarbeitung dieser Kriterien viel Sorgfalt verwendet werden.

▣ Videobeobachtungen sind kompliziert durchzuführen und auszuwerten, wenn nicht Routine besteht und jemand speziell für den technischen Bereich verantwortlich ist.

▣ Standbild-Verfahren (Polaroid-Bilder, Organigramme, siehe Seite 168) führen häufig zu guten und anschaulichen Ergebnissen.

Die *Auswertung vorhandener Daten* (z. B. Abschlüsse, Klassenarbeiten, Unterrichtsverteilung, Stundenplan, Klassenbücher, Konferenzprotokolle) ist ein einfaches und relativ schnelles Verfahren.

▣ Persönliche Dokumente (Schülerzeitungen, Graffiti) sind ergiebige Datenquellen.

▣ Sammlung durchführen: Welche Daten gibt es in der Schule/Klasse schon?

▣ Nicht nur nach Schwächen suchen (Sherlock-Holmes-Syndrom), sondern gezielt auf Stärken achten.

▣ Vor Beginn der Analyse sollten Leitfragen zur Strukturierung und Auswertung erarbeitet werden.

▣ Beachten, dass datenschutzrechtliche Bestimmungen eingehalten werden.

Anregungen für Schul-Evaluation

Die folgenden Verfahren und Arbeitsvorschläge sollen anregen, Modifikationen auszuprobieren, eigene Ideen für die Evaluation in der Schule zu entwickeln. Vorgestellt werden Verfahren, die strukturiert und inhaltsbezogen sind, sowie offene, expressive Verfahren. Neben den hier vorgestellten Arbeitsvorschlägen können viele der bereits in den vorhergehenden Teilen präsentierten Verfahren für Evaluation in der Schule modifiziert werden (z. B. Schlüssel-Biografie der Schule, Arbeitsinventur in der Schule, Selbst-Rapport; siehe Seite 49).

1. Klassen-Interviews

Ein Lehrerkollegium (bzw. eine Projektgruppe) erarbeitet mit Schülervertretern einen Interview-Leitfaden (etwa drei bis sieben Fragen). An einem Schultag gehen die Lehrer jeweils zu zweit und mit mindestens einem Schülervertreter jeweils in eine Klasse (es sollen alle Klassen der Schule bzw. der betroffenen Jahrgänge oder Stufen befragt werden) und führen ein Klassen-Interview durch (etwa 30 bis 45 Minuten): Zu den einzelnen Fragen werden in der Klasse Gespräche und Diskussionen geführt. Anschließend fassen die Interviewer Aussagen und Ergebnisse in Bezug auf die Leitfragen aus ihrer Sicht zusammen, korrigieren sie eventuell nach Rückmeldungen aus der Klasse und halten sie schriftlich (vorbereitete Wandzeitung) fest. Am Nachmittag desselben Tages präsentieren die Interviewer die Zusammenfassungen in einer Konferenz/Fortbildungsveranstaltung und werten sie aus. Am nächsten Tag werden in den Klassen die Analysen der Tagung vorgestellt und diskutiert.

2. Verändern – erhalten?

Variante 1: Laden Sie ehemalige Schüler zu einer Wiedersehensfeier in Ihre Schule ein. Lassen Sie die Gäste bei Unterrichtsstunden hospitieren oder geben Sie jedem Schülerzeitungshefte, Klassenarbeiten, ein Klassenbuch, ein Konferenzprotokoll und Schülerhefte. Fragen Sie: Was hat sich seit Ihrer Schulzeit in unserer Schule verändert?

Variante 2: Laden Sie ehemalige Schüler zu einer Feuerzangenbowle ein und lassen Sie sie charakteristische Unterrichtssituationen vorspielen. Was hat sich Ihrer Meinung nach bis heute (nicht) verändert? Wie ist es Ihnen gelungen, das (nicht) zu verändern?

Variante 3: Besuchen Sie andere Schulen, beobachten Sie Unterricht anderer Lehrer und versuchen Sie den Kollegen dort zu beschreiben, was sie in deren Schule gesehen haben – reden Sie bitte nicht über Ihre eigene Schule.

Variante 4: Laden Sie sich drei bis fünf (unabhängige) Gäste in Ihre Schule ein und erklären Sie ihnen, wie es Ihnen gelungen ist, so viel ohne Evaluation zu erreichen.

3. Erwartungen zur Sprache bringen und klären

Alle Schüler erhalten jeweils fünf Karten. Auf jeder können sie jeweils eine Erwartung bezüglich des Unterrichts (im speziellen Fach/Projekt) oder der Schule notieren. Dann gibt jeder Schüler drei seiner fünf Karten an den rechten Nachbarn weiter. Von den drei Karten, die jeder erhält, darf er bei Gefallen höchstens zwei behalten und gibt wieder drei Karten an seinen rechten Nachbarn. Nach etwa fünf bis acht

Stationen präsentiert dann jeder Schüler seine Erwartungskarten (die er ja teilweise von anderen übernommen hat). Die Erwartungen werden geordnet, es kann ausgewertet werden, welche Erwartungen festgehalten, welche sofort weitergegeben wurden.

4. Rekonstruktion

Teilen Sie den Schülern vor der Unterrichtsstunde mit, dass später eine „Rekonstruktion" stattfinden soll. Zehn Minuten vor Unterrichtsende führen Sie diese durch. Entscheidend ist dabei nicht, ob die Rekonstruktion „richtig" ist, sondern was erinnert wird:

Zeit	Wer tat	was	wie	mit welchem Ergebnis?
...	...	...	...	...
...	...	...	...	...

Ausgewertet werden die einzelnen Unterrichtsschritte und wie sie miteinander zusammenhängen bzw. aufeinander aufbauen. Dieser Arbeitsvorschlag dient auch dazu, in der Klasse allmählich eine Metasprache über Unterricht aufzubauen.

5. Rotierendes Tagebuch

Jeder Lehrer (bzw. Schüler) erhält ein Blatt Papier und folgende Information: „Wir werden ein rotierendes Tagebuch schreiben. Alle 10 bis 15 Minuten werden wir die Konferenz (den Unterricht) unterbrechen. Dann sollen Sie auf zwei Fragen antworten:
a) Was war in den letzten 10 bis 15 Minuten wichtig für Sie?
b) Was erwarten Sie von den nächsten 10 bis 15 Minuten?"

Nach 10 bis 15 Minuten unterbrechen Sie die Konferenz (bzw. Unterrichtsstunde), die Lehrer (Schüler) schreiben die Antworten auf das Papier und reichen es dann an ihren Nachbarn weiter.
Nach weiteren 10 bis 15 Minuten notieren die Lehrer (Schüler) die nächsten Antworten auf die beiden Fragen auf dem Blatt, das sie von ihrem Nachbarn erhalten haben, und reichen es weiter ...
Zum Schluss werden alle Tagebücher an der Tafel befestigt, ausgewertet und analysiert.

6. Schulgestalt: So ist meine Schule (Klasse/Kollegium)

Dieser Arbeitsvorschlag ist eine Variante von „Das kann ich (richtig)" (siehe Seite 57). Legen Sie mitten in die Klasse (das Lehrerzimmer) einen großen Körperumriss (etwa 2 m lang). Jeder Schüler (bzw. Lehrer) kann entweder vorher auf Kärtchen oder direkt in den Umriss eintragen, wie für ihn die Klasse/Schule ist:

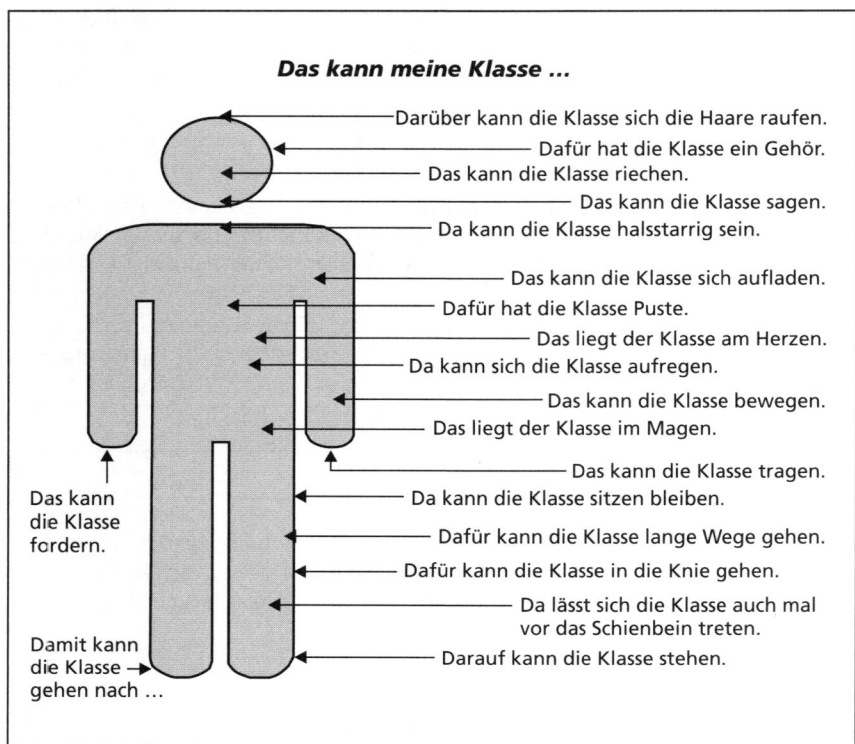

Das kann meine Klasse ...

Darüber kann die Klasse sich die Haare raufen.
Dafür hat die Klasse ein Gehör.
Das kann die Klasse riechen.
Das kann die Klasse sagen.
Da kann die Klasse halsstarrig sein.

Das kann die Klasse sich aufladen.
Dafür hat die Klasse Puste.
Das liegt der Klasse am Herzen.
Da kann sich die Klasse aufregen.

Das kann die Klasse bewegen.
Das liegt der Klasse im Magen.

Das kann die Klasse tragen.
Da kann die Klasse sitzen bleiben.

Dafür kann die Klasse lange Wege gehen.

Dafür kann die Klasse in die Knie gehen.

Da lässt sich die Klasse auch mal vor das Schienbein treten.
Darauf kann die Klasse stehen.

Das kann die Klasse fordern.

Damit kann die Klasse gehen nach ...

Abbildung 4-10: So ist meine Klasse/Schule

7. Standbilder: Was sich bewegt

Zu Begriffen, die für die Schule zentral sind, wird von einer oder mehreren Gruppen (in der Klasse, im Kollegium oder in der Schule) ein Standbild gebaut. Es wird mit Polaroid oder Zeichnungen dokumentiert und zuerst von einer anderen Gruppe bzw. Zuschauern gedeutet. Erst wenn die „Zuschauer" mit ihrer Deutung fertig sind, dürfen die Darsteller erklären, was sie ausdrücken wollten.

8. Das schwarze Brett

In der großen Pause wird an den Schuleingängen bzw. am Ausgang des Klassenzimmers eine Wandzeitung befestigt, auf der ein bis drei Fragen zur Schule und zum Unterricht stehen (z. B.: Wie viele Minuten hast du gestern für deine Hausaufgaben gebraucht? Wenn du eine Sache an unserer Klasse/Schule sofort ändern könntest, was würdest du ändern?). Jeder Schüler kann Aussagen auf die Wandzeitung kleben. Jeder, der geschrieben hat, bekommt einen Stempel auf die Hand. Nach der Pause werden die Aussagen geordnet – am besten mit den Schülern – und ausgewertet.

9. Offene Türen

Eine Stunde/einen Tag lang sind alle Türen in der Schule offen. Am Ende der Stunde/des Tages geben die Schüler/Lehrer in den Klassen auf Wandzeitungen mit einem Wort ihren Eindruck wieder: Schule mit offenen Türen ist wie ...

10. Schule verkehrt

Eine Stunde/einen Tag lang darf in der Schule/Klasse nichts so gemacht werden, wie es üblicherweise gemacht wird.

Erster Arbeitsschritt: Die Schüler und Lehrer planen (kurz schriftlich), wie sie die Schule „verkehrt" machen wollen und was sie als Reaktion darauf erwarten. Sie tauschen ihre Pläne nicht aus.

Zweiter Arbeitsschritt: In einer Experimentierphase versuchen die Schüler und Lehrer, ihre Pläne zu realisieren.

Dritter Arbeitsschritt: Die Experimente werden ausgewertet: Was ist wie (nicht) gelungen? Was waren die Gründe dafür, dass es so gekommen ist?

Vierter Arbeitsschritt: Präsentation der Experimente und Erfahrungen in der Klasse/ im Kollegium.

Variante: Diesen Arbeitsvorschlag kann auch als eine Art Gedankenexperiment durchgeführt werden. Dann stellen die Schüler und Lehrer ihre Planungen und die vermuteten Ergebnisse vor und tauschen aus, wie und warum sie zu den vermuteten Ergebnissen gekommen sind.

11. Wendepunkte

Listen Sie für eine Lehrer- oder Schulkonferenz auf einer Wandzeitung alle wichtigen Ereignisse in ihrer Schule innerhalb des letzten (halben) Schuljahres auf. Jeder Teilnehmer der Konferenz kann mit maximal drei Klebepunkten kennzeichnen: Wenn Sie drei Ereignisse ungeschehen machen (alternativ: wiederholen) könnten, welche wären das? Dann bekommt jeder Teilnehmer eine Karte: Wenn Sie im vergangenen Schul(halb)jahr ein Ereignis in der Schule hätten herbeizaubern können, welches Ereignis wäre das gewesen? Wann hätte es sich ereignet?

12. Die 18-Stunden-Evaluation

Das folgende Verfahren hat zwei Stärken: Es ist schnell und legt einen deutlichen Akzent auf die Rückmeldung der Analyse. Voraussetzung ist ein (Toleranz-)Beschluss in der Lehrerkonferenz bzw. Schulkonferenz, zu einem bestimmten Bereich (z. B. Ordnung, fächerübergreifender Unterricht, Schülerleistungen, Lern- und Arbeitsatmosphäre) eine Schüler- und Lehrerbefragung durchzuführen (Auswahl des Bereiches z. B. durch eine Kartenabfrage).

1. Eine Projekt-/Arbeitsgruppe bereitet zum entsprechenden Bereich Fragen für eine schriftliche Befragung vor. Notwendig sind
a) eine Beschränkung auf etwa 10 bis 20 Fragen und
b) die Anwendung von einer, höchstens zwei Skalen (Antwortrastern). Es sollen die gleichen Fragen an Schüler und an Lehrer gestellt werden. Bei der Erstellung von Fragen kann man sich an vorhandenen Fragebögen orientieren (vgl. Seite 118ff.).

2. Die Projektgruppe stellt ihre Fragen-Entwürfe der Lehrerkonferenz und der Schülervertretung am Nachmittag vor der Durchführung vor:
a) Sind die Vorgaben des Toleranzbeschlusses erfüllt?
b) Sind die Fragen klar und eindeutig zu beantworten? Gegebenenfalls erfolgt eine Revision.

3. Am Vormittag des nächsten Tages wird die Befragung in allen Klassen der Jahrgänge x, y, z sowie im Lehrerkollegium durchgeführt. Jeweils zwei Lehrer führen die Befragung in je einer Klasse durch. Jeder Schüler erhält die Fragen schriftlich und füllt den Fragebogen aus. Dann wird an der Wand eine große Wandzeitung befestigt, auf der der Fragebogen groß abgebildet ist. Jeder Schüler überträgt seine Angaben auf die Wandzeitung. In etwa zehn Minuten hat die Klasse ihre Angaben eingetragen und kann dann mit den beiden Lehrerinnen eine erste Analyse durchführen (Was fällt (nicht) auf, was überrascht, was erscheint weniger wichtig, was ist hilfreich?). Die Ergebnisse dieser ersten Analyse werden auf einem Plakat festgehalten.

4. In der großen Pause füllen die Lehrerinnen im Lehrerzimmer den Fragebogen aus und übertragen ihre Angaben auf ihre Wandzeitung. Mindestens zwei Mitglieder der Projekt-/Arbeitsgruppe sollten anwesend sein, um eventuell stellvertretend für Kollegen die Übertragung durchzuführen (Anonymität).

5. Am Mittag/Nachmittag werden in einer Konferenz die Wandzeitungen aus den Klassen und aus dem Kollegium in einem großen Raum (Aula) aufgehängt. Alle betroffenen Lehrer sowie Schülervertreter führen eine Analyse der Ergebnisse durch und werten sie. Sinnvoll ist es, zuerst jedes Ergebnis für sich zu analysieren und dann erst zu einem Vergleich zwischen den Klassen und dem Kollegium überzugehen.

6. Am Ende der Konferenz sollten (wenigstens) ein bis drei Ergebnisse festgestellt werden, zu denen in den nächsten zwölf Monaten auf jeden Fall etwas getan oder verändert werden muss.

7. Am nächsten Morgen werden den beteiligten Klassen zumindest die Ergebnisse aus 6) vorgestellt und diskutiert.

Auf der gegenüberliegenden Seite ein Fragebogen-Beispiel (bei Wandzeitungen fehlen die Kreise).

Lehrerfragebogen					
In meinem Unterricht ...	im- mer	oft	ab und zu	sel- ten	nie
helfen sich die Schüler ge- genseitig.	o	o	o	o	o
arbeiten die Schüler in Gruppen.	o	o	o	o	o
stellen Schüler die Ergebnisse von Gruppen- arbeiten vor.	o	o	o	o	o
werden die Schüler an der Auswahl von Unterrichts- inhalten be- teiligt.	o	o	o	o	o
wird gestört.	o	o	o	o	o
hören die Schüler zu, wenn andere etwas sagen.	o	o	o	o	o
Bitte kreuzen Sie bei jeder Frage das Kästchen an, das für Ihre Arbeit am meisten zutrifft.					

Schülerfragebogen					
In meiner Klas- se ist es so:	im- mer	oft	ab und zu	sel- ten	nie
Wir helfen uns gegenseitig.	o	o	o	o	o
Wir arbeiten im Unter- richt in Gruppen.	o	o	o	o	o
Wir stellen die Ergebnisse un- serer Gruppen- arbeit vor.	o	o	o	o	o
Lehrer betei- ligen uns an Auswahl von Unterrichts- inhalten.	o	o	o	o	o
Im Unterricht wird gestört.	o	o	o	o	o
Wir hören im Unterricht zu, was andere sagen.	o	o	o	o	o
Bitte kreuze bei jeder Frage das Kästchen an, das für deine Klasse am meisten zu- trifft.					

13. Evaluations-Zielscheibe

Dieses Verfahren wird meist am Schluss von Veranstaltungen bzw. Unterrichtsreihen eingesetzt. Jeder Teilnehmer erhält die folgende Evaluations-Zielscheibe auf einem Blatt Papier und kennzeichnet: „Wie schätze ich die einzelnen Bereiche ein?" (Teilbereiche je nach Gegenstand veränderbar.) Je mehr das Kreuz in die Mitte der Zielscheibe gesetzt wird, desto positiver ist die Bewertung im entsprechendem Teilbereich. Kreuze neben der Zielscheibe zeigen im fraglichen Bereich große Unzufriedenheit.

Anschließend überträgt die Gruppe (Kollegium/Klasse) ihre Bewertungen mit Klebepunkten auf eine vorbereitete Zielscheibe (Durchmesser etwa 60 cm) und diskutiert die gemeinsame Bewertung.

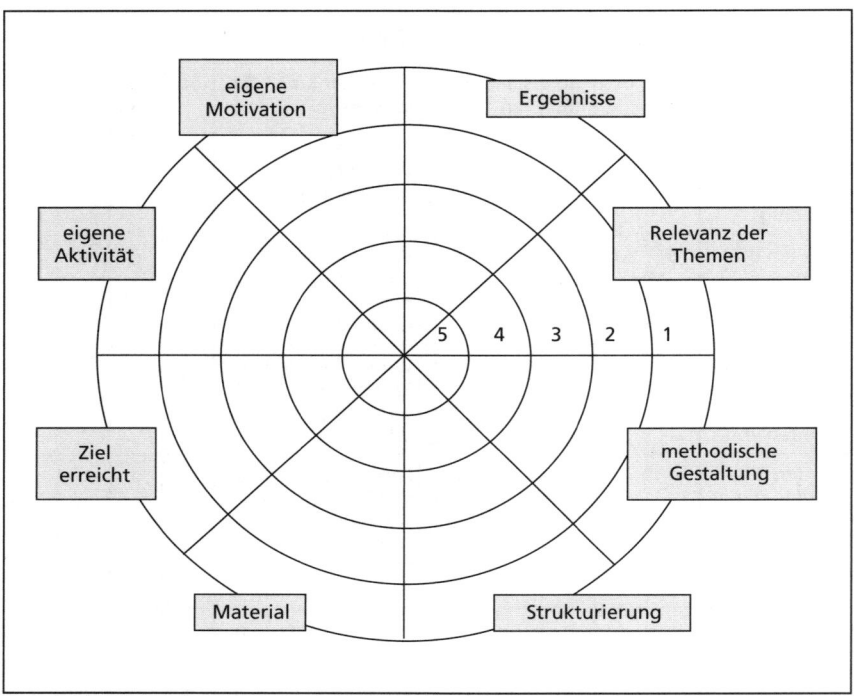

Abbildung 4-11: Evaluations-Zielscheibe

14. Steinbruch für Lehrerfragebögen zur Schulentwicklung

Generell sollte man Lehrerfragebögen im Rahmen von Schulentwicklung nur einsetzen, wenn auch Schüler befragt werden. Günstig ist es, wenn Schülern und Lehrern vergleichbare Fragen gestellt werden. Insbesondere wenn über die Schule insgesamt oder über andere Lehrer und deren Unterricht Fragen gestellt werden, muss im Fragebogen betont werden, dass es sich um die Angabe von Eindrücken, Schätzungen und Wahrnehmungen handelt, und nicht um objektive Beobachtungen.

Für diesen „Steinbruch" gilt dasselbe wie für die Schülerfragebögen (siehe Seite 118ff.): Vorgefertigte Fragen sind eine zweischneidige Sache: Sie erleichtern die Arbeit, geben Anregungen und Hilfen und ermöglichen unter Umständen, die eigenen Ergebnisse mit denen anderer Schulen zu vergleichen. Bei der Verwendung fremder Fragebögen besteht allerdings die Gefahr, dass man sie für sakrosankt hält, dass aber die Formulierungen nicht genau auf die jeweilige Schulwirklichkeit passen oder für die Schule unwichtig sind. Die folgenden Fragen sind deshalb nur ein „Steinbruch", aus dem man sich bei der Erstellung eines eigenen Fragebogens im Kollegium bedienen kann.

1. Ich fühle mich bei meiner Arbeit in der Schule ...

praktisch jeden Tag wohl.	☐
häufig wohl.	☐
hin und wieder nicht wohl.	☐
fast jeden Tag nicht wohl.	☐

2. Ich habe meiner Meinung nach auf die Arbeit in meiner Schule einen ...

dominierenden Einfluss.	☐
deutlichen Einfluss.	☐
gewissen Einfluss.	☐
unbedeutenden Einfluss.	☐

3. Wie ist es in Ihrem eigenen Unterricht und mit Ihrer Arbeit in der Schule? Wie sollte es Ihrer Meinung nach sein?

Kreuzen Sie bitte bei jeder Frage an, wie es ist und wie Sie es sich wünschen.

	So ist es: Ich ...					So wünsche ich es mir: Ich ...				
	im-mer	oft	ab und zu	sel-ten	nie	im-mer	oft	ab und zu	sel-ten	nie
3.1 ... traue mich in Konferenzen zu sagen, was ich meine.	1	2	3	4	5	-1-	-2-	-3-	-4-	-5-

Weitere Aussagen z. B.:
... arbeite kontinuierlich mit Eltern zusammen.
... arbeite mit anderen Kollegen zusammen.
... bin in die Planung schulweiter Aktivitäten einbezogen.
... bin streng zu den Schülern.
... bin über neue didaktische und pädagogische Entwicklungen meines Arbeitsgebietes auf dem Laufenden.
... erteile einen fachlich anspruchsvollen Unterricht.
... experimentiere mit neuen Ansätzen und Verfahren.
... fühle mich von der Schulleitung bei meiner Arbeit unterstützt.
... habe meine Art zu unterrichten in den letzten Jahren verändert.
... helfe Schülern in der Stunde.
... kümmere mich darum, wie es den Schülern geht.
... lasse die Schüler gemeinsam (in Gruppen) arbeiten.
... reflektiere mit Kollegen meinen Unterricht.
... sehe die von mir gestellten Hausaufgaben nach.
... sorge dafür, dass sich die Schüler im Unterricht gegenseitig helfen.
... spreche die ganze Zeit im Unterricht
... trage zu einer guten Atmosphäre im Kollegium bei.
... versuche, die Schule weiterzuentwickeln.

4. In welchem Umfang treffen die folgenden Aussagen zu?

Bitte nur eine Alternative ankreuzen.

	häufig	oft	ab und zu	sel-ten	so gut wie nie
4.1 Ich arbeite gern an unserer Schule.					

Weitere Aussagen z. B.:
Ich komme mit meinen Kollegen gut aus.
In der Schule fühle ich mich krank.
In meinem Unterricht lernen die Schüler viel für ihre Zukunft
Die Schüler haben ein gutes Verhältnis zu mir.
Ich rede mit den Schülern über Verhaltensregeln in der Klasse.
Disziplinprobleme beeinträchtigen meinen Unterricht.
Ich bin mit der Unterrichtsverteilung zufrieden.

5. Können Sie in unserer Schule mitbestimmen bei ...

	viel	ziemlich viel	ziemlich wenig	überhaupt nicht
5.1 bei der Stundenplangestaltung?				

Weitere Fragen z. B.:
... der Unterrichtsverteilung?
... bei der Verteilung von Sonderaufgaben?
... bei den Grundsätzen für Vertretungsunterricht?
... bei der Organisation und Durchführung von Projekten?
... bei der Raumverteilung?

6. Welche drei Dinge oder Faktoren (z. B. Raumangebot, Stundenplan, Förderangebot, Kollegialität, Ausstattung) an unserer Schule halten Sie für so gut, dass sie auf jeden Fall so beibehalten werden sollten?

7. Welche drei Dinge oder Faktoren (z. B. Raumangebot, Stundenplan, Förderangebot, Kollegialität, Ausstattung) unserer Schule würden Sie auf jeden Fall (ver)ändern, wenn Sie Schulleiter wären?

8. Stellen Sie sich vor, der Schulträger bittet Sie, drei Dinge zu benennen, die an der Schule unbedingt eingerichtet/angeschafft werden sollten. Welche drei Dinge würden Sie anschaffen?

---

9. Hat sich in unserer Schule in den letzten fünf bis sieben Jahren in den folgenden Bereichen etwas geändert?

		Hat sich etwas verändert?				Wie bewerten Sie diese Veränderung?		
	sehr viel	ziemlich viel	et- was	ziemlich wenig	nichts	+	+/–	–

9.1 Zusammensetzung der Schülerschaft
9.2 Lehrmittelangebot
9.3 Leistungsverhalten der Schüler
9.4 Klima im Kollegium
9.5 Atmosphäre in der Schule

9.6 Kommunikation der Lehrer untereinander
9.7 Stundenplangestaltung
9.8 Arbeit der Klassenlehrer
9.9 Unterrichtsverteilung

12.3 Externe Evaluation der Schule

„Ich verstehe nicht, warum plötzlich Begeisterung für externe Evaluation aufkommt. Noch in den Sechzigern haben wir dagegen kämpfen müssen, dass der Herr Schulrat plötzlich in der Tür stand. Ich weiß noch, wie der Schulrat einmal unangemeldet zu einer Lehrerkonferenz auftauchte – über ein Viertel der Kollegen fehlte, wenn auch entschuldigt. Da hatten wir ein halbes Jahr Terror mit ihm. Und jetzt sollen wir uns solche Kontroll-Leute wieder in die Schule hereinholen? Das fördert nur Angst und Misstrauen. Der Unterricht wird dadurch keinen Deut besser."

„Eine Woche lang hatten sieben Lehrer aus England unsere Schule besucht und im Unterricht mitgemacht. Alles war bestens gelaufen, es gab ein riesengroßes Abschiedsfest. Nach einem Monat hat dann einer der englischen Lehrer über seinen Aufenthalt einen Bericht, den er für seine Schulbehörde geschrieben hatte, an einen Kollegen geschickt. Der hat ihn gleich kopiert und in unserem Lehrerkollegium verteilt. Im Bericht war die Rede von Disziplinlosigkeit, fehlender Effektivität des Unterrichts, herkömmlichen Methoden im Physikunterricht. Zuerst haben wir uns in unserer Schule nur über den Vertrauensbruch und die heimliche Beobachtung aufgeregt. Aber dann wurden wir immer bedrückter. Der englische Kollege hatte das klar benannt, was wir schon lange wussten."

„Wer möchte sich freiwillig einer Kontrolle aussetzen, ohne dass etwas dabei für ihn herauskommt, und ohne zu wissen, ob die Ergebnisse der Kontrolle nicht doch gegen einen selbst verwendet werden? Die Einwände gegen eine solche Form von Kontrolle sind begreiflich. Wenn man es von der jeweiligen Schule aus sieht, verursacht zentral oder regional ausgeübte Kontrolle selten etwas anderes als Unbehagen und Umstände." (FRANKE-WIKBERG 1995:71)

„Lehrer, die jeden Tag Dutzende von Schülern bewerten, müssen sich alle paar Jahre mal gefallen lassen, von der Schulaufsicht bewertet zu werden. Das kann eine heilsame Erfahrung sein."

„Unsere Schule hat einen so guten Ruf, uns können sie extern evaluieren bis zum Sankt Nimmerleinstag, das macht nichts."

„Ich bin in meinem Leben als Schüler und Lehrer nur in vier Schulen gewesen, mehr kenne ich nicht. Da ist es ziemlich interessant, wie Fachleute, die einen größeren Überblick haben, unsere Schule bewerten."

Externe Evaluation ist ein kontroverses Thema unter Lehrer und Schulleitungen: Für die einen ist es ein zentralistisches Kontrollverfahren in moderner Verpackung, für die anderen ist es ein unverzichtbares Instrument der Schulentwicklung und Qualitätssicherung. Dass dieses Thema so kontrovers diskutiert wird, liegt nicht nur an der Sache selbst. Es liegt auch daran, wie es in die Diskussion eingebracht wird: Jahrelang hat sich so gut wie niemand um externe Evaluation gekümmert, und nun just in dem Augenblick, wo man Schulen mehr Selbstständigkeit verspricht, wird die Forderung nach ihr laut und auch gleich in Vorschriften und Empfehlungen festgeklopft. So muss externe Evaluation als Pflicht erscheinen, die man in Kauf nehmen muss und an der eigentlich nur die vorgesetzte Behörde interessiert ist. Dass externe Evaluation ein hilfreiches und längerfristig auch unabdingbares Element von Schulentwicklung ist, kann angesichts dieser Implementationsstrategie schnell aus dem Blick geraten.

Vor- und Nachteile externer Evaluation (nach HARGREAVES/HOPKINS 1991:35)	
Vorteile	**Nachteile**
● gibt Möglichkeiten, die Dinge unvoreingenommen zu betrachten, und ist eine Chance für die Schule, mit Außenstehenden Probleme zu besprechen	● Zeitrahmen und Zeitpunkt können evtl. nicht dem Bedarf oder dem Entwicklungsprozess der Schule entsprechen
● begrenzte zeitliche Anforderungen an die Schule	● die wesentlichen Anliegen der Schule können evtl. nicht erfasst werden, die Evaluation schafft mehr Breite als Tiefe
● nennt die Stärken und die Schwächen der Schule	● externe Erkenntnisse über die Schule müssen nicht zwangsläufig zu Schulentwicklung führen
● gibt Möglichkeiten, neue Ideen in die Schule zu bringen und Routinen zu hinterfragen	● kann die vorhandenen inneren Stärken der Schulen übersehen

Abbildung 4-12: Vor- und Nachteile externer Evaluation

Externe Evaluation von Schule kann – auch aus Sicht der Schüler, der Lehrer und der Schulleitung – ein positiver Beitrag zur Schulentwicklung sein! Rückmeldungen über die eigene Arbeit und die Entwicklung können Sicherheit geben, die professionelle Auseinandersetzung über die Arbeit stützen, die Weiterarbeit anregen und rechtzeitig auf Gefahren aufmerksam machen. Als Schule und als Kollegium auf Rückmeldung von außen zu verzichten bedeutet unprofessionelle Selbstgenügsamkeit. Wenn auf der anderen Seite von außen (z. B. Schulaufsicht oder Eltern) auf externe Evaluation verzichtet wird, kann dies die Schule in falscher Sicherheit wiegen und zu einer Schwächung der

Schulentwicklung führen. Externe Evaluation liegt also auch im Interesse der Schule selbst. Freilich, das muss einschränkend gesagt werden, nicht alles, was derzeit unter externer Evaluation in die Schulen hineingetragen wird, ist sinnvoll – manchmal ist es alter Kontrollwein in neuen Schläuchen, manchmal auch nur heiße Luft. Dabei ist das Thema für Schulen und Lehrer äußerst sensibel: Externe Evaluation rührt immer an die pädagogische Gestaltungsfreiheit des Lehrers. Sie kann dazu beitragen, diese Freiheit verantwortungsvoll wahrzunehmen und sie zu erweitern, sie kann aber auch dazu führen, dass die Freiheit beschnitten wird.

12.3.1 Modelle externer Evaluation

Bisher wurde über *die* externe Evaluation gesprochen, dabei gibt es die eine abgegrenzte Form gar nicht. Folgende Modelle externer Evaluation sind derzeit in der Diskussion:

Visitationen/Inspektionen

Sie werden meist zu Beginn bzw. am Ende von Planungsabschnitten oder Schulentwicklungsprozessen durchgeführt. Eine externe Kommission, meist Vertreter der Schulaufsicht, des Schulträgers und der Eltern, untersucht aus eigener Verantwortung und Initiative heraus die Stärken und Schwächen der schulischen Arbeit und der Leistungen der Schüler. Sie kann dabei auch nachprüfen, inwiefern Ergebnisse oder Vereinbarungen anlässlich der letzten Visitation/Inspektion eingehalten worden sind. Am Ende der Visitation/Inspektion steht ein Bericht, aus dem sich Aufgaben und Möglichkeiten für das weitere Handeln der Schule ergeben. Im Idealfall sind Visitationen/Inspektionen in den Prozess der Schulentwicklung eingebettet:

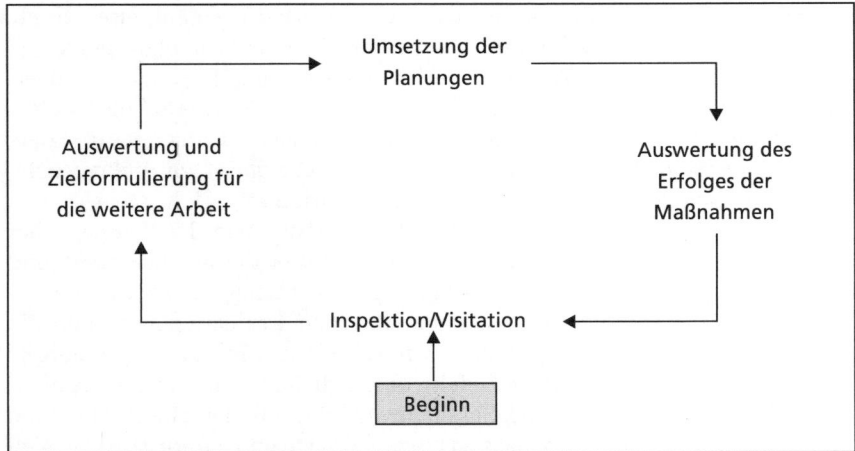

Abbildung 4-13: Visitation/Inspektion als externe Evaluation

Grundlage der Visitationen/Inspektionen können Ergebnisse der Selbstevaluation der Schule sein, die der Kommission zur Verfügung gestellt werden. Es
können aber auch eigens zu diesem Zweck durchgeführte Interviews, Leis-
tungsmessungen, Befragungen sein (vgl. auch HARGREAVES/HOPKINS 1991).
   Vorteil dieses Modells sind die klare Struktur und die Zielorientierung. Die
Verantwortlichkeiten sind klar geregelt, in der Regel sind Standards und
Kriterien der Bewertung vorab bekannt. Dies kann allerdings schon wieder
einen Nachteil dieses Modells ausmachen, und zwar dann, wenn die Schule
sich in ihrer Arbeit entweder unflexibel an den Standards ausrichtet oder aber
ihre Berichte den vermuteten Erwartungen anpasst. Der Kontrolleffekt dieses
Modells führt häufig auch dazu, dass Lehrer und Schüler die Ergebnisse als
Urteil auffassen und damit nicht weiterarbeiten. Wertet man Erfahrungen mit
verpflichtender externer Evaluation in anderen Ländern aus, lässt sich feststellen: Nur sehr wenige Schulen erfahren durch verpflichtende externe Evaluation etwas, das sie noch nicht wissen (vgl. GRAY/WILCOX 1996:21; BOOTH/
HILL 1996:20).

Schulberatungsbesuche durch Schulaufsichtsteams

Sie werden durchgeführt von einem Team mehrerer Schulaufsichtsbeamter (in
der Regel unter Beteiligung des zuständigen Schulaufsichtsbeamten). Schul-
beratungsbesuche sollen ein Mittel der Systemberatung durch Schulaufsicht
sein und die Motivation und Bereitschaft von Schulen wecken, sich auf
Evaluation und Schulentwicklung einzulassen. Nach einem Seminar der Schulaufsicht über Grundlagen und Verfahren der Evaluation können Schulen sich
freiwillig für einen Schulberatungsbesuch melden. Es werden dann Themen-
kreise für den Besuch festgelegt und Vereinbarungen zur Durchführung getroffen. Die Schule führt – unter Umständen in Absprache mit dem Schulauf-
sichtsteam – eine Selbstevaluation zu den vereinbarten Themenkreisen durch,
wertet die Ergebnisse aus und formuliert dann auf dieser Grundlage Fragen an
das Aufsichtsteam (z. B.: Wie interpretiert das Team den folgenden Sachverhalt? ... Wie kann folgende Sache ... verbessert werden?). Das Schulaufsichts-
team analysiert zuerst die von der Schule vorgelegten (aggregierten) Daten,
dann stellt es seine Sichtweise der Schule (oft in Gruppen) vor und versucht,
die von der Schule gestellten Fragen zu beantworten.
   Vorteil dieses Modells ist u. a., dass die Initiative von der Schule selber
ausgeht, dass die Schule die Fragen formulieren muss, die sie interessiert, und
dass Evaluation als Lernprozess gesehen wird. Nachteilig ist, dass das Verfahren schnell eine externe Evaluation der internen Evaluation wird und die
interne Evaluation entwerten kann. Wenn das Team in eine Expertenrolle
hineingedrängt wird, besteht die Gefahr, dass sich die Schule auf die Ratschläge des Teams verlässt und die Schulentwicklung aus der Hand gibt. Eine
weitere Gefahr besteht darin, dass das Evaluationsteam zu freundlich ist, weil
es weitere Schulen für Evaluation gewinnen will.

Peer-Review *(Externe Evaluation zwischen Schulen)*

Dieses Modell bietet die meisten Vorteile für Schulentwicklung – und zwar für die einzelnen Beteiligten und die Schule insgesamt. Aus diesem Grunde wird es hier ausführlicher vorgestellt. Peer-Review geht wesentlich auf Erfahrungen in Skandinavien zurück (vgl. FRANKE-WIKBERG 1995 mit einem ausführlichen Fragenkatalog und Ablaufschema). Im Kern geht es darum, dass sich die Schule (oder Teilgruppen) durch Kollegen anderer Schulen evaluieren lässt, dass es eine externe Evaluation durch Peers (Gleiche) gibt.

Peer-Review erfolgt in drei Abschnitten:

1. Selbstevaluation der Schule
In der Schule wird eine ausführliche Beschreibung und eine kritische Beurteilung der eigenen Arbeit geplant und durchgeführt. Es werden unterschiedliche Aspekte, die die Situation der Schule kennzeichnen, untersucht und dargestellt, z. B. die Schule in ihrem Umfeld (äußere Voraussetzungen), die inneren Voraussetzungen der Schule, die Unterrichtsarbeit und -ergebnisse. Dabei sollen sowohl die guten und die schlechten Seiten aufgegriffen und beschrieben werden, außerdem, ob und wie man bestimmte Probleme in den nächsten drei Jahren lösen will. Die Selbstevaluation wird in einem Evaluationsbericht der Schule zusammengefasst und bildet die Grundlage für den nächsten Abschnitt.

2. Stellungnahme durch (externe) Kollegen
Es wird eine Gruppe externer Kollegen gebildet (drei bis fünf Personen), die eine Stellungnahme zur Selbstevaluation geben soll. Hierfür soll von der Schule ein klarer Arbeitsauftrag formuliert werden (am besten in Form von Fragen, die die Gruppe beantworten soll). Bei Peer-Reviews ist die Schule, deren Arbeit untersucht wird, der Auftraggeber. Sie legt fest, was untersucht und auf welcher Grundlage bewertet werden soll. Die Peers müssen dann jeweils entscheiden, ob sie den Untersuchungsauftrag annehmen können (vgl. auch EKHOLM u. a. 1996). Als Peers sollen Personen benannt werden, die in der Schule respektiert werden und denen man vertraut (Fachkollegen anderer Schulen, Forscher, Abnehmer aus Industrie und Wissenschaft, Eltern, Schüler, Studenten ...). Es soll aber niemand gewählt werden, der in einer vorgesetzten Behörde oder in einem vorgesetzten Gremium tätig ist. „Wenn die Auswahlkriterien Vertrauen und Respekt sind und wenn der Auftrag klar ist, dass die Evaluation konstruktiv und hilfreich für die weitere Arbeit der Schule sein soll, ist das Risiko relativ gering, dass die Evaluation umkippt von einer Entwicklungsarbeit zu einer (von der Basis als negativ wahrgenommenen) Kontrolle." (FRANKE-WIKBERG 1995:71)
Die Gruppe arbeitet den Bericht über die Selbstevaluation durch und wertet eventuell weitere Dokumente aus, die die Schule zur Verfügung gestellt hat. Sie führt dann eine Vorab-Konferenz mit der Schule durch und klärt noch einmal Auftrag und Herangehensweise beim Peer-Review. Dann macht sie einen zwei- bis dreitägigen Besuch in der Schule. Während des Besuchs können sich die Gruppenmitglieder ein möglichst umfassendes Bild der Schule verschaffen. Sie verwenden dazu u. a. Interviews, Diskussionen, Beobachtungen, Dokumente. Während des Besuchs müssen die externen Kollegen genügend Zeit haben, ihre Eindrücke und Erkenntnisse zu formulieren und auszuwerten. Hilfreich ist, wenn sie bei Interviews oder Beobachtungen direkt im Anschluss ihre Eindrücke zusammenfassen und mit den Betroffenen kritisch prüfen. Die Peers fassen schließlich ihre Beobachtungen so konkret und konstruktiv wie möglich in einem *vorläufigen* Bericht zusammen. Dabei müssen sie in groben Zügen ihren Bezugs- und

Deutungsrahmen angeben. Das hilft ihnen selbst und denjenigen, die zu den Aussagen der Evaluatoren Stellung nehmen sollen. Der Bericht soll nicht mehr als 25 Seiten umfassen und so geschrieben sein, dass ihn sachkundige Laien verstehen. Dieser Bericht kann von der Schule korrigiert oder ergänzt werden. Danach formuliert die Kollegengruppe eine *abschließende* Stellungnahme. Sofern die Schule dies wünscht, können die Peers auch Handlungsempfehlungen geben und für ein Daten-Feedback in der Schule zur Verfügung stehen.
Der Bericht ist Eigentum der Schule. Wie damit umgegangen wird, ob er veröffentlicht wird oder nicht, entscheidet die Schule.

3. Evaluation der Weiterentwicklung
Der abschließende Bericht wird in der Schule genutzt, um daraus Handlungsschritte abzuleiten. Nach etwa drei bis fünf Jahren wird in der Schule wieder ein Peer-Review durchgeführt, vorzugsweise durch die gleiche externe Gruppe (Fragestellungen können dabei z. B. sein: In welcher Hinsicht haben sich die Voraussetzungen, das Handeln und die Ergebnisse der Schule verbessert? Haben Veränderungen zu nicht voraussehbaren negativen Folgen geführt – wie kann man ihnen abhelfen?). Diese erneuten Peer-Reviews müssen weder bei der Selbstevaluation noch bei der externen Evaluation bei Null anfangen, sondern können auf den früheren Unterlagen aufbauen.

Vorteil des Peer-Reviews ist u. a., dass er umfassend und konstruktiv ist, dass er Selbstevaluation fördert und dass beide Partner durch Peer-Review lernen. Manchmal ist der Lernerfolg bei den Evaluatoren größer als bei der Schule. Schulen solllten in den Peers also nicht Experten sehen, die ihnen endgültige oder wahre Urteile liefern, sondern kritische Freunde. Nachteil dieses Modells kann sein, dass die meisten Peer-Gruppen mit diesem Verfahren noch wenig Erfahrungen haben und es sich in einem zeitaufwendigen Prozess erarbeiten müssen. Problematisch ist, wenn Peers sich als Konkurrenten der Schule verstehen und ihre eigenen Ansätze über den Peer-Review verbreiten wollen. Eine gute praktische Möglichkeit der Durchführung von Peer-Reviews besteht im Rahmen von internationalen Schulpartnerschaften oder Schüleraustausch. Lehrer- oder Schülergruppen können hier die Funktion der „kritischen Freunde" übernehmen. Dies ist besonders lohnend, wenn die Partnerschulen ihrerseits (wie zum Teil in Skandinavien) bereits über Erfahrungen mit dem Peer-Review verfügen.

Externe Evaluation durch gemischte Teams

Sie werden durchgeführt von einem gemischten Team, das zur Hälfte von der Schulaufsicht und zur anderen Hälfte von der Schule benannt wird (vgl. KOHLHOFF 1996). Insofern ist diese Form der Evaluation eine Mischung aus Schulberatungsbesuch und Peer-Review. Funktion und Durchführung der Evaluation können zwischen Schule und Team ausgehandelt werden. Das gemischte Team kann sich bei seiner Arbeit auf Selbstevaluationen der Schule stützen, es kann auch eigene Datenerhebungen durchführen (z. B. Interviews). Die Ergebnisse der externen Evaluation werden der Lehrerkonferenz vorgestellt, eventuell werden weitere Handlungsschritte vereinbart.

Vorteil dieses Modells ist, dass die Schule durch die Möglichkeit, selber einen Teil des externen Teams zu benennen, dem Evaluationsteam mehr vertraut und dessen Ergebnisse offener aufnimmt. Nachteil des Modells ist, dass der Lernprozess innerhalb des Evaluationsteams oft so umfassend und tiefgreifend ist, dass er nach außen nicht mehr vermittelt werden kann. Die eigentlich Lernenden dieses Modells sind die Mitglieder des Evaluationsteams. Wenn innerhalb des Teams große Interessengegensätze herrschen, besteht die Gefahr, dass die Aussagen nur den kleinsten gemeinsamen Nenner formulieren und für die Schule wenig hilfreich sind.

Zertifizierung
(nach vorgegebenen Normen oder Standards, z. B. ISO 9004)

Auf der Grundlage von (meist für Industrie oder Dienstleistungsbetriebe entwickelten) Standards findet eine Untersuchung der jeweiligen Einrichtung durch eine Kommission des Zertifizierungsunternehmens statt. Untersucht wird z. B. die Qualität der Arbeitsergebnisse oder die der Arbeitsprozesse. Erfüllt die Einrichtung die Qualitätsanforderungen, erhält sie für eine bestimmte Zeit ein Zertifikat und kann damit werben.

Vorteil dieses Modells ist, dass die Kriterien für die Untersuchung in den meisten Fällen vorab sehr klar sind und dass die Schulen ihre Arbeit darauf ausrichten können. Im Privatschul- oder Fernstudienbereich können Zertifizierungen Auskunft über die Einhaltung von Mindeststandards geben. Nachteile des Modells sind der in der Regel extrem hohe Aufwand und die faktisch geringe Bedeutung des Zertifikats für die „Kunden" Schüler oder Abnehmer. Ein weiterer Nachteil ist, dass die meisten Zertifizierungskonzepte nur ungenügend auf die Aufgaben, die Funktion und die Struktur von Bildungseinrichtungen eingehen.

Zentrale oder standardisierte Tests, Vergleichsaufgaben, Leistungsvergleiche zwischen Schulen und Ländern, Dokumentenanalyse

Dieser Ansatz, der in letzter Zeit wieder stärker ins Gespräch gebracht wird, geht davon aus, dass durch zentrale Messung und Bewertung der Leistungen von Schülern oder Schulen eine Sicherung von Qualität und Qualitätsstandards erreicht werden könne. Dies geschieht durch Vergleichs- oder Musteraufgaben oder Standardtests, mit deren Hilfe Lehrer und Schulleitungen die Schülerleistungen selber prüfen und dann ihre Leistungen einschätzen können, oder durch zentrale Aufgabenstellungen bzw. die zentrale Auswertung landesweiter Tests. Weiterhin kann z. B. durch Lernausgangsuntersuchungen in weiterführenden Schulen überprüft werden, welche Leistungen vorausgehende Schulformen erreicht haben, um gegebenenfalls Veränderungen einzuleiten.

Vorteil dieses Ansatzes ist, dass sich alle Lehrer in regelmäßigen Abständen einer Außensicht in Bezug auf die Schülerleistungen stellen müssen, dass dieser Ansatz für die Lehrer meist einfach, schnell und bequem durchzuführen ist und ihnen teilweise sogar Arbeit erspart. Ein weiterer Vorteil für Lehrer und Schüler besteht darin, dass sie sich bei Diskussionen über Leistungsbewertung auf quasiobjektive Maßstäbe berufen können. Nachteil dieses Ansatzes ist u. a., dass diese Verfahren in der Regel nur einen geringen Ausschnitt der Unterrichtsarbeit erfassen und auch nur einen Teil der Schüler- und Schulleistungen messen können. Gemessen wird meistens die „Produktqualität" und nicht die „Prozessqualität", d. h., wie die Leistungen zustande gekommen sind, spielt keine Rolle. Nicht gemessen werden Haltungen und Fähigkeiten wie kritische Reflexion, Verstehen des Zusammenhangs, kreatives und eigenständiges, forschendes Lernen, der Wunsch, tiefer in Probleme und Sachgebiete einzudringen. Gerade diese Haltungen und Fähigkeiten aber wären nicht nur ein Beleg für die Qualität der Schülerleistungen, sondern auch für Qualität des Unterrichts und der Schule.

Ein weiterer Nachteil der genannten Verfahren besteht darin, dass sie nur punktuelle Messungen darstellen und Entwicklungen schwer aufzeigen können. Um Qualität angemessen beurteilen zu können, reicht es nicht, die Fähigkeiten und Kenntnisse der Schüler am Ende des Schuljahres oder in weiten Abständen zu messen. Eine in ihren Aussagen und Analysen begrenzte Qualitätsbeurteilung ist höchst unsicher und kann zu fehlerhaften Schlußfolgerungen führen.

Schließlich liegt ein wesentlicher Nachteil zentraler Aufgaben und Testverfahren darin, dass ihre Ergebnisse oft nur wenig Aufschluss über Ursachen und Verbesserungsmöglichkeiten geben. Mit den Testergebnissen ist nicht gesagt, ob der Lehrer und sein Unterricht für die Ergebnisse verantwortlich sind und welche Konsequenzen er aus den Ergebnissen ziehen soll. So kann ein guter Klassendurchschnitt bei einem Test Ausdruck dafür sein, dass die Schüler überdurchschnittlich begabt sind oder dass die Vorkenntnisse der Schüler besonders gut waren. Es kann auch sein, dass die Schüler nur auf den Test hin unterrichtet wurden, dass ihnen aber andere wichtige Kenntnisse fehlen. Und schließlich kann der Test auch zu einfach gewesen sein.

12.3.2 Funktionen externer Evaluation

Auch wenn mit der Wahl eines Verfahrens immer schon Aussagen getroffen werden über den beabsichtigten Zweck oder die Wirkungen, so können die verschiedenen Beteiligten damit doch unterschiedliche Interessen verfolgen und die externe Evaluation im Sinne einer ganz bestimmten Funktion nutzen. Die folgende Übersicht zeigt, welche Funktionen externe Evaluation bei unterschiedlichen Beteiligten haben kann:

Externe Evaluation kann ...	Auftrag möglich durch	Wer kann externer Evaluator sein?				
		Peers	SchA	L	E	Andere
Impuls zur pädagogischen Entwicklung der Schule sein. Sie soll „blinde Flecken" in der Schularbeit aufdecken, Entwicklungsmöglichkeiten aufzeigen, eine Einschätzung des Leistungsstandes geben, damit Lehrer und Schulleitung daraus ihre Konsequenzen ziehen und ihre Arbeit verändern können.	Schule evtl. Externe	x	(x)	x	x	x
Rechenschaft der Schule sein *über die Wahrnehmung der ihr zugestandenen Freiräume* und Entwicklungsmöglichkeiten. So sollen Schulen dazu angehalten werden, ihre Freiräume nachvollziehbar und verantwortungsbewusst wahrzunehmen.	Schule SchA E ...	x	x	(x)	x	(x)
die Qualität des Unterrichts sichern helfen. Damit soll Gleichwertigkeit schulischer Ausbildung auch bei Schulen mit erhöhter Selbstständigkeit sichergestellt werden. Externe Evaluation leistet hier Kontrolle und Korrektur der Unterrichtsergebnisse und Schularbeit.	SchA	(x)	x	–	–	–
ein *Verfahren im Rahmen systembezogener Lehrerfortbildung* sein, bei dem Schulen oder Gruppen als „kritische Freunde" die Unterrichtspraxis auswerten und verbessern helfen.	Schule	x	(x)	x	x	x
durch *Zusammenfassung der Ergebnisse verschiedener Schulen* einen Überblick über die Situation der Schule (*Bildungsbericht*) liefern. Auf dieser Grundlage könnten dann weitere Entscheidungen über die Gestaltung der Rahmenbedingungen von Schule getroffen werden.	SchA ...	–	x	–	–	(x)
eine *Zertifizierung* für die Kunden sein und somit eine bessere Orientierung für Schüler zur Folge haben. Je mehr über die Leistungen einer Schule bekannt ist, umso begründeter und sicherer können sich Schüler und Eltern bei der Schulwahl verhalten.	Schule SchA	–	(x)	–	–	x
Mittel im Konkurrenzkampf zwischen Schulen und Schulformen um Schüler sein. Durch externe Evaluation sollen die spezifischen Leistungen der einzelnen Schule bzw. Schulform veröffentlicht werden.	Schule Externe (?)	(x)	x	–	–	x

SchA = Schulaufsicht; L = Lehrerfortbildung; E = Eltern

Abbildung 4-14: Funktionen externer Evaluation

Oft erfüllt eine externe Evaluation je nach Sichtweise der verschiedenen Beteiligten unterschiedliche Funktionen. Während beispielsweise die Schulaufsicht einen Besuch mit gemischten Teams als eine Maßnahme zur Sicherung der Qualität betrachtet, kann die Schule darin ein für sie hilfreiches Mittel im Konkurrenzkampf gegenüber anderen Schulen sehen. Wer externe Evaluation wünscht oder fordert, muss offenlegen, welche Funktionen sie für ihn erfüllen und welche Konsequenzen sich aus ihr ergeben sollen. Eine frühzeitige Auseinandersetzung über die möglichen Funktionen externer Evaluation kann Missverständnisse vermeiden helfen und einen vertrauensvollen Umgang mit Evaluationsbegehren fördern.

12.3.3 Bedingungen für externe Evaluation

Externe Evaluation, die nicht puren Kontroll- oder Legitimationszwecken dienen, sondern zur Schulentwicklung beitragen soll, muss bestimmte Bedingungen erfüllen. Neben Bedingungen, die bereits für *schulinterne* Evaluation genannt wurden (besonders: Evaluation muss für die Arbeit der Schule konkret und nützlich sein, relevante Fragestellungen bearbeiten, Kontinuität aufweisen, darf nicht überfordern, muss alle relevanten Gruppen in der Schule einbeziehen), sind bei externer Evaluation folgende Bedingungen wichtig:

Externe Evaluation

■ muss immer Ergebnisse interner Evaluation berücksichtigen. Intern initiierter externer Evaluation sollte Vorrang vor zwangsweiser externer Evaluation gegeben werden. Eine Schule, die sich „kritische Freunde" oder einen „fremden Blick" sucht, qualifiziert sich als Ganzes weiter, schafft interaktiven Professionalismus über den eigenen engen Bereich hinaus. Dass eine Schule zuerst versuchen wird, sich loyale und verständnisvolle kritische Freunde zu suchen, ist nur selbstverständlich und richtig.

■ ist ein Lernbeispiel für Evaluation und setzt einen Prozess der Vertrauensbildung in Evaluation und Evaluatoren voraus. In den meisten Fällen besteht ein großes Misstrauen von Lehrern gegen externe Evaluation. Deshalb müssen Normen und Vorgaben genau vereinbart werden, und es muss transparent sein, welchen Nutzen externe Evaluation für die Schule und die Evaluatoren haben kann, welche Ziele mit ihr erreicht werden können. Schulen und externe Evaluatoren müssen lernen können, dass Evaluation für alle Beteiligten hilfreich ist. Externe Evaluation sollte ihrerseits von den Beteiligten und auch extern immer wieder evaluiert werden. Denn: Dass externe Evaluation den Schülern und der Schule nützt, muss (immer wieder) bewiesen werden.

■ kann noch weniger als schulinterne Evaluation auf bereits vorhandene Verfahren und Instrumente zurückgreifen, sondern sie muss die Struktur, den Aufbau und die Verfahren meist erst in einem Arbeitsprozess zwischen Schule und externen Evaluatoren entwickeln. Eine nicht der Schule angepasste externe Evaluation zeigt der Schule nur, dass man sie nicht verstehen will.

■ darf kein einmaliges Ereignis bleiben. Sie sollte unterschiedliche Sichtweisen aus der Schule berücksichtigen und im Regelfall Schüler und Schulleitung einbeziehen. So kann sie in Schulentwicklung eingepasst und von der Schule sinnvoll genutzt werden.

■ braucht fast immer viel mehr Zeit, als Evaluatoren und Schulen einkalkuliert haben (oft ein bis zwei Wochen).

■ ist für Schulentwicklung wirksam, wenn die Ergebnisse so schnell wie möglich an die Schule zurückgemeldet werden – bei Beobachtungen nach ein bis zwei Tagen, bei Fragebögen nach höchstens zwei bis vier Wochen. Wer Rückmeldungen in dieser Zeit nicht leisten kann, sollte sie gar nicht erst versprechen.

■ ob von der Schule oder von außen initiiert oder angeordnet – darf nur von Einrichtungen/Personen durchgeführt werden, die Evaluation gelernt haben und die selber Objekt externer Evaluation sind. Wer nur evaluiert, aber sich nie evaluieren lässt, verliert bald Legitimation und Glaubwürdigkeit. Bisher haben nur wenige Institutionen, die externe Evaluation durchführen oder verlangen, sich selbst zum Objekt externer Evaluation gemacht. Externe Evaluation steht und fällt mit der Kompetenz der Evaluatoren und dem Vertrauen, das sie genießen.

■ ist als Konfrontations- oder Interventionsstrategie (sowohl in der Schule als auch von oben) ungeeignet. Evaluation muss bekräftigen und verändern, dann wird sie von Lehrern und Schülern akzeptiert und genutzt. Ist sie Fehlersuche und Disziplinierungsinstrument, führt sie zu sekundärer Anpassung, zum Unterlaufen und zu falschem Lernen.

■ kann nur (von Schulen oder flächendeckend) eingeführt werden, wenn es Möglichkeiten und Ressourcen zur Behebung der festgestellten Schwächen gibt. Externe Evaluationen durchzuführen, Schwächen zur Kenntnis zu nehmen und sie nicht zu bearbeiten führt zu Verachtung von Evaluation.

~ ■ von oben verordnet (z. B. durch Gesetze) ist eher ein Versprechen als eine Forderung gegenüber Schulen. Sie ist das Versprechen, dass man die Schule und die Lehrer ernst nimmt, dass man einen Dialog über die Arbeit in der Schule führen will und kann. Externe Evaluation ohne Dialog mit der Schule dient nur den externen Evaluatoren.

12.3.4 Einstiegs-Verhandlung

Wenn jemand (z. B. ein Vorgesetzter oder eine Behörde) von Ihnen oder Ihrer Schule verlangt, eine interne Evaluation durchzuführen und/oder deren Ergebnisse vorzulegen – was tun?

Erster Arbeitsschritt: Ruhig bleiben.

Zweiter Arbeitsschritt: Sich darauf einlassen, wenn die folgenden Fragen von den Externen mit ja beantwortet werden:

● Führen Sie selber Evaluationen durch und lassen Sie Ihre Arbeit zum Gegenstand von Evaluation machen?

● Werden Sie uns die entsprechenden Ressourcen für Evaluation zur Verfügung stellen oder zeigen, wo wir solche Ressourcen haben?

● Werden Sie uns vorab Zweck und die Folgen der externen Analyse der internen Evaluation benennen? Sind Sie bereit, sich darauf in einer Vereinbarung festzulegen?

● Werden Sie vorab die Ziele, Standards und Kriterien offenlegen, mit denen Sie unsere Verfahren und Ergebnisse analysieren, prüfen und bewerten?

● Werden Sie uns innerhalb kurzer Zeit eine ausführliche Rückmeldung über Ihre Einschätzung des Verfahrens sowie der Ergebnisse geben?

Dritter Arbeitsschritt: Wenn die Fragen nicht positiv beantwortet werden: Nicht länger ruhig bleiben.

12.3.5 Vorab: Simulation einer externen Evaluation

Nur wenige Schulen und Evaluatoren haben schon eine externe Evaluation durchgeführt. Meist fehlt in den Schulen und bei der Schulaufsicht eine konkrete Vorstellung darüber, wie hierbei gearbeitet wird und wie die Rückmeldung der Analyseergebnisse an die Schule erfolgt. Die Durchführung von externer Evaluation und der Umgang mit deren Ergebnissen sind inhaltlich, methodisch und sozial anspruchsvoll und müssen gemeinsam praktisch von den beteiligten Partnern gelernt werden. Das gemeinsame Durchspielen einer fiktiven externen Evaluation und des Umgangs mit ihren Ergebnissen zwischen Schule *und* externen Evaluatoren kann Lern- und Erfahrungsmöglichkeiten bieten und Gelegenheit schaffen, die Vereinbarung von Normen, Zielen und Vorgehensweisen konkreter zu fassen. Grundlage einer solchen Simulation können Ergebnisse aus einer internen Fragebogenaktion sein (z. B. aus den „Steinbrüchen" fiktiv zusammengestellt, siehe Seite 118ff., 172ff.), die dann von einer „Schulgruppe" (intern) und einer „Evaluatorengruppe" (extern) analysiert und zurückgespiegelt werden. Ein solches Szenario kann man sich selber zusammenstellen oder auf Vorlagen zurückgreifen (vgl. EIKEN-BUSCH/WOLF 1998).

In der Simulation werden nicht nur Daten analysiert und interpretiert, es werden auch ein gemeinsames Selbstverständnis und eine Auffassung von der jeweils eigenen Rolle und Funktion im Evaluations- und Schulentwicklungsprozess erarbeitet. Jede Gruppe verständigt sich auf einen Ansatz, wie der Evaluationsprozess inhaltlich und sozial gestaltet werden soll und welche Normen gelten sollen. Die Erfahrung, dass externe Evaluation keine formale Rückmeldung von Daten oder einer quasi-objektiven Analyse von außen ist (im Sinne einer quantitativen Auswertung oder Konfrontation), sondern ein gemeinsamer Verstehens- und Verständigungsprozess, ist für viele Mitwirkende bei einer solchen Simulation eine wichtige Erfahrung: Sie sehen, wie sorgfältig und genau man bei Datenanalyse und -interpretation vorgehen muss, sie merken, wie viel inhaltlicher, organisatorischer und sozialer Aufwand für einen produktiven schulentwickelnden Umgang mit externer Evaluation notwendig ist. Wer diesen Aufwand nicht leisten kann oder will, sollte externe Evaluation weder verordnen noch durchführen.

13. Kapitel: Schulprogrammarbeit als Kern von Schulentwicklung

Warum überhaupt ein Schulprogramm? Was ist es eigentlich? Wozu und wann wird es gebraucht? Wer braucht es? Was geschieht, wenn man kein Schulprogramm hat? Fragen, die selbst erfahrene Schulentwickler verlegen machen und nach Ausflüchten suchen lassen. Man kann sich nicht herausreden und einfach entgegnen: „Sehen Sie in Richtlinien (z. B. in Nordrhein-Westfalen derzeit in der Grund-, Haupt- und Realschule sowie dem Gymnasium) oder in Gesetzen (z. B. in Hessen, Hamburg oder Bremen) nach, die das Schulprogramm verbindlich gemacht haben." Dort finden sich nämlich meist nur apodiktische, abstrakte Formulierungen und Setzungen, aber keine Antworten auf die Eingangsfragen. Das ist Chance und Mangel zugleich. Zum einen werden dadurch in den Schulen viele Unklarheiten, Reibungsverluste und unnötige Arbeit verursacht. Zum anderen aber eröffnet das Fehlen einer Konzeption von Schulprogramm auch Entwicklungsmöglichkeiten und Gestaltungsräume. Sie muss man nutzen.

Gehen wir einen Schritt zurück und fragen einfacher: Was ist ein Schulprogramm? Auch darauf bekommt man meist nur allgemeine, abstrakte Antworten oder fast beliebige Beispiele aus der Schulpraxis. Es gibt offensichtlich nichts, was nicht Schulprogramm sein könnte. Der Begriff „Schulprogramm" ist so schön allgemein und offen, dass ihn Vertreter unterschiedlichster Positionen akzeptieren, adoptieren oder adorieren können. Fragt man aber nun genauer nach, was konkret unter Schulprogramm verstanden wird, wird dies als Störung des Begriffsfriedens und als Aufkündigen eines heimlichen bildungspolitischen Waffenstillstands empfunden. Offenbar gehört „Schulprogramm" bereits ins Wörterbuch der Pedagogical Correctness. – Und das wäre schade.

Schulentwicklungs-Definitions-Generator

Gehen wir dem Begriff auf den Grund. Der folgende „Schulentwicklungs-Definitions-Generator" kann in Gruppen, Konferenzen etc. spielerisch einen Verständigungsprozess über den Begriff und damit über Erwartungen und Ziele der Beteiligten zum Schulprogramm anregen. Dass es dabei auch ironisch und humvorvoll zugehen kann, ist beabsichtigt, denn sonst würden Schulprogramme nur zum Ernstfall, aber nicht Wirklichkeit.

Variante: Die Teilnehmer wählen für sich selbst aus Feld 2 einen Begriff, den sie definieren wollen. Erst nachdem alle Definitionen in der Gruppe vorgetragen wurden, wird offengelegt, welcher Begriff definiert wurde.

Der Schulentwicklungs-Definitions-Generator hat zu meiner Überraschung in Gruppen, Kollegien und bei Schulaufsicht überwiegend Aversionen und Ablehnung

Der Schulentwicklungs-Definitions-Generator

1. Bestimmen Sie (in der Gruppe) zuerst, welchen Begriff Sie definieren wollen (zweites Feld).
2. Jedes Gruppenmitglied streicht aus den Feldern, was seiner Meinung nach überhaupt nicht zur Definition gehören kann.
3. Tauschen Sie die „Streichlisten" in der Gruppe (mit einzelnen Mitgliedern) aus.
4. Überprüfen Sie Ihre Streichungen und definieren Sie jetzt aus den verbliebenen Wörtern den vereinbarten Begriff.
5. Stellen Sie Ihre Definition in der Gruppe vor und vergleichen Sie die Definitionen: Welches Bild von Schulentwicklung besteht in Ihrer Gruppe?

2

Alle
Nur
Die
–
- Arbeitspläne
- Evaluationsprogramme
- Fortbildungspläne
- Geschäftsverteilungspläne
- Jahrespläne
- schulinterne(n) Entwicklungsprozesse
- Schulprofile
- Schulprogramme

3

- beschreiben
- bestimmen
- erlassen
- ermöglichen
- eröffnen
- erwähnen
- formulieren
- konkretisieren
- regeln
- schaffen
- sind
- umfassen
- vereinbaren
- wünschen

4

- auf der Grundlage von
- auf der Basis von
- unter Einbeziehung von
- im Rahmen von
- unter Berücksichtigung von
- unter Beachtung von
- unter Ausschluss von
- unter Nutzung von
- unter Beachtung von

5

- Daten
- Meinungen
- Wahrnehmungen
- Analysen
- Diagnosen
- Richtlinien/Lehrplänen
- Evaluationsergebnissen
- systematischen Entscheidungsprozessen
- Vorgaben
- Diskussionsprozessen
- Entwicklungskonzepten
- Lehrerfortbildungsangeboten

6

- vor allem
- meistens
- häufig
- oft
- im Prinzip
- in der Regel
- immer
- niemals
- selten
- vielleicht
- besonders

7

- gemeinsame
- kurzfristige
- langfristige
- mittelfristige
- mögliche
- systematisierte
- verschiedene

8

- allgemeine
- besondere
- organisatorische
- pädagogische
- politische
- spezielle
- theoretische
- ganzheitliche
- kreative
- konkrete

9

- freiwillige
- empfehlende
- selbst gewählte
- bindende
- orientierende
- verbindliche
- repräsentative

10

- von allen
- von der Schulleitung
- von der Schulleitung, Kollegium und Schülern
- von den Richtlinien und Lehrplänen
- von der Schulaufsicht
- von der Mehrheit

11	12	13	14	15	16
● getragene	● Abstimmungs-ergebnisse	● über	● Autonomie	● damit	● Bewusstsein bei den Beteiligten entsteht.
● akzeptierte	● Aussagen	● für	● Beratungskonzepte	● weil	● die Arbeitszufriedenheit höher wird.
● abgestimmte	● Bedingungen	● gegen	● Erziehung	● da	● die Qualität der Schule gesteigert wird.
● als Verpflichtung angesehene	● Darlegungen	● mit	● Evaluation	● sonst	● die Richtlinien das fordern.
● gewünschte	● Erlasse		● Grundsatzpositionen	● wenn	● Lehrerfortbildung möglich ist.
● benötigte	● Handlungs-konzepte		● Kommunikation	● da	● man konkurrenzfähig wird.
● mitbestimmte	● Inhalte		● Kooperation	● ohne	● Mitwirkung möglich ist.
● erarbeitete	● Konzepte		● Mitbestimmung	● dass	● nichts passiert.
● auferlegte	● Phasen		● Organisation		● Organisationsentwicklung stattfindet.
	● Planungen		● pädagogische Schwerpunkte		● Schularbeit transparent wird.
	● Prozesse		● Qualitätsentwicklung		● Schulaufsicht zufrieden ist.
	● Richtlinien		● Qualitätssicherung		● Schule besser kontrolliert werden kann.
	● Strategien		● Schule		● Schulen entwickelt werden.
	● Strukturen		● schuleigene Lehrpläne		● Schulen sich entwickeln.
	● Tendenzen		● Schulentwicklung		● Transparenz herrscht.
	● Vereinbarungen		● Selbststeuerung		● was passiert.
	● Verfahren		● Unterricht		● wir konkurrieren können.
	● Verpflichtungen		● Vereinbarungen zu fächerübergreifendem Unterricht		● Schulen besser werden.
	● Vorgaben		● Werteorientierung		● Qualitätssicherung erfolgt.
					● die innere Entwicklung der Schule gefördert wird.

ausgelöst. Sich spielerisch auf Schulentwicklung und auf Schulprogramm einzulassen galt als unernst, unpassend oder als zu ironisch. Die ablehnende Haltung der Gruppen erklärte sich meistens aus der Unsicherheit und Hilflosigkeit der Teilnehmer: Der Definitions-Generator hatte plastisch vorgeführt, dass weder sie selber noch andere einen klaren Begriff von der Sache hatten, die sie propagierten oder erledigen sollten. Da Schulprogramm aber inzwischen im Reich der Pedagogical Correctness angesiedelt und somit nicht mehr angreifbar war, richtete sich der Unwillen gegen das Verfahren des Definitions-Generators.

13.1 Schulprogramm-Konzepte und ein Definitions-Versuch

13.1.1 Unsicherheiten gegenüber dem Konzept „Schulprogamm"

Die Unsicherheit über das, was Schulprogramm meint und was es in der Realität bedeuten soll, hat vor allem drei Gründe:

Erstens wurde das Konzept „Schulprogramm" (wie Schulentwicklung überhaupt) für die meisten Schulen und Lehrer überraschend eingeführt. Auf einmal stand es in Richtlinien oder Verordnungen, auf einmal kamen Briefe der Bezirksregierung mit der Aufforderung, ein Schulprogramm vorzulegen, auf einmal war Schulprogramm ein Thema in der Lehrerfortbildung. Wie es hierzu gekommen war, warum ausgerechnet dieses Konzept zu diesem Zeitpunkt und in dieser Form aufkam, war nicht klar. So ist es nicht verwunderlich, dass das Schulprogramm in Verbindung gebracht wurde mit Sparpolitik („Wir kriegen weniger, aber damit dürfen wir machen, was wir wollen"), mit Ansätzen zur Dezentralisierung und Selbstständigkeit von Schulen („Wo die da oben nicht mehr weiterwissen, lassen sie uns unten bestimmen, wohin der falsche Weg gehen soll!") oder mit schlichter Profilierung oder traditioneller Schulreformpolitik („Schulaufsicht ist bedroht, also entwickelt sie mal wieder eine neue Idee!"). Lehrer und Schulen konnten nur schwer einschätzen, ob sie das Thema Schulprogramm überhaupt ernst nehmen sollten und welche Konsequenzen es für sie haben würde. Entsprechend groß war die Zurückhaltung. Sie wuchs dann noch, als das Schulprogramm als formales Konzept durchzusetzen versucht wurde (z. B. Berichterstattungspflicht über die Arbeit am Schulprogramm, Schulprogramm als obligatorisches Thema bei Kolloquien im Rahmen von Beurteilungsverfahren).

Der zweite Grund für die Unsicherheit von Lehrern und Schulen bestand und besteht in der Unklarheit des Konzepts Schulprogramm. Selbst wenn es auf definitorischer Ebene halbwegs geklärt ist, besteht doch in den Schulen und bei der Schulaufsicht immer noch Verwirrung über Ziele, Praxis und Konsequenzen von Schulprogrammen. Diese Verwirrung zeigt sich beispielsweise darin, dass gegensätzliche Modelle aus dem Ausland (Niederlande, Großbritannien, Norwegen, Schweden) gleichzeitig als Bezugspunkte genommen werden, ohne dass auf die Unterschiede dieser Modelle eingegangen wird. Die Unsicherheit zeigt sich auch daran, wie von offizieller Seite alle möglichen

politisch opportunen und modischen Aspekte in das Schulprogramm hinein-
gepackt werden. So wollen das HESSISCHE KULTUSMINISTERIUM (1996:7f.) und
das MINISTERIUM FÜR SCHULE UND WEITERBILDUNG NRW (1997:9–11) ins
Schulprogramm aufgenommen wissen:

> ● den Konsens im Hinblick auf den erzieherischen Auftrag der einzelnen
>   Schule,
> ● Grundsätze der Klassenzusammensetzung und der Unterrichtsverteilung,
> ● Unterrichtsorganisation der klassen- und jahrgangsübergreifenden Lern-
>   gruppen,
> ● fächerverbindendes und fächerübergreifendes Arbeiten,
> ● die Berücksichtigung der Fächerschwerpunkte der Schule,
> ● den Komplex „Lernen des Lernens",
> ● die Berücksichtigung der besonderen Angebote und pädagogischen Tradi-
>   tionen der Schule,
> ● die Einbindung außerschulischer Lernorte,
> ● erforderliche Zusammenarbeit,
> ● Schwerpunkte der Fortbildung,
> ● Aussagen zur Konzeption schuleigener Fachlehrpläne, deren obligatorischer
>   Ziele, Inhalte,
> ● freie Gestaltungsmöglichkeiten im Rahmen der Richtlinien und Lehrpläne,
> ● Beratung der Schülerinnen und Schüler,
> ● Zusammenarbeit mit Eltern, Jugendhilfe und weiteren Partnern aus dem
>   Schulumfeld,
> ● die Gestaltung von Schule als Lebensraum und die Öffnung von Schule,
> ● internationale Schulpartnerschaften,
> ● konkrete Arbeitsvorhaben zur Umsetzung des Schulprogramms,
> ● Evaluation und Fortschreibung des Schulprogramms,
> ● Perspektiven zur Personalentwicklung,
> ● Verwendung des Schulbudgets.

Schließlich gibt es noch einen dritten Grund für die Unsicherheit gegenüber
dem Konzept Schulprogramm. Anders als in den meisten anderen Staaten, in
denen Schulprogrammarbeit erfolgt, gibt es in Deutschland nicht nur eine
Konkurrenz zwischen Schulen, sondern auch zwischen Schulformen. Welche
Rolle Schulprogramme bei der Konkurrenz zwischen Schulformen spielen
können und sollen, ist offen und wird auch nicht thematisiert. Wie heikel
dieses Thema ist, zeigen die Schwierigkeiten der Politik und Bildungsverwal-
tung, mit schulformvergleichenden Studien über Schülerleistungen und Unterricht umzugehen. Schulaufsicht und Bildungspolitik wissen derzeit mit
Schulprogrammen nicht mehr anzufangen als Beratung und Kontrolle, sie
wollen von Schulprogramm nichts wissen und hören, das sie zwingen würde,
ihre Arbeit zu verändern. Die Möglichkeit, Schulprogramme der Schulen zu
Bildungsberichterstattung, zu Schulvergleichen und bildungspolitischer Stand-
ortbestimmung zu nutzen, wird – wenn überhaupt – mit großer Zurückhaltung
thematisiert. Schulen fragen sich dann verwundert: Warum wollen Schulauf-

sicht und Bildungspolitik, dass wir Schulprogramme machen? Was haben die davon?

13.1.2 Traditionen, Motive und Quellen für Schulprogrammarbeit

Was derzeit unter *Schulprogramm* verstanden wird, stammt aus sehr unterschiedlichen Traditionen, Motiven und Quellen, u. a.:

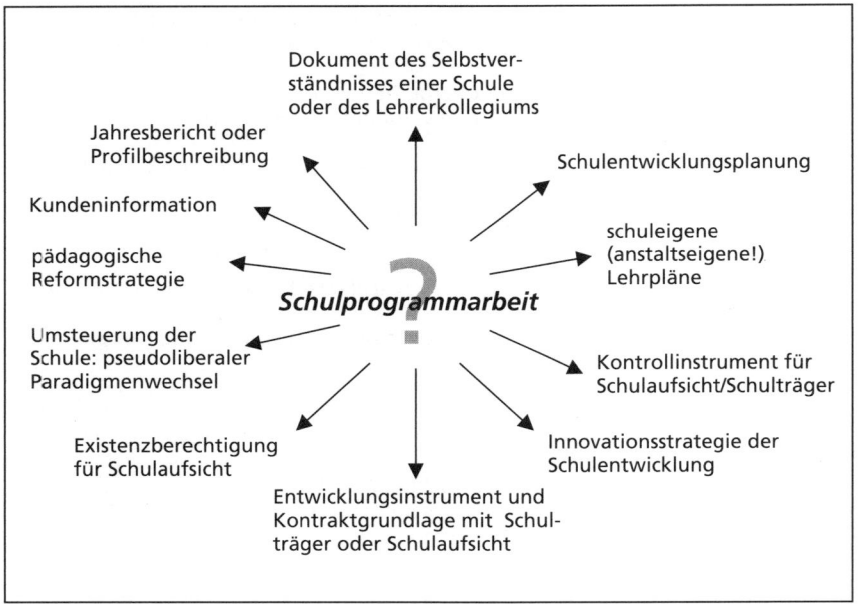

Abbildung 4-15: Traditionen, Quellen und Motive für Schulprogrammarbeit

Schulprogramme als Jahresberichte oder als Profilbeschreibungen haben in Deutschland insbesondere eine gymnasiale Tradition. Hier wurden in Jahresberichten die Schwerpunkte der schulischen Arbeit zusammengefasst, Artikel über aktuelle pädagogische oder fachliche Probleme publiziert, die häufig sogar Aufgaben- und Themenstellungen von Abschlussprüfungen enthielten. Zweck dieser Jahresberichte war einerseits Rechenschaft über vergangene Arbeit, andererseits aber auch Orientierung für den nächsten Zeitabschnitt. Ein eher heimliches Ziel solcher Jahresberichte war die Profilierung der einzelnen Schule und der Redakteure des Berichts gegenüber Eltern und der vorgesetzten Dienstbehörde.

Schulprogramme als Dokument des Selbstverständnisses einer Schule oder des Lehrerkollegiums wurden insbesondere vorgelegt von Reformschulen oder Schulen im Aufbau. Hier ging es um die Erarbeitung eines Arbeitsschwerpunkts und eines Profils der Schule, das Schulprogramm war Ergebnis eines schulinternen Diskussionsprozesses und sollte diesen Prozess normativ zusammenfassen.

Schulprogramme als schuleigene (anstaltseigene!) Lehrpläne haben insbesondere eine Tradition in den niederländischen „Schulwerkplänen". „Seit Mitte der Siebzigerjahre haben Primar- und Sekundarschulen in den Niederlanden sogenannte Schulwerkpläne erarbeitet. Die Erfahrungen damit sind nicht sehr ermutigend gewesen. In vielen Fällen wurden Pläne auf dem Papier entwickelt, die nur wenig mit dem aktuellen Unterricht in der Klasse zu tun hatten. Häufig kam die Schule nicht weiter als zu endlosen Diskussionen über allgemeine Lernziele. Evaluationen zeigten, dass es keine positive Beziehung zwischen der Verwendung von Schulwerkplänen und den Schülerleistungen gab." (SCHEERENS 1992:101)

Schulprogramme als Schulentwicklungsplanung werden derzeit im großen Umfang in Großbritannien erstellt (School Development Planning). Sie orientieren sich an für diese Planung konstruierten Richtlinien und Lehrplänen, sie beginnen mit einer Bestandsaufnahme und Analyse der gegenwärtigen Arbeit (während bei Schulwerkplänen mit einer Formulierung der allgemeinen Ziele der Schule begonnen wird), sie formulieren Ziele und Umsetzungsplanungen, schließen Lehrerfortbildung und Managemententwicklung ein und konzentrieren sich stark auf die Umsetzung und die kontinuierliche Evaluation von Planungen (vgl. HARGREAVES/HOPKINS 1991).

Schulprogramme als Kundeninformation werden von Privatschulen (wie z. B. in den Niederlanden) erstellt. In ihnen werden die Ziele, die Organisation und die Arbeit der Schule beschrieben, oft finden sich Angaben über die erzielten Leistungen der Schule und der Schüler. Zweck dieser Schulprogramme ist es, potentielle Kunden zu gewinnen und bisherige Kunden zu halten sowie die Schaffung von Corporate Identity.

Schulprogramme als Entwicklungsinstrument und als Grundlage für den Kontrakt mit dem Schulträger oder mit der Schulaufsicht werden derzeit in Schweden verwendet (vgl. EIKENBUSCH 1995). Auf der Grundlage der Richtlinien und Lehrpläne formulieren die Schulen mittelfristige Zielvorstellungen und Schwerpunkte ihrer Arbeit und legen in jahresbezogenen Arbeitsplänen fest, wie sie diese umsetzen wollen. Adressat des Schulprogramms ist zuerst die Schule (Schulprogramm als Dokument des Selbstverständnisses), dann aber die Schulaufsicht und der Schulträger, die dieses Programm genehmigen müssen. In nicht wenigen Fällen haben die Kommunen in Schweden als Schulträger und Schulaufsicht gemeindebezogene Schulentwicklungspläne, die Ziele für die Schulprogramme der einzelnen Schule vorgeben. Ähnliche Einflüsse von Schulträger und Schulaufsicht auf das Schulprogramm können sich in Deutschland ergeben, wenn im Rahmen von Budgetierung auch inhaltliche Aussagen (z. B. in Produktbeschreibungen) erfolgen.

13.1.3 Funktionen von Schulprogrammen

Auf welche dieser Traditionen und Quellen im Einzelfall zurückgegriffen wird, hängt entscheidend von der Funktion ab, die das Schulprogramm erfüllen soll. Folgende Funktionen sind möglich (und in den letzten Jahren in Deutschland auch angestrebt worden):

Schulprogramm als Kontrollstrategie der Schulaufsicht (und der Öffentlichkeit) soll angesichts erweiterter Selbstständigkeit der Schulen die Möglichkeit geben, sich über die erzieherischen Schwerpunkte und den Zielkonsens der Schulen zu informieren, und ihnen Rechenschaft über ihre Arbeit abverlangen. Dabei ist das Schulprogramm als Dokument Grundlage der Überprüfung. So verstandene Schulprogramme sind „eine Form institutioneller Tyrannei, u. a. (...) durch Schulziele, die wie Gesetze sind, durch mehr bürokratische Kontrolle, durch professionelle manipulative Rhetorik, durch steigende Überwachung und Ausnutzung der Schulkultur, um Anpassung zu erzeugen." (OZSGA 1995)

Schulprogramm als Verteidigungsstrategie soll einer in ihrer Existenz in Frage gestellten Schulaufsicht eine neue Beratungsaufgabe und eine Existenzberechtigung geben (Systemberatung), wenn Schulen immer mehr Entscheidungen vor Ort treffen können. Das Dokument „Schulprogramm" ist Nachweis für Beratungsleistung und Notwendigkeit der Existenz von Schulaufsicht.

Schulprogramm als Strategie eines pseudoliberalen Paradigmenwechsels (von der Wirtschaft lernen!) soll Schule als Betrieb hoffähig machen und Schulmanagement etablieren. Erarbeitung und Dokumentation des Schulprogramms sollen Schulen dazu bringen, effizient und effektiv zu arbeiten und sich dem Markt zu stellen.

Schulprogramm als eine pädagogische Reform will Schulen durch den Prozess der Erarbeitung von Schulprogrammen ihre Arbeit und die Leistungen ihrer Schüler verbessern helfen. Der Akzent liegt darauf, was die Schule und die Beteiligten in diesem Prozess lernen, das abschließend formulierte Dokument „Schulprogramm" ist Zusammenfassung dieses Prozesses.

Schulprogramm als Innovationsstrategie will Schule als Einrichtung/Organisation zum Gegenstand von Entwicklungs- und Veränderungsarbeit machen. Das Dokument „Schulprogramm" ist Ergebnis der Zielklärung und -vereinbarung, es beschreibt die geplanten Handlungsschritte und formuliert Erfolgskriterien für die Umsetzung.

Wenn sich die Schule und ihr Umfeld (Schulträger, Schulaufsicht, Öffentlichkeit) nicht im Klaren sind, auf welcher Tradition ihr Schulprogramm aufbauen und welche Funktion es haben soll, muss dies zu Folgenlosigkeit der Arbeit oder zu Konflikten führen. Wenn Schulprogramme durch die Schulaufsicht genehmigt werden sollen, dafür aber Kriterien fehlen, weil Konzept und Funktion von Schulprogramm unklar sind, kann dies (wie teilweise in Großbritannien und Schweden) dazu führen, dass Schulprogramme z. B. aus Richtlinien und Lehrplänen abgeschrieben und unangreifbar gemacht werden oder dass genehmigte Schulprogramme anderer Schulen kopiert oder von Verlagen angeboten werden.

13.1.4 Schulprogramm als Innovationsstrategie

Die folgenden Ausführungen konzentrieren sich auf das Schulprogramm als pädagogische Reformstrategie und als Innovationsstrategie.

Und was ist jetzt endlich das Schulprogramm, was kann, was soll es, warum funktioniert es? Die folgende Arbeitsdefinition versucht eine vorläufige Antwort zu geben:

Schulprogrammarbeit ist ein Prozess, bei dem
- ▶ alle Beteiligten in der Schule (Schüler, Lehrer, Schulleitungen, Eltern)
- ▶ auf der Grundlage der Richtlinien und Lehrpläne
- ▶ längerfristig und gemeinsam
- ▶ Bestandsaufnahmen, Zielvereinbarungen, Planungen und deren Umsetzung
- ▶ zur erzieherischen Arbeit und zur inhaltlichen, methodischen und organisatorischen Gestaltung des Unterrichts und der Schule
- ▶ entwickeln, verwirklichen, überprüfen und dokumentieren – und zwar so,
- ▶ dass die Beteiligten Klarheit darüber erlangen, welche Forderungen an sie von der Schule gestellt werden und welche sie ihrerseits an Schule stellen können.
  - – Jahresarbeitspläne konkretisieren verbindlich Entwicklungsziele, Arbeitsbereiche und deren Evaluation für Jahrgänge, Stufen, Fachgruppen oder Projekte.
  - – In der Fortbildungsplanung für die Schule werden Grundsätze für die Gestaltung und die Organisation der Lehrerfortbildung der Schule vereinbart. Die Planung bezieht sich auf die Schulprogrammarbeit und auf die Jahresarbeitspläne.

Diese Arbeitsdefinition ist nicht gerade griffig. Das hängt damit zusammen, dass sie wesentliche Faktoren erfassen möchte: Was leistet ein Schulprogramm, wer ist mit welchem Ziel daran beteiligt? Was ist es, für wen gilt es? Was sind die Grundlagen? Welche Verbindlichkeit/Folgen hat es? Dass hier von Schulprogrammarbeit und nicht mehr nur bloß von Schulprogramm die Rede ist, will betonen, dass es eben nicht nur um ein Produkt (um ein Papier) geht, das die Schule abliefert, sondern um einen längerfristigen Arbeits- und Gestaltungsprozess.

Schulprogrammarbeit – so verstanden – ist für eine Schule, die sich entwickeln will, ein Muss. Denn dadurch

- wird die Aufmerksamkeit in der Schule auf die Lern- und Unterrichtsziele und auf das Lernen der Schüler gelenkt,
- erhalten Lehrer und Schüler Anregungen und Unterstützung für ihre Unterrichtsarbeit,
- wird kooperative Lern- und Arbeitskultur plan- und gestaltbar: Unterrichtsinhalte, Leistungsbeurteilung, Lehren und Lernen, Leitung und Organisation werden transparent, einer ganzheitlichen Sichtweise zugänglich und miteinander abgestimmt,
- zeigt die Schule, dass auch sie das tut, was sie von den Schüler verlangt: Lernen und Gestalten,

■ schafft die Schule Konsens über mittel- und langfristige Arbeits- und Entwicklungsperspektiven, kann Schwerpunkte setzen und schafft sich Freiräume und Möglichkeiten zum Experimentieren,

■ wird die Schule vor Veränderungsüberforderung und -überschwemmung (von außen) geschützt und erhält mehr Kontrolle über Gestaltung und Veränderung,

■ verbessern sich die Dialogfähigkeit des Kollegiums und der Arbeitsbezug der Lehrerfortbildung,

■ wird die immer wieder geforderte Rechenschaft der Schule über ihre Arbeit erleichtert,

■ lassen sich Arbeits- und Meinungsbildungsprozesse in der Schule überschaubarer und wirkungsvoller gestalten und absichern,

■ ist es für das Schulumfeld leichter, Felder der Zusammenarbeit mit der Schule zu finden.

Der Prozess der Erarbeitung eines Schulprogramms ist also nicht schon wieder eine neue Reform, sondern ein Versuch, Veränderungsarbeit zu strukturieren sowie systematisch und perspektivisch anzulegen. Der Prozess erkennt an, dass Schulen einen Konsens über Veränderungen erst erarbeiten müssen und keine rationalen Organisationen sind, die Veränderungen einfach vereinbaren und dann exekutieren.

13.2 Die Schulprogrammarbeit in Gang bringen

Angesichts der Unklarheiten über das Konzept Schulprogramm und der meist fehlenden zusätzlichen personellen und materiellen Ressourcen ist es wenig verwunderlich, dass Schulprogrammarbeit nicht durch Gesetze und Erlasse oder durch schöne Materialien in Gang kommt. Denn entweder wird dann das Schulprogramm pflichtgemäß abgeliefert (Fassaden-Schulprogramm) oder aber die Erarbeitung ist so mühsam und unstrukturiert, dass sie zum Selbstzweck wird oder sich verläuft (Grundgesetz-Schulprogramm).

Diese Reaktionen sind darauf zurückzuführen, dass Schulprogramme (u. a. von Schulaufsicht und Ministerien) viel zu stark als Produkt gesehen und dargestellt worden sind, die man Gremien oder Behörden vorzulegen hat.

Eine weitere Begründung für diese Reaktionen liegt in der Tatsache, dass das Konzept Schulprogramm insbesondere von der Schulaufsicht und dem Beratungs- und Fortbildungssektor als kurzfristige und sofort wirksame Reformstrategie vermittelt wurde, ohne damit zugleich auch langfristige Entwicklungs- und Zeitperspektiven zu verbinden. Wie man den Prozess von Schulprogrammarbeit über Jahre hinweg anlegen kann, wie eine Schule ihr (Dokument) Schulprogramm kontinuierlich fortschreiben kann, darüber gibt es kaum Vorstellungen.

Zwei Gespräche an einem Tag:	
Schulleiter: Die Bezirksregierung hat uns eine Verfügung geschickt, wir sollen bis zum Juni über den Stand der Schulprogrammarbeit berichten. Das haben wir getan. Gut hundert Seiten haben wir im Juni losgeschickt, sogar gebunden. Sah klasse aus. *G.E.:* Und was ist dann passiert? *Schulleiter:* Was sollte passieren? Nichts, natürlich! Die Behörde hat das Ding jetzt und berichtet dem Ministerium. Das macht wie üblich eine Pressemitteilung daraus. Und dann kommt die nächste Verfügung der Bezirksregierung, mit der machen wir es genauso. *G.E.:* Glauben Sie, der Schulrat hat Ihr Programm überhaupt gelesen? *Schulleiter:* Ach was, nein! Dazu hat der doch keine Zeit. Wozu sollte er auch, was hätte er davon? Der hat gesehen, dass wir uns anstrengen und unsere Aufgaben erfüllen. Das hilft ihm und das hilft uns. *G.E.:* Hundert Seiten, um das zu erreichen? *Schulleiter:* Halb so wild. Das war gar nicht so viel Arbeit. Der X, der das Schulprogramm ja weitestgehend allein zusammengestellt hat, will sich damit um eine Schulleiterstelle bewerben.	*Schulrat:* Der Schulleiter hat das gründlich missverstanden. Wir wollten kein fertiges Schulprogramm, sondern einen Bericht über den Arbeitsprozess. Lesen Sie unsere Verfügung! *G.E.:* Was halten Sie vom Schulprogramm der Schule? *Schulrat:* Soweit ich es in Erinnerung habe, war es eine gute Arbeit. Die Schule hat sich wirklich Mühe gegeben. *G.E.:* Kennt die Schule Ihre Einschätzung? *Schulrat:* Nein. Die soll erst einmal für sich arbeiten, ich will da nicht zu früh eingreifen. Es soll ja das Schulprogramm der Schule sein und nicht meins. *G.E.:* Was haben Sie mit den Berichten Ihrer fünfzehn Schulen über die Schulprogrammarbeit gemacht? *Schulrat:* Die liegen auf meinem Schreibtisch. Für die Schulen ist es derzeit wichtiger, dass ich die Beförderungsverfahren und Stellengeschichten erledige. Mich hat noch keine Schule gefragt, was ich mit den Schulprogrammen gemacht habe! Ist eigentlich auch ein schlechtes Zeichen, oder?

Schulprogrammarbeit (als Teil von Schulentwicklung) ist ein langfristiger, gemeinsamer Lern- und Arbeitsprozess aller in der Schule. Sie ist kein Herstellungsverfahren für ein Produkt. Den Lern- und Arbeitsprozess kann man nicht setzen oder vorgeben, man muss ihn allmählich aufbauen und auf die Schule ausweiten. Neben den Bedingungen, die für den Einstieg in Schulentwicklung allgemein gelten (vgl. Seite 34), lassen sich weitere Hinweise für den Einstieg in die Schulprogrammarbeit formulieren:

- Beginnen Sie die Schulprogrammarbeit mit denjenigen Kollegen und Schülern, die das wollen. Zwingen Sie im ersten Schritt (außer der Schulleitung) niemanden, sich an dieser Arbeit zu beteiligen. Formulieren Sie ein kurz gefasstes Grundverständnis für Ihre Arbeit mit dem Schulprogramm: Was wollen Sie lernen und gestalten? Was wäre für Sie ein Erfolg Ihrer Arbeit? Beginnen Sie mit Bereichen, die aus Ihrer Sicht erfolgversprechend sind.
- Lassen Sie in der Lehrer- oder Schulkonferenz nicht darüber abstimmen, *ob* ein Schulprogramm erarbeitet wird. Aber präsentieren Sie den Mitwirkungsgremien Ihre

Ziele, Arbeitsfelder und Erfolgskriterien und stellen Sie sicher, dass die Gremien die Arbeit, die Sie durchführen wollen, tolerieren.

■ Fangen Sie möglichst bald und möglichst konkret an. Vermeiden Sie Absichtserklärungen und Modelldiskussionen. Machen Sie keine Versprechungen oder Voraussagen: Schulentwicklung ist ein unsicherer Prozess und kein garantierter Plan.

■ Gehen Sie grundsätzlich davon aus, dass Sie weder zusätzliche Zeit noch finanzielle Mittel für Schulprogrammarbeit erhalten. Analysieren Sie, wo in anderen Bereichen Zeit oder Mittel für das Schulprogramm gewonnen werden können.

■ Falls in Ihrem Kollegium tiefergehende Konflikte bestehen, nutzen Sie die Entwicklung des Schulprogramms nicht als eine Strategie zur Konfliktbearbeitung.

■ Gehen Sie davon aus, dass die Arbeit am Schulprogramm nicht in drei oder fünf Jahren erledigt sein wird, dass aber spätestens nach drei Monaten erste Erfolge erwartet werden.

■ Beteiligen Sie sich nur an der Erarbeitung des Schulprogramms, wenn Sie dafür auch zur Rechenschaft gezogen werden können. (Wenn Sie die Schule – warum auch immer – verlassen, wirken Sie nicht mehr mit. Schulprogramme sind weder Rache noch Testament.)

Bei diesen Hinweisen mag irritieren, dass Schulprogrammarbeit nicht von Anfang an von der ganzen Schule geleistet werden muss, dass sie nicht für alle verbindlich ist. Natürlich darf man sich wünschen, dass sich von Anfang an alle an der Erarbeitung von Schulprogrammen beteiligen. Dies zur Voraussetzung machen zu wollen hieße, Prozess und Ergebnis von Schulprogrammarbeit miteinander zu verwechseln. Dass sich der überwiegende Teil des Kollegiums an dieser Arbeit beteiligt und das Schulprogramm auch für sich als verbindlich ansieht, ist in der Regel erst Ergebnis langjähriger Arbeit und Erfahrungen.

13.3 Bereiche der Schulprogrammarbeit festlegen

Der Prozess Schulprogrammarbeit kann nur in seltenen Fällen von Anfang an die Schule als Ganzes umfassen. Wenn man liest, was Schulen im Schulprogramm alles unterbringen sollen (z. B. Schaffung des Konsenses über erzieherischen Auftrag der Schule, Konzeption schuleigener Lehrpläne, Vereinbarung zu fächerverbindendem und fächerübergreifendem Arbeiten, Aussagen zur Beratung der Schüler und zur Gestaltung der Schule als Lebensraum, Aussagen zu internationalen Schulpartnerschaften und Schulaustausch, Beschreibung konkreter Arbeitsvorhaben zur Umsetzung des Schulprogramms und Aussagen zur Evaluation), lässt sich dies sinnvollerweise nur verstehen als langfristige Perspektive für die Arbeit und nicht als eine Beschreibung der Bereiche, die man jetzt angehen muss. Schulen beginnen erst mit dem Prozess der Schulprogrammarbeit. Die Anforderungen müssen leistbar und die Arbeit muss sachgerecht und hilfreich für die Arbeit der Schule sein. Welchen Bereichen sich die Schule bei der Schulprogrammarbeit zuerst zuwendet, ist deshalb eine bedeutende Frage.

Eine Schule hat bereits viel geleistet, wenn sie auf diesen Schritt angemessene Zeit und Sorgfalt verwendet.

Was ist dringend? – Was ist wichtig?

Mit Hilfe dieses Arbeitsvorschlags können leistbare und wichtige Bereiche für den Einstieg in die Schulprogrammarbeit näher bestimmt werden. Grundlage ist die folgende Abbildung (vgl. LANDESINSTITUT 1997:12):

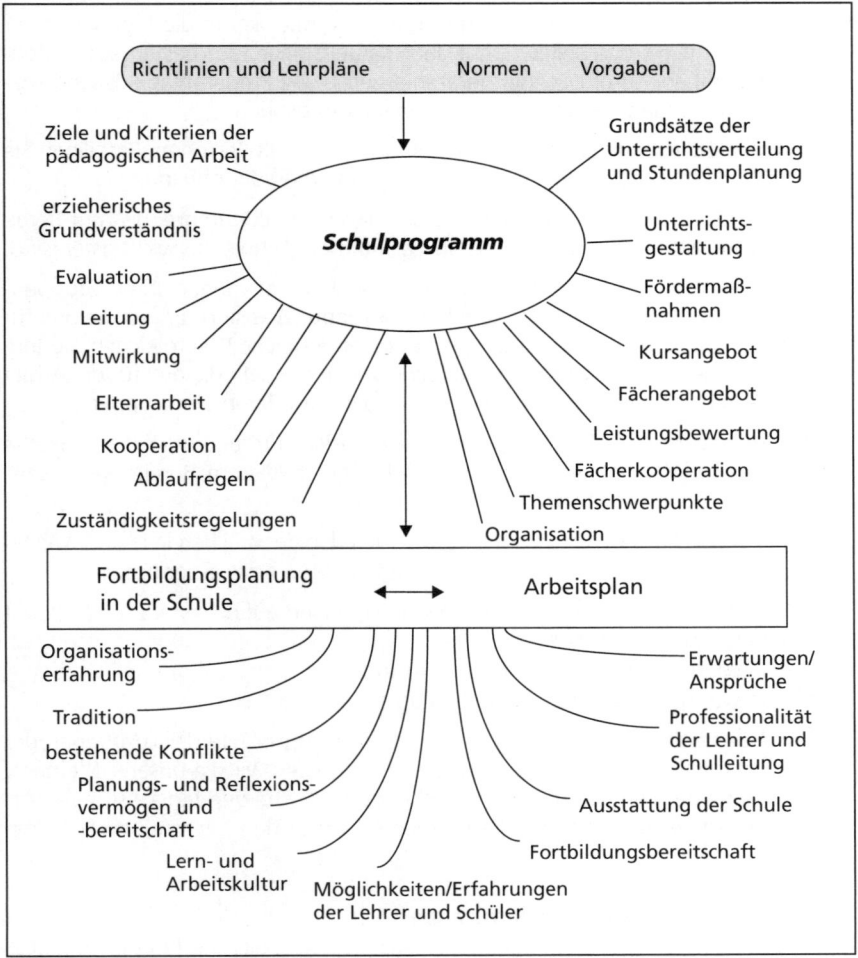

Abbildung 4-16: Bereiche des Schulprogramms

Die untere Hälfte der Abbildung benennt wichtige Rahmenbedingungen und Einflussfaktoren, die obere Hälfte zentrale Inhalts- und Arbeitsbereiche der Unterrichts- und Schularbeit sowie Vorgaben und Priorisierungen für die Schulprogrammarbeit. Schulprogrammarbeit ohne Arbeit an Rahmenbedingungen und Einflussfaktoren würde im luftleeren Raum schweben und abstrakt bleiben. Allerdings würde eine aussschließliche Arbeit an Rahmenbedingungen und Einflussfaktoren am Kern von Schulprogammarbeit – am Unterricht – vorbeigehen. Daher müssen beide Hälften in Bezug zueinander gebracht und miteinander verbunden werden.

Wie die Arbeit in den beiden Hälften aufeinander abgestimmt und konkretisiert werden soll, zeigt sich am deutlichsten im Jahresarbeitsplan. Dort vereinbaren die Beteiligten, was wie geleistet werden soll und wie und woran die Ergebnisse der Arbeit überprüft werden sollen. Ohne Jahresarbeitspläne, am besten auf Stufen- oder Bereichsebene, droht Schulprogrammarbeit bloße Progammatik (Hochglanz- broschüre) zu werden und in der Praxis folgenlos zu bleiben.

Erster Arbeitsschritt: Bilden Sie Gruppen mit vier bis zwölf Personen. Beteiligen Sie nach Möglichkeit Schüler! Jedes Gruppenmitglied erhält die Abbildung (s. o.).

Zweiter Arbeitsschritt: Kennzeichnen Sie auf dieser Abbildung drei bis fünf Berei- che/Elemente, die für die Arbeit bzw. die Leistung der Schule am wichtigsten sind.

Dritter Arbeitsschritt: Vergleichen Sie Ihre Angaben mit denen Ihrer Gruppen- mitglieder. Bestimmen Sie gemeinsam in der Gruppe: Was sind für uns die drei für die Arbeit und Leistung unserer Schule zentralen Bereiche? (Vergleichen Sie Ihre Auswahl mit der anderer Gruppen und legen Sie gemeinsam die drei für die Arbeit der Schule zentralen Bereiche fest. Gehen Sie dann wieder in die Gruppen.)

Vierter Arbeitsschritt: Jedes Gruppenmitglied schreibt für jeden der drei Bereiche auf eine Karte: Was ist entscheidend dafür, dass in diesem Bereich gute Leis- tungen/gute Arbeit erzielt wird?

Fünfter Arbeitsschritt: Ordnen Sie die Karten für jeden der drei Bereiche und wählen Sie die Karten aus, die die Gruppe insgesamt tolerieren bzw. akzeptieren kann.

Sechster Arbeitsschritt: Jedes Gruppenmitglied markiert auf diesen Karten (z. B. mit Klebepunkten oder Filzstiften):
a) Das tun wir (bzw. die Schule) noch nicht! (rot)
b) Das tun wir (bzw. die Schule) bereits! (grün)

Siebter Arbeitsschritt: Auswertung, u. a.: Wie sieht unser Bild der Leistungen der Schule und damit auch unserer Leistungen aus? Leisten wir die unserer Meinung nach entscheidenden Aufgaben? Welche der entscheidenden Leistungen/Ar- beiten, die wir derzeit noch nicht tun, müssen wir in den nächsten zwei Jahren angehen?

Eine Prioritierungsliste vereinbaren

Eine mehr deduktiv angelegte Verfahrensweise, die Bereiche von Schulprogramm- arbeit festzulegen, besteht darin, die Ergebnisse von Evaluationen, die Ziele der Schule, die Schülerbedürfnisse sowie die Vorgaben der Richtlinien und Lehrpläne genau auszuwerten, sie im Hinblick auf Dringlichkeit, Notwendigkeit, Bedarf, Aufwand und Voraussetzungen zu analysieren, um schließlich eine Prioritierungs- liste zu vereinbaren, bei der dann nur noch die Auswahl und Festlegung der Reihenfolge der Aufgaben erfolgen muss.

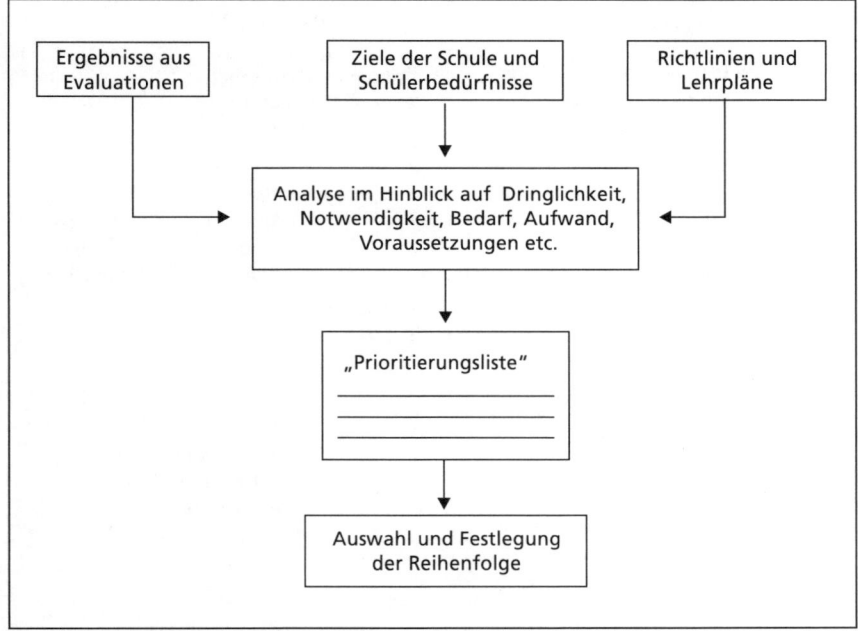

Abbildung 4-17: Auswahl und Festlegung der Bereiche für Schulprogrammarbeit

13.4 Der Prozess der Schulprogrammarbeit

Bei Schulprogrammarbeit kommt es sehr häufig zu Sprüngen, Unterbrechungen, Widersprüchen, Rückschritten und Neuanfängen. Diese sind meist überhaupt nicht Ausdruck von Widerstand oder Abwehr der Beteiligten. (Dass in Veröffentlichungen über Schulprogramm und Organisationsentwicklung so viel von „Widerstand" und „Widerstand gegen Wandel" die Rede ist, drückt ein autoritäres Lern- und Veränderungsverständnis aus: Wenn die Einsicht nicht kommen und das Lernen nicht gelingen will, liegt das nur an den Lernenden und nicht an der beabsichtigten Veränderung!) Meistens sind die Schwierigkeiten und Brüche verursacht durch hohe Anforderungen, ungünstige oder unklare Voraussetzungen und Rahmenbedingungen, durch Überlastungen und durch eingeschränkte Handlungsmöglichkeiten. Oft beruhen sie auch auf bisherigen schlechten Erfahrungen der Beteiligten im Hinblick auf Veränderung von Schule. Aus diesen Bedingungen und Erfahrungen heraus bilden sich dann oft folgende Grundeinstellungen und Haltungen zu Veränderung in der Schule:

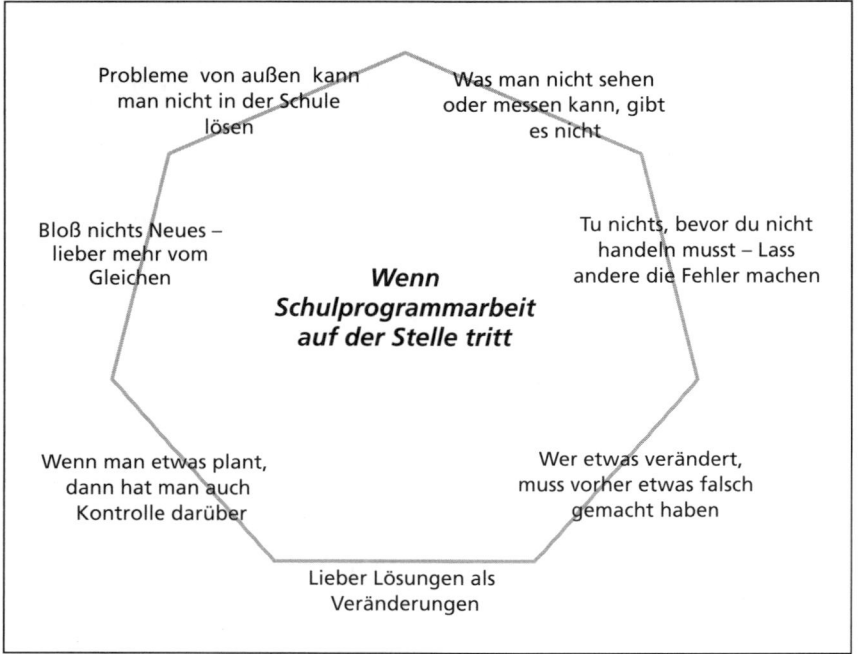

Abbildung 4-18: Haltungen zu Veränderungen in der Schule

Bloß nichts Neues – lieber mehr vom Gleichen! Hausordnungen: Obwohl die bisherigen Hausordnungen nicht gewirkt haben, lässt man nicht von der Hausordnungsstrategie ab und verspricht sich von der jeweils nächsten Hausordnung immer Wunder ...

Wenn man etwas plant, dann hat man auch Kontrolle darüber: Gerade bei unklaren oder unsicheren Anforderungen besteht die Neigung, sich durch Planung vor möglichen Risiken abzusichern. Dies kann dazu führen, dass Planungs- und Zielvereinbarungsprozesse einen Großteil der Arbeitszeit in Anspruch nehmen. Und trotz Vereinbarungen und Planung tauchen immer wieder neue Probleme auf. Deshalb ist gerade bei Schulprogrammarbeit Zurückhaltung bei Planung und Kontrolle angebracht. Ein hilfreiches Mittel gegen Überplanung und rigide Kontrolle ist, bewusst Frei- und Experimentierräume einzurichten.

Probleme, die von außen verursacht werden, kann man nicht in der Schule lösen: Diese Position wäre richtig, wenn sie nicht gleichzeitig mit der Haltung verbunden wäre, dass man deshalb überhaupt nichts tun könne und dass die Hindernisse (und damit auch die Möglichkeiten) für gute Schule nur außerhalb der Schule lägen. Die Fixierung auf die Probleme von außen verhindert den Blick auf die Veränderungsmöglichkeiten in der Schule selbst.

Wer etwas verändert, muss vorher etwas falsch gemacht haben: „Den Stundenplan macht X schon seit zwölf Jahren so. Wenn wir den Plan jetzt ändern wollten, wäre das ja ein Angriff gegen X!" oder: „Der Schüleraustausch ist immer die Sache von Y gewesen. Wenn man ihm das nimmt, hat er nichts mehr!" Diejenigen, die eine bestimmte Aufgabe oder Position haben, wagen oft nicht, sie zur Disposition zu stellen, um nicht in ein schlechtes Licht zu geraten. Die Außenstehenden stellen die Aufgabe oder Position nicht zur Disposition, um die Person nicht anzugreifen. Nicht selten aber wäre derjenige, der die Aufgabe erledigen muss oder die Position innehat, froh, wenn er mal etwas anderes machen könnte.

Was man nicht sehen oder messen kann, gibt es nicht: Angesichts des Drucks derer, die Schulentwicklung nicht wollen, bemüht man sich als Schulentwickler, schnell zu Ergebnissen zu kommen. Damit macht man sich zur Geisel der Außenstehenden: Die brauchen immer nur zu sagen: „Mehr! Mehr! Wir glauben euch noch nicht", schon muss man weitere Ergebnisse produzieren. Deshalb müssen diejenigen, die mit der Arbeit am Schulprogramm beginnen, deutlich ihre (bescheidenen) Kriterien für Erfolg definieren und sich genügend Zeit ausbedingen, um diesen Erfolg zu erreichen.

Tu nichts, bevor du nicht handeln musst – oder: Lass die Fehler andere machen: Diese Schwierigkeit hat zwei Ursachen: a) Weil die Unsicherheit groß ist, wartet man so lange wie möglich, bevor man handelt. Man lässt Fristen verstreichen, zögert hinaus, debattiert grundsätzlich und abstrakt. Durch dieses Vorgehen wird die Schule äußerst verwundbar: Die Schule befindet sich im Tiefschlaf oder in ständiger Aufregung (das sind die promenierenden oder umherirrenden Schulen). b) Oft hat die Schule die Erfahrung gemacht, dass alle Anstrengungen, eine Sache besser zu machen, die Sache nur noch schlechter gemacht hat, weil die Sache dadurch in die Diskussion gekommen ist, weil Unruhe entstand. Die Bewahrung des Status quo erscheint damit als das kleinere Übel.

Lösungen sind besser als Veränderungen: Wenn Veränderungen reaktiv und halbherzig erfolgen, wenn die Beteiligten nicht von ihnen überzeugt sind, sind diese Veränderungen die Probleme von morgen. Schulen, die zu Veränderungen getrieben werden oder sich nur wegen besserer Versorgung (mit Lehrern oder Sachmitteln) auf Veränderungen einlassen, suchen nach schnellen, einfachen Lösungen, um mit dem Veränderungsdruck fertig zu werden. Diese Lösungen sind die Ursache des nächsten Scheiterns und ermöglichen eine Distanzierung von auferlegter Veränderung. Bei der Erarbeitung von Schulprogrammen muss darauf geachtet werden, was man (als Bewährtes) erhalten will und wo ein Konsens über Veränderungen besteht. Nur bei Konsens über beabsichtigte Veränderungen kann man damit rechnen, dass ein mögliches Scheitern als Lernfall genutzt werden kann.

Will man diese Einstellungen und Grundsätze durch Schulprogrammarbeit verändern und will man eingehen auf die unterschiedlichen Strukturen, Arbeitsbereiche und Rahmenbedingungen sowie die immer wieder auftauchenden Schwierigkeiten, Sprünge und Abbrüche, dann muss die Schulprogrammarbeit der jeweiligen Schule, ihrer Arbeit und ihren Mitgliedern entsprechend angepasst und ausgerichtet werden. Das in der Literatur und zum Teil in der Praxis der Lehrerfortbildung und Organisationsberatung häufig vorkommende Grundmodell:

Bestandsaufnahme → Analyse → Diagnose → Zielklärung und Zielvereinbarung → Handlungsplanung → Umsetzung → Evaluation → Bestandsaufnahme → ...

---

bietet für einen solchen Prozess der schulspezifischen Gestaltung von Schulprogrammarbeit nur einen Anhaltspunkt und nennt wichtige Elemente der Arbeit. Es ist aber nicht zu verstehen als einzuhaltende Schrittfolge. Denn nicht immer sind alle Elemente des Grundmodells notwendig, oft sind sie nicht in der vorgestellten Reihenfolge möglich oder erforderlich, manchmal erfolgen mehrere Schritte zur gleichen Zeit. In großen Schulen finden auf unterschiedlichen Ebenen und Arbeitsbereichen verschiedene Schritte gleichzeitig statt. Wie und wann auch immer die einzelnen Elemente verwendet werden, grundlegend ist die Gestaltung der Schulprogrammarbeit als ein Entwicklungsprozess, der sich an den Beteiligten orientiert. Dieser Prozess ist allerdings weder beliebig noch willkürlich gestaltbar. Für ihn gelten neben den bereits genannten Gelingensbedingungen für Schulentwicklung (siehe Seite 134) folgende Grundsätze:

Keine Schulprogrammarbeit ohne Schulleitung, Schüler und Eltern

Schulprogrammarbeit ist Sache aller in der Schule. Manchmal möchten sich Schulleitungen aus der Erarbeitung von Schulprogrammen heraushalten. Sie wollen den Prozess nicht dominieren, wollen Freiräume gewähren oder Arbeit und Auseinandersetzungen vermeiden. Wenn Schulprogrammarbeit ernst gemeint ist, berührt sie die Schulleitung und die Funktionsträger unmittelbar. Deshalb ist ihre Beteiligung – in jeder Phase – unverzichtbar. Diese Beteiligung kann unterschiedlich aussehen. Die Schulleitung muss nicht an jeder Sitzung von Arbeits- oder Projektgruppen teilnehmen, sie kann Aufgaben delegieren und Freiräume einrichten, sie kann mit Gruppen oder Personen, die dann selbstständig arbeiten, Zielvereinbarungen treffen. Wie immer die Schulleitung auch agiert, Lehrer und Schüler haben einen Anspruch darauf, dass sie in der Verantwortung bleibt.

Auch Schüler müssen in den Prozess seiner Erarbeitung einbezogen werden. Durch Schulprogrammarbeit erhalten sie Lern- und Erfahrungsmöglichkeiten für Mitwirkung in und Gestaltung von Organisationen. Die aktive

Beteiligung von Schülern gibt Zielklärungen, Handlungsplanung und Evaluation Gültigkeit. Die Beteiligung von Eltern kann auf sehr unterschiedliche Weise erfolgen. Das reicht von Befragungen über die Erarbeitung gemeinsamer Positionen und Ziele auf Elternabenden bis hin zur Mitwirkung in Arbeits- und Projektgruppen.

Steuergruppen sind kein Muss

Oft werden für die Erarbeitung von Schulprogrammen Steuer-, Initiativ- oder Projektgruppen eingerichtet, um – oft in Zusammenarbeit mit externen Beratern – die Entwicklungsprozesse in der Schule zu koordinieren, zu strukturieren und auch anzuleiten. Die Bildung solcher Gruppen verändert die Arbeits- und Beziehungsstrukturen in der Schule. Es muss sorgfältig abgewogen werden, ob der Nutzen einer solchen Gruppe den damit verbundenen Aufwand lohnt und ob die Einrichtung einer solchen Gruppe für eine kooperative Lern- und Arbeitskultur der Schule förderlich ist. Steuer-, Initiativ- oder Projektgruppen sind kein Muss bei der Arbeit an Schulprogrammen, sie sind nur unter bestimmten Bedingungen hilfreich. Durch offene Arbeitsweise, kontinuierlichen Dialog mit dem Kollegium, durch Rotation der Mitglieder, durch plurale Besetzung und Beteiligung der Schulleitung an solchen Gruppen kann erreicht werden, dass das Kollegium die Schulprogrammarbeit in der Hand behält. In großen Schulen wird den Gruppen oft der Status eines Leitungsgremiums zugeschrieben. Um dem aus dem Wege zu gehen, kann man auf Steuergruppen verzichten und die Arbeit an bestehende Arbeits- und Organisationsstrukturen binden, z. B. an Jahrgangs-, Stufen- oder Facharbeit.

Schule und Unterricht als Gegenstand – allgemeine Ziele und konkrete Jahresarbeitspläne

Schulprogrammarbeit muss sich dem Kern von Schule zuwenden, den Lern- und Entwicklungsprozessen der Schüler. Das erfordert eine Arbeit an generellen pädagogischen Fragen, an den Inhalten und der Organisation des Unterrichts in den Fächern, Jahrgängen und Stufen. Besonders die Teile der Schulprogrammarbeit, die sich mit Unterricht auseinandersetzen, müssen für Schüler und Eltern verständlich und nachvollziehbar sein, damit sie hier mitwirken können. Eine gute Möglichkeit zur Konkretisierung und Umsetzung des Schulprogramms bieten Jahresarbeitspläne, wie sie beispielsweise in Schweden üblich sind (vgl. EIKENBUSCH 1995). Bei diesen Plänen geht es um die Fragen: Wie wollen wir im nächsten Jahr die Ziele und Vereinbarungen des Schulprogramms in den Klassen/Fächern/Stufen erreichen? Wie überprüfen wir, ob wir die Ziele erreicht und die Vereinbarungen eingehalten haben? Jahresarbeitspläne sind ausschließlich Instrumente der Planung, Koordination, Umsetzung und Selbstkontrolle, sie dienen nicht der Kontrolle durch Schulaufsicht.

Veränderung und Absicherung – Verbindlichkeit und Offenheit

Schulprogrammarbeit muss sich auf die Stärkung wichtiger, sinnvoller Routinen, Strukturen und Beziehungen richten und darf nicht alles verändern wollen. Wenn sich Mitglieder einer Schule gegen überwältigende Veränderungsanforderungen wehren und als sinnvoll erfahrene Strukturen erhalten wollen, kann das im Sinne von Schulentwicklung sein. Gleichzeitig muss Schulprogrammarbeit solche Strukturen und Traditionen bearbeiten, die aus Angst vor Veränderung entstanden sind oder die nur der Absicherung bestehender Reviere oder der Zementierung von Machtverhältnissen dienen. Die Analyse, welche Routinen, Strukturen und Beziehungen produktiv oder hinderlich für die Entwicklung der Schule und ihrer Mitglieder sind, berührt das Herz der Schule. Stellt man nicht genug in Frage, bleibt die Schulprogrammarbeit folgenlos. Stellt man zu viel in Frage, werden wichtige Grundlagen zerstört.

Als Analyseverfahren können bereits vorgestellte Evaluationsverfahren dienen, wie z. B. „Verändern – Erhalten?", „Was ist dringend?", „Wendepunkte" (siehe Seite 166ff.) – oder die folgende Kartenabfrage:

Unbedingt/keinesfalls verändern!

Führen Sie eine Kartenabfrage im Kollegium durch: Jede(r) bekommt drei rote und drei grüne Karten. Auf die roten wird jeweils eine Sache notiert, die in der Schule im nächsten Jahr unbedingt verändert werden muss. Auf den grünen Karten wird jeweils eine Sache vermerkt, die im nächsten Jahr auf keinen Fall verändert werden soll. Die Karten werden im Kollegium ausgewertet: Haben wir eine gemeinsame Position über Veränderungen und Bestätigungen unserer Arbeit? Im Anschluss daran kann man mit Schülern oder Eltern prüfen: Stimmen Sie mit unserer Position überein? Warum (nicht)?

Ganz gleich, ob sich die Schulprogrammarbeit auf Absicherung oder auf Veränderung konzentriert, stellt sich die Frage nach der Verbindlichkeit der vereinbarten Ziele und Handlungsschritte. Üblicherweise wird versucht, Verbindlichkeit durch Ordnungen, Regeln, Formeln oder durch Sanktionen zu erreichen. Regeln bleiben, wie immer sie gefasst werden, interpretier- und umgehbar, vertretbare Sanktionen sind rar. Verbindlichkeit bei der Erarbeitung von Schulprogrammen ist am ehesten durch Verfahren erreichbar. Möglich sind beispielsweise die intensive Einbeziehung von Eltern und Schülern in die Arbeit (Erhöhung der Bindung), Vorab-Festlegung konkreter Evaluationsfragen, Schaffung von Verbindlichkeiten zuerst auf kleinen Arbeitsebenen (Klassen- oder Jahrgangsebene), Vereinbarung offener Gestaltungs- und Entwicklungsbereiche, Veröffentlichung der Einhaltung von Verbindlichkeiten (wichtig für Schulleitung). Der höhere Grad an Selbstverpflichtung und mehr Verbindlichkeiten werden von Lehrern, Schülern und Schulleitungen nur akzeptiert, wenn damit auch größere Offenheit und mehr Gestaltungsmöglichkeiten verbunden sind. Schulprogrammarbeit muss der Schule *und den Beteiligten* etwas bringen.

Kleine Ziele und erste Schritte jetzt – Visionen und strategische Planung später

Dass eine Schule wirksame und einflussreiche Visionen für ihre Arbeit entwickelt und dementsprechend strategisch plant, ist, wenn alles gelingt, ein *Ergebnis* von Schulprogrammarbeit – und nicht der Einstieg. Zu frühe Visionen blockieren und bleiben unverbindlich, zu rasche strategische Planung führt zu blindem Aktionismus. Gerade bei Schulen, die über geringe Erfahrung mit Schulprogrammarbeit verfügen, muss auf kleine Ziele und baldige erste Schritte geachtet werden, damit die Möglichkeit der Revision offen bleibt und erste Erfolge nicht zu lange auf sich warten lassen. Erste Schritte sind notwendig, damit durch Erfahrungen in der Alltagsarbeit die Zielvorstellungen und Vereinbarungen erfahrbar werden. Dabei kann es auf Dauer nicht nur bei kleinen Zielen und ersten Schritten bleiben kann: Visionen und strategische Planung kommen später – auf der Grundlage von Erfahrungen und gemeinsamen Arbeitsprozessen.

Beratung ist Beratung, nicht mehr und nicht weniger

In vielen Bundesländern sind entscheidende Initiativen für den Beginn und die Unterstützung der Schulprogrammarbeit von der Lehrerfortbildung, von Hochschullehrern oder freiberuflichen Beratern ausgegangen. Diesen Beitrag muss man positiv einschätzen, er hat allerdings eine problematische Nebenwirkung: Bei Schulen und manchmal auch bei externen Beratern ist der Eindruck entstanden, Schulprogrammarbeit könne eigentlich nur mit Unterstützung von Beratern erfolgen. Verstärkt wurde dieser Eindruck noch durch drei Faktoren:

a) die Besetzung des Themas Schulprogramm durch Experten und Vorgesetzte,
b) ein teilweise konkurrierendes und sich dadurch aufdrängendes, missionarhaftes Angebot von eher inhaltsbezogener schulinterner Fortbildung und eher prozessorientierter Organisationsentwicklung, Fortbildung und Beratung sowie
c) eine von Bildungspolitik, Schulaufsicht und teilweise auch von Beratern selbst vertretene Sicht der Schule als einer prinzipiell defizitären Organisation, die den Paradigmenwechsel zum System Schule nur mit Hilfe von Radikalkuren sowie externem Druck und Zug schaffen werde. Diese „Defizit-Sicht" wurde immer dann besonders aktiviert, wenn Vertreter aus der Wirtschaft berichteten, mit welch harten Maßnahmen sie Veränderungen durchsetzen mussten und wie sie mit dem immer vorhandenen Widerstand gegen Wandel umgegangen sind.

Dass Schulen erweiterte Selbstständigkeit selber ausfüllen und gestalten und dass sie lernende Schulen sein können, das zu glauben fällt sowohl den Schulen als auch den Vorgesetzten und den Beratern schwer: Sie trauen sich

selbst nicht und haben kein Vertrauen in die Schule. Und da nicht nur
Einzelpersonen, sondern auch Systeme Innovationsangst entwickeln können
und dann Sicherheit erfahren, wenn andere die Innovationen für sie vollbrin-
gen oder die Verantwortung dafür teilen, kommt es zu erhöhter Beratungs-
nachfrage und hohem Beratungsangebot.

Beratung erfüllt dabei mehrere Funktionen: Schulen, die Beratung suchen
(und teilweise auch sehr teuer bezahlen), können damit zuerst einmal Zeit
gewinnen. Sie können damit nachweisen, dass sie ihrer Innovationspflicht
nachkommen. Weiterhin können sie durch Beratung einen Gegenpol zu
Vorgesetzten aufbauen und einen Teil ihrer Verantwortung für Veränderung
an Außenstehende delegieren.

Dies ist eine einseitige Sicht der Möglichkeiten und Grenzen von Beratung in
Schulprogrammarbeit. Natürlich sehe ich auf Grund meiner Erfahrungen als
Berater in Schulentwicklungsprozessen und als Mitverantwortlicher für die
Gestaltung von Fortbildungsmaßnahmen in diesem Bereich auch viele positive
Möglichkeiten der Beratung bei Schulentwicklung. Durch sie können hilfreiche Impulse gegeben werden, sie kann helfen, Prozesse in Gang zu setzen oder
deren Scheitern zu verhindern, sie kann individuelle und systembezogene
Entwicklung fördern (vgl. auch Kapitel 16 dieses Buches). Aber wenn Schulentwicklung und Schulprogrammarbeit pädagogische *Alltagsarbeit* sein soll,
wenn sie sich in einem langfristig angelegten, gemeinsamen Lern- und Arbeitsprozess herausbilden soll, dann muss dies prinzipiell ohne Beratung möglich
sein. Schulprogrammarbeit, die nur mit den Krücken der Beratung laufen lernt,
wird nie selber gehen können.

Deshalb sollten Schulen und Berater es vermeiden, mit umfassenden Angeboten in Schulentwicklungsprozesse der einzelnen Schule einzusteigen (vgl.
auch das folgende 14. Kapitel), zumal die Wirksamkeit von Beratung bei
Schulentwicklungsprozessen umstritten ist (vgl. EKHOLM 1995). Beratung
muss Beratung bleiben, sie darf nicht mehr sein (Übernahme von Verantwortung, Erledigung der Arbeit für die Schule), sie darf aber auch nicht weniger
sein (Missionierung über Standards, Information, Aufgabenverteilung, psycho-
soziale Entlastung, didaktischer Gottesdienst, Spielwiese).

*Lern- und Arbeitsprozesse lassen sich nicht kopieren, man muss sie
aber auch nicht ständig neu erfinden*

Weil Schulprogrammarbeit an die speziellen Arbeitsprozesse, Bedingungen
und Ziele der einzelnen Schule gebunden ist, funktionieren Grundmodelle und
Unterstützungsangebote nur, wenn sie genügend Möglichkeit der Differenzierung bieten. Was in der einen Schule erfolgreich praktiziert wird, kann in der
anderen Schule ein Grund zum Misserfolg sein – und umgekehrt. Man muss
die Verfahren, Modelle und Instrumentarien jeweils auf die eigenen Ziele,
Bedürfnisse und Bedingungen hin verändern. Erfahrungen und Arbeitsergeb-

nisse anderer sinnvoll und selbstständig zu nutzen ist eine wichtige Voraussetzung, um Schulentwicklung zu verstehen und Schulprogrammarbeit zu gestalten.

13.5 Szenarios: Formen der Schulprogrammarbeit

Schulprogramm als Lernplan

Das Schulprogramm der Moritz-Schule ist ein Lernplan. Nach mehreren erfolglosen Versuchen, ein Schulprogramm zu schreiben, sind wir zu der Einsicht gekommen, dass man ein Schulprogramm nicht schreiben, sondern dass man es nur lernen und tun kann. Deshalb haben wir in der Schulkonferenz vereinbart: Für uns ist Schulprogramm ein Lernplan:
Unsere Schule macht einen Zwei-Jahres-Kurs: „Wir wollen Schulprogrammarbeit erforschen und Schulprogramm lernen." So wollen wir arbeiten:

1. Jahr: Bestandsaufnahme/Schulforschung: Wir versuchen, so viel wie möglich über unseren Unterricht und unsere Schule herauszubekommen. Dazu trägt jeder Lehrer alle zwei Monate auf maximal einer Seite eine für ihn interessante/wichtige Sache bei, die er über seinen Unterricht oder die Schule herausbekommen hat (das können Tagebuchauszüge, Befragungsergebnisse, Berichte über Hospitationen oder Beobachtungen, Thesen, Materialien, Meinungen usw. sein). Die Beiträge werden auf eine große Wandzeitung geklebt, auf einer Schulkonferenz findet dazu ein „Lernmarkt" statt, bei dem alle Kollegen die Ergebnisse auf der Wandzeitung kommentieren bzw. erläutern können. Wir wollen im ersten Jahr insgesamt fünf Wandzeitungen erstellen und diskutieren. Eine der Wandzeitungen (November) wird auch mit den Schülern aller Klassen besprochen. Am Ende des ersten Jahres führen wir ein Seminar durch, das unsere Lernerfahrungen bündelt und strukturiert: Was haben wir über uns und unsere Schule gelernt? Was wissen wir jetzt (nicht)?

2. Jahr: Analyse/Konzentration: Wir werten die Ergebnisse des Seminars mit Schülern und Eltern aus und bestimmen je zwei wichtige Bereiche in unserer Schule, in denen unbedingt etwas erhalten und in denen etwas verändert werden muss. Wir legen gemeinsam fest, wie die entsprechenden Bereiche erhalten/gestärkt bzw. verändert werden sollen, wer das tun soll, welche Ergebnisse erreicht werden sollen.

Erprobung/Umsetzung: Wir versuchen, die Vereinbarungen in die Praxis umzusetzen. Während und nach der Erprobung werten wir unsere Arbeit aus. Wir befragen dabei auch Schüler und Eltern. Als Abschluss der ersten Lernphase werden wir eine zweitägige Konferenz durchführen und eine zusammenfassende Auswertung vornehmen: Was haben wir gelernt über Veränderung und Erhaltung? Was haben wir gelernt über Schulprogrammarbeit? Was sind in den nächsten Jahren die Bereiche, mit denen wir uns beschäftigen müssen?

Dieses Schulprogramm mag ich trotz aller Schwächen ganz besonders: Es nimmt ernst, dass eine lernende Schule Schulprogrammarbeit erst lernen muss. Es nimmt sich Zeit und baut Sicherungen ein, die Innovationsangst vermindern helfen. Hilfreich ist, dass auch auf zu erhaltende und stützende Bereiche der Schularbeit geschaut wird und dass Schulprogramm nicht automatisch nur mit Veränderung und Umstrukturierung gleichgesetzt wird. Zu den Schwächen dieses Szenarios gehört, dass nicht klar ist, wer eigentlich dafür verantwortlich ist, dass diese Planung eingehalten wird, und dass unter Umständen viele Ergebnisse des ersten Jahres nicht genutzt werden, weil die Schule sich bei ihrer weiteren Arbeit nur auf insgesamt vier Bereiche konzentrieren will. Andererseits ist es sehr hilfreich, dass sich die Schule von Anfang an auf wenige Bereiche konzentrieren will.

Sammlung und Veröffentlichung

Als Einstieg in die Schulprogrammarbeit hat der Leiter des Stiehl-Gymnasiums vorgesehen, alle Aktivitäten und Bereiche der Schularbeit zu sammeln und dann aus diesen eine Struktur herauszuarbeiten. In mehreren Konferenzen der insgesamt zwölf Funktionsträger seiner Schule wird eine Kartenabfrage mit anschließender Clusterung durchgeführt. Jeder Funktionsträger muss die Aktivitäten aus seinem Bereich einbringen. Nach insgesamt zehn Konferenzstunden hängen über 100 Karten an der Wand, sie sind gegliedert nach Jahrgangsstufen und Aufgabenbereichen. Die Wandzeitung wird im Lehrerzimmer ausgehängt. Jeder Lehrer bekommt fünf Klebepunkte und soll markieren, welche Aktivitäten/Eckpunkte/Bereiche er für die wichtigsten hält. Die Punktung verläuft äußerst schleppend, Lehrer fragen immer wieder, wie sie punkten sollen, welche Konsequenz ihre Wertung hat. Nach einer Woche wird die Punktung abgebrochen, es haben sich weniger als die Hälfte der Lehrer beteiligt. Die Funktionsträgergruppe überarbeitet daraufhin noch einmal die gesamte Übersicht und reduziert sie auf insgesamt 30 Bereiche in vier Rubriken (Fächer, Jahrgangsstufen, außerunterrichtliche Aktivitäten und Schulleitung). Die Verantwortlichen schreiben zu jedem Bereich eine halbe Seite Erläuterung. Die Lehrerkonferenz billigt diese Übersicht einstimmig als Schulprogramm. Der Schulleiter schickt sie mit der Bitte um Kommentierung an die zuständige Schulaufsicht. Nach einem halben Jahr wird die Übersicht in einer Handreichung der Bezirksregierung zum Thema Schulprogramm als eines von 20 gelungenen Beispielen veröffentlicht. Der Schulleiter legt die Veröffentlichung im Lehrerzimmer aus und hängt die Originalübersicht noch einmal aus ...

Dieses Vorgehen ist nicht so befremdlich und falsch, wie es auf den ersten Blick erscheinen mag. Immerhin nimmt die Schulleitung ihre Verantwortung für die Schulprogrammarbeit ernst und zeigt deutlich, dass diejenigen, die aufgrund ihrer Funktion herausgehobene Verantwortung tragen, einen Beitrag zur Schulprogrammarbeit leisten müssen. Die gemeinsame Bestandsaufnahme der Funktionsträger ist für diese Gruppe sicherlich ein notwendiger und auch sinnvoller Anstoß, sich mit ihren Aufgaben und Perspektiven, auch im Hinblick auf Schulentwicklung, zu befassen. Auch dass die Schulleitung die Lehrer nicht zwingt oder antreibt, ihre Einschätzung abzugeben, sondern die Punktung abbricht, kann man als angemessen ansehen. Die entscheidende Schwäche dieses (übrigens gar nicht so selten verwendeten) Ansatzes besteht darin, dass eine Zielklärung und -vereinbarung schulischer Arbeit nicht erreicht wird (sie wird sogar konterkariert) und dass er nur ein legitimierendes, rückwärts gewandtes Dokument zum Ziel hat, das zudem noch ohne Mitwirkung von Eltern und Schülern entstanden ist und von den Lehrern praktisch nur toleriert wird. Schulprogrammarbeit hat hier im Wesentlichen Wirkung für Schulleitung und Funktionsträger gehabt, und zwar als Klärungs- und Arbeitsbeschaffungsprozess sowie als Nachweis der Berechtigung eines höheren Gehalts. Auf den Unterricht hat dieses Vorgehen keinen Einfluss gehabt, wenn man mal von ein paar Stunden Unterrichtsausfall für Konferenzen absieht. Dass schließlich die Schulaufsicht dieses Schulprogramm auch nur instrumentalisierend nutzt und nicht in einen Dialog mit der Schule über den Prozess und das Ergebnis der Schulprogrammarbeit tritt, macht sie zum Komplizen der Schule: Alle wissen, es ist nichts passiert in der Schulprogrammarbeit, aber sie sieht verdammt gut aus und ist hilfreich bei der Profilierung der Schulform.

Corporate Identity

> Die Fröbel-Schule ist landesweit für ihr „Arterium" bekannt. Unter diesem Begriff firmiert eine Vielzahl von Kulturveranstaltungen (Lesungen, Kunstausstellungen, Schauspielaufführungen, Happenings), die immer im Atrium stattfinden. Motor und guter Geist des Arteriums ist der Schulleiter, selber Maler und Literat, der von drei kreativen, kunstbegeisterten Kollegen unterstützt wird. Die Schule hat durch ihre Aktivitäten einen guten Ruf in der Stadt, sie erhält regelmäßig Projektmittel aus „Öffnung von Schulen", ihre Schüler gewinnen immer wieder Preise bei überregionalen Wettbewerben. Als die Fröbel-Schule aufgefordert wird, ein Schulprogramm zu erstellen, wird dies vom Schulleiter und dem Kollegium dankbar aufgenommen. Es entsteht eine umfangreiche Dokumentation der bisherigen Arteriums-Aktivitäten, das seit langem existierende Konzept hierfür wird überarbeitet und in die Dokumentation aufgenommen, es werden Schülerbeiträge sowie Fotos aller Klassen (immer im Arterium!) veröffentlicht. Der Bürgermeister schreibt ein Vorwort zur Dokumentation, ein Elternvertreter sorgt für eine günstige Druckmöglichkeit. Jeder Schüler bekommt ein kostenloses Exemplar. Die Reaktion auf das Schulprogramm ist einhellig positiv.

Auch dieses Vorgehen kommt nicht gerade selten vor. Viele Schulen haben seit Jahren ein erfolgreiches Profil, das sie oft in mühsamen Auseinandersetzungen entwickelt und durchgesetzt haben. Da ist es verständlich, dass die Aufforderung zur Schulprogrammarbeit in zweifacher Weise genutzt wird: a) die bestehende Profilierung abzusichern und b) um zu verhindern, dass sie verändert wird. Mit solcher Form von Schulprogrammarbeit umzugehen ist für das Umfeld schwierig, denn die Schule hat nach ihrem eigenen Verständnis eine „Corporate Identity", sie zeigt außerordentliche Leistungen (in mindestens einem Bereich), sie ist aktiv und lebendig. Dass oft nur wenige diese

Aktivitäten tragen und dass die Aktivitäten manchmal zu Lasten anderer Lehrer und Schüler gehen, wird nicht (gern) wahrgenommen. Notwendig für solche Schulen ist es, die vorhandenen Aktivitäten zu sichern und gleichzeitig andere Bereiche und Aufgaben anzugehen. Schulprogrammarbeit muss hier Bekräftigung *und* Veränderung sein. Eine solche weiterführende Strategie war in diesem Falle, das „Arterium" für pädagogische Fachveranstaltungen, für eine Präsentation von Lehrerfortbildungsmaterialien zu nutzen.

Das „rollende Schulprogramm"

Die Västervik-Schule hat in den vergangenen Jahren einen umfangreichen Schulentwicklungsprozess durchgeführt:

1. Am Anfang stand die „Jahresauswertung", wir werteten am Ende eines Schuljahres grob unsere Arbeit aus. Die Schulleitung bestimmte die Bereiche, die analysiert werden sollten.

2. Der nächste Schritt: Evaluation bezogen auf die Zielvorstellungen der Schule
Um Evaluation zu einem Bestandteil der Arbeitskultur von Schule zu machen, um sie deutlicher an die Ziele und an die Aufgaben von Schule zu binden und für sie nutzbar zu machen, gab die Schulleitung zwei Aufträge an die Schule: a) Jede Fachkonferenz sollte das Zentrale ihres Faches beschreiben (Fähigkeiten und Kenntnisse). Nach einem halben Jahr hatten die Fachkonferenzen ihre Zielvorstellungen formuliert. Diese sammelten wir in einer Broschüre, die wir an Lehrer, Elternvertreter und die Klassen verteilten.
b) Eine Evaluation der Schule. Wir wollten eine Zustandsbeschreibung erarbeiten, die Grundlage von Gesprächen und Diskussionen sein sollte. Wir beschlossen, uns bei der Evaluation auf eine Schülerbefragung zu konzentrieren: Unterricht: Inhalte und Arbeitsformen; Wohlbefinden in der Schule; Bereiche in der Schule, die verändert werden sollen. Als wir die Fragebögen ausgewertet hatten, gab es im Lehrerkollegium eine intensive Diskussion darüber, wie die Daten zu analysieren seien. Viele fanden die Anforderungen an eine gründliche Analyse zu umfassend. Einige Lehrer reagierten vor allem auf einer persönlichen Ebene. Insgesamt bekräftigten Auswertung und Evaluation (auch bei Lehrern), dass vieles an unserer Schule gut war. Es gab aber zwei problematische Bereiche: 1. Der Einfluss der Schüler auf die Schule und den Unterricht war gering; 2. Die Lehrer meinten, es sei nicht so wichtig, dass die Schüler Einfluss hätten.
Um die Ergebnisse der durchgeführten Evaluation aufzugreifen und produktiv zu nutzen, beschloss die Schulleitung, dass die beiden genannten problematischen Bereiche im nächsten Schuljahr bearbeitet werden sollten. Sie legte fest, dass diese Aspekte bei der nächsten Evaluation erneut untersucht werden sollten. Auch dadurch wurde allen Beteiligten in der Schule klar, dass die Schulleitung – auch bei der Evaluation – pädagogische Fragen betonen wollte.

3. (Externe) Evaluation der Schule und der Schülerleistungen
Es wurde nun aber diskutiert, ob es nicht besser sei, eine unabhängige Einrichtung mit der Evaluation zu beauftragen oder zumindest Außenstehende hinzuzuziehen. Nach umfangreicher Diskussion führten wir ein Mischmodell durch: Alle Schüler der 9. Klassen, deren Eltern sowie die Lehrer füllten einen (vorgegebenen) Fragebogen über die Arbeit der Schule aus. Die Schüler nahmen an schriftlichen Vergleichsarbeiten/Prüfungen in Deutsch, Englisch und Mathema-

tik teil (die Arbeiten/Prüfungstexte stammten von Außenstehenden). Die Arbeiten wurden anonym ausgewertet. Weiterhin wurden von einem gemischten Team aus Schulaufsicht, Eltern und Lehrerfortbildung Gruppeninterviews mit je vier bis fünf Personen (Lehrern und Schulleitung) durchgeführt zu folgenden Bereichen: Leitungsfunktionen, pädagogische Leitung, Ziele der Schularbeit, Erwartungen der Lehrer an die Schüler, Hilfe für Schüler mit Schwierigkeiten, Einfluss der Schüler auf die Schule, Ordnung in der Schule, Entscheidungsprozesse, Fortbildung.

Im ersten Schritt nach der Durchführung der Evaluation ging es nur um die Auseinandersetzung mit den Interviewfragen, mit den externen Arbeiten und Prüfungen. Wir haben versucht, von diesem Material zu lernen und es im Hinblick auf weitere eigene Evaluationen zu nutzen. Dann haben wir uns mit den Ergebnissen der Arbeiten und der Fragebogenaktion systematisch auseinandergesetzt, haben eine Stärken-Schwächen-Analyse durchgeführt und untersucht, in welchen Bereichen des Unterrichts und der Schule wir gute Chancen für Weiterentwicklung haben, wo blinde Flecke sind. Wir luden das gemischte Team ein, uns sein Bild von unserer Schule zu geben. Die Einschätzungen wurden von den Lehrern sehr positiv aufgenommen. Die Lehrer sahen Evaluation als etwas, das für ihre Praxis nützlich war und in Zukunft ein normaler Teil der Schularbeit sein würde.

4. Schulprogrammarbeit als das „Rollende Schulprogramm": Zielvorgaben und -vereinbarung; Jahresarbeitsplan; Evaluationsplanung und Fortbildungsplanung

Wir haben gelernt, dass Evaluation und Arbeitsplanung keine einmalige Angelegenheit sind, sondern ein rollender Veränderungsprozess. Wir müssen ihn kontinuierlich, systematisch und zielbewusst durchführen. Vier Elemente sind dabei besonders wichtig:

- Klare Zielvorgaben bzw. verbindliche Zielklärung und -vereinbarung in der Schule,
- gründliche, regelmäßige interne Evaluation der Schule,
- eine auf den Zielvorgaben und -vereinbarungen sowie auf der Evaluation aufbauende Handlungsplanung für einen absehbaren Zeitabschnitt,
- eine Fortbildungsplanung, die die für die Umsetzung der Handlungsplanung notwendigen Fortbildungsmaßnahmen erfasst und realisieren hilft.

Für die regelmäßige Evaluation der Schule haben wir viele Anregungen aus der externen Evaluation übernommen, insbesondere die Fragebögen für die Eltern und Lehrer. Wir entschlossen uns, in Zukunft jedes Jahr eine Evaluation auf Schüler- und Elternebene durchzuführen, dabei einen Kern gleicher Fragen zu verwenden und durch für unsere Arbeit aktuelle Fragen zu ergänzen. Wir erarbeiten für jedes Schuljahr einen Evaluationsplan. Darin wird festgelegt, welche Evaluationen und Bestandsaufnahmen wir regelmäßig durchführen und welche speziell für das jeweilige Jahr angesetzt werden. Zentral ist, dass Evaluation und Bestandsaufnahme Ausgangspunkte für Planungen der Schularbeit sein sollen.

Für die Arbeitsplanung auf Fachkonferenzebene (demnächst auf Stufen- und Bereichsebene) haben wir uns kleine, einfache Ziele gesetzt. Wir wollen bewusst mit einfachen Aufgaben anfangen, um uns später dann auf größere Projekte einlassen zu können.

*Beispiel: Arbeitsplanung der Fachkonferenz Englisch
für das 2. und 3. Jahr Englisch*

Ziele: Wir haben als Ziel, dass die Schüler die grundlegenden Fertigkeiten
(Verstehen, Sprechen, Lesen und Schreiben) üben können. Der Akzent dabei
liegt auf den Fertigkeiten zu verstehen und sich verständlich zu machen.

Arbeitsverfahren: Diese Ziele wollen wir wie folgt erreichen:
- Im Unterricht das Hörverständnis durch Hörübungen trainieren und dadurch,
  dass wir so viel wie möglich selbst Englisch im Unterricht sprechen.
- Wir wollen wirklichkeitsnahe Dialoge üben (jemanden nach dem Weg fra-
  gen, einkaufen usw.).
- Schüler sollen üben, unterschiedliche Textsorten zu lesen.
- Schüler sollen reichlich Möglichkeit zu freiem bzw. aufgabengebundenem
  Schreiben bekommen.

Auswertung/Evaluation des Faches durch
- regelmäßige Gespräche,
- (schriftliche) Befragung der Schüler zu ihren Ansichten über den Unterricht.

Auswertung/Evaluation der Schülerleistungen durch
- schriftliche Arbeiten, die u. a. auch Leseverständnis, Hörverständnisübungen
  und freies Schreiben enthalten,
- und Beobachtungen der Arbeit der Schüler sowie der Art und Weise, wie sie
  Arbeitsaufgaben lösen.

Die Fortbildungsplanung wird in die Schulentwicklung integriert, weil sie
eine wichtige Ressource ist für unsere Arbeit an Schulprogramm und Schulentwicklung. Der Zweck einer solchen Planung lag darin, allen in der Schule
bewusst zu machen, wo Fortbildungsbedarf der Schule liegt und abgedeckt
werden kann. Die Planung diskutierten wir im Leitungsteam und in den Jahrgangsstufen.

Dieses Szenario geht zurück auf den Erfahrungsbericht von ISELAU/ERLANDS-
SON (1995), in dem die Autoren Schulprogrammarbeit definieren als kontinu-
ierliche Entwicklungs-, Organisations-, Vernetzungs- und Fortbildungsarbeit
in ihrer Schule und sie bezeichnen als einen rollenden Veränderungsprozess.
Dieser Prozess ist gekennzeichnet durch viele kleine Arbeitsprozesse, durch
Sprünge und Zufälligkeiten, aber auch durch eine kontinuierliche positive
Haltung der Schulleitung und Schulaufsicht. Dass an bestimmten Stellen der
Schulprogrammarbeit Unterstützung von außen kam (durch Material oder
Personen), hat zum Erfolg beigetragen. Insbesondere der von der Schule
gewünschte fremde Blick durch das gemischte Evaluatorenteam sowie die
Auseinandersetzung mit der fachlichen Arbeit und den Fachleistungen der
Schüler war hier entscheidend. Angesichts dieser Anforderungen – und der
häufig noch fehlenden Unterstützungsangebote für von der Schule gewünschte
externe Evaluation oder Analyse der fachlichen Arbeit – sind solche Schulpro-
grammprozesse in Deutschland auf längere Zeit wohl eher die Ausnahme als
die Regel. Was Regel werden könnte, ist diese Art der Dokumentation der

Schulprogrammarbeit: Beschrieben werden nicht allgemeine Zielvorstellungen oder abstrakte Leitlinien, sondern dokumentiert werden – mit allen Widersprüchen – der Lernprozess und die Lernperspektiven bei der Arbeit mit dem Schulprogramm.

Schulprogramm – exemplarisch

> Schon seit Jahren hat es in der Albertus-Schule immer wieder Anregungen gegeben, die Arbeit in der ersten Jahrgangsstufe neu zu strukturieren, z. B. durch Erfahrungsaustausch und Zusammenarbeit mit den abgebenden Schulen oder durch einen „sanften Einstieg" (kein Fachunterrichtssystem in den ersten beiden Schulwochen). Bislang scheiterte die Umsetzung dieser Ideen aus unterschiedlichen Gründen. Nun haben mehrere Lehrer eine Eingangsstufen-Gruppe gebildet. Sie wollen gemeinsam im nächsten Jahr im ersten Jahrgang unterrichten (und beantragen beim Schulleiter eine entsprechende Unterrichtsverteilung) und einige der Ideen umsetzen. Da die Arbeit der Gruppe Auswirkungen auf die anderen Klassen und Lehrer haben wird (z. B. Stundenplanänderungen) und die Gruppe auch will, dass die Arbeit von der Schule getragen wird, stellt sie den Antrag, das Projekt zum Kernpunkt der Schulprogrammarbeit zu machen.

Gegenüber solchen Anträgen besteht oft Skepsis. Die einen sind dagegen, weil sie überhaupt keine Schulentwicklung wollen und somit auch keinen Anfang in Teilbereichen. Die anderen sind dagegen, weil sie das Konzept Schulprogramm nicht aufweichen wollen und um die große Idee fürchten. Beides hat zur Folge, dass nichts passiert. Es kann aber sinnvoll sein, in kleinen Bereichen oder mit eingegrenzten Themen mit der Schulprogrammarbeit zu beginnen, um in einem geschützten Rahmen Erfahrungen zu sammeln. Gegen einen begrenzten, exemplarischen Einstieg in das Schulprogramm kann man nur dann etwas einwenden, wenn von vornherein klar ist, dass ein solcher Einstieg als Abwehrstrategie benutzt wird, um Schulprogrammarbeit als kleine pädagogische Orchidee irgendwo auf dem Schulgelände blühen zu lassen. Um das zu verhindern, sollten diese Einstiege im gesamten Kollegium abgesichert werden, muss regelmäßig über den Fortgang des Arbeitsprozesses informiert werden und schon zu Beginn klar sein, wie neue Kollegen oder Nachfolger in diese Arbeit einsteigen können.

14. Kapitel: Die Ziele zu Handlungen machen (Implementation)

Gerade wenn man in Schulentwicklungsprozessen und bei Schulprogramm-arbeit meint, endlich alles unter Dach und Fach zu haben, kommen oft die Probleme: Ausführlich geklärte und vereinbarte Ziele oder sorgfältige Planungen werden einfach nicht umgesetzt, sie bleiben Papier, Absicht und schöner Plan. Das kann verschiedene Ursachen haben.

Die häufigste ist, dass die Beteiligten meinen, aus einer guten Bestandsaufnahme, Zielvereinbarung und Planung würde sich die Umsetzung in Handlung quasi automatisch ergeben. Berater ziehen sich häufig in der Umsetzungsphase zurück, weil „der Prozess ja nun in Gang gekommen sei" und die Schule jetzt „selber handeln müsse". Die Folgen dieser Auffassungen sind, dass der Umsetzungsprozess nicht mehr gesteuert und gestaltet wird und dass die Beteiligten sich nach all der gemeinsamen Arbeit bei der Zielvereinbarung und Planung nun plötzlich allein gelassen fühlen.

Eine weitere Ursache für das Scheitern oder das Fehlen der Umsetzung kann sein, dass der Konsens über Ziele und Planung die Energie der Schule bereits verbraucht hat. Das Erreichen des Konsenses war das Optimum, das die Schule erreichen konnte. Durch den anstehenden Umsetzungsprozess droht der Konsens wieder aufzubrechen, weil man genau weiß, dass er nicht hält oder dass er zu anspruchsvoll oder zu mühsam ist. Besonders bei Schulen, die in ihrer Existenz bedroht sind, besteht die Gefahr, dass sie einen überfordernden Konsens über Ziele und Planungen vereinbaren, der dann aber nicht durch das mögliche Scheitern von Umsetzungsschritten in Frage gestellt werden darf.

Schließlich kann es noch ganz prosaische Ursachen haben, warum die Umsetzung der Ziele und Planungen in Handlung scheitert: Manchmal hat sich ein Problem angesichts der Dauer der Zielklärungs- und Planungsprozesse von selbst erledigt oder es war plötzlich nicht mehr wichtig. Manchmal hat eine umfangreiche Klärung und Planung das Problem und die Arbeit so groß gemacht hat, dass man jetzt Angst hat, dieses Problem anzugehen.

Das Problem des Scheiterns der Umsetzung (oder dass sie erst gar nicht angegangen wird) besteht nicht nur darin, dass die angestrebte oder erhoffte Veränderung ausbleibt. Durch das Scheitern werden auch die vorhergehenden Arbeitsschritte entwertet, sie werden nachträglich zu Sandkastenspielen, Reformhalden oder Schuldzuweisungsreservoirs: „Ich habe es immer geahnt, dass das nichts bringen würde: Ein Jahr Planung und dann ist wieder mal nichts passiert."

Erstaunlicherweise gibt es bisher nur relativ wenige Vorschläge für den Übergang von der Zielvereinbarung/Handlungsplanung zur Umsetzung. Dabei ist es für das Gelingen von Schulentwicklungsprozessen und Schulprogrammarbeit ausschlaggebend, die Umsetzung der Inhalte und Prozesse in die Schul- und Unterrichtspraxis zu sichern und dafür zu sorgen, dass Schulentwicklung Konsequenzen für die Praxis hat.

14.1 Wie lassen sich positive Voraussetzungen für die Implementation schaffen?

Eine Strategie, die Umsetzung der Zielvereinbarungen und Planungen in die Praxis zu sichern, besteht darin, schon in den Arbeitsschritten vor der Umsetzung die Grundlagen dafür zu legen und für klare Orientierungen, deutliche Absprachen und eindeutige Verbindlichkeiten zu sorgen. Dazu werden u. a. folgende Verfahren oder Strategien eingesetzt:

Nummer sicher

Es werden ausschließlich Ziele vereinbart, die sichere, sichtbare und baldige Erfolge bei der Bearbeitung relevanter Stärken und/oder Schwächen versprechen.
Diese Methode verleiht allerdings nur kurzfristig Sicherheit: Es lässt sich nicht vorhersagen, welches Ziel sicher ist und was als sichtbarer und baldiger Erfolg angesehen wird. Je intensiver Ziele unter dem Gesichtspunkt „Sicherheit" ausgesucht werden, umso größer ist die Frustration, wenn die Umsetzung dieser (einfachen!) Ziele nicht gelingt. Ein weiterer Grund für das Scheitern dieses Verfahrens besteht darin, dass Kollegien sich schnell unter Wert behandelt fühlen, wenn man ihnen nur die Bewältigung sicherer Ziele zutraut. Sicherheitsdenken schafft Unsicherheit.

Kampagnen-Planung

Angelehnt an militärische Planungsverfahren werden Ziele/Aufgaben kategorisiert, wobei die dann dringenden und wichtigen Aufgaben priorisiert werden:

	dringend	nicht dringend
wichtig		
nicht wichtig		

Die Methode erweist sich meistens als utilitaristisches Negativkonzept: Nur strategisch wichtige Ziele können erreicht werden, inhaltlich wichtige Ziele sind dem unter Umständen nachgeordnet.

Prioritäten-Analyse

Hier wird geprüft, welche der Ziele und Vereinbarungen die Priorität bei der Umsetzung haben sollen. Hier das Beispiel einer Schule, die entscheiden musste, ob sie die Abstimmung der Arbeit in den Fremdsprachen oder die Evaluation im Differenzierungsbereich 9/10 zuerst angehen sollte. Nach der Prioritäten-Analyse entschied sich die Schule für die Abstimmung des Fremdsprachenunterrichts.

Ziel/Vereinbarung: (Kriterium für Priorität)	Abstimmung Fremdsprachen	Evaluation Differenzierungsbereich 9/10
unvermeidbar, da	Lehrplan-Forderung, Schulaufsichts-Forderung	–
dringend, weil	–	Schwächen festgestellt
wünschenswert, weil	–	
erheblicher Umfang und Aufwand	–	bisher noch keine Evaluationserfahrung
geringer Umfang und Aufwand	viele Vorarbeiten bereits erledigt	–
gute Voraussetzungen	Handreichungen und Fachkonferenzarbeit	–
schwache Voraussetzungen	–	Streit in Fachkonferenzen
starke Verbindung zu anderen Prioritierungen	(Schüleraustausch)	–
schwache Verbindung zu anderen Prioritierungen	–	–

Der Vorteil dieses Verfahrens liegt darin, einzelne Elemente und Bereiche von Zielvereinbarungen genauer zu untersuchen im Hinblick auf Notwendigkeit, Machbarkeit, Voraussetzungen und Vernetzungen. Der Nachteil liegt aber auch hier wie bei anderen Matrix-Lösungen darin, dass die Matrix Entscheidungsfreiheit vorspiegelt, die Kollegien aber nicht frei in ihrer Entscheidung sind. Ein weiterer Nachteil liegt darin, dass die Dinge, die unvermeidbar sind, nicht immer entscheidend für Leistungen und Qualität der Schule sein müssen. Prioritäten-Analysen sind oft nichts anderes als die Suche nach dem größten Zwang.

Ablaufdiagramm

Die einzelnen Handlungsschritte zur Erreichung der Ziele eines Arbeitsprozesses werden definiert, es werden den einzelnen Beteiligten Aufgaben und Verantwortlichkeiten zugewiesen.

	Schritt 1	Schritt 2	Schritt 3	Schritt 4	Schritt 5
Beteiligter A					
Beteiligter B					
Beteiligter C					

Das Ablaufdiagramm wirkt oft perfekt und übermächtig, es klappt nach den ersten Schritten in sich zusammen, weil nicht alles voraussehbar ist. Ablaufdiagramme können hilfreich und ein Werkzeug kontinuierlicher Evaluation sein, wenn sie ständig aktualisiert werden.

Orientierung an den entscheidenden Arbeitsergebnissen

Ausgehend von einer Analyse des Arbeitsprozesses oder der Arbeitsaufgaben werden die Ziele priorisiert nach folgenden Kriterien: Welches Ziel beeinflusst die Leistung und die Qualität unserer Schule/unseres Unterrichts am meisten? Welche Ziele sind entscheidend für die Leistung der Schule?

Ein wirkungsvolles Verfahren, das auf die Arbeit der Schule ausgerichtet ist und davon ausgeht, dass die für die Leistung einer Schule entscheidenden Arbeiten getan werden müssen. In Kollegien mit hoher Tradition metasprachlicher Vernebelung erweist sich dieses Verfahren als unproduktiv, in stark zerstrittenen Kollegien als kompliziert, weil nur mit großem Aufwand geklärt werden kann, was Leistung und Qualität ist und warum ein bestimmtes Ziel (nicht) entscheidend für die Leistung der Schule und des Unterrichts ist.

Kontroll- und Fokusfragen

Der Zielklärungs- und Planungsprozess soll den Umsetzungsprozess durch die gemeinsame Beantwortung der folgenden Fragen unterstützen:

- Wo steht die Schule jetzt?
- Welche Veränderungen müssen erfolgen?
- Wie können diese Veränderungen in absehbarer Zeit erreicht werden?
- Wie können wir feststellen, dass unsere Arbeit im Hinblick auf die Veränderungen erfolgreich war?
- Fokussiert die beabsichtigte/geplante Schulentwicklung (auch) den Bereich der Schulkultur, des Schullebens und die Schule als Organisation?
- Setzt sich die beabsichtigte/geplante Schulentwicklung mit den Zielen und der Praxis des Lehrens und Lernens in der Schule auseinander?
- Setzt sich die beabsichtigte/geplante Schulentwicklung mit den Lernergebnissen und den Arbeitserfolgen der Schüler auseinander?

Eine Orientierung an diesen Fragen ist besonders bei den Schulen möglich, die über Erfahrungen in Schulentwicklungsprozessen verfügen. Die Fragen helfen, dass bei der Zielvereinbarung und Handlungsplanung nicht unwichtige Bereiche überbetont werden. Die Fragen sind relativ abstrakt, so dass sie noch nicht genügend Handlungs- bzw. Konkretisierungsdruck auslösen. Für Schulen, die erst beginnen, kann jede dieser Fragen allerdings zu einer Grundsatz-Frage werden.

Die (vorläufige) Lösung: Verfahrens-Mix und Kontinuum-Ansatz

Mit keinem der genannten Verfahren allein kann man die Umsetzung der Ziele und Planungen hundertprozentig vorplanen und bestimmen. Je nach Situation der Schule müssen mehrere der genannten Verfahren eingesetzt werden. Und ganz gleich welcher Verfahren man sich bedient, muss man im laufenden Prozess der Umsetzung die Ziele und Planungen modifizieren oder auch revidieren. Ziele sind keine Gesetze, sie werden durch den Umsetzungsprozess immer wieder bestätigt oder verworfen. Zieht man sich beim Umsetzungsprozess darauf zurück, dass einmal getroffene Entscheidungen auch durchgezogen werden müssen, kann man aus Fehlern nicht lernen, sie werden damit zu einer schweren Hypothek für die weitere Arbeit.

14.2 Die Umsetzung der Ziele und Planungen gestalten und unterstützen

Auch wenn man den Umsetzungsprozess nicht vollständig vorausbestimmen und absichern kann, so lassen sich doch in die Umsetzung selbst Teilschritte einbauen, die immer wieder den Bezug zum Gesamtprozess herstellen und eine kontinuierliche Entwicklung und Kontrolle der Ziele und Planungen ermöglichen.

■ Dem doppelten Auftrag bei der Umsetzung von Veränderungen (Veränderung *und* Absicherung der laufenden Arbeit) wird oft nicht genügend Aufmerksamkeit geschenkt. Bei Schulentwicklungsprozessen (also auch im Rahmen von Schulprogrammarbeit) sollte sich die Umsetzung sowohl auf die geplanten Veränderungen als auch auf die Unterhaltung und Pflege (im englischen Sprachraum wird hier von „maintainance" gesprochen) der laufenden Schularbeit konzentrieren. Umsetzung von Veränderungen, die den laufenden Betrieb der Schule gefährden, schwächen letzten Endes die Veränderungen und die Schule.

■ Bei der Umsetzung erwerben Personen Kompetenzen, Status und zum Teil auch neue Rollen und Funktionen. Dies wirkt über den Zeitraum der eigentlichen Umsetzung hinaus. Wenn nicht klar ist, was das in Zukunft bedeuten wird, oder wenn man die Veränderung von Status, Rollen und Funktionen nach der Umsetzung einfach zurücknimmt, führt das langfristig zu einer Demotivation und zur Schwächung des Implementationsprozesses.

■ Bei der Umsetzung sind die Verfahren und das Vorgehen so wichtig wie die Inhalte. Ziele und Planungen können leichter umgesetzt werden in einem für Implementation günstigen Umfeld, wenn die Aufgaben, Rollen und Funktionen der Beteiligten kontinuierlich beachtet und reflektiert werden, wenn angemessene Bedingungen für Zusammenarbeit geschaffen werden und wenn der Umsetzungsprozess kontinuierlich evaluiert und gestärkt wird.

Was kann man im Einzelnen tun, um die Umsetzung der Ziele und Planungen zu fördern?

Schaffen eines günstigen Umfeldes für die Implementation

■ Genügend Zeit und Offenheit für Entwicklungsprozesse einräumen.

■ Ziele und Vereinbarungen in kurzen, einfachen und konsistenten Beschreibungen formulieren, um Interpretations-Auseinandersetzungen und zu hohe Ansprüche zu reduzieren.

■ Konferenzen möglichst klar anlegen und stringent durchführen im Hinblick auf ihren Zweck, ihre Funktion, ihre Einbindung in Zusammenhänge/Netzwerke und Abläufe.

■ Möglichst wenig funktionsbezogene und möglichst viel aufgabenbezogene Gruppen/Konferenzen durchführen.

■ Durch angemessene Zeitplanung Raum für neue Aufgaben schaffen und verdeutlichen, für welche bisherigen Aktivitäten weniger Zeit angesetzt werden kann/muss.

■ Klarheit schaffen, wer über Arbeits- und Entscheidungsstände wann und wie informiert werden muss (Beteiligung und Rechenschaft).

■ Kriterien festlegen für die Bewertung des Umfanges und der Qualität der Arbeitsfortschritte.

■ Art und Umfang von Evaluation bzw. von Einbindung in bestehende Evaluationsvorhaben klären.

■ Ablaufplanungen einzelner Vorhaben aufeinander abstimmen.

Kontinuierliche Beachtung/Reflexion von Aufgaben, Rollen und Funktionen

■ Gelegenheit geben und Unterstützung anbieten für die Erfahrung neuer Arbeitsaufgaben und Arbeitsbeziehungen (z. B. in Teams oder Stufen).

■ Ein Angebot an unterschiedlichen Rollen und Aufgaben für das Vorhaben bereithalten, damit möglichst viele Personen mit unterschiedlichem Hintergrund sich am Vorhaben beteiligen können.

■ Schulleitungsentwicklung sollte ebenso möglich sein wie die Entwicklung von Mitwirkung und Beteiligung des Kollegiums.

■ Horizontale Teambildung unterstützen (über Fächer und Jahrgangsstufen hinweg).

Verbesserung der Bedingungen für Zusammenarbeit

■ Anerkennung(smöglichkeiten) für Zusammenarbeit und Teamarbeit schaffen.

■ Vorhandene Erfahrungen und Talente nutzen.

■ Neue Formen der Zusammenarbeit fördern und fordern.

■ Klar die Erwartung äußern, dass sich alle in der Schule an der Veränderungsarbeit beteiligen.

■ Möglichkeiten für Leitung von Arbeitsgruppen/Vorhaben schaffen.

■ Das Lernen aus Fehlern zulassen/ermöglichen.

Kontinuierliche Begleitung/Evaluation des Implementationsprozesses

Die Umsetzungsphase wird häufig als evaluationsfreier Raum angesehen, hingearbeitet wird ja auf ein bestimmtes Ergebnis, das man am Ende überprüfen wird. Durch eine evaluative Begleitung des gesamten Umsetzungsprozesses kann man aber bereits während der Umsetzung erkennen, ob die Voraussetzungen und die Bereitschaft für die Veränderungen gegeben waren und ob die angestrebten Aufgaben und Wege sinnvoll und erfolgreich bewältigt werden können.

Wie gut aber auch immer die Umsetzung vorbereitet und evaluiert wird: „Es gibt keinen Grund zu glauben, dass die Probleme, die bei Umsetzungen von Zielen und Planungen entstehen, verschwinden werden (zumindest nicht innerhalb eines Zeitraums von vier bis fünf Jahren) oder dass sie sich häufen werden. Solche Probleme gehören zum alltäglichen Leben der Lehrer und der Schulleitungen, sie sind genauso voraussagbar und regelmäßig wie die Jahreszeiten." (LOUIS/MILES 1990:48) Schulentwicklung ist also kein Weg, Umsetzungsprobleme grundsätzlich zu vermeiden oder reibungslose oder hundertprozentig erfolgreiche Veränderungsprozesse zu garantieren, auch wenn manchmal dieser Eindruck erweckt wird. Sie ist lediglich (aber immerhin!) ein guter Weg, diese Probleme zu Lernmöglichkeiten zu machen und damit für die weitere Arbeit konstruktiv zu nutzen.

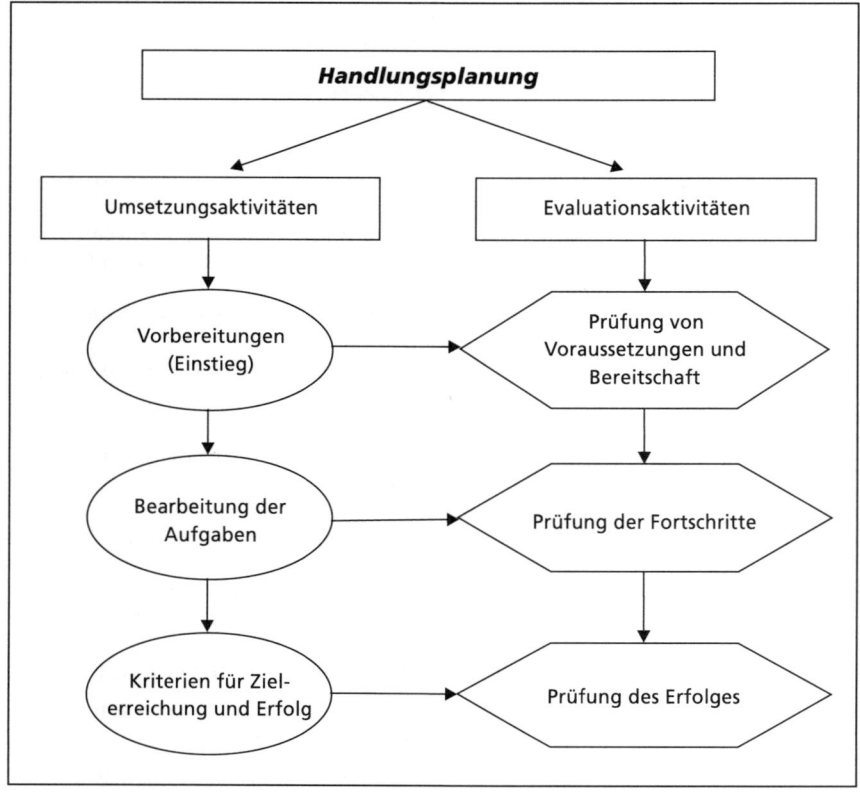

Abbildung 4-19: Kontinuierliche Evaluation der Umsetzung von Zielen und Planungen

Den Prozess der Umsetzung stärken

■ Engagement und Interesse der Lehrer und Schüler erhalten (u. a. dadurch, dass Schulleitung selbst Interesse zeigt, dass sie zu Gespräch und Mitarbeit zur Verfügung steht und an Konferenzen und Gruppentreffen teilnimmt).

■ Den Fortschritt des Umsetzungsprozesses kontinuierlich überprüfen (siehe Seite 222). Regelmäßige Überprüfung des Fortschritts erfolgt durch klare Verteilung von Verantwortlichkeiten und Aufgaben, Auswertung von Teamkonferenzen, Fachkonferenzen, Festlegung dessen, was als Erfolg gelten soll, Dokumentation und Vergleich.

■ Auftretende Hindernisse bewältigen (insbesondere wenn Zeitplanung nicht angemessen war, Umstände sich verändert haben, Zielorientierung verlorengeht), und zwar durch mehr Zeit für Unterstützung, Redefinition von Aufgaben und Rollen, Nutzung von im Kollegium vorhandenen Fähigkeiten, Hilfe von außen, Einfrieren des Prozesses für einen bestimmten Zeitraum, Modifizieren der Zeitplanung, Reduzierung der Aufgaben, Verschiebung von Vorhaben.

■ Den Erfolg der Implementation kontinuierlich überprüfen, u. a. dadurch, dass jemand die Verantwortung hierfür erhält, durch Einräumung von Zeit für diese Prüfung, durch Dokumentation von Veränderungen/Abweichungen von Planung und Implementation.

■ Das Vorhaben systematisch auswerten, u. a. durch Evaluation der Zielerreichung, der Lernerfolge und Leistungen.

Die folgende Abbildung zeigt diesen Prozess noch einmal im Überblick (nach HARGREAVES/HOPKINS 1991:66):

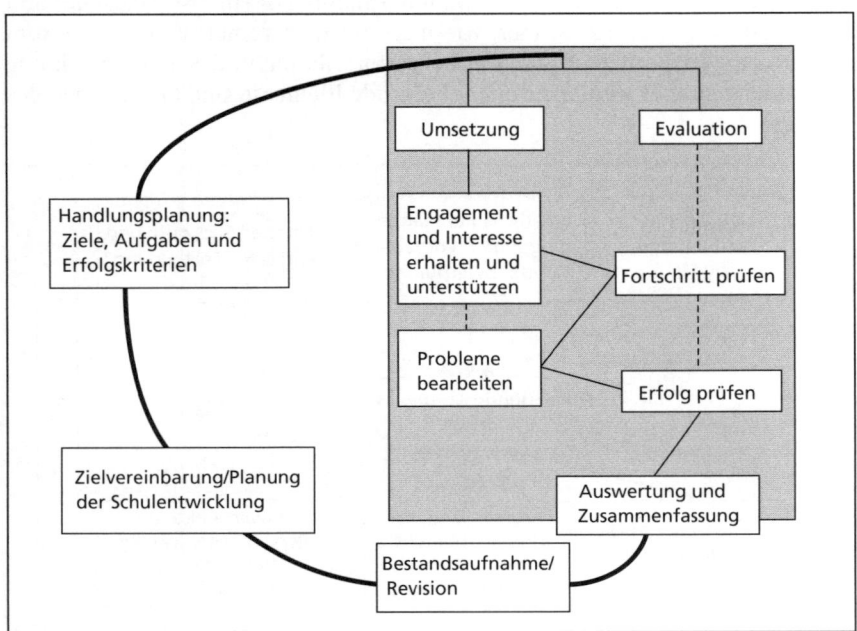

Abbildung 4-20: Den Prozess der Umsetzung stärken

15. Kapitel: Die Schule durch Fortbildung entwickeln (Fortbildungsplanung)

Fortbildung ist die Sache des einzelnen Lehrers *und* der Schule. Nur wenn beide Partner ihr „Eigentum" an Lehrerfortbildung wahrnehmen können, ist sie für Schule und Lehrer eine Chance, ihre Entwicklungsarbeit erfolgreich zu gestalten. Eine gute Möglichkeit, die doppelte Eigentümerschaft an Fortbildung zu gestalten, ist Fortbildungsplanung. (Zur Funktion von Fortbildung in Schulentwicklungsprozessen allgemein vgl. EIKENBUSCH 1995d und 1997c sowie das folgende 16. Kapitel.) So fanden MORTIMORE u. a. (1988) heraus, dass im Hinblick auf den Nutzen für die Schule weniger der Umfang der Lehrerfortbildung entscheidend ist als die gezielte Auswahl von Fortbildungsangeboten, die zielgerichtete Gestaltung, Vernetzung und Implementation in der Schule.

Fortbildungsplanung auf der Ebene der ganzen Schule kann bei Lehrern, die ihre Fortbildungswünsche bisher vorrangig individuell bearbeitet haben, Befürchtungen auslösen, jetzt würde ihre individuelle Fortbildung eingeschränkt. Es geht aber gar nicht um Einschränkung oder Fremdsteuerung von Fortbildung, sondern um den bestmöglichen gemeinsamen Nutzen der Fortbildung für Lehrer und Schule. Fortbildungsplanung ist ein systematischer und faktengestützter Dialog darüber, wie man mit dem gemeinsamen Eigentum Lehrerfortbildung umgeht und wie Lehrerfortbildung und Schulentwicklung zusammengebracht werden können. Folgende Elemente sind Grundlagen des Dialogs:

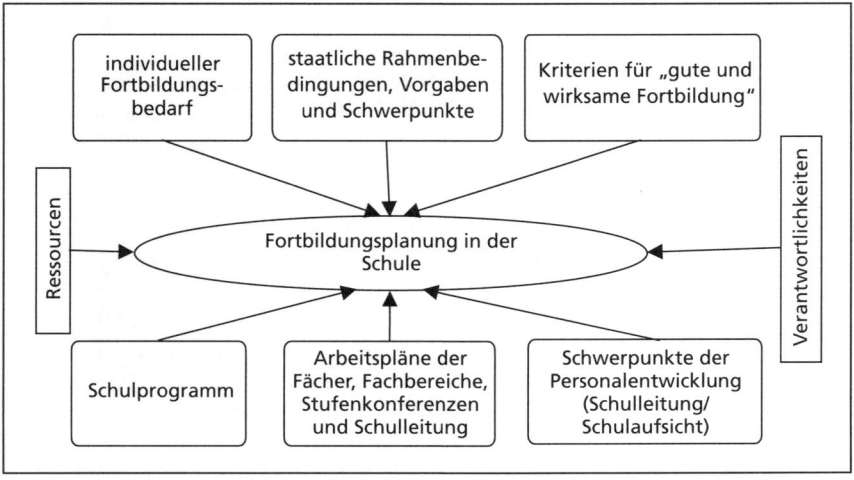

Abbildung 4-21: Elemente des Dialogs über Fortbildungsplanung in der Schule

Beteiligt an diesem Dialog sind die Schule mit Schülern, Lehrern, Eltern und Schulleitung, die Schulaufsicht und die Lehrerfortbildung.
Bevor einzelne Elemente erläutert werden, hier ein Überblick über den Gesamtprozess:

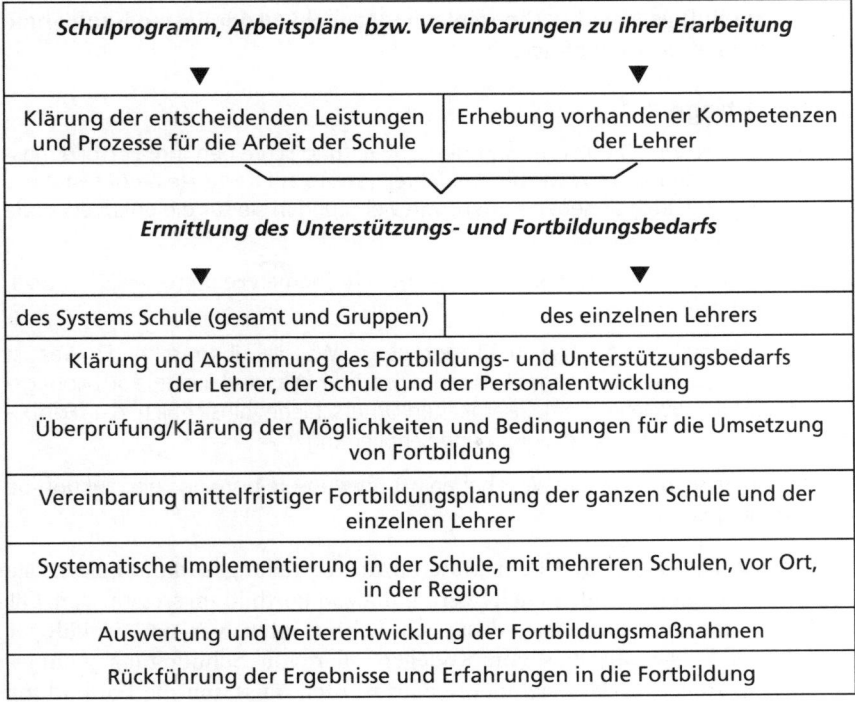

Abbildung 4-22: Der Prozess der Fortbildungsplanung

Schulprogramm und Arbeitspläne als Grundlage

Die Schulprogrammarbeit und insbesondere die Arbeitspläne bilden die Grundlage für die Fortbildungsplanung. Hieran orientiert sich, was die Schule als wichtig für die Fortbildung des Kollegiums oder einzelner Gruppen ansieht. Durch die Benennung wichtiger und priorisierter Bereiche für Lehrerfortbildung im Rahmen von Schulprogrammarbeit zeigt die Schule nach innen und nach außen, dass Fortbildung und Entwicklungsarbeit miteinander verbunden werden und auch füreinander da sind. Fortbildungsplanung auf der Grundlage der Schulprogrammarbeit macht deutlich, dass die Schule als lernende Organisation agiert. „Die Qualität der Fortbildungsplanung hängt ganz entscheidend von der Qualität der Schulprogrammarbeit und der Arbeitsplanung ab." (MADSÉN 1994:42)

Bestandsaufnahme der Kompetenzen der Lehrer

Ein erster Schritt zur Untersuchung von Fortbildungsbedarf und -bedürfnissen der Lehrer kann darin bestehen, bisherige Fortbildungsaktivitäten und vorhandene Kompetenzen der Lehrer zu erfassen. Ein anderer Einstieg ist die Analyse des zukünftigen Fortbildungsbedarfs (Was benötigen Sie unbedingt für Ihre zukünftige Arbeit?). Eine einfache Möglichkeit der Bestandsaufnahme besteht in einer Kartenabfrage.

Kartenabfrage

Erster Arbeitsschritt: Die Lehrer und die Schulleitung schreiben ihre Fortbildungsaktivitäten aus den letzten zwei bis drei Jahren jeweils auf Karten (eine Aktivität pro Karte, wobei sie auch angeben sollten, wie viel Stunden sie für die entsprechende Aktivität verwendet haben).

Zweiter Arbeitsschritt: Die Karten werden nach Themen/Feldern geordnet (evtl. nach Aktivitätsformen).

Dritter Arbeitsschritt: Analyse in Kleingruppen: Was ist überraschend? Was ist wichtig? Was ist unser bisheriges Fortbildungsprofil? Was sind (keine) Fortbildungsschwerpunkte? Welche Gemeinsamkeiten/Unterschiede hinsichtlich der Fortbildung bestehen zwischen Kollegium und Schulleitung?

Vierter Arbeitsschritt: Plenum: Was haben wir über unsere bisherige und zukünftige Fortbildung gelernt?

Bestandsaufnahmen sollen kein Material für Verteilungskämpfe liefern, sie dienen nicht einer formalen Gleichverteilung von Fortbildungsressourcen. Oft ergibt die Bestandsaufnahme, dass sich Lehrer intensiver und vielfältiger fortgebildet haben, als dies von Kollegen oder von Schulleitung wahrgenommen wurde, und dass viel mehr getan werden muss, um die Fortbildung der Kollegen für die Schule wirksam werden zu lassen.

Ein weiterer Schritt einer Bestandsaufnahme kann das Einnehmen einer Außenperspektive sein: Wenn Kollegen einer anderen Schule oder Eltern unsere Fortbildungs-Bestandsaufnahme untersuchen würden: Wie würden sie unsere Schule und unsere Fortbildung sehen? Dabei sollen Fortbildungsveranstaltungen nicht nur quantitativ ausgewertet werden, es sollte auch eine qualitative Analyse mit Bezug auf die eigenen Erfahrungen und auf die Anforderungen der Schule erfolgen.

Klärung der entscheidenden Aufgaben und Schritte für die Einzelnen und für die Schule im Hinblick auf die angestrebten Leistungen und Ziele (individuelle und systembezogene Anforderungen)

Am Ende der Bestandsaufnahme steht zunächst die Frage: Haben wir in der Schule das Richtige in der Fortbildung getan oder gelassen? Die Folgefrage erscheint noch dringender: Welche Fortbildung ist für die Weiterentwicklung unserer Schule zukünftig geeignet und wie kann man sich darauf gemeinsam verständigen? Zur Bestimmung zukünftig wichtiger Fortbildungsbereiche gibt es eine Reihe von Ansätzen. RUMMLER (1987:228) unterscheidet vier Herangehensweisen: Erhebung des Fortbildungsbedarfs bei den Betroffenen, Untersuchung der Fähigkeiten/Kompetenzen, Aufgaben-Analyse, Arbeitsprozess-Analyse.

Als eine relativ überschaubare Variante für die Erhebung des individuellen und schulischen Fortbildungsbedarfs und die Vernetzung der Fortbildung mit Schulentwicklungsprozessen hat sich eine vereinfachte Arbeitsprozess-Analyse erwiesen. Dabei werden insgesamt sechs Fragen bearbeitet:

Vereinfachte Arbeitsprozess-Analyse

1. Was sind die mittel- und langfristig angestrebten Leistungen und Ziele der Arbeit in der Klasse, Fachgruppe, Schule? (u. U. Schulprogramm und Jahresarbeitspläne)
2. Was ist entscheidend, um diese Leistungen und die Ziele zu erreichen? Inwiefern ist es entscheidend?
3. Welche Aufgaben/Schritte müssen von den Lehrern und von der Schulleitung erledigt werden, um die Leistungen und Ziele zu erreichen?
4. Welche Kenntnisse, Fertigkeiten und Erfahrungen benötigen Lehrer bzw. die Schule, um die genannten Aufgaben/Schritte zu bewältigen/leisten? Welche davon sind zentral/ausschlaggebend für die Zielerreichung?
5. Über welche der zentralen Kenntnisse, Fertigkeiten und Erfahrungen verfügen die Lehrer noch nicht?
6. Was ergibt sich dann daraus als kurz- und mittelfristiger Fortbildungsbedarf der Lehrer und der Schule?

Überprüfung/Klärung der Möglichkeiten und (Rahmen-)Bedingungen für die Umsetzung von Fortbildung

Die Schule sollte prüfen, wie der Fortbildungsbedarf abgedeckt werden kann bzw. ob vorhandene Angebote dazu geeignet sind. Hilfreich bei dieser Prüfung ist eine Orientierung an Erkenntnissen der Forschung über wirksame Fortbildung (vgl. FULLAN 1992b; EKHOLM 1995b; HAENISCH 1994), wie in der tabellarischen Übersicht auf der nächsten Seite dargestellt.

Die Entscheidung der Schule und der Lehrer, wie, wann und durch wen Fortbildung erfolgen oder wahrgenommen werden kann, hängt auch ab von den vorhandenen bzw. staatlich vorgegebenen Schwerpunkten, Vorgaben, Zielen und Ressourcen für die Lehrerfortbildung. Dazu können u. a. gehören: Vorgaben zu fachlichen, bildungs- oder schulpolitisch besonders wichtigen Inhalten der Lehrerfortbildung; Bedingungen für die Inanspruchnahme zeitlicher, personeller oder finanzieller Ressourcen für die Durchführung schulinterner und schulexterner Fortbildung; Qualitätsstandards der staatlichen Lehrerfortbildung.

Prüfbogen: Qualität von Lehrerfortbildung

Erfüllt die beabsichtigte (oder angebotene) Fortbildung folgende Kriterien?	wird erfüllt	unsi-cher	wird nicht erfüllt
1. Anwendung unterschiedlicher Arbeitsformen und Verfahren wie z. B. eigenes Probieren, Erkundungen vor Ort			
2. Austausch und gemeinsames Lernen mit anderen Lehrern und Schulen			
3. Berücksichtigung von Erkenntnissen über Schulentwicklungsprozesse			
4. Direkte Umsetzbarkeit der Fortbildungsinhalte und Angebot an konkreten Materialien und Hilfen für den Unterricht und die Schularbeit			
5. Einbeziehung der Schulleitung in die Entscheidung über Fortbildungsgestaltung und -teilnahme			
6. Erleben von Kontrasterfahrungen			
7. Ermöglichung, neue Gestaltungsfelder in der Schularbeit zu erfahren und zu entdecken			
8. Ermöglichung/Anreiz von Reflexionen über eigene Probleme			
9. Materielle und schulorganisatorische Unterstützung für die Umsetzung der Fortbildungserfahrungen			
10. Möglichkeit, die Erledigung konkreter Aufgaben in die Fortbildungsmaßnahme einzubringen, bzw. Angebot, das Gelernte in der Praxis anzuwenden und auszuwerten			
11. Planung der Fortbildung auf der Grundlage einer Analyse des eigenen Arbeitsbereichs/der eigenen Arbeit der Teilnehmer			
12. Ermöglichung/Anreiz von schulinterner Kooperation			
13. Vermittlung fundierter Grundlagen und Hintergrundwissens			
14. Zeitliche Möglichkeiten für die Umsetzung des Gelernten			

Verknüpfung der einzelnen Schritte zu einer Vereinbarung mittelfristiger Fortbildungsplanung der ganzen Schule und der einzelnen Lehrer

Auf der Grundlage der Ergebnisse der bisherigen Schritte sollte dann das Lehrerkollegium und ggf. die Schulkonferenz den Fortbildungsbedarf und die Möglichkeiten seiner Abdeckung analysieren und vereinbaren:

- Ziele und priorisierte Bereiche der Lehrerfortbildung für die Schule,
- Verteilung von Ressourcen (Zeit, Geld, Personal) für Fortbildung,
- Verantwortlichkeiten (für kontinuierliche Bestandsaufnahme und Auswertung von Fortbildungsaktivitäten, Strukturierung des Transfers von Fortbildungsveranstaltungen in das Kollegium, Aktualisierung der Planung, Abstimmung mit der staatlichen Lehrerfortbildung ...),
- Evaluation und Auswertung der Fortbildungsplanung und der in ihr vereinbarten Fortbildungen,
- möglich sind auch Selbstbindungen hinsichtlich der Priorisierung bei der Gewährung von Sonderurlaub (wenn dies in der Zuständigkeit der Schule liegt).

Die Strukturierung und Moderation des Prozesses der Fortbildungsplanung in der Schule kann eine durch die Lehrerkonferenz beauftragte Arbeitsgruppe übernehmen, in der auch die Schulleitung vertreten sein sollte.

Auswertung und Weiterentwicklung der Fortbildungsmaßnahmen

In der Schule wird z. B. durch die Schulleitung und mindestens einen Lehrer regelmäßig ausgewertet, ob und wie Fortbildungsplanung aufgrund der Meldungen von Lehrern zu Fortbildungsveranstaltungen/-sequenzen eingehalten wird. Darüber wird zusammenfassend der Lehrerkonferenz berichtet.

So viel Arbeit für vielleicht ein paar Dutzend Fortbildungsstunden eines Kollegiums? Durchführung von Bestandsaufnahmen, Klärung von Rahmenbedingungen und Planung – lohnt das überhaupt?

Die Frage nach dem angemessenen Aufwand lässt sich sehr pragmatisch beantworten: Nehmen wir an, ein Kollegium mit 45 Lehrern entschließt sich, innerhalb eines Jahres zwei eintägige kollegiumsinterne Lehrerfortbildungen durchzuführen. Selbst wenn keine Sach- oder Referentenkosten entstehen, müsste man die Personalkosten mit fast einer halben Lehrer-Jahresstelle ansetzen. Müsste die Schule, wie dies in anderen Ländern der Fall ist, die Personalkosten für die beiden Fortbildungstage aus Fortbildungsmitteln übernehmen und evtl. sogar noch Vertretungsunterricht abdecken, lägen die Kosten bei über 20 000 Mark. Für solche Summen sollte man schon planen ...

Der Aufwand für Fortbildungsplanung lohnt, wenn sie die einzelne Schule vorwärts bringt, wenn die Lehrerfortbildung und die Schulaufsicht klare Aussagen machen können, mit wie viel Ressourcen in der nächsten Zeit zu rechnen ist. Ohne Klarheit über die Ressourcen ist Fortbildungsplanung ein Spiel mit hohem Risiko oder eine anstrengende, sinnlose Beschäftigungstherapie.

16. Kapitel: Schulentwicklung, Lehrerfortbildung und Schulaufsicht

Bei aller Eigeninitiative und Selbstständigkeit der Schulen, bei aller Fähigkeit zur Selbstentwicklung und Veränderung gibt es immer wieder Situationen, in denen Schulen bei Schulentwicklung Hilfe, Unterstützung und Beratung wünschen oder brauchen. Sie wünschen diese Hilfe von der Lehrerfortbildung, von externen Beratern, Schulaufsicht, Eltern oder Schulumfeld, um aus Sackgassen herauszukommen, neue Wege und Verfahren kennen zu lernen, sich mit fremdem Blick prüfen zu lassen. Und sie brauchen Hilfe, Beratung und Kontrolle, um sicherzustellen, dass Schulentwicklung die erforderlichen inhaltlichen, organisatorischen, rechtlichen und sozialen Standards erfüllt. Die Unterstützung von außen hat also einmal eine *entwickelnde* Aufgabe, sie soll Impulse geben, Lösungen finden helfen. Sie hat zum zweiten eine *qualitätssichernde* Funktion für die Inhalte und Prozesse von Schulentwicklung sowie für die Gewährleistung der Gleichheit der Bildungschancen aller Schüler.

Schulentwicklung zu unterstützen, zu beraten und zu kontrollieren und ihre Qualität zu sichern ist eine Gratwanderung. Es gilt einerseits das richtige Maß und angemessene Vorgehensweisen zu finden, die die Selbstständigkeit und die Gestaltungsmöglichkeiten der Schule respektieren und unterstützen, die aber zugleich die notwendige Qualität des Unterrichts und der Schularbeit sicherstellen. Das kann weder Alleinlassen der Schule noch eine Überregulierung sein, wie sie bei Dezentralisierungsbestrebungen immer wieder vorkommen (vgl. EKHOLM 1996). Das kann weder eine feinmaschige Kontrolle von Schülerleistungen und Unterrichtsqualität sein noch ein ausschließliches Vertrauen auf Selbstevaluation und Selbstkontrolle.

16.1 Lehrerfortbildung in Schulentwicklungsprozessen

„Abgesehen von rhetorischen Beteuerungen scheint weder echter Glaube noch echtes Vertrauen zu bestehen, dass eine Investition in die Lehrerfortbildung fruchtbare Resultate erzielen wird. Produktiver Wandel kann nicht erreicht werden, bevor wir nicht die kontinuierliche und umfassende Lehrerfortbildung als wichtigstes Mittel ansehen, Lehrer zu Verfechtern und Praktikern des Wandels zu machen." (FULLAN 1993:6)

Schulentwicklung und Lehrerfortbildung beeinflussen einander stark. Lehrerfortbildung gibt Impulse, Unterstützung und Absicherung für Schulentwicklung. Sie bietet Lehrern Möglichkeiten, über ihre Praxis zu reflektieren, interaktiven Professionalismus (vgl. FULLAN 1992:3) zu entwickeln, Netzwerke aufzubauen und gemeinsam neue Wege für die Arbeit zu suchen und zu erproben. So ist sie sowohl ein Instrument der Qualitätsentwicklung als auch ein Element von Qualitätssicherung. Gleichzeitig erhält aber die Fortbildung durch Schulentwicklung ihrerseits Anregungen, Herausforderungen und neue Aufgaben. Nur eine Schule, die für ihre Entwicklung die Möglichkeiten der Lehrerfortbildung nutzt oder schafft (oder zumindestens fordert), kann man sich als lernende Schule vorstellen. Und nur eine Lehrerfortbildung, die in der Lage oder bereit ist, aus Schulentwicklung zu lernen und dazu beizutragen, ist eine lernende, sich entwickelnde Fortbildung.

Um Schulentwicklung und Lehrerfortbildung stärker miteinander zu verknüpfen, hat mancherorts in Einrichtungen der (staatlichen) Lehrerfortbildung (auch angesichts von Kürzungs- und Umstrukturierungsmaßnahmen) eine kritische Selbstüberprüfung (z. B. durch Peer-Review, vgl. EKHOLM/MEYER u. a. 1996) und eine Neuorientierung begonnen.

Die Entwicklungen in der Lehrerfortbildung lassen sich allgemein wie folgt zusammenfassen:

- Ziel der Fortbildung: von der Konzentration auf die individuelle Entwicklung der Lehrer hin zu stärkerer Beachtung der Entwicklung der Schule und der Schulleitung.
- Ausrichtung der Fortbildung: von einer besonders fach- und methodenbezogenen Perspektive hin zur Integration von allgemeinpädagogischen und fachlichen Fragen.
- Zielgruppen der Fortbildung: neben Einzelfortbildung mehr Gruppenausbildung und Fortbildung für die gesamte Schule.

In den Schulen machen sich diese Entwicklungen bemerkbar u. a. durch

- ein umfangreicheres Angebot an schulinterner Lehrerfortbildung,
- neue Formen und -inhalte in der Lehrerfortbildung, wie Systemberatung, Organisationsentwicklung, Supervision,
- Ansätze zur Fortbildungsplanung in der Schule (siehe Seite 224f.),
- eine stärkere Beobachtung der Fortbildungsaktivitäten der Schule durch das Schulumfeld und die Schulaufsicht,
- Bildung von Netzwerken innerhalb der Fortbildung,
- eine wachsende Zahl von lehrergesteuerten Fortbildungsinitiativen (Lernwerkstätten u. Ä.),
- Projektbudgets für schulentwicklungsorientierte Lehrerfortbildung (wie z. B. in Nordrhein-Westfalen), mit denen die Schulen selber ein Fortbildungsangebot planen und durchführen können.

Diese Entwicklungen sind vielversprechend für Schulentwicklung und Lehrerfortbildung. In ihnen stecken aber auch Gefahren. Vielversprechend sind sie dann, wenn sie Lehrerfortbildung als Veränderungsarbeit gestalten, in der Gelegenheit zu Untersuchung und zur Entwicklung der eigenen Arbeit gegeben wird, wenn sie die Fortbildungsarbeit in der Schule koordinieren und systematisieren und so wirksamer für die Praxis der Lehrer machen. Gefahren stecken in diesen Entwicklungen, wenn sie zum Anlass genommen werden, Lehrerfortbildung ausschließlich von den Schulen selber in Form kollegiumsinterner Fortbildung, Pädagogischen Konferenzen oder Studientagen durchführen zu lassen.

Selbst in Ländern mit langer Tradition und großer Professionalität mit solcher Fortbildung waren die Ergebnisse mehr als bescheiden. EKHOLM (1995b:192) berichtet: „Bei 70 Prozent der Befragten regten Studientage nicht zu weiterer (eigener) Fortbildung an. Und für 60 Prozent ergaben Studientage keine Steigerung des Sicherheitsgefühls bei ihrer Berufsausübung. (...) Zwanzig Studientage, Teilnahme an Personal- und Schulleiterausbildung zeigten insgesamt nur sehr geringe Wirkungen. (...) Obwohl Schulleiter und Teilnehmer an der Fortbildung eine Reihe unterschiedlicher Modelle für die Analyse der Lehrerarbeit und die Arbeit ihrer Schule kennen lernten, wurden diese Kenntnisse jedoch nicht angewandt, eine Anwendung wurde eher vermieden. (...) Eine Menge alternativer, erforschender und untersuchender Arbeitsformen wurde der Schulleitung und den Lehrern in der Fortbildung vermittelt. Davon blieb am Ende der Fünfjahresperiode jedoch nur sehr wenig übrig. Man setzte stattdessen die Arbeit in den Formen fort, die man bereits zu Beginn der Fünfjahresperiode verwendet hatte. (...)"

Eine weitere Gefahr steckt in den oben genannten Entwicklungen, wenn in Glaubens- und Methodenkriegen nur eine spezielle Angebotsform oder nur bestimmte Inhalte in der Lehrerfortbildung und für Schulentwicklung gefordert werden, z. B. nur schulinterne Fortbildung, nur Organisationsentwicklung oder nur fachbezogene Fortbildung. In solchen Fällen geht es meist darum, wer in der Lehrerfortbildung das Sagen hat, aber nicht darum, der Schule zuzuhören und zu sehen, was sie für ihre Arbeit braucht. Der Streit um „die" Methode der systembezogenen Lehrerfortbildung, um das eine für alles und alle passende Modell der Fortbildung in Schulentwicklungsprozessen ist ein Streit zwischen Fortbildnern. Es geht dabei um Arbeitsplätze, um Anerkennung, um Reviere.

Es ist verständlich, dass Fortbildner sich mit Ansätzen identifizieren, die sie für besonders wirksam und angemessen halten, und es ist klar, dass sie sich schon aus Zeitgründen nicht auf jedes Modell von Fortbildung einlassen können. Aber nichts weist darauf hin, dass es nur eine oder wenige Strategien und Vermittlungsformen in der Fortbildung oder der Schulentwicklung gibt. Im Gegenteil: Lehrer brauchen in der Lehrerfortbildung eine Vielzahl von Ansätzen, Formen, Modellen, Verfahren, Methoden und Beispielen, um die Notwendigkeit von Veränderung zu erkennen und an Veränderungen zu arbeiten (vgl. STALLINGS 1989 in: FULLAN 1992b:3).

Für und von der Fortbildung werden bei Schulentwicklung u. a. folgende Strategien eingesetzt:

Kaskaden-Strategie Eine zuerst ausgebildete Gruppe bildet die nächste Gruppe aus.	Eigentums-Strategie Schule kann über Fortbildung als ihr Eigentum bestimmen.	Kompetenz-Strategie Fortbildung bietet, was sie kann.
Informations-Strategie Inhalte und Form der Fortbildung werden komprimiert vorgestellt.	Verankerungs-Strategie Fortbildung wird in der Schule direkt in der Praxis verankert.	Unterstützungs-Strategie Fortbildung greift Initiativen vor Ort auf.
Gruppen-Strategie Fortbildung für besonders wichtige Gruppen.	Förderungs-Strategie Schule bekommt besondere Mittel für Fortbildung.	Angebots-Strategie Individuelle Entfaltung durch Auswahl von Veranstaltungen.

Abbildung 4-23: Strategien von Fortbildung

Welche Strategie im Rahmen von Schulentwicklung auch eingesetzt wird (vgl. auch die Darstellung der Fortbildungsplanung auf Seite 224f.), es sollten immer folgende Kriterien beachtet werden:

■ *Fortbildung greift selbst in kurzen Veranstaltungen die Praxis der Schule auf und macht sie zum Gegenstand der Arbeit,* sonst wird sie zur „schulentwicklungsfreien Zone" und kontraproduktiv.

■ *Fortbildung verknüpft neue Informationen mit vorhandenem Wissen und greift Erkenntnisse aus der Entwicklungsarbeit der Schule auf,* denn wenn man mit der „alten Arbeit" und vergangenen Entwicklungen sorgsam und positiv umgeht, signalisiert man, dass es sich lohnt, neue Formen und Entwicklungen zu schaffen, die man ebenso positiv behandeln wird.

■ *Fortbildung durchsetzt Handlungsmuster oder Positionen nicht normativ,* sondern baut auf einem grundlegenden Respekt für das Handeln und Denken der Lehrer auf. Fortbildung ist „ein Kampf um das Denken und Handeln der Lehrer", aber das darf nicht Indoktrinierung bedeuten (MADSÉN 1994:36).

■ *Fortbildung beruht auf einer Analyse der eigenen Arbeit oder führt dazu,* damit die Basis der Veränderung oder der Bekräftigung klar wird, die Fortbildung leisten soll. „Damit Fortbildung Veränderungen in der Schule erzielen kann, muss sie beruhen auf einer sehr guten Kenntnis der einzelnen Schule vor Ort, der dort arbeitenden Menschen und der Organisation." (EKHOLM 1989:25) Lehrer oder Schulen, die ihre eigene Arbeit nicht kennen, können sie schwerlich bewusst und systematisch positiv verändern. Weiterhin wird durch Analyse der eigenen Arbeit mit Kollegen und Fortbildnern ermöglicht, dass Lehrer die teilweise unbewussten Theorien oder Routinen ihrer praktischen Arbeit reflektieren und verändern können (vgl. SCHÖN 1987).

■ *Fortbildung ist Fachfortbildung und zugleich allgemeinpädagogische Fortbildung,* weil neue oder andere Inhalte und Methoden in Fächern auf dem Hintergrund umfassenderer pädagogischer Konzepte und Ziele gesehen werden müssen und weil auf der anderen Seite allgemeinpädagogische Fortbildung ihre Umsetzung auch im Unterricht der Fächer finden muss. Die Behauptung, dass Lehrer oder bestimmte Lehrergruppen entweder nur fachliche oder nur allgemeinpädagogische Fortbildung wollen, lässt sich im Übrigen nicht durch Forschungsergebnisse belegen (vgl. auch MADSÉN 1994:52).

■ *Fortbildung bietet Möglichkeit praktischer Umsetzung des Gelernten/Entwickelten* und muss dafür auch Material bereitstellen oder erarbeiten, damit Lehrer neue Wege erproben, evaluieren, modifizieren und wieder erproben können, um so die Inhalte der Lehrerfortbildung auf ihre konkrete Praxis hin anzupassen.

■ *Es gibt ein Angebot individueller Fortbildung und gruppen- bzw. kollegiumsbezogener Fortbildung,* damit Lehrer einerseits die Möglichkeit haben, die Begrenzungen ihrer sehr stark individualisierten und isolierten Arbeitssituation durch gemeinsame Arbeit mit Kollegen aufzubrechen, damit sie andererseits aber auch ein Angebot für ihren individuellen Fortbildungsbedarf bekommen.

■ *Fortbildung bezieht die Schulleitung ein,* damit diese helfen kann, die Erkenntnisse und Ergebnisse der Fortbildung auch umzusetzen. Schulleitung, die sich der Fortbildung entzieht, gibt ein schlechtes Lernbeispiel, sie entwertet Fortbildung und macht sie tendenziell folgenlos.

■ *Fortbildung in der Schule wird langfristig geplant und angelegt (am besten in einem Prozess der Fortbildungsplanung),* um sie auf den Bedarf und die Bedürfnisse der Schule hin ausrichten zu können und weil Fortbildung auch nur langfristig wirksam ist.

■ *Die Arbeit und die Ergebnisse der Fortbildung werden dokumentiert und ihre Umsetzung evaluiert,* damit Fortbildung in jedem Falle Folgen hat: entweder als gelungene Umsetzung oder als ein Lernfall für nicht wirksame Lehrerfortbildung, die man in Zukunft verändern muss.

■ *Fortbildung geht über die Grenze der eigenen Schule hinaus und kooperiert mit anderen Schulen,* um aus unterschiedlichen Entwicklungen und Erfahrungen zu lernen, um die eigene Arbeit von Fremden spiegeln zu lassen.

■ *Fortbildung wird qualifiziert geleitet bzw. moderiert* von dazu beauftragten und befähigten Teilnehmern aus der Fortbildungsgruppe oder von Moderatoren bzw. Referenten, die das Praxisfeld der Teilnehmer kennen, über fortbildungsdidaktische und -methodische Kenntnisse verfügen und die als helfende Begleiter den Dialog in der Fortbildung zusammenhalten können (vgl. SENGE 1996: 296).

Lehrerfortbildung in Schulentwicklungsprozessen bedeutet nicht nur schulinterne Arbeit oder Organisationsentwicklung, sondern im großen Umfang auch fachliche Fortbildung (z. B. zu Kernbereichen der Schulprogrammarbeit), Bildung lokaler und regionaler Netzwerke für Erarbeitung und Austausch von Arbeits- und Entwicklungsprozessen, längerfristig angelegte Ausbildung mit Praxisphasen zum Bereich Evaluation, gegenseitige Hospitation von Lehrern. Das letztgenannte Verfahren der „kollegialen Hospitation" mag auf den ersten Blick abschrecken. LITTLE (1990) und FULLAN/HARGREAVES (1992) weisen aber darauf hin, dass dieses Verfahren sehr wirkungsvoll und hilfreich sein kann: „Eine der effektivsten Formen der Lehrerfortbildung ist die, bei der Lehrer voneinander lernen. Wir schlagen deshalb vor, dass (...) ein guter Teil der Mittel zur Lehrerfortbildung (...) für Gelegenheiten verwendet wird, bei denen Lehrer voneinander lernen, sich beobachten und zusammenarbeiten können. Die Übernahme von Reise- und Vertretungskosten, damit Lehrer andere Klassen besuchen und mit anderen Lehrern innerhalb und außerhalb der eigenen Schule arbeiten können, ist eine legitime Verwendung der Mittel zur Lehrerfortbildung. Sie mag nicht so glänzend und von so hohem Status sein wie andere Verwendungen, aber in der Menge gesehen kann sie sehr effektiv sein."(FULLAN/HARGREAVES 1992:135)

Ob Lehrerfortbildung von der Schule und den Lehrern allein (intern) geleistet werden können oder ob Moderatoren, externe Fortbildner oder Berater eingesetzt werden sollen, ist zum Teil heftig umstritten. Meistens handelt es sich dabei um einen Scheinkonflikt. Denn sich keinerlei Hilfe und Anregungen von außen holen zu wollen kann genauso schädlich für Schulentwicklung sein, wie nur auf Fortbildungsangebote und Beratung von außen zu vertrauen. Unabhängig davon, wie gut oder schlecht externe Fortbildungsangebote sind, geht es auf Dauer nicht ohne Fortbildung in der Schule selbst. Und unabhängig davon, wie gut oder schlecht die interne Fortbildung ist, geht es auf Dauer nicht ohne externe Beiträge, Spiegelung, Unterstützung und Verbindung in Netzwerken. Die Frage ist, wie interne und externe Fortbildung sinnvoll und zielgerichtet miteinander verbunden werden. Das ist eine Sache der Ziele, der Inhalte und der Methoden, es ist auch eine Sache des Dialogs zwischen Schule und externen Fortbildnern.

Fragen der Schule an Moderatoren, Fortbildner, Berater:	*Fragen der Moderatoren, Fortbildner, Berater an die Schule:*
● Was versprechen Sie sich und uns von Ihrem Angebot/Ihrer Erfahrung?	● Was versprechen Sie sich von unserer Arbeit/ Angebot/Erfahrung?
● Was sind die zentralen Felder Ihrer Arbeit? Welche Erfahrungen haben Sie dort gemacht?	● Welches sind die zentralen Felder Ihrer Arbeit? Welche Erfahrungen haben Sie dort gemacht?
● Was sind die theoretischen und die praktischen Grundlagen Ihrer Arbeit?	● Welche sind die theoretischen und praktischen Grundlagen Ihrer Arbeit?
● Wessen/welche Interessen vertreten Sie?	● Welche Interessen verbinden Sie mit der Fortbildung?
● Haben Sie Auswertungen Ihrer bisherigen Fortbildungsangebote gemacht? Was sagen diese Auswertungen über die Wirkungen der Fortbildung auf die konkrete Arbeit der Schule?	● Haben Sie Auswertungen Ihrer bisherigen Fortbildung gemacht? Wie hat sie auf die konkrete Arbeit der Schule gewirkt?
● Sind Sie bereit (und zeitlich in der Lage), mit uns bei der Fortbildung die Ergebnisse unserer Analyse der eigenen Arbeit aufzugreifen?	● Sind Sie bereit (und zeitlich in der Lage), für die Fortbildung eine Analyse Ihrer Arbeit durchzuführen und sie in der Fortbildung zu bearbeiten?
● Wie stellen Sie sich vor, dass die Praxis unserer Arbeit in die Fortbildung einbezogen wird?	● Wie stellen Sie sich vor, dass die Praxis Ihrer Arbeit in die Fortbildung einbezogen wird?
● Tun Sie selber bei Ihrer Arbeit das, was Sie mit uns tun/erarbeiten wollen?	● Kann die beabsichtigte Fortbildung Konsequenzen für Ihre Praxis haben?
● Welches Bild haben Sie von Schule, vom Lehrerberuf?	● Tun Sie selbst, was Sie von uns erwarten?
	● Welches Bild haben Sie von Schule, vom Lehrerberuf, von der Fortbildung?

Dies sind für manche Fortbildner unangenehme Fragen: „Wenn man über den Tod reden will, braucht man ja auch nicht gestorben zu sein", ist ein beliebtes Argument, um ihnen auszuweichen, wenn die praktische Erfahrung fehlt und auch nicht einbezogen werden soll. Je genauer und kritischer eine Schule nachfragt, je klarer sie ihre Fortbildungswünsche formuliert oder daran arbeitet, umso wirkungsvoller kann die Fortbildung werden.

Natürlich muss man die genannten Fragen auch der Schule stellen. Dann wird schnell klar, ob sie nur mal einen Tag Fortbildung konsumieren will, ob sie auf erfolglose Fortbildung zur Bestätigung ihrer eigenen Arbeit aus ist, ob sie sich profilieren will, ohne sich anzustrengen.

Lehrerfortbildung kann einen Beitrag zur Schulentwicklung leisten, wenn sie die Lehrer und die Schule zu Mitarbeitern und Mitgestaltern macht. Und Schulentwicklung kann einen Beitrag zur Lehrerfortbildung leisten, wenn sie die Lehrerfortbildung dazu bringt, sich auf ihre Praxis einzulassen.

16.2 Zwischen langer Leine und enger Fessel: Schulaufsicht und Schulentwicklung

Die Rolle(n), die Aufgaben und die Funktionen der Schulaufsicht bei Schulentwicklung sind umstritten, und zwar sowohl bei Lehrern als auch bei der Schulaufsicht selbst. Bei den Lehrern liegt das daran, dass sie Schulaufsicht meist als Institution oder Person erlebt haben, die über ihr Schicksal bei Prüfungen und Beförderungen oder über ihre Forderungen entscheidet, dabei aber relativ weit weg vom Leben und der Arbeit der Lehrer ist. Und genauso wenig, wie die Lehrer einschätzen und berechnen können, welche neuen Anforderungen und Belastungen auf dem Dienstweg über die Schulaufsicht auf sie zukommen, genauso wenig können sie auch die möglichen Anregungen, Erleichterungen und Impulse bewerten, die die Schulaufsicht ihnen nahe bringen will. Bei der Schulaufsicht sind die Unsicherheit und Meinungsunterschiede über ihre Bedeutung und Aufgaben in Schulentwicklungsprozessen zum Teil darin begründet, dass sie selbst sieht, mit welcher Skepsis und Zurückhaltung ihr Lehrer angesichts der Kontrollerfahrungen entgegentreten. Ganz wesentlich ist Unsicherheit der Schulaufsicht aber dadurch begründet, dass die Schulaufsicht wegen ihrer Arbeitsaufgaben und -belastungen kaum zeitliche und strukturelle Möglichkeiten hat, sich in Schulentwicklung so einzubringen, wie dies bei Schulen möglich und oft auch notwendig wäre.

Angesichts dieser Schwierigkeiten ist die Neigung in den Schulen groß, sich die möglichen Probleme einer Zusammenarbeit mit der Schulaufsicht „vom Leibe zu halten". Dass Schulaufsicht in manchen Fällen ihre Rolle bei Schulentwicklung erst entdeckt hat, als ihre Abschaffung oder Umstrukturierung zur Diskussion stand, trägt zu dieser Haltung sicherlich bei („Jetzt, wo sie bedroht sind, suchen sie uns als Bündnispartner. Erst schikanieren sie uns und jetzt wollen sie unsere Hilfe!").

Zu meinen eindrucksvollsten Erfahrungen mit Schule gehören die Auflösung der staatlichen Schulaufsichtsbehörden (u. a. zugunsten von lokaler Schulaufsicht) und der Lehrerfortbildungseinrichtungen zu Beginn der 90er-Jahre in Schweden und die damit verbundene Entlassung der Mitarbeiter. Noch bis zuletzt hatten die Inspektoren versucht, durch neue Konzepte ihre „Abschaffung" zu verhindern. Und jetzt ging das Gerücht, im Gebäude der Obersten Schulaufsichtsbehörde hätte das Arbeitsamt eine Zweigstelle eingerichtet, bei der sich die entlassenen Inspektoren um neue Stellen bewerben könnten. Die Auflösung der Schulaufsicht wurde von Lehrerkollegen oft mit hämischem oder beteiligungslosem Kopfnicken kommentiert: Da ihnen bisher die Schulaufsicht meist nicht gefehlt hatte, würde sie ihnen auch künftig nicht fehlen. Die Entlassungswelle und der Umgang mit den ehemaligen Bediensteten der Behörde riefen allerdings auch Angst und Mitleid hervor, nicht zuletzt weil man fürchtete, bei der Dezentralisierung des Schulwesens selber ähnlich behandelt zu werden. In der Zeit zwischen der schnellen Auflösung der Schulaufsicht und der Etablierung der neuen lokalen Schulaufsicht sowie der Nationalen Behörde für das Bildungswesen entstand eine Art Schulaufsichts-Vakuum. In dieser Zeit merkten Schulen und Lehrer besonders, was Schulaufsicht für sie hätte leisten können. Es wurde als Defizit empfunden, dass es niemanden gab, der für sie zuständig war, bei dem sie sich erkundigen konnten, der ihnen Unterstützung zusichern und Orientierung geben konnte. Schulen fühlten sich (hilflos!) den Eltern, den Schulträgern und den neuen lokalen Schulaufsichtsgremien ausgesetzt. Und Eltern und Schüler vermissten in dieser Zeit eine Einrichtung, die ihnen in Konflikt- oder Beratungsfällen hätte Antwort und Unterstützung geben können.

Schulaufsicht kann bei Schulentwicklung eine positive Rolle spielen, sie hat dort wichtige Aufgaben und Funktionen wahrzunehmen, insbesondere bei der Qualitätsentwicklung und -sicherung. Sie muss durch ihre Arbeit den Eltern und Schülern garantieren, dass Schüler gleiche und gerechte Bildungschancen haben. Die wichtige Rolle der Schulaufsicht wird durch Forschungsergebnisse bestätigt: Ohne Unterstützung durch die Schulaufsicht engagieren sich nur wenige Schulen erfolgreich für Schulentwicklung (vgl. HUBERMANN/MILES 1984:86; LOUIS/MILES 1990; FULLAN/MILES 1991). Selbst in den Fällen, wo Fachkonferenzen curriculare und methodische Ansätze herausarbeiten, ist eine schulweite Implementation unmöglich ohne Unterstützung und Hilfe von der Schulaufsicht (vgl. JOYCE/WOLF/CALHOUN 1993:27).

Wie wichtig Schulaufsicht für Schulentwicklung ist, wird indirekt aber auch an den Schwächen oder beim Misslingen ihrer Arbeit deutlich:

▓ Vielfach werden von Schulaufsicht Dutzende halbverwirklichter Innovationen und Pilotprojekte gleichzeitig angestoßen und oberflächlich durchgeführt (vgl. LOUCKS-HORSLEY u. a. 1987; FULLAN 1991). Durchgehende oder durchdringende Veränderungen sind selten. Lehrer leiden nun unter einer Art Gefechtspsychose infolge der

Bombardierung durch Halbreformen der Schulaufsicht, die ihnen nur die Energie nehmen und keine wirklichen Veränderungen bewirken (vgl. JOYCE/WOLF/CAL-HOUN 1993:4, 30).

▓ Eine Menge von durch Schulaufsicht nur leicht unterstützten Initiativen gibt Lehrern und Schulleitungen das Gefühl, von ungeheuer vielen Anforderungen von oben überschwemmt zu werden, und jeder ist durch den Mangel an Implementation enttäuscht (vgl. GOODLAD 1984; ROSENHOLTZ 1987; FULLAN 1991; LITTLE 1990). Lehrer fühlen sich durch Schulaufsicht fremdbestimmt und umhergestoßen (vgl. JOYCE/ WOLF/CALHOUN 1993:30).

▓ Schulaufsicht verlangt Veränderungen und Reformen, ohne dass angemessene Planungen für Implementation erfolgt sind. Sie verliert so in den Augen der Lehrer ihre Legitimität, weil sie unterschätzt, was Menschen leisten können und was Organisationen benötigen (vgl. HUBERMANN 1992; JOYCE/WOLF/CALHOUN 1993:6).

▓ Veränderungen werden von Schulaufsicht normalerweise nicht so eingeführt/angestrebt, dass sie die subjektive Realität der Lehrer beachten (vgl. FULLAN, 1991: 35).

▓ Der Mangel an Integration zwischen den Bereichen oder Stufen des Systems (Lehrer-Schüler-Schulleitung-Schulaufsicht) macht Schulen und Lehrer unsicher darüber, worauf sie ein Schwergewicht legen sollen und wie viel Initiative sie zeigen sollen. Das Ergebnis ist Verwirrung und Zynismus (vgl. SARASON 1990; JOYCE/ WOLF/CALHOUN 1993:30).

Angesichts der wichtigen Rolle von Schulaufsicht in Schulentwicklungsprozessen einerseits und der Schwächen der Arbeit von Schulaufsicht in diesen Prozessen andererseits stehen dem Schulaufsichtspersonal oft nur folgende Alternativen zur Verfügung:

1. „Lange Leine" lassen und die Schule so weit wie möglich machen lassen, was sie will.

2. „Enge Fessel" anlegen und den Entwicklungsprozess der Schule so weit wie möglich von außen anstoßen, absichern und auswerten.

Von beiden Alternativen gibt es eine harte und eine weiche Variante: die „lange Leine" kann wohlwollend und mit Zutrauen gewährt werden, sie kann aber auch die Absage an eine Schule sein: „Euch lasse ich laufen, ihr bringt sowieso nichts." Die „enge Fessel" kann die Übernahme von Verantwortung für die Schule sein und die Schule aus Krisen herausreißen, sie kann aber auch eine Knebelung sein, bei der die Schule keinen Schritt mehr ohne Aufsicht oder Schmerzen machen kann.

Die Wahl der Alternativen und Varianten wird nicht nur von den persönlichen Neigungen und den Überzeugungen des Schulaufsichtspersonals beeinflusst, sondern auch erheblich von den Arbeitsbedingungen in der Behörde, den weiteren Arbeitsaufgaben, dem Arbeitsklima, der Arbeitskultur und der Arbeitsbelastung. Wenn die These zutrifft, dass es in Schulaufsichtsbehörden auch nicht besser und schlechter zugeht als in anderen Behörden oder Institutionen, muss man davon ausgehen, dass es funktionierende und nicht funktionierende, entwicklungsfähige und entwicklungsresistente Behörden gibt, gute und schlechte Vorgesetzte ...

Sich mit Schulaufsichtspersonal darüber auseinandersetzen zu wollen, welche Alternative und Variante es gewählt hat, sich zu beklagen oder seinen Unmut an ihm auszulassen ist aus Sicht der Schule müßig und kontraproduktiv, es wäre auch kein konstruktiver Dialog im Sinne von Schulentwicklung. Wichtiger ist es, Schulaufsicht für die Schulentwicklung und Veränderung zu gewinnen und zu nutzen, ihr die Wahrnehmung der Verantwortung und ihrer Aufgaben zu ermöglichen. Denn Schulen brauchen für ihre Entwicklung eine Schulaufsicht, die helfen, unterstützen, beraten, kontrollieren und Entwicklungen absichern kann.

Und was kann die Schulaufsicht tun? Sie kann

- bei Schulentwicklungsprozessen oder Schulprogrammarbeit das Hauptaugenmerk darauf richten, dass die Schule sich entwickelt und lernt (und nicht, dass sie alle Regeln und Vorschriften erfüllt), dass Ziele auch kontinuierlich und konsequent umgesetzt (oder verändert) werden,
- darauf achten, dass der Fokus von Schulentwicklung auf Schülerlernen und gemeinsamer Analyse liegt,
- deutlich machen, wenn die Situation einer Schule nach ihren Einschätzungen problematisch ist,
- geduldig und bescheiden sein im Hinblick auf die Ergebnisse von Veränderungen, denn bedeutsamer und anhaltender Wandel findet langsam statt, die Menschen können sich nicht über Nacht ändern,
- genügend Zeit vor Ort in den Schulen einräumen für einen Dialog über Sinn und Ziele von Schulentwicklung und über die damit verbundenen Erwartungen an die Schule,
- Verfahren und Hilfe anbieten, um die Qualität von Entwicklungen und Leistungen in der Schule zu messen,
- alle Daten, die ihr die Schule in einem bestimmten Zeitraum routinemäßig zur Verfügung stellt, mit der Schule (am besten einer Gruppe) aus- und bewerten,
- die Schulleitung unterstützen (z. B. durch Beratung),
- Fortbildungsplanung und Fortbildung unterstützen,
- Kontakte zwischen Schulen herstellen,
- Ansprüche, Vorschriften, Aufgaben und Pflichten nur dann an die Schule weitergeben, wenn sie sichergestellt hat, dass für ihre Verwirklichung Ressourcen vorhanden sind,
- aus ihrer Sicht die Entwicklung jeder Schule beschreiben (z. B. für die Schule oder Kollegen),
- sich selbst Klarheit über ihre Zielsetzungen und über die Bedeutung von Schulentwicklung und Schulprogrammarbeit verschaffen und Kompetenzen und Kenntnisse erwerben über Schulentwicklungsprozesse, über Möglichkeiten der Schulprogrammarbeit, über Prozessbegleitung und inhaltliche Unterstützung,
- ihre Rolle, Aufgaben und Funktion jeweils situationsbezogen verdeutlichen, Spielräume und Bindungen deutlich machen,
- in der Schulaufsicht selber so arbeiten, wie sie es von den Schulen verlangt.

Das hört sich an, als würde Schulaufsicht noch mehr Arbeit auferlegt, als sollte sie noch mehr in das Spannungsfeld zwischen der Schule auf der einen und der Bildungspolitik und dem Ministerium auf der anderen Seite geraten. Schulaufsicht hat aber keine andere Wahl. Sie hat sie nicht, weil Schulen sie so brauchen und weil sie sich sonst aus der Schulentwicklung verabschieden würde.

Guter Rat zum Schluss: Mit Schulentwicklung spielend Ernst machen

Schulentwicklung ist immer (auch) der Ernstfall. Sie ist aller Auseinandersetzungen, Anstrengungen und Mühen wert, wenn sie Chancen und Möglichkeiten für die Zukunft der Kinder schafft, wenn sie die Lern- und Arbeitskultur der Schule verbessert und den Lehrern hilft. Das heißt aber nicht, Schulentwicklung wäre nur ein „ernster Fall". Im Gegenteil: Dass Schulentwicklung gelingt, merkt man oft daran, dass mit ihr spielend Ernst gemacht wird, z. B., wenn

- ■ Lehrer „Evaluation" oder „Schulentwicklung" spielen – als ein Theaterstück, Experiment, Rollenspiel,
- ■ Kollegen ein Schulentwicklungs-Monopoly (Wer kauft den fachübergreifenden Unterricht? Wer verkauft einen gut ausgestatteten Fachraum? Ereigniskarte: In diesem Jahr haben sich 30 Schüler mehr/weniger angemeldet als in den letzten Jahren ...), ein Memory, ein „Trivial School Development pursuit" erarbeiten und damit einen Pädagogischen Tag gestalten,
- ■ Lehrer und Schüler Bilder und Texte über Ihre Traumschule (überall in der Schule, auf dem Schulhof, im Park) aufhängen und vorhandene Texte und Bilder (von Graffitis bis hin zu den offiziellen Dokumenten) in einem Katalog zusammenfassen,
- ■ ein Kollegium einen Tag/eine Woche lang nichts in der Schule so macht wie sonst,
- ■ Lehrer eine Schülerzeitung (für ihre Schüler) machen,
- ■ Lehrer und Schüler den Schulhof und die Schule zur Spiellandschaft machen,
- ■ Lehrer und Schüler ein „Robinson-Spiel" über ihre Schule veranstalten: Entdecken der Schule als einer unbekannten Insel mit fremden Bewohnern,
- ■ ein Lehrerkollegium allen Mut zusammennimmt und ein zweitägiges Seminar zum Thema „Spielen lernen für uns und für die Schüler" veranstaltet (Aufbau von Spielketten (vgl. Baer 1994), Entwicklung und Erprobung von Spielen für Unterricht und Kollegium).

Mit Schulentwicklung spielend Ernst machen heißt nicht, sie auf die leichte Schulter zu nehmen, mit ihr ein Spiel zu treiben oder nur auf Gewinn oder Verlust aus zu sein. Es heißt, sie durchzuspielen, zu variieren, dabei neue Rollen und Lösungen auszuprobieren, Ungewohntes zu riskieren, überraschende Lösungen zu suchen und sie als kreative Gestaltungsaufgabe zu sehen.

Literaturverzeichnis

ADAM, Konrad (1996): Selbstevaluation. In: Frankfurter Allgemeine Zeitung. 6.12.1996

ALTRICHTER, Herbert/RADNITZKY, Edwin/SPECHT, Werner (Hrsg.) (1994): Innenansichten guter Schulen. Wien (Bundesministerium für Unterricht und Kunst)

ALTRICHTER, Herbert/POSCH, Peter (1994): Lehrer erforschen ihren Unterricht. Bad Heilbrunn: Klinkhardt (2. Aufl.)

AURIN, Kurt (Hrsg.) (1990): Gute Schulen – worauf beruht ihre Wirksamkeit? Bad Heilbrunn: Klinkhardt

BAER, Ulrich (1994): 666 Spiele für jede Gruppe und alle Situationen. Seelze: Kallmeyer'sche

BASTIAN, Johannes (1997): Pädagogische Schulentwicklung. In: Pädagogik. H. 2:6–11

BAUER, Karl-Oswald/KOPKA, Andreas/BRINDT, Stefan (1996): Pädagogische Professionalität und Lehrerarbeit. München: Juventa

BECKHARD, Richard/PRITCHARD, W. (1992): Changing the Essence. San Francisco, CA: Jossey Bass

BEER, M./EISENSTAT, R./SPECTOR, B. (1990): The Critical Path to Corporate Renewal. Boston, MA: Harvard Business School Press

BEETZ, Sibylle (1997): Autonome öffentliche Schule – Diskussion eines Auftrags zur Schulentwicklung. In: Zeitschrift für Pädagogik. H. 2:149–163

BENNIS, W.E./BENNE, K./CHIN, R. (1969): The Planing of Change. London: Holt, Rinehart & Winston

BEZIRKSREGIERUNG MÜNSTER (Hrsg.) (1994): Focus on the Learner – Wege zu einem anderen, erfolgreichen Englischunterricht. Münster: Bezirksregierung (Schriftenreihe zur Fort- und Weiterbildung der Lehrerinnen und Lehrer H. 6)

BILDUNGSKOMMISSION NRW (1995): Zukunft der Bildung – Schule der Zukunft. Neuwied: Luchterhand

BJÖRK, Manni/MONTGOMERY, Caroline (1992): Utvecklingssamtal – en teoretisk idyll? [Entwicklungsgespräche – eine theoretische Idylle?] Lund: Pedagogiska Institutionen – Lunds Universitet (Pedagogiska rapporter 62/1992)

BLACKBURN, C./MOISAN, C. (1986): The in-service training of teachers in the twelve Member States of the European Community. Maastricht: Presses Interuniversitaires Européennes Maastricht

BOLAM, Ray (1980): In-service education and training. In: HOYLE, E./MEGARRY, J. (Hrsg.): World Yearbook of Education 1980. Professional Development of Teachers. London: Kogan Page

BOOTH, Cherie/HILL, Jessica (1996): Power without responsibility. In: Times Educational Supplement. 21.6.1996:20

BREMISCHES SCHULGESETZ (1994): Gesetz zur Novellierung des Bremischen Schulgesetzes und des Bremisches Schulverwaltungsgesetzes. In: Gesetzblatt der Freien Hansestadt Bremen. Nr.52, ausgegeben am 29.12.1994

BROOKOVER, W.B./BEADY, C./FLOOD, P. u. a. (1979): School social systems and student achievement: Schools can make a difference. New York: Praeger

BROPHY, Josef (1986): Teacher influences on student achievement. In: American Psychologist. H. 10:1069–1077

BUCHEN, Herbert/BURKARD, Christoph/EIKENBUSCH, Gerhard (1995): Fortbildung und Unterstützung für eine erweiterte Selbständigkeit von Schule. Beispiele aus der nordrhein-westfälischen Lehrerfortbildung. Soest: Verlag für Schule und Weiterbildung

BUCHEN, Herbert/HORSTER, Leonhard/ROLFF, Hans-Günter (1995ff.): Schulleitung und Schulentwicklung. Stuttgart: Raabe (Loseblattsammlung)

BURKARD, Christoph (1994): Evaluation praktisch. Der Einsatz von Fragebögen in Schulentwicklungsprozessen. In: BUCHEN/HORSTER/ROLFF 1995ff., E 4.3.1:2–15

BURKARD, Christoph (1995): Selbstevaluation – ein Instrument zur Qualitätsentwicklung von Einzelschulen? Soest: Verlag für Schule und Weiterbildung

BURKARD, Christoph/EIKENBUSCH, Gerhard (Red.) (1995): Evaluation und Schulentwicklung. Soest: Landesinstitut für Schule und Weiterbildung

CDCC (1981): Moderne Fremdsprachen (1971–1981). Strassbourg: Europarat

COLEMAN, P./MIKKELSON, L. (1991): Network coverage: Administrative Talk, administrative collegiality and school district ethos in high performing districts. Canadian Journal of Education. H. 2

COMBE, Arno/BUCHEN, Silvia (1996): Belastung von Lehrerinnen und Lehrern. München: Juventa (Veröffentlichungen der Max-Traeger-Stiftung, Bd.25)

CREEMERS, B.P.M./REYNOLDS, D. (1989): The future development of school effectiveness and school improvement. In: CREEMERS/REYNOLDS (Hrsg.): School Effectiveness and School improvement. Lisse: Swets & Zeitlinger, S. 379–83

DALIN, Per/ROLFF, Hans-Günter/BUCHEN, Herbert (1995): Institutioneller Schulentwicklungsprozeß. Soest: Verlag für Schule und Weiterbildung

DASCHNER, Peter/ROLFF, Hans-Günter/STRYCK, Tom (Hrsg.) (1995): Schulautonomie – Chancen und Grenzen. Weinheim: Juventa

DEWEY, John (1956): The School and the Society. Chicago, IL: University of Chicago Press

DICKINSON, L. (1987): Self-instruction in language learning. Cambridge: Cambridge University Press

DICKINSON, L. (1992): Learner autonomy 2. Authentic. Dublin: Trinity College

EIKENBUSCH, Gerhard (1989): Wie eine Feder im Flug. Roman über Johann Heinrich Pestalozzi. Stuttgart: Union

EIKENBUSCH, Gerhard/BUCHEN, Herbert (1994): Die Rolle der Schulaufsicht in Schulentwicklungsprozessen. In: Pädagogische Führung. H. 2:59–63

EIKENBUSCH, Gerhard (Red.) (1995): Schulentwicklung und Qualitätssicherung in Schweden. Soest: Landesinstitut für Schule und Weiterbildung

EIKENBUSCH, Gerhard (1995b): Systematische Planungs- und Entwicklungsgespräche in der Schule. In: Organisationsberatung, Supervision, Clinical Management. H. 2:123–140

EIKENBUSCH, Gerhard (1995c): Erfahrungen mit Evaluation. In: BURKARD/EIKENBUSCH 1995:267–292

EIKENBUSCH, Gerhard (1995d): Lehrerfortbildung in Schulentwicklungsprozessen. Soest: Landesinstitut für Schule und Weiterbildung/DruckVerlag Kettler

EIKENBUSCH, Gerhard (1997): Sozialdemokratisches und kommunistisches Kinder- und Jugendtheater in der Weimarer Republik. Frankfurt: Lang

EIKENBUSCH, Gerhard (1997b): Systematische Planungs- und Entwicklungsgespräche – Erfahrungen und Hinweise für Schulleitungsmitglieder. Soest: Landesinstitut für Schule und Weiterbildung (Materialien für die Schulleitungsfortbildung)

EIKENBUSCH, Gerhard (1997c): Fortbildungsplanung als Aufgabe von Schulleitung und Lehrerkollegium. Materialien zur Schulleitungsfortbildung. Soest: Landesinstitut für Schule und Weiterbildung

EIKENBUSCH, Gerhard/WOLF, Ingo (Red.) (1998): Lehrerfortbildung für Schulentwicklung. Soest: Landesinstitut für Schule und Weiterbildung (i.E.)

EKHOLM, Mats (1987): The institutionalization of Study days in Sweden. A long-term historical review. In: MILES, M.B./EKHOLM, M./VANDENBERGHE, R. (Hrsg.): Lasting School Improvement: Exploring the Process of Institutionalization. OECD-ISIP H. 5. Leuven: ACCO

EKHOLM, Mats (1989): Lärares fortbildning och skolutveckling – översikt och funderingar. Kopenhagen: Nordiska Rådet: Nord (Auszüge in: EKHOLM 1995b)

EKHOLM, Mats/RUNESSON, Ulla (1990): Matematikprov och lärarprestation. [Mathematiktests und Lehrerleistung.] Linköping: Fortbildningsnämnden

EKHOLM, Mats (1995): Evaluation als Bestandteil der Arbeitskultur von Schule. In: EIKENBUSCH 1995

EKHOLM, Mats (1995b): Lehrerfortbildung und Schulentwicklung. In: EIKENBUSCH 1995:191ff.

EKHOLM, Mats/MEYER, Hilbert/MEYER-DOHM, Peter/SCHRATZ, Michael/STRITTMATTER, Anton (1996): Wirksamkeit und Zukunft der Lehrerfortbildung in Nordrhein-Westfalen. Abschlußbericht der Evaluationskommission. Düsseldorf: Concept (Strukturförderung im Bildungswesen des Landes NRW 56)

EKHOLM, Mats (1996b): Die Schule und der Rückzug des Staates. In: Deutsche Lehrerzeitung. H. 42:10

ELLMIN, Roger/JACOBSSON, Marianne (1989): Utvecklande Samtal. [Gespräche, die entwickeln.] Stockholm: Almqvist & Wiksell

ERIKSSON, Rigmor (1993): Teaching Language Learning. Göteborg: Acta Universitatis Gothoburgensis (Göteborg Studies in Educational Sciences 92)

FEND, Helmut (1977): Schulklima: Soziale Einflußprozesse in der Schule. Weinheim: Beltz

FEND, Helmut (1986): „Gute Schulen – schlechte Schulen". Die einzelne Schule als pädagogische Handlungseinheit. In: Die Deutsche Schule. H. 3:275–293

FEUCHTHOFEN, Jörg E./SEVERING, Eckart (Hrsg.) (1995): Qualitätsmanagement und Qualitätssicherung in der Weiterbildung. Neuwied: Luchterhand

FISCHER, Walter/SCHRATZ, Michael (1993): Schule leiten und gestalten. Innsbruck: Studien-Verlag

FLEISCHER-BICKMANN, Wolf (1995): Innenansichten der Autonomie. In: Pädagogik. H. 8:85ff.

FLEISCHER-BICKMANN, Wolf/MARITZEN, Norbert (1966): Schulprogramm. In: Pädagogik. H. 1:12ff.

FRANKE-WIKBERG, Sigbrit (1995): Qualitätsverbesserung durch Selbstevaluation. Ein praxisorientierter Ansatz. In: EIKENBUSCH 1995:67– 81

FULLAN, Michael (1985): Change process and strategies at the local level. In: The Elementary School Journal. H. 3:391–420

FULLAN, Michael (1990): Staff development, innovation and institutional development. In: JOYCE, Bruce (Hrsg.): Changing School Culture through Staff Development. Alexandria, VA: Association for Supervision and Curriculum Development, S.3–25

FULLAN, Michael (1991): The New Meaning of Educational Change. London: Cassell

FULLAN, Michael/HARGREAVES, Andy (1992): What's worth fighting for in Your school. Buckingham: Open University Press

FULLAN, Michael (1992b): Teacher Development and Educational Change. In: FULLAN, M./HARGREAVES, A.: Teacher Development and Educational Change. London, S.10ff.

FULLAN, Michael (1993): Change Forces – Probing the Depths of Educational Reform. London: Falmer Press

GLASL, Friedrich (1990): Konfliktmanagement. Ein Handbuch zur Diagnose und Behandlung von Konflikten für Organisationen und Berater. Bern: Haupt

GOODLAND, J.I. (1984): A Place called School. New York: McGraw-Hill

GOODLAND, J.I./SIROTNIK, K.A./OVERMANN, B.C. (1979): An overview of „A study of schooling". In: Phi Delta Kappa. November, S.174–178

GRAY, John/WILCOX, Brian (1996): Doctor the spin circle. In: Times Educational Supplement. 5.7.1996:21

GUDJONS, Herbert (1992): Spielbuch Interaktions-Erziehung. Bad Heilbrunn: Klinkhardt (5. Aufl.)

HAENISCH, Hans (1993): Wie sich Schulen entwickeln. Soest: Landesinstitut für Schule und Weiterbildung

HAENISCH, Hans (1994): Wie Lehrerfortbildung Schule und Unterricht verändern kann. Soest: Landesinstitut für Schule und Weiterbildung (Arbeitsberichte zur Curriculumentwicklung, Schul- und Unterrichtsforschung 26)

HAENISCH, Hans (1995): Notwendige Bedingungen für Schulentwicklungsprozesse und die Profilbildung in Schulen. Soest: Landesinstitut für Schule und Weiterbildung

HALL, Gene E./HORD, Shirley M. (1987): Change in Schools. New York: State University

HESSISCHES KULTUSMINISTERIUM/HESSISCHES LANDESINSTITUT FÜR PÄDAGOGIK (1996): Entwicklung und Realisierung eines Schulprogramms. Arbeits- und Diskussionsentwurf. Wiesbaden (Schulprogramme und Evaluation in Hessen, H. 2)

HIEBERT, Murray B./SMALLWOOD, Norwood (1990): Now for a Completely Different Look at Needs Analysis. In: ALLEN, Edith L. (Hrsg.): ASTD Trainers Toolkit. San Diego: Pfeiffer, S.229ff.

HOPKINS, David (1987): Doing school based review: instruments and guidelines. OECD-ISIP technical report H. 5. Leuven: ACCO

HOPKINS, David (1993): A Teacher's Guide To Classroom Research. Buckingham: Open University Press (2. Aufl.)

HOPKINS, David/AINSCOW, Mel/WEST, Mel (1994): School Improvement in an Era of Change. London: Cassell

HUBERMANN, Michael (1988): Teacher Careers and School Improvement. In: Journal of Curriculum Studies. 20(2):119–132

HUBERMANN, Michael (1991): Teacher development an instructional mastery. In: HARGREAVES, A./FULLAN, M. (Hrsg.): Understanding teacher development. London: Cassell

HUBERMANN, Michael (1992): Critical introduction. In: FULLAN, M.: Successfull School Improvement. Buckingham: Open University Press, S.1–20

ILEA (1990): Differences in Examination Perfomance. London: Research and Statistics (RS 1277/90)

ISELAU, Gunnar/ERLANDSSON, Staffan (1995): Schulprogramm, Arbeitsprogramm sowie interne und externe Evaluation im Alltag einer schwedischen Pflichtschule. In: EIKENBUSCH 1995:103ff.

JÄGHULT, Bo (1988): Planeringssamtalet. Det planerade samtalet mellan chef och medarbetare om relationer och arbetsplanering. [Das geplante Gespräch zwischen Chef und Mitarbeiter über Beziehungen und Arbeitsplanung.] Malmö: Almqvist & Wiksell ekonomi 1988 (2. Aufl.)

JOINT COMMITTEE ON STANDARDS FOR EDUCATIONAL EVALUATION (1994): The Program Evaluation Standards. How to Assess Evaluation of Educationl Programs. London (2. Aufl.)

JOYCE, Bruce/WOLF, James/CALHOUN, Emily (1993): The Self-Renewing School. Alexandria, VA: ASCD

KGST (Kommunale Gemeinschaftsstelle) (1992): Das Mitarbeitergespräch. Köln: Selbstverlag

KING, A.J/WARREN, W./PEART, M. (1988): The teaching experience. Toronto: Ontario Secondary School Teachers' Federation

KLIPPERT, Heinz (1997): Schule entwickeln – Unterricht neu gestalten. In: Pädagogik. H. 2:12–17

KÖHLER, Elsa (1936): Aktivitetspedagogik. Stockholm: Natur och Kultur

KOHLHOFF, Walter (1995): Intensivphasen im Eingangsunterricht Englisch. In: BURKARD/EIKENBUSCH 1995:193ff.

KOHLHOFF, Walter (1996): Halb ‚peers', halb ‚inspectors' – externe Evaluation durch ein gemischtes Team. In: BUCHEN/HORSTER/ROLFF 1996:E5.2

LANDESINSTITUT FÜR SCHULE UND WEITERBILDUNG NRW (Hrsg.): Schulentwicklung und Schulprogramm in Gesamtschulen. Soest 1997 (Werkstatthefte zur schulinternen Kooperation und Evaluation 1)

LITTLE, J.W. (1982): Norms of collegiality and experimentation: Workplace conditions of school success. In: American Educational Research Journal. H. 19:325–340

LITTLE, J.W. (1990): The persistence of priracy: Autonomy and initiative in teachers' professional relations. In: Teachers College Record. H. 4:509–36

LJUNGBERGH, Birgitta/MOLANDER-BEYER, Marianne (1995): Evaluation im Klassen- und Schulalltag. In: EIKENBUSCH 1995:91ff.

LOUCKS-HORSLEY, S./HARDING, C./ARBUCKLE, M. u. a. (1987): Continuing to learn: A guidebook for teacher development. Andover, MA: Regional Laboratory for Educational Improvement of the Northeast and Islands and National Staff Development Council

LOUIS, Karen/MILES, Matthew (1990): Improving the Urban High School. New York: Teachers College Press

MADSÉN, Torsten (Hrsg.) (1994): Lärares lärande. Från fortbildning till en lärande arbetsorganisation. [Wie Lehrer lernen – Von Fortbildung zu einer lernenden Arbeitsorganisation.] Lund: Studentlitteratur

MEYER, Hilbert (1995): Wege entstehen beim Gehen. In: BASTIAN, J./OTTO, G. (Hrsg.): Schule gestalten. Hamburg: Bergmann + Helbig, S.121ff.

MEYER, Hilbert/ULRICH, Günter (1996): Was ist eine lernende Schule? Oldenburg: Zentrum für pädagogische Berufspraxis (Oldenburger Vor-Druck 276)

MILES, Matthew/EKHOLM, Mats/VANDENBERGHE, R. (Hrsg.) (1987): Lasting School Improvement: Exploring the Process of Institutionalization. Leuven: ACCO

MINISTERIUM FÜR SCHULE UND WEITERBILDUNG NRW (Hrsg.) (1995): Handreichung zur Entwicklung der Schulprogramme an Gymnasien.

MINISTERIUM FÜR SCHULE UND WEITERBILDUNG NRW (Hrsg.) (1996): Schulen sind so frei.

MINISTERIUM FÜR SCHULE UND WEITERBILDUNG NRW (Hrsg.) (1997): „Und sie bewegt sich doch!" – Entwicklungskonzept „Stärkung der Schule". Frechen: Ritterbach

MORTIMORE, P./SAMMSONS, P./STOLL, L. u. a. (1988): School Matters: The junior years. Sommerset: Open Books

MOXNES, Paul (1997): Psykologi och ekonomi. Hur organisationskulturer påverkar rörelseresultatet. [Psychologie und Ökonomie. Wie die Organisationskultur das Betriebsergebnis beeinflusst.] Stockholm: RabénPrisma

MÜLLER, Klaus D./GEHRMANN, Gerd (1994): Rating Assessment – ein Evaluationsinstrument für die soziale Arbeit. In: Sozialmagazin. H. 7–8:47ff.

NELSON-JONES, Richard (1993): Training manual for counselling and helping skills. London: Cassell

NORTHWEST REGIONAL EDUCATIONAL LABORATORY (1990): Effective Schooling Practices. A Research Synthesis – 1990 update. Portland, OR

OGDEN, Terje (1993): Kvalitetsmetvetande i Skolan. [Qualitätsbewusstsein in der Schule.] Lund: Studentlitteratur

OZSGA, Jenny (1995): In: BUSHER/SURAN: Managing Teachers as Professionals in Schools. London: Kogan Page

PHILIPP, Elmar (1992): Gute Schule verwirklichen. Ein Arbeitsbuch mit Methoden, Übungen und Beispielen der Organisationsentwicklung. Weinheim: Beltz

PORTER, A.C./BROPHY, J.E. (1988): Synthesis of research on good teaching: Insights from the work of the „Institute of Research and Teaching". In: Educational Leadership. H. 8:74–85

PROBST, Gilbert J.B. (1987) Selbstorganisation. Ordnungsprozesse in sozialen Systemen aus ganzheitlicher Sicht. Bern: Parey

PURKEY, Stewart C./SMITH, Marshall S. (1983): „Effective Schools – a review". In: The Elementary School Journal. H. 4:427–452

ROLFF, Hans-Günter (1995): Die Schule als Organisation erzieht. Organisationsentwicklung und pädagogische Arbeit. In: Pädagogik. H. 2:17ff.

RONTHY-ÖSTBERG, Marika (1989): Utvecklingssamtal. [Mitarbeitergespräche.] Lidingö: Alinea

RONTHY-ÖSTBERG, Marika/ROSENDAHL, Suzanne (1993): Samtal som utvecklar. [Gespräche, die entwickeln ....] Malmö: Liber-Hermods

ROSENHOLTZ, S. (1989): Teacher's Workplace: The Social Organisation of Schools. New York: Longman

RUMMLER, Geary A. (1987): Determining Needs. In: CRAIG, Robert L. (Hrsg.): Training and Development Handbook. New York: McGraw-Hill, S.228 (3. Aufl.)

RUTTER, Michael u. a. (1980): Fünfzehntausend Stunden. Weinheim: Beltz

SANSTRÖM, B./EKHOLM, M. (1984): Stabilitet och förändring i skolan. [Stabilität und Veränderung in der Schule.] Stockholm: Liber utbildning (FoU-rapport 50)

SCHEERENS, Jaap (1992): Effective Schooling. Research, Theory and Practice. London: Cassell

SCHMUCK, Richard A./RUNKEL, Philip J./ARENDS, Jane H./ARENDS, Richard I. (1977): The Second Handbook of Organization Development in Schools. Paolo Alto, CA: Mayfield Publishing Company

SCHNYDER, Brigitte (1989): Lehrer-Schüler-Lehrerbeurteilung. Versuch eines Dialogs. In: Schweizer Lehrerzeitung. 26.1.1989:8ff.

SCHÖN, Donald (1987): Education the Reflective Practioner. San Franscisco, CA: Jossey-Gass Publishers

SCHRATZ, Michael (1996): Gemeinsam Schule lebendig gestalten. Weinheim: Beltz

SCHREYÖGG, Astrid (1992): Supervision. Paderborn: Junfermann

SCHREYÖGG, Astrid (1995): Coaching. Frankfurt: Campus

SENGE, Peter (1996): Die fünfte Disziplin. Stuttgart: Klett

SMITH, Barry/DELAHAYE, Brian/GATES, Peter (1990): Some Observations on Training needs analysis. In: ALLEN, Edith L. (Hrsg.): ASTD Trainers Toolkit. San Diego: Pfeiffer, S.238ff.

STACEY, R. (1992): Managing the Unknowable. San Francisco, CA: Jossey Bass

STEFFENS, Ulrich (1995): Schulqualität und Schulkultur. In: HOLTAPPELS, Heinz-Günter (Hrsg.): Entwicklung von Schulkultur. Neuwied: Luchterhand, S.37ff.

STEFFENS, Ulrich/BARGEL, Tino (1993): Erkundungen zur Qualität von Schule. Neuwied: Luchterhand

THOMANN, Christoph/SCHULZ VON THUN, Friedemann (1988): Klärungshilfe. Reinbek: Rowohlt

TYLER, R. (1950): Basic Principles of Curriculum and Instruction. Chicago, IL: University of Chicago Press

VAN VELZEN, W.G./MILES, M.B./EKHOLM, M./HAMEYER, U./ROBIN, D. (1985): Making School Improvent Work. A Conceptual Guide to Practice. OECD-ISIP H. 1. Leuven: ACCO

WEICK, Karl (1976): Educational organisations as loosley coupled systems. In: Administrative Science Quarterly. 21:1–19

WITTROCK, M.C. (1986): Students' thought processes. In: WITTROCK, M.C. (Hrsg.) Handbook of research on teaching. New York: McMillan (3. Aufl.)

WOLF, Ingo (1995): Den eigenen Unterricht evaluieren. In: BURKARD/EIKENBUSCH 1995:175ff.

WORELL, J./STILLWELL, W.E. (1981): Psychology for teachers and students. New York: McGraw-Hill

ZIMMERMANN, Wolf-Dieter/HEMPELMANN, Rolf/KLAEREN, Horst (1987): Erziehung in Handlungsfeldern: Gruppe, Familie, Schule. Bd.1. Hannover: Schroedel

Register